高职高专"十三五"物流类专业系列规划教材

物流经济地理

主　编　杨晓楼　杨　晋

副主编　刘　宁　丁立群

西安交通大学出版社
XI'AN JIAOTONG UNIVERSITY PRESS

国家一级出版社
全国百佳图书出版单位

内 容 提 要

　　物流行业是目前中国发展速度最快的行业之一。伴随着物流行业的发展，高等职业院校物流专业的人才培养方案在不断调整和完善，相关课程的开设和教学内容的选取也在不断研讨和发展，亟待与之相适应的教材。

　　本教材分为四大模块、十六个项目，主要介绍国内外交通运输线路、物流节点和物流的操作对象即工业、农业、商业产品的生产布局与流通规律，使学生熟悉物质产品的供应地与需求地，掌握其流向与流量，具有运输方式与运输线路的比较、选取能力。

　　本书可作为高职高专物流类专业的教材，也可作为物流从业人员的培训教材和参考用书。

前言
Foreword

2014年全国职业教育工作会议明确了加快发展现代职业教育的重大战略。会议上国家主席习近平提出：加快发展职业教育，让每个人都有人生出彩机会。这极大地鼓舞了职业教育的学校和师生。近年来，我国职业教育改革发展取得了显著的成就，在短短十余年间，以高等职业教育为主导的各种形式的应用型人才培养教育发展到与普通高等教育等量齐观的程度，成为我国中高级技术技能人才的主要来源。这些成绩得益于高等职业教育的教育专家、学校领导及一线教师的不断改革和创新。而职业教育专业改革的核心是课程改革，包括课程开发和教材建设。

物流行业是目前中国发展速度最快的行业之一。伴随着物流行业的发展，高等职业院校物流专业的人才培养方案在不断调整和完善，相关课程的开设和教学内容的选取也在不断研讨和发展，亟待与之相适应的教材。

伴随着物流行业和物流学科的发展，人们发现物流中一些问题的解决需要借助于经济地理学的知识，在这样的背景下形成了物流经济地理学。物流经济地理学是物流学与经济地理学相交叉的一门综合性学科。物流经济地理是物流管理专业的专业基础课，其前续课程是物流基础，与之有紧密联系的后续课程是物流运输实务、采购管理、国际物流等，是一门辐射物流与港航专业群的综合性课程。该课程为这些后续课程提供了解决实际问题的工具，如物流运输实务课程中重点讲授运输方式的组织、运输业务流程、运费计算等内容，鲜少提及运输线路，而运输线路正是物流经济地理课程的重点内容；采购管理课程的重点是采购的方法、策略、时间和采购数量，几乎不介绍物质产品的生产分布与运销模式；国际物流中重点讲授国际间货物运输的流程、组织、各关系方、贸易术语、通关等知识和技能，国际运输地理知识涉及较少。而物流经济地理主要介绍国内外交通运输线路、物流节点和物流的操作对象，即工业、农业、商业产品的生产布局与流通规律，使学生熟悉物质产品的供应地与需求地，掌握其流向与流量，具有运输方式与运输线路的比较、选取能力。因此，学好这门课程能极大地提高学生的专业素养。

本书由武汉交通职业学院物流经济地理教学团队精心设计编写而成。由杨晓楼、杨晋担任主编，刘宁、丁立群担任副主编。具体编写分工如下：刘宁编写模块一，杨晓楼编写模块二，杨晋编写模块三和项目十六，丁立群编写模块四。

本书在编写过程中借鉴和参考了大量国内外的文献和研究成果，在此对原作者表示真诚的感谢。由于编者水平有限，加之编写时间仓促，书中难免存在疏漏和不足之处，恳请广大同行和读者提出批评意见，并及时反馈给编者，以便不断完善。

杨晓楼

2015年1月

前言
Foreword

目 录
Contents

模块一

中国行政区划

项目一　中国行政区划

📖 **知识目标**

1. 掌握中国行政区划基础知识
2. 掌握中国各省级行政区划
3. 掌握中国各地级市行政区划

📚 **能力目标**

1. 能记忆中国行政地图中省级行政区的分布
2. 能在中国行政地图上填注省级行政区的名称、位置
3. 能通过地图形状辨认省级行政区
4. 知道各省级行政区中包含的地级市(自治州、盟、地区)及其地理位置

任务一　省级行政区划

行政区划(administrative divisions)是指国家根据政治和行政管理的需要,依据有关法律规定,充分考虑经济联系、地理条件、民族分布、历史传统、风俗习惯、地区差异、人口密度等客观因素,将全国的地域划分为若干层次大小不同的行政区域,设置相应的地方国家机关,实施行政管理。

一、行政区划发展

在原始社会,人们以原始群、血缘公社、氏族、部落、部落联盟等组织为单位,进行生产、生活,没有地域区划的概念,即所谓"大道之行也,天下为公"(《礼记·礼运篇》)。简单地说,人既是自然的人,又是社会的人,需要在一定的地域空间上生存与生活,并要与其他人打交道。为了能使大家平等和谐地共同生存下去,就需要遵守一定的规则和约束,而且还需要有人来执行这些规则和约束,即管理者。人类出现伊始,形成氏族社会,是按部落实行管理的,有亲缘关系的一群人聚集在一起。也就是说,有一群人,在一定的地域范围内、遵循一定的规则进行活动,有些人由于有身体或经验方面的优势而成为头领。随着生产力的不断发展,剩余产品日益增多,逐渐有了分工,分配也变得复杂起来,需要有人专门进行管理工作,这时人、地、管理者及规则已具备,开始有了行政区划的雏形。随着国家的产生,行政区划渐渐明确和固定下来。

行政区划随着国家的产生而产生。按地域划分行政区而不依氏族划分部落,这是国家区别于氏族组织的一个基本特点。不论何种类型的国家,行政区域的划分总要符合统治阶级的根本利益,同时顾及政治、经济、文化、民族、地理、人口、国防、历史传统等多方面的因素。随着现代社会生产力的发展,经济因素起着重要的作用。在资本主义国家,行政区域的划分是为了巩固资产阶级的政权,便于统治劳动人民,分化少数民族。行政区划虽因国家本质不同而具有

鲜明的阶级性,但也有一定的历史延续性。中国从秦代(公元前 221—前 206)建立统一国家并实行郡县制以来,历代行政区划虽有变更,但变化并不太大。中国各朝行政区划如表 1-1 所示。

表 1-1　各朝行政区划单位表

朝代	新出现的行政单位	具体行政区划设置(粗体为城区单位)
夏商周	州	州(诸侯国)
春秋战国	县、郡	诸侯国、县(郡、邑)
秦	郡县制、郡的名目、内史	郡、县、乡、亭(里)
汉	郡(国)、县(侯国、邑、道)	州、郡、县、乡、亭(里)
东汉末年、三国	开始州、郡、县三级制	州、郡、县、乡、亭(里)
西晋	郡县开始分等级	州、郡、县、乡、亭(里)
东晋、南北朝	侨置政区:侨州、侨郡、侨县	州、郡、县、乡、亭(里)
隋	开始州(郡)、县二级制	州(郡)、县、乡、亭(里)
唐	道、府的出现,节度使辖区(镇)	道、州/郡(府)、县、乡、里(保、邻、**坊**)
五代十国	军、监	道、州(府)、县、乡、里(保、邻、**坊**)
宋	路	路、州/军(府)、县、乡、保(甲、**坊**)
辽、西夏、金		
元	行省	行省、道、州(府、路)、县、乡、村(社、**坊**)
明	布政司、总督、巡抚辖区、市(村级)	省、道、府(州)、县、乡、村(图、**镇、市、都、厢**)
清		省、道、府(州)、县、乡、保(甲、牌、图、**镇、市、都、厢**)
中华民国 北洋政府时期 国民政府时期	市(乡级以上)	北洋时期:省、道、县、乡(**镇、市、区**)、保(甲、里) 国民政府时期:省、区、县、乡(**镇、市、区**)、保(甲、里)

二、划分原则

社会主义国家行政区域的划分通常根据以下原则:①政治原则。促使国家机关密切联系人民群众,便利人民群众参加国家管理。②经济原则。根据不同地区的经济特点进行划分,使之有利于发展社会生产力。③民族原则。根据少数民族的居住状况和其他特点进行划分,使之有利于各民族的发展,巩固各民族的团结。这些原则是相互联系、相互结合的。此外,行政区域的划分也考虑历史传统、人口分布、地理条件和国防需要等因素。

(一)中国行政区划审批制度

(1)全国人大审议决定省、自治区、直辖市、特别行政区的设立、撤销及更名。

(2)国务院审批省、自治区、直辖市、特别行政区的行政区划界线的变更,地区、盟、自治州、地级市、县、自治县、旗、自治旗、县级市、市辖区、林区、特区的设立、撤销、更名或者改变隶属关系;县级行政区域界线的重要变更。

(3)省、自治区、直辖市人民政府、特别行政区政府审批县级部分行政区域界线的变更;乡、民族乡、镇、街道、苏木、民族苏木的设立、撤销、更名或变更行政区域界线。

(二)中国行政区划名称

中国各级别行政区划如下:

1. 一级行政区

一级行政区是指省级行政区,其名称有:省、自治区、(直辖)市、特别行政区。

2. 二级行政区

二级行政区即地级行政区,其名称有:地区、盟、自治州、(地级)市。

3. 三级行政区

三级行政区即县级行政区,其名称有:县、自治县、旗、自治旗、(县级)市、(市辖)区、林区、特区。

4. 四级行政区

四级行政区即乡级行政区,其名称有:乡、民族乡、镇、街道、苏木、民族苏木、(乡级)管理区、(县辖)区、(县辖)市(台湾地区专设)。

5. 五级行政区

五级行政区即村级行政区,其名称有:村、社区、(村级)管理区。

6. 六级行政区

六级行政区区即组级行政区,其名称有:村民小组、社区居民小组。

在中国,基本行政区划为省、县、乡三级。

(三)中国主要行政区划单位数量

1. 一级行政区

中国省级行政区共 34 个,其中有 23 个省、5 个自治区、4 个(直辖)市和 2 个特别行政区。

2. 二级行政区

中国地级行政区共 333 个,其中有 12 个地区、3 个盟、30 个自治州和 288 个(地级)市。

3. 三级行政区

中国县级行政区共 2854 个,其中有 1429 个县、117 个自治县、49 个旗、3 个自治旗、361 个(县级)市、893 个(市辖)区、1 个林区、1 个特区。

4. 四级行政区

中国乡级行政区 40497 个,其中有 11626 个乡、1034 个民族乡、20117 个镇、7566 个街道、151 个苏木、1 个民族苏木、2 个(县辖)区。

5. 五级行政区

中国村级行政区共 N 个,其中有行政村、社区。

6. 六级行政区

中国组级行政区共 N 个,其中有行政村村民小组、社区居民小组。

三、现阶段排序与分区

(一)现阶段排序

照顾到历史习惯和分片汇总的需要,中国仍保留七个大区的概念,但大区不作为实体。大区内按直辖市在前,区内各省、区基本按现行习惯排列,以便使已经积累的经济资料调整工作量减到最少限度。香港、澳门、台湾地区排在全国最后。按照上述原则,新的排列顺序如表1-2所示。

表 1－2 中华人民共和国行政区排序表

1	北京市	2	天津市
3	河北省	4	山西省
5	内蒙古自治区	6	辽宁省
7	吉林省	8	黑龙江省
9	上海市	10	江苏省
11	浙江省	12	安徽省
13	福建省	14	江西省
15	山东省	16	河南省
17	湖北省	18	湖南省
19	广东省	20	广西壮族自治区
21	海南省	22	重庆市
23	四川省	24	贵州省
25	云南省	26	西藏自治区
27	陕西省	28	甘肃省
29	青海省	30	宁夏回族自治区
31	新疆维吾尔自治区	32	香港特别行政区
33	澳门特别行政区	34	台湾地区

(二)现阶段分区

按地理划分,中国现阶段有七大地区,分别是:华北地区、东北地区、华东地区、华中地区、华南地区、西南地区、西北地区。另外,还有未包括在内的港澳台地区。

1.华北地区

华北地区包括北京市、天津市、山西省、河北省、内蒙古自治区。山西省和陕西省的中北部属于黄土高原,内蒙古西部属于草原沙漠地区,气候严寒干旱,和地理意义的气候学华北不是一个概念。地理意义的气候学的现代华北为"暖温带半湿润大陆性气候",四季分明,光照充足;冬季寒冷干燥且较长,夏季高温降水相对较多,春秋季较短。但华北平原的热量和雨水明显多于黄土高原。华北的土壤皆为河流冲积黄色旱作类型,是我国小麦的主产区。

华北地区的北界为丹东、阜新、彰武、围场、张北、右玉、榆林、定边、中宁至乌鞘岭一线,此线以南大部分属暖温带,作物二年三熟,黄土广泛分布;西界自乌鞘岭以南沿祁连山东麓、洮河以西至白龙江,大致以 3000 米等高线与青藏高原相接;南界为著名的秦岭淮河线,相当于≥10℃积温 4500℃、1 月平均气温 0℃等值线、800 毫米年等降水量线、亚热带与暖温带分界线、温带季风气候与亚热带季风气候分界线、湿润地区与半湿润地区分界线,并且是北方与南方地区的分界线。亚热带作物逾越此线则不能正常生长,各种自然现象在这条线的两侧都有显著差异,是我国自然地理上的一条重要分界线。

2.东北地区

东北地区是中国的一个地理大区和经济大区。东北地区,狭义上指东三省(黑龙江省、吉林省、辽宁省)所构成的区域,广义上则包括山海关以北的黑龙江省、吉林省、辽宁省、旧为东三省管辖的今内蒙古自治区东五盟市(呼伦贝尔市、兴安盟、通辽市、赤峰市、锡林郭勒盟)。四季分明的东北地区坐拥中国最大的平原——东北平原,这里是资源丰富、文化繁荣、经济实力雄厚、以汉族为主多民族深度融合的区域,在全国占有重要地位。

东北区除矿产与工业外,其土地、热量、水分、海洋、植物资源等条件,对建成为全国性的大型农业(粮豆、甜菜等)基地、林业基地、牧业基地以及渔业基地、特产基地提供了可能。东北地区经济以重工业、农业以及第三产业旅游业为主,2013 年,东北地区 GDP 总值达 61105.42 亿元,人均 GDP 达 49894 元。

3. 华东地区

华东地区或称"华东",是中国东部地区的简称。新中国成立初期,华东地区曾为我国当时的一级行政区,于 1954 年撤销,当时的辖区相当于现在的上海、江苏、浙江、安徽、福建、山东和台湾地区等,江西省当时属中南区。1961 年,华东经济协作区成立,包括上海、江苏、浙江、安徽、福建、江西、山东、台湾地区等,1978 年后撤销。如今,华东仍被用作地区名,包括上述地区,其中,台湾地区因特殊性而单独列出,统计资料时一般也不被包含在内。除此以外,其余六省一市的行政区划代码均以"3"开头。

华东地区地形以丘陵、盆地、平原为主,属亚热带湿润性季风气候和温带季风气候。该地区自然环境条件优越,物产资源丰富,商品生产发达,工业门类齐全,是中国综合技术水平最高的经济区。轻工、机械、电子工业在全国占主导地位,铁路、水运、公路、航运四通八达,是中国经济文化最发达的地区之一。

4. 华中地区

华中地区或称"中部地区",包括河南、湖北、湖南三省。华中地区位于我国中部、黄河中下游和长江中游地区,地处华北、华东、西北、西南与华南之间,京九铁路、京广铁路、焦枝铁路、枝柳铁路纵贯南北,陇海铁路、万里长江与浙赣铁路横贯东西,具有全国东西、南北四境过渡的要冲和水陆交通枢纽的优势,起着承东启西、沟通南北的重要作用。全区土地面积 56 万多平方千米,占全国土地总面积的 5.9%,农业发达,轻重工业基础雄厚,水陆交通便利。华中地区是全国经济比较发达的地区,是中国工农业的心脏和交通中心。

5. 华南地区

华南地区位于中国最南部。北与华中地区,华东地区相接,南面包括辽阔的南海和南海诸岛,与菲律宾、马来西亚、印度尼西亚、文莱等国相望,华南地区边界的武夷山、南岭也大致是人类学的分界线,广东、福建有华南虎。西南界线是中国与越南、老挝、缅甸等国家的边界。华南地区一般包含广西壮族自治区、广东省、海南省以及香港、澳门两特区,1945 年抗日战争胜利后再进一步把台湾省加入其中,合称"华南六省"。(注:华南地区包括广东、广西、海南、香港、澳门等地,其中港澳两地因特殊性常单独列出为港澳台地区。)

6. 西南地区

在我国行政区划概念中,西南地区又被称作西南五省(区、直辖市),即四川、重庆、云南、贵州、西藏,总面积达 250 万平方千米。西南地区以山地为主,地形结构十分复杂,自然资源丰富,其中四川盆地为最大的盆地,人口稠密、交通、经济相对发达。同时,西南地区是中国内陆经济差距最大的地理大区,其中成都、重庆这两个巨大型城市的 GDP 均突破 9000 亿元(重庆市全域包含远郊县市已突破一万亿元),但贵州、西藏、云南这三个省区的 GDP 总和尚不及以上两座城市。

西南地区土地辽阔,资源类型复杂多样,区域差异明显,具有发展特色农业、特色矿产、特色旅游等资源禀赋经济的先天条件。随着国家西部大开发的开进和新丝绸之路经济带的建立,西南地区的发展速度明显增快,并有望成为中国经济增速最快的地区之一 。

7.西北地区

西北地区指陕西、甘肃、青海三省及宁夏、新疆两自治区,简称"西北五省区",是七大行政区之一。自然区划上的西北地区指大兴安岭以西,昆仑山—阿尔金山、祁连山以北的广大地区,大致包括内蒙古中西部,新疆大部,宁夏北部,甘肃中西部以及和这些地方接壤的少量山西、陕西、河北、辽宁、吉林等地的边缘地带。

西北地区矿产资源的潜在价值为33.7万亿元。其中煤炭保有储量达3009亿吨,占全国总量的30%左右,主要分布在陕西、新疆和宁夏。石油储量为5.1亿吨,占全中国陆上总储油量的近23%,新疆是中国21世纪的后备石油基地。天然气储量为4354亿立方米,占全国陆上总储气量的58%,其中陕北的天然气储量居全国前列。铂储量占全国总量的57%。甘肃省的镍储量占到全国总镍储量的62%。青海省的钾盐储量占全国总储量的97%。

8.港澳台地区

香港特别行政区、澳门特别行政区、台湾省。港澳台是对中国的香港,澳门和台湾的统称,因为此三地在政治、经济和文化体制上有诸多类似,有别于中国大陆(内地),故我们常常将香港、澳门、台湾统称为"港澳台",作为一个类型来讨论。由于澳门的国际影响力不大,所以常将澳门省略,只讨论"港台"。

中央人民政府对特别行政区的统一领导。全国人大分别于1990年和1993年通过了《中华人民共和国香港特别行政区基本法》和《中华人民共和国澳门特别行政区基本法》。两个基本法的第一条规定:特别行政区是中华人民共和国不可分离的部分;第十二条规定:特别行政区是中华人民共和国一个享有高度自治权的地方行政区域,直辖于中央人民政府。这是将我国宪法的规定具体化。

可见,特别行政区是中华人民共和国的一部分,是地方一级行政区域;特别行政区政权是中华人民共和国的一级地方政权,直辖于中央人民政府;中央人民政府与特别行政区的关系是在单一制国家结构形式内中央与地方之间的关系,特别行政区享有高度自治权,但它不享有国家主权;没有外交和国防方面的权力,也不是一个独立的政治实体,其法律地位相当于省、自治区和直辖市。特别行政区可以有自己的独立性,可以实行同大陆不同的制度。司法独立,终审权不须到北京。

台湾地区和平回归后,其作为特别行政区还可以有自己的军队,只是不能构成对大陆的威胁。大陆不派人驻入,不仅军队不去,行政人员也不去。特别行政区的党、政、军等系统,都由自己来管。中央政府还要给特别行政区留出名额。

四、现行各级各类行政区划

中华人民共和国各级各类行政区划单位分布如表1-3所示。

表1-3 中华人民共和国各级各类行政区划

中华人民共和国各级各类行政区域单位分布			
第一级行政区	第二级行政区	第三级行政区	第四级行政区
省、自治区	地级市	县级行政区	乡级行政区
	自治洲、地区、盟	除市辖区以外的县级行政区	
省	省直辖县级市 (除海南省所有县级市外,仅有4个县级市,即湖北省仙桃市、潜江市、天门市和河南省济源市由省直辖)	街道 镇 乡(民族乡)	
	省直辖县 (仅海南省全部的县由省直辖)	镇 乡(民族乡)	
	其他省直辖县级行政区 (仅湖北省神农架林区)		
直辖市	市辖区 街道(社区)	镇 乡(民族乡)	
	县(自治县)	镇 乡(民族乡)	
特别行政区	《香港特别行政区基本法》第九十七条规定:"香港特别行政区可设立非政权性的区域组织,接受香港特别行政区政府就有关地区管理和其他事务的咨询,或负责提供文化、康乐、环境卫生等服务。"		
	《澳门特别行政区基本法》第九十五条规定:"澳门特别行政区可设立非政权性的市政机构。市政机构受政府委托为居民提供文化、康乐、环境卫生等方面的服务,并就有关上述事务向澳门特别行政区政府提供咨询意见。"		

任务二 各省(区)地级市

一、地级市的概念

地级市是指行政地位相当于地区级别的市,属于地级行政区,为第二级地方行政单位。因其行政地位和地区(地区行政专署)相当,故被称为"地级市"。

截至2013年3月,中国大陆地级行政区共计333个,其中288个为"地级市"(包括15个副省级城市——江苏省南京市、黑龙江省哈尔滨市、吉林省长春市、辽宁省沈阳市、辽宁省大连市、山东省济南市、山东省青岛市、浙江省杭州市、浙江省宁波市、广东省广州市、广东省深圳市、湖北省武汉市、四川省成都市、陕西省西安市、福建省厦门市。其中,辽宁省大连市、山东省青岛市、浙江省宁波市、福建省厦门市、广东省深圳市是计划单列市。

中国最年轻的地级市是青海省海东市,于2013年3月建立,市政府位于新成立的乐都区。

二、地级市的主要分类

省辖地级市(简称地级市,包括15个副省级城市)有以下三种情况:

(1)既设市辖区,又设管辖县、自治县、旗、自治旗,又代管县级市,这类地级市占大多数。

(2)只设市辖区,不设管辖县、自治县、旗、自治旗,不代管县级市的地级市,这类地级市分别是:江苏省南京市(副省级);福建省厦门市(副省级);湖北省武汉市(副省级)、鄂州市;广东省深圳市(副省级)、珠海市、佛山市;海南省海口市;山东省莱芜市;内蒙古自治区乌海市;新疆维吾尔自治区克拉玛依市。

(3)既不设市辖区,又不设管辖县、自治县、旗、自治旗,也不代管县级市的地级市,这类地级市分别是:河南省济源市;广东省东莞市、中山市;海南省三亚市、三沙市;甘肃省嘉峪关市。

这些地级市下面直接辖乡(镇、街道),俗称"直筒子市"(其中,甘肃省嘉峪关市于2009年正式设立雄关区、长城区、镜铁区3个区,结束了嘉峪关市不设区的历史。但此3区为正县级的嘉峪关市派出机构,并非民政部在册的行政区,不是正式的县级行政区)。

三、各省、自治区地级市列表

1. 河北省

河北省地级市共有11个,分别是石家庄市、唐山市、秦皇岛市、邯郸市、邢台市、保定市、张家口市、承德市、沧州市、廊坊市、衡水市。

2. 山西省

山西省地级市共有11个,分别是太原市、长治市、大同市、晋城市、晋中市、临汾市、吕梁市、朔州市、阳泉市、运城市、忻州市。

3. 内蒙古自治区

内蒙古自治区地级市共有9市3盟,分别是 呼和浩特市、呼伦贝尔市、包头市、赤峰市、乌海市、通辽市、鄂尔多斯市、乌兰察布市、巴彦淖尔市、锡林郭勒盟(锡林浩特市)、阿拉善盟(阿拉善左旗)、兴安盟(乌兰浩特)。

4. 辽宁省

辽宁省地级市共14个,分别是沈阳市、大连市、鞍山市、抚顺市、本溪市、丹东市、锦州市、营口市、阜新市、辽阳市、盘锦市、铁岭市、朝阳市、葫芦岛市。

5. 吉林省

吉林省地级市共有9个,分别是长春市、吉林市、四平市、辽源市、通化市、白山市、松原市、白城市、延吉市。

6. 黑龙江省

黑龙江省地级市共有13个,分别是哈尔滨市、齐齐哈尔市、牡丹江市、佳木斯市、大庆市、鸡西市、双鸭山市、伊春市、七台河市、鹤岗市、黑河市、绥化市、大兴安岭地区(行政公署在内蒙古加格达奇)。

7. 江苏省

江苏省地级市共有13个,分别是南京市、无锡市、徐州市、常州市、苏州市、南通市、扬州市、镇江市、盐城市、淮安市、泰州市、连云港市、宿迁市。

8. 浙江省

浙江省地级市共有11个,分别是杭州市、宁波市、温州市、嘉兴市、湖州市、绍兴市、金华市、衢州市、舟山市、台州市、丽水市。

9.安徽省

安徽省地级市共有 16 个,分别是合肥市、芜湖市、蚌埠市、淮南市、马鞍山市、淮北市、铜陵市、安庆市、黄山市、滁州市、宣城市、阜阳市、六安市、宿州市、亳州市、池州市。

10.福建省

福建省地级市共有 9 个,分别是福州市、厦门市、泉州市、漳州市、南平市、三明市、龙岩市、莆田市、宁德市。

11.江西省

江西省地级市共有 11 个,分别是南昌市、景德镇市、萍乡市、九江市、新余市、鹰潭市、赣州市、吉安市、宜春市、抚州市、上饶市。

12.山东省

山东省地级市共有 17 个,分别是济南市、青岛市、淄博市、枣庄市、东营市、烟台市、潍坊市、济宁市、泰安市、威海市、日照市、滨州市、德州市、聊城市、临沂市、菏泽市、莱芜市。

13.河南省

河南省地级市共有 17 个,分别是郑州市、开封市、安阳市、许昌市、洛阳市、新乡市、漯河市、商丘市、信阳市、南阳市、焦作市、三门峡市、鹤壁市、平顶山市、周口市、驻马店市、濮阳市。

14.湖北省

湖北省地级市共有 12 市 1 州,分别是武汉市、黄石市、十堰市、荆州市、宜昌市、襄阳市、鄂州市、荆门市、孝感市、黄冈市、咸宁市、随州市、恩施土家族苗族自治州。

15.湖南省

湖南省地级市有 13 市 1 州,分别是长沙市、株洲市、湘潭市、衡阳市、邵阳市、岳阳市、张家界市、益阳市、常德市、娄底市、郴州市、永州市、怀化市、湘西土家族苗族自治州(吉首)。

16.广东省

广东省地级市共有 21 个,分别是广州市、深圳市、中山市、珠海市、佛山市、茂名市、肇庆市、惠州市、潮州市、汕头市、湛江市、江门市、河源市、韶关市、东莞市、汕尾市、阳江市、梅州市、清远市、揭阳市、云浮市。

17.广西壮族自治区

广西壮族自治区地级市共有 14 个,分别是南宁市、柳州市、桂林市、梧州市、北海市、崇左市、来宾市、贵港市、贺州市、玉林市、百色市、河池市、钦州市、防城港市。

18.海南省

河南省地级市共有 3 个,分别是海口市、三亚市、三沙市。

19.四川省

四川省共有 18 市 3 州,分别是成都市、自贡市、攀枝花市、泸州市、德阳市、绵阳市、广元市、遂宁市、乐山市、内江市、南充市、眉山市、宜宾市、广安市、雅安市、达州市、资阳市、巴中市、凉山州(西昌)、甘孜州(康定县)、阿坝州(马尔康)。

20.贵州省

贵州省共 6 市 3 州,分别是贵阳市、六盘水市、遵义市、安顺市、毕节市、铜仁市、黔东南苗族侗族自治州(凯里)、黔南布依族苗族自治州(都匀)、黔西南布依族苗族自治州(兴义)。

21. 云南省

云南省共有8市8州，分别是昆明市、曲靖市、玉溪市、保山市、昭通市、丽江市、普洱市、临沧市、楚雄彝族自治州(楚雄)、红河哈尼族彝族自治州(蒙自市)、文山州(文山市)、西双版纳傣族自治州(景洪市)、大理白族自治州(大理市)、德宏傣族景颇族自治州(芒市)、怒江傈僳族州(泸水)、迪庆藏族自治州(香格里拉)。

22. 西藏自治区

西藏自治区共有1市6地区，分别是拉萨市、阿里地区(噶尔)、那曲地区(那曲县)、昌都地区(昌都县)、林芝地区(林芝县)、山南地区(乃东)、日喀则地区(日喀则市)。

23. 陕西省

陕西省地级市共有10个，分别是西安市、咸阳市、宝鸡市、铜川市、渭南市、汉中市、延安市、安康市、商洛市、榆林市。

24. 甘肃省

甘肃省共有12市2州，分别是兰州市、嘉峪关市、天水市、金昌市、白银市、酒泉市、张掖市、武威市、定西市、陇南市、平凉市、庆阳市、临夏回族自治州(临夏)、甘南藏族自治州(合作)。

25. 青海省

青海省共有2市6州，分别是西宁市、海东市、海北藏族自治州(海晏)、海南藏族自治州(共和县)、海西蒙古族藏族自治州(德令哈)、玉树藏族自治州(玉树县)、黄南藏族自治州(同仁县)、果洛藏族自治州(玛沁县)。

26. 宁夏回族自治区

宁夏回族自治区地级市共有5个，分别是银川市、石嘴山市、吴忠市、固原市、中卫市。

27. 新疆维吾尔自治区

新疆维吾尔自治区共有2市7区5州，分别是乌鲁木齐市、克拉玛依市、喀什地区、阿克苏地区、和田地区、吐鲁番地区、哈密地区、塔城地区、阿勒泰地区、伊犁哈萨克自治州(伊宁)、博尔塔拉蒙古自治州(博乐市)、昌吉自治州(昌吉市)、巴音郭勒蒙古自治州(库尔勒)、克孜勒苏柯尔克孜自治州(阿图什)。

拓展提升

直辖市和特别行政区区划

我国现有4个直辖市和2个特别行政区，各直辖市和特别行政区区划如表1-4所示。

表1-4　各直辖市和特别行政区区划表

直辖市或特别行政区	市辖区(澳门是教区)		县	自治区
北京市	东城区　西城区　朝阳区 海淀区　丰台区　石景山区 门头沟区　房山区　通州区 顺义区　昌平区　大兴区 怀柔区　平谷区		密云县 延庆县	

续表 1 - 4

直辖市或 特别行政区	市辖区 （澳门是教区）	县	自治区
天津市	和平区　河东区　河西区 南开区　河北区　红桥区 东丽区　津南区　西青区 北辰区　滨海新区　武清区 宝坻区	静海县 宁河县 蓟　县	
上海市	黄浦区　浦东新区　徐汇区 长宁区　静安区　普陀区 闸北区　虹口区　杨浦区 闵行区　宝山区　嘉定区 金山区　松江区　青浦区 奉贤区	崇明县	
重庆市	万州区　黔江区　涪陵区 渝中区　大渡口区　江北区 南岸区　沙坪坝区　北碚区 渝北区　九龙坡区　巴南区 长寿区　江津区　合川区 永川区　南川区　綦江区 大足区　铜梁区　璧山区	潼南县　荣昌县 梁平县　城口县 丰都县　垫江县 武隆县　忠县 开县　云阳县 奉节县　巫山县 巫溪县	石柱土家族自治县 秀山土家族苗族自治县 酉阳土家族苗族自治县 彭水苗族土家族自治县
香港特别 行政区	中西区　东区　九龙城区 观塘区　南区　深水埗区 黄大仙区　湾仔区　油尖旺 离岛区　葵青区　北区 西贡区　沙田区　屯门区 大埔区　荃湾区　元朗区		
澳门特别 行政区	花地玛堂区　花王堂区 望德堂区　大堂区 风顺堂区　嘉模堂区 路凼填海区　圣方济各堂区		

项目小结

　　本项目在了解中国行政区划基础知识的基础上,重点学习我国各省级、地市级的行政区划。中国省级行政单位是中央人民政府直接管辖的最高一级地方行政区域,目前有省、自治区、直辖市、特别行政区。地级行政单位是介于省级和县级之间的一级地方行政区域,包括地区、自治州、行政区和盟。通过七大地理分区,即华北地区、东北地区、华东地区、华中地区、华南地区、西南地区、西北地区,掌握34个省级行政单位的名称和空间地理分布,同时了解各省所辖地市级的数量以及空间分布位置,为学习物流经济地理打下基础。

🔄 项目实训

实训目的: 通过实训,使学生知道我国行政区的设置和划分的原则,初步熟悉我国 34 个省级行政单位的名称、简称和位置,以及行政中心的名称和分布。

实训内容: 在下面方格里填上合适的字,组成省级行政区或省级行政中心的名字。

实训学时: 2 学时。

实训组织实施: 学生对以上实训内容每人提交一份画图作业。

📝 项目习题

一、填空题

1.全国的行政区划,基本分为_____、县(自治县、市)、_____三级。

2.自治区、_____、_____是民族自治地方。

3.我国省级行政区中,位置最北的是_____,最西的是_____。

4.我国省级行政区中,面积最大的是_____,建立最晚的是_____。

5.我国的四大直辖市中,濒临渤海的是_____,濒临东海的是_____。

6.兼临黄海和渤海的省区是_____和_____。

二、选择题

1.我国领土最东端在(　　)。

A.黑龙江省　　　　B.海南省　　　　C.广东省　　　　D.上海市

2.我国纬度最高和最低的省区是(　　)。

A.黑和粤　　　　B.黑和琼　　　　C.新和台　　　　D.内蒙古和琼

3.下列省区与省级行政中心的连线,正确的是(　　)。

A.江苏——杭州　　B.安徽——南京　　C.江西——福州　　D.河南——郑州

4.下列我国行政区域划分,正确的是(　　)。

A.我国有 23 个省,5 个自治区,4 个直辖市,2 个特别行政区

B.我国有 22 个省,5 个自治区,3 个直辖市,1 个特别行政区

C.我国有 23 个省,5 个自治区,4 个直辖市,1 个特别行政区

D.我国有 24 个省,5 个自治区,4 个直辖市,2 个特别行政区

5.下列省区具有两个简称的是(　　)。

A.黑龙江省　　　　B.海南省　　　　C.云南省　　　　D.广西壮族自治区

6.下列省会城市按由高纬度到低纬度顺序排列的是(　　)。

A.哈尔滨、长春、沈阳、石家庄　　　　　　B.济南、郑州、南昌、武汉

C.西安、兰州、太原、呼和浩特　　　　　　　D.杭州、福州、广州、南京

7、下列省级行政区中,哪个不是位于边疆(　　　)。

A.辽　　　　　　　　B.云　　　　　　　　C.赣　　　　　　　　D.甘

8.在我国的省级行政区中,临海的有(　　　)。

A.11 个　　　　　　　B.12 个　　　　　　　C.10 个　　　　　　　D.13 个

9.以下 4 个省区的简称分别是(　　　)。

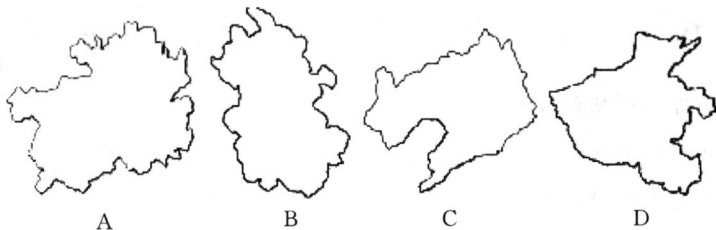

A　　　　　　　　B　　　　　　　　C　　　　　　　　D

A.贵鄂辽晋　　　　　　B.皖晋辽豫　　　　　　C.黔皖辽豫　　　　　　D.贵皖豫辽

三、简述题

1.简述中国行政区划的划分原则。

2.简述中国各级行政区划的相关情况

3.简述中国地级市的分类情况。

项目二　中国经济区划及区域物流

知识目标

1. 掌握中国经济区划划分方法

2. 了解区域物流基础知识

3. 了解中国几大主要经济区

能力目标

1. 能记忆中国基本经济区划的划分

2. 对中国区域物流有基本认知

3. 能记忆中国几大主要经济区概况

任务一　经济区划

一、经济区划的概念

经济区划是指根据社会劳动地域分工的规律、区域经济发展的水平和特征的相似性、经济联系的密切程度，或者依据国家经济社会的发展目标与任务分工，对国土进行的战略性区划。

二、标准经济区的归类

目前，人均 GDP 一般作为经济发展阶段的标准。在国内一般把人均 GDP2000 美元、4000 美元、8000 美元作为经济发展阶段的转折点。根据标准经济区的人均 GDP，把标准经济区归为四个发展阶段：800—2000 美元阶段；2000—4000 美元阶段；4000—8000 美元阶段；8000 美元以上。

按照人均 GDP 划分经济区的具体结果如表 2-1 所示。

表 2-1　人均 GDP 经济区划分表

各经济区 人均 GDP(美元)	序号	标准经济区所含城市
800—2000 美元	1	喀什地区、和田地区
	2	六盘水市、毕节地区、昭通市
	3	天水市、平凉市、庆阳市、固原市
	4	怀化市、湘西土家族、苗族自治州、铜仁地区
	5	达州市、广安市、巴中市
	6	西双版纳傣族自治州、普洱市
	7	绵阳市、广元市、南充市、陇南市
	8	甘孜藏族自治州、昌都地区
	9	大理白族自治州、临沧市、德宏傣族景颇族自治州、怒江傈僳族自治州、迪庆藏族自治州、保山市、丽江市
	10	贵阳市、遵义市、安顺市、黔东南苗族侗族自治州、黔南布依族苗族自治州
	11	周口市、亳州市、漯河市、驻马店市
	12	文山壮族苗族自治州、红河哈尼族彝族自治州
	13	宜宾市、泸州市
	14	衡阳市、邵阳市、郴州市、永州市
	15	安庆市、池州市
	16	黄南藏族自治州、果洛藏族自治州
	17	新余市、赣州市、吉安市、宜春市
	18	大兴安岭地区、黑河市
	19	兰州市、白银市、定西市、临夏回族自治州、甘南藏族自治州
	20	合肥市、蚌埠市、淮南市、阜阳市、巢湖市、六安市
	21	内江市、自贡市
	22	南宁市、防城港市、钦州市、贵港市、百色市、崇左市
	23	景德镇市、鹰潭市、上饶市

续表 2－1

各经济区 人均 GDP(美元)	序号	标准经济区所含城市
	24	宜昌市、荆门市、荆州市、恩施土家族苗族自治州、张家界市
	25	汕头市、梅州市、潮州市、揭阳市
	26	肇庆市、云浮市、梧州市、贺州市
	27	湛江市、茂名市、北海市、玉林市
	28	伊犁哈萨克自治州、博尔塔拉蒙古自治州、阿克苏地区、塔城地区
	29	齐齐哈尔市、呼伦贝尔市、兴安盟、白城市
	30	西宁市、海东地区、海北藏族自治州、海南藏族自治州
	31	荷泽市、济宁市、濮阳市、商丘市
	32	南阳市、十堰市、襄樊市
	33	西安市、铜川市、宝鸡市、咸阳市、渭南市、汉中市、安康市、商洛市
	34	金昌市、武威市、张掖市
	35	拉萨市、山南地区、日喀则地区、那曲地区、阿里地区、林芝地区
	36	柳州市、桂林市、河池市、来宾市
	37	鹤岗市、双鸭山市、伊春市、佳木斯市
	38	淮北市、徐州市、宿州市
	39	盐城市、淮安市、宿迁市
	40	张家口市、乌兰察布市
	41	攀枝花市、凉山彝族自治州
2000—4000 美元	42	鸡西市、延边朝鲜族自治州、七台河市、牡丹江市
	43	昆明市、黔西南布依族苗族自治州、曲靖市、玉溪市、楚雄彝族自治州
	44	临汾市、运城市、三门峡市
	45	邯郸市、邢台市、长治市、安阳市
	46	武汉市、信阳市、黄石市、鄂州市、孝感市、黄冈市、咸宁市、随州市
	47	临沂市、连云港市、枣庄市
	48	成都市、德阳市、遂宁市、乐山市、眉山市、雅安市、资阳市、阿坝藏族 羌族自治州
	49	石家庄市、保定市、沧州市、衡水市、阳泉市
	50	白山市、通化市
	51	朔州市、大同市
	52	南昌市、九江市、抚州市
	53	赤峰市、锡林郭勒盟
	54	太原市、晋中市、忻州市、吕梁市
	55	长沙市、萍乡市、株洲市、湘潭市、岳阳市、常德市、益阳市、娄底市
	56	银川市、阿拉善盟、石嘴山市、吴忠市、中卫市
	57	福州市、莆田市、三明市、南平市、宁德市
	58	芜湖市、铜陵市、宣城市
	59	郑州市、晋城市、开封市、洛阳市、平顶山市、鹤壁市、新乡市、焦作市、许昌市

续表 2-1

各经济区 人均 GDP(美元)	序号	标准经济区所含城市
4000—8000 美元	60	四平市、通辽市、长春市、辽源市
	61	三亚
	62	海口
	63	榆林市、延安市
	64	哈尔滨市、吉林市、松原市、大庆市、绥化市
	65	温州市、台州市、丽水市
	66	嘉峪关市、酒泉市
	67	盘锦市、大连市、锦州市、营口市、阜新市、朝阳市、葫芦岛市
	68	唐山市、秦皇岛市、承德市、廊坊市
	69	济南市、淄博市、泰安市、莱芜市、德州市、聊城市
	70	厦门市、泉州市、漳州市、龙岩市
	71	南京市、扬州市、镇江市、泰州市、马鞍山市、滁州市
	72	沈阳市、鞍山市、抚顺市、本溪市、丹东市、辽阳市、铁岭市
	73	乌鲁木齐市、克拉玛依市、吐鲁番地区、哈密地区、昌吉回族自治州、巴音郭楞蒙古自治州、克孜勒苏柯尔克孜自治州、阿勒泰地区
	74	海西蒙古族藏族自治州、玉树藏族自治州
	75	江门市、珠海市、阳江市、中山市
	76	青岛市、烟台市、潍坊市、威海市、日照市
	77	杭州市、绍兴市、金华市、衢州市、黄山市
8000 美元以上	78	东营市、滨州市
	79	包头市、呼和浩特市、鄂尔多斯市、巴彦淖尔市、乌海市
	80	苏州市、无锡市、常州市、南通市、嘉兴市、湖州市
	81	宁波市、舟山市
	82	广州市、韶关市、深圳市、佛山市、惠州市、汕尾市、河源市、清远市、东莞市

注:未包括直辖市和台湾地区。

从分类结果中可以看到,人均 GDP 在 4000 美元以下的标准经济区在整个标准经济区域总数所占比重接近 67%,其中 2000 美元以下的地区在整个标准经济区域总数所占比重接近 30%。这说明中国的经济相对不发达地区所占的比重过大。同样在中国,人均 GDP 在 8000 美元以上的标准经济区也存在,这反映出我国整个区域经济差异过大的现状。

三、四大经济区

(一)东北地区

东北地区包括黑龙江省(黑)、吉林省(吉)、辽宁省(辽),共3个省。

1.黑龙江省

黑龙江省北部和东部以黑龙江和乌苏里江与俄罗斯接壤,西部与南部分别与内蒙古自治区和吉林省相邻。西部属松嫩平原,东北部为三江平原,北部、东南部为山地。黑龙江省有副省级城市一座:哈尔滨;国务院批准的较大的市一座:齐齐哈尔;具有独立立法权的城市两座:哈尔滨、齐齐哈尔;区域性中心综合型城市四座:哈尔滨、齐齐哈尔、牡丹江、佳木斯。

2.吉林省

吉林省位于中国东北中部,处于日本、俄罗斯、朝鲜、韩国、蒙古与中国东北部组成的东北亚几何中心地带。北接黑龙江省,南接辽宁省,西邻内蒙古自治区,东与俄罗斯接壤,东南部以图们江、鸭绿江为界,与朝鲜民主主义人民共和国隔江相望。吉林省是我国重要的工业基地,加工制造业比较发达,汽车、石化、农产品加工为三大支柱产业,装备制造、光电子信息、医药、冶金建材、轻工纺织具有自身优势特色。

3.辽宁省

辽宁省位于我国东北地区南部,南临黄海、渤海,东与朝鲜一江之隔,与日本、韩国隔海相望,是东北地区唯一的既沿海又沿边的省份,也是东北及内蒙古自治区东部地区对外开放的门户。辽宁省是我国重要的老工业基地,是全国工业门类最为齐全的省份,是我国最早实行对外开放政策的沿海省份之一,也是我国近代开埠最早的地区之一,是中华民族和中华文明的发源地、新中国工业崛起的摇篮,被誉为"共和国长子"、"东方鲁尔"。

(二)东部地区

东部地区包括北京市(京)、天津市(津)、河北省(冀)、上海市(沪)、江苏省(苏)、浙江省(浙)、福建省(闽)、山东省(鲁)、广东省(粤)、海南省(琼)、香港特别行政区(港)、澳门特别行政区(澳)、台湾省(台),共13个省(市、区)。

1.北京市

北京市是中华人民共和国首都、直辖市和国家中心城市,中国的政治中心、文化中心,中国经济、金融的决策和管理中心,中华人民共和国中央人民政府和全国人民代表大会所在地,具有重要的国际影响力,也是世界上最大的城市之一。按2010年世界银行划分世界上不同国家和地区的贫富程度标准来看,北京实现的人均GDP已处于上中等富裕国家地区的上游,接近富裕国家地区的水平。

2.天津市

天津市是中国北方经济中心、环渤海地区经济中心、中国北方国际航运中心、中国北方国际物流中心、国际港口城市和生态城市、国际航运融资中心。天津地处华北平原北部,自古因漕运而兴起,明永乐二年十一月二十一日(1404年12月23日)正式筑城,是中国古代唯一有确切建城时间记录的城市。天津位于华北平原海河五大支流汇流处,东临渤海,北依燕山,海河在城中蜿蜒而过,是天津的母亲河。天津滨海新区被誉为"中国经济第三增长极"。2014年12月12日,位于天津市滨海新区的中国(天津)自由贸易试验区正式获得国家批准设立,将于2015年3月1日挂牌。中国(天津)自由贸易试验区为中国北方唯一的自贸区。

3. 河北省

河北省地处华北,漳河以北,东临渤海、内环京津,西为太行山地,北为燕山山地,燕山以北为张北高原,其余为河北平原。东南部、南部衔山东、河南两省,西倚太行山,与山西省为邻,西北与内蒙古自治区交界,东北部与辽宁接壤。河北省唐山港、黄骅港、秦皇岛港均跻身亿吨大港行列。铁路、公路货物周转量居中国大陆首位。2013 年,京津冀一体化上升为重大国家战略。

4. 上海市

上海市位于中国大陆海岸线中心的长江入海口,东临东海,南濒杭州湾,西与江苏、浙江两省相接,共同构成以上海为龙头的中国第一大经济区——"长三角经济圈"。上海是中国最著名的工商业城市、国际都会、国家中心城市,是中国的经济、交通、科技、工业、金融、贸易、会展和航运中心。上海的 GDP 总量居中国城市之首,上海港货物吞吐量和集装箱吞吐量均居世界第一。上海具有深厚的近代城市文化底蕴和众多的历史古迹,成功举办了 2010 年世界博览会,并致力于在 2020 年建成国际金融、航运和贸易中心。上海的区域性自由贸易园区中国(上海)自由贸易试验区位于浦东境内,于 2013 年 8 月 22 日经国务院正式批准设立,并在同年 9 月 29 日上午 10 时正式挂牌。

5. 江苏省

江苏省辖江临海,扼淮控湖,经济繁荣,教育发达,文化昌盛,地跨长江、淮河南北,拥有吴、金陵、淮扬、中原四大多元文化及地域特征。江苏地处中国东部,地理上跨越南北,气候、植被也同样具有南方和北方的特征。江苏省东临黄海,与上海市、浙江省、安徽省、山东省接壤。江苏与上海、浙江共同构成的长江三角洲城市群已成为 6 大世界级城市群之一。

6. 浙江省

浙江省地处中国东南沿海长江三角洲南翼,东临东海,南接福建,西与江西、安徽相连,北与上海、江苏接壤。境内最大的河流——钱塘江,因江流曲折,称之江,又称浙江,省以江名。浙江省的大米、茶叶、蚕丝、柑桔、竹品、水产品在中国占重要地位,被称为"丝绸之府"和"鱼米之乡"。浙江是一个渔业大省,渔业已由传统生产型过渡到捕涝、养殖、加工一体化,内外贸全面发展的产业化经营。石浦渔港、沈家门渔港在中国最早四大中心渔港中占两席,海洋捕捞量居中国之首。浙江也是中国经济最活跃的省份之一,以民营经济的发展带动经济的起飞,形成了具有鲜明特色的"浙江经济",截至 2013 年,人均居民可支配收入连续 21 年位居中国第一。

7. 福建省

福建省位于中国东南沿海,东北与浙江省毗邻,西北与江西省接界,西南与广东省相连,东隔台湾海峡与台湾岛相望。福建依山傍海,90％陆地面积为丘陵地带,森林覆盖率全国第一;海岸曲折,岛屿众多。福建位于东海与南海的交通交冲,由海路可以到达南亚、西亚、东非,是历史上海上丝绸之路的起点,也是海上商贸集散地,是全国最大的侨乡。

8. 山东省

山东省位于中国东部沿海、黄河下游、京杭大运河的中北段,西部连接内陆,是华东地区的最北端省份。西部连接内陆,从北向南分别与河北、河南、安徽、江苏四省接壤;东部山东半岛伸入黄海,北隔渤海海峡与辽东半岛相对、拱卫京津与渤海湾,东隔黄海与朝鲜半岛相望,东南则临靠较宽阔的黄海,遥望东海及日本南部列岛。山东是中国的经济大省、人口第二大省、中国温带水果之乡,国内生产总值列全国第三,占中国 GDP 总量的 1/9。2013 年,山东与广东、江苏,一起被评为中国最具综合竞争力省区。

9. 广东省

广东省的 GDP 值已超越台湾,成为中国经济最发达、文化最开放的省份。广东经济以制造业和第三产业为主,是中国第一经济强省,走在中国经济改革开放的前列,连续十几年经济领先中国其他省份。广东省以中国第一经济大省的地位,在许多经济指标上都列各省第一位,如地区生产总值、社会消费品零售总额、居民储蓄存款、专利申请量、税收、进出口总额、旅游总收入、移动电话拥有量、互联网用户、货物运输周转总量等。

10. 海南省

海南省位于中国最南端,北以琼州海峡与广东省划界,西临北部湾与越南相对,东濒南海与台湾地区相望,东南和南边在南海中与菲律宾、文莱和马来西亚为邻。海南省的管辖范围包括海南岛和西沙群岛、南沙群岛、中沙群岛的岛礁及其海域。海南省是中国国土面积(陆地面积加海洋面积)第一大省,海南经济特区是中国最大的省级经济特区和唯一的省级经济特区,海南岛是仅次于台湾岛的中国第二大岛。

11. 香港特别行政区

香港特别行政区,全称为中华人民共和国香港特别行政区,是国际大都市,仅次于伦敦和纽约的全球第三大金融中心,与美国纽约、英国伦敦并称"纽伦港"。香港地处中国华南、珠江口东侧,濒临南中国海。由香港岛、九龙半岛、新界(包括大屿山及 230 余个大小岛屿)组成。北隔深圳河与广东深圳相接;西与澳门隔海相望,相距仅 60 千米左右。1840 年之前的香港还是一个小渔村。1842—1997,香港沦为英国殖民地。第二次世界大战后,香港经济和社会迅速发展,不仅成为亚洲四小龙之一,也是全球最富裕、经济最发达和生活水准最高的地区之一。香港是亚洲重要的金融、服务和航运中心,以廉洁的政府、良好的治安、自由的经济体系以及完善的法制闻名于世。1997 年 7 月 1 日,中华人民共和国正式对香港恢复行使主权。

12. 澳门特别行政区

澳门特别行政区,全称为中华人民共和国澳门特别行政区。北邻广东省珠海市,西与珠海市的湾仔和横琴对望,东与香港隔海相望,相距 60 千米,南临南中国海。1553 年,葡萄牙人取得澳门居住权,并将此辟为殖民地。经过 400 多年欧洲文明的洗礼,东西方文化的融合共存使澳门成为一个风貌独特的城市,留下了大量的历史文化遗迹。澳门历史城区于 2005 年 7 月 15 日正式成为联合国世界文化遗产。1999 年 12 月 20 日中国政府恢复对澳门行使主权。澳门回归中国之后,经济迅速增长,比往日更繁荣,是一国两制的成功典范。澳门是一个国际自由港,是世界人口密度最高的地区之一,也是世界四大赌城之一。其著名的轻工业、旅游业、酒店业和娱乐场使澳门长盛不衰,成为全球最发达、富裕的地区之一。

13. 台湾地区

台湾地区位于中国东南沿海,北临东海,东临太平洋,南临南海,西隔台湾海峡与福建省相望,总面积约 3.6 万平方千米,由台湾岛及兰屿、绿岛、钓鱼岛等 21 个附属岛屿和澎湖列岛等 64 个岛屿构成。1949 年后所称的台湾地区还包括靠近大陆的金门与马祖等岛屿,为中国的"多岛之省",其中台湾岛面积为 35873 平方千米,占全省总面积的 90% 以上,是中国第一大岛。台湾扼西太平洋航道中心,是中国与太平洋地区各国海上联系的重要经贸、交通枢纽,也是军事战略要地。台湾海峡为中国南北方之间的海上交通要道,是中国东南沿海的天然屏障。

(三)中部地区

中部地区包括山西省(晋)、安徽省(皖)、江西省(赣)、河南省(豫)、湖北省(鄂)、湖南省(湘),共6个省。

1. 山西省

山西省位于太行山之西,黄河以东。山西因居太行山之西而得名,自古被称为"表里山河"。西矿产资源丰富,已发现矿种120种,其中,查明资源储量的有70种,保有资源储量居全中国前十位的有36种。具有资源优势的矿产有煤、煤层气、铝土矿、铁矿、铜矿、金红石、白云岩、耐火粘土、灰岩、芒硝、石膏、硫铁矿等13种,其中,煤炭保有资源储量2767.85亿吨,煤层气保有资源储量1825.16亿立方米,铝土矿保有资源储量14.16亿吨。此外,锰、银、金、石墨、膨润土、高岭岩、石英岩(优质硅石)、含钾岩石、花岗岩、沸石等10种矿产资源储量也较丰富。

2. 安徽省

安徽省农业历史悠久,从新中国成立以来出土文物中发现的烧焦稻谷、炭化麦粒,盛酒陶鬲、酒杯,石制及铁制农具以及牛、马、羊等角骨的化石考证,早在四五千年以前的新石器时代,先民已在江淮这片土地上从事农牧业生产了。安徽是中国重要的农产品生产、能源、原材料和加工制造业基地,汽车、机械、家电、化工、电子、农产品加工等行业在全国占有重要位置。

3. 江西省

江西省位于长江中下游南岸,中国东南部。东临浙江、福建,南连广东,西接湖南,北毗湖北、安徽而共接长江。江西省境内最大河流为赣江,自南向北纵贯全境,注入中国第一大淡水湖——鄱阳湖,森林覆盖率达63.1%,居中国第二。江西粮食作物以稻子为主,次为小麦。还盛产油菜、油茶、茶叶、黄麻、苎麻和柑橘。茶叶多产于北部山地,"宁红"、"婺绿"均为茶中名产。主要工业为有色冶金、煤炭、钢铁、机械制造、化肥等。景德镇的瓷器工艺历史悠久,产品驰名中外。

4. 河南省

河南省地处中国中东部、黄河中下游,与山东、河北、山西、陕西、湖北、安徽接壤,承东启西、联南望北。河南是中国重要的经济大省、交通中心和物流枢纽,2013年国内生产总值继续位列全国第五位、中西部首位,铁路、高速公路、高速铁路通车总里程均居全国首位。

5. 湖北省

湖北省位于位于中国中部、长江中游,北接河南,东连安徽,东南和南面邻江西、湖南,西连重庆,西北与陕西为邻。汉江自西北向东南,汇入长江,在湖北中部形成江汉平原。湖北省是国家"中部崛起"战略的支点、中心,全国交通航运枢纽。其省会武汉是华中地区最大的城市,也是唯一的副省级市和区域中心城市。

6. 湖南省

湖南省位于长江中游南部,东邻江西,北交湖北,西连重庆、贵州,南接广东、广西,省会为长沙市。全省地势东南西三面环山,东有罗霄山脉,南有南岭,西有武陵、雪峰山脉;北部为洞庭湖平原;中部多为丘陵、盆地。湖南物产富饶,素有"湖广熟,天下足"之誉,是著名的"鱼米之乡"。

(四)西部地区

西部地区包括内蒙古自治区(内蒙古)、广西壮族自治区(桂)、重庆市(渝)、四川省(川或蜀)、贵州省(贵或黔)、云南省(云或滇)、西藏自治区(藏)、陕西省(陕或秦)、甘肃省(甘或陇)、青海省(青)、宁夏回族自治区(宁)、新疆维吾尔自治区(新),共 12 个省(市、区)。

1. 内蒙古自治区

内蒙古自治区位于中国北部边疆,由东北向西南斜伸,东南西与 8 省区毗邻,北与蒙古国、俄罗斯接壤,国境线长 4200 千米。该地区东部草原辽阔,西部沙漠广布,主要山脉有大兴安岭、贺兰山、乌拉山和大青山,已探明矿藏 60 余种,稀土、煤、银等储量巨大。内蒙古是中国经济发展最快的省市区之一,其边境口岸众多,与京津、东北、西北经济技术合作关系也很密切。截止 2011 年 12 月 16 日,内蒙古公路总里程达到 15.7 万千米。一个全线贯通东西南北、联通俄罗斯和蒙古国的公路网络初步形成。"十二五"期间,国家重点支持内蒙古公路建设及有利于内蒙古综合运输体系发展的综合运输枢纽的建设。2015 年,内蒙古公路总里程将达到 17 万千米。

2. 广西壮族自治区

广西壮族自治区是西南地区最便捷的出海通道,也是中国西部资源型经济与东南开放型经济的结合部,在中国与东南亚的经济交往中占有重要地位,是中国与东盟之间唯一既有陆地接壤又有海上通道的省区,是华南通向西南的枢纽,是全国唯一的具有沿海、沿江、沿边优势的少数民族自治区。省会南宁是东盟十国和中国团结合作的聚会地点,素有"绿城"之美称。

3. 重庆市

重庆市是长江上游地区经济中心、金融中心和创新中心,以及政治、航运、文化、科技、教育、通信中心,是全国综合交通枢纽,西部最大水上交通枢纽。重庆是内陆出口商品加工基地和扩大对外开放先行区,国家重要的现代制造业基地和高新技术产业基地,长江上游科研成果产业化基地和生态文明示范区,中国中西部地区发展循环经济示范区,国家实行西部大开发的涉及地区和国家统筹城乡综合配套改革试验区。重庆拥有国家级新区——两江新区、渝新欧国际铁路、两路一寸滩保税港区、西永综合保税区。

4. 四川省

四川省位于西南腹地,地处长江上游,拥有西南地区最大平原——成都平原。省会成都为中西部第一大城市,是中国西部的门户,兼西南地区的政治、经济、文化、科教、交通、航空、军事及国际交往中心。四川今与重庆、贵州、云南、西藏、青海、甘肃、陕西诸省市交界,东部为川东平行岭谷和川中丘陵,中部为成都平原,西部为川西高原。四川资源丰富,现拥有已探明储量的矿产资源 132 种,占全国资源种数的 70%,为全国的资源、能源大省,是川气东送的起点。因物产丰富,资源富集而被誉为"天府之国"。

5. 贵州省

贵州省位于中国西南的东南部,东毗湖南,南邻广西,西连云南,北接重庆和四川,资源富集,发展潜力巨大。贵州基本形成以贵阳为中心,沟通贵州各市县的公路网。西南第一条高等级公路——贵阳至黄果树公路已建成通车,并有贵阳至遵义、贵阳至广西新寨的高等级公路。2014 年,毕水高速与六六高速通车后,贵州将形成"以贵阳为中心放射,八个中心城市环线"的格局,贵州交通不便的传统形象已成为历史。

6. 云南省

云南省位于中国西南边陲,分别与四川、贵州、广西、西藏等省区毗邻,与缅甸、老挝和越南三国接壤,北回归线从该省南部横穿而过。云南东与广西壮族自治区和贵州省毗邻,北以金沙江为界与四川省隔江相望,西北隅与西藏自治区相连,西部与缅甸唇齿相依,南部和东南部分别与老挝、越南接壤,共有陆地边境线 4061 千米。

7. 西藏自治区

西藏自治区北临新疆维吾尔自治区,东北连接青海省,东连四川省,东南与云南省相连;南边和西部与缅甸、印度、不丹、锡金和克什米尔等国家和地区接壤,形成了中国与上述国家和地区边境线的全部或一部分,全长近 4000 千米。

8. 陕西省

陕西省位于中国内陆的腹地,属于黄河中游和长江上游。东邻山西、河南,西连宁夏、甘肃,南抵四川、重庆、湖北,北接内蒙古,为连接中国东、中部地区和西北、西南的重要枢纽。陕西省矿产资源分布区域特色明显:陕北和渭北以优质煤、石油、天然气、水泥灰岩、粘土类及盐类矿产为主;关中以金、钼、建材矿产和地下热水、矿泉水为主;陕南秦岭巴山地区以黑色金属、有色金属、贵金属及各类非金属矿产为主。陕西省已查明矿产资源储量潜在总价值 42 万亿元,约占全国的 1/3,居全国之首。

9. 甘肃省

甘肃省地处黄河上游,东接陕西,南控巴蜀、青海,西倚新疆,北扼内蒙古、宁夏。古属雍州,是丝绸之路的锁匙之地和黄金路段,与蒙古接壤,跨越中国中部的黄土高原、青藏高原和内蒙古高原。甘肃省能源种类较多,除煤炭、石油、天然气外,还有太阳能、风能等新能源。2013年,甘肃省 GDP 达 6268 亿元。经过新中国成立以来的开发建设,甘肃已形成了以石油化工、有色冶金、机械电子等为主的工业体系,成为中国重要的能源、原材料工业基地。

10. 青海省

青海省位于祖国西部,雄踞世界屋脊——青藏高原的东北部。青海北部和东部同甘肃省相接,西北部与新疆维吾尔族自治区相邻,南部和西南部与西藏自治区毗连,东南部与四川省接壤。2013 年青海地区生产总值 2101.05 亿元,按可比价格计算,比 2012 年增长 10.8%,增速在全国各省(市、区)中列第 9 位。

11. 宁夏回族自治区

宁夏回族自治区位于"丝绸之路"上。在中国自然区划中,宁夏跨东部季风区域和西北干旱区域,西南靠近青藏高寒区域,大致处在中国三大自然区域的交汇、过渡地带。在中国国土开发整治的地域划分上,宁夏位于中部重点开发区的西缘或西部待开发区的东缘,是以山西为中心的能源重化工基地和黄河上游水能矿产开发区的组成部分,北部和中部系"三北"防护林建设工程的重点地段,南部属于黄土高原综合治理区和"三西"地区的范围。

12. 新疆维吾尔自治区

新疆维吾尔自治区位于亚欧大陆中部,地处中国西北边陲,周边与俄罗斯、哈萨克斯坦、吉尔吉斯斯坦、塔吉克斯坦、巴基斯坦、蒙古、印度、阿富汗等 8 个国家接壤;陆地边境线长达5600 多千米,占中国陆地边境线的 1/4,是中国面积最大、陆地边境线最长、毗邻国家最多的省区。境内与甘肃、青海、西藏相邻。新疆沙漠广布,石油、天然气丰富,是西气东输的起点、中国西部大开发的主要阵地。

任务二 区域物流概况

一、区域物流的概念

区域物流是相对于国际物流而言的,是指一个国家范围内的物流,或一个经济区域的物流,或一个城市的物流,它们都处于同一法律、规章、制度之下,都受相同文化及社会因素影响,都处于基本相同的科技水平和装备水平之中,因而都有其独特的特点,都有其区域的特点。研究各个国家的物流,找出其区别及差异所在,找出其连结点和共同因素,这是研究国际物流的重要基础。物流有共性,但不同国家有其特性。

二、区域物流基本特征

区域物流在很大程度上指的是地区物流、地方物流,主要具有以下一些基本特征:

(一)空间资源分布的差异性

空间资源分布的差异性是形成区域物流的经济基础。空间资源包括自然资源和社会资源。自然资源是天然形成的,如土地、山脉、河流、湖泊、海洋、森林、矿产、耕地、水源、日照、风雨雷电等,并非人力所能轻易改变。社会资源是指劳动力、资金、科技教育、各种知识、经营管理、专门人才、工艺水平、文化习俗、风土人情乃至思想观念等,是在长期历史过程中形成的,各地都有自身的特殊性。每个不同的区域都存在由特定的自然资源和社会资源所构成的空间资源。任何一个国家或地区的空间资源分布都不可能完全等量、均质,因而在现实生活中,区域物流就表现出了巨大的差异性和多样性。当然,在一个物流区域内部,空间资源分布也是有差异的,但大体相同,否则就不会成为同一个物流区域了。

(二)物流发展程度的差异性

物流发展程度的差异性是划分物流区域的重要标准。物流服务水平的高低总是与社会经济发展程度相适应的,因此,物流区域的划分主要根据经济发展程度来确定,而经济发展程度又主要考察 GDP(GNP)、人均 GDP(人均 GNP)、财政收入(人均财政收入)、固定资产投资规模、社会消费水平、劳动生产率等经济指标。在现实经济生活中,经济发展程度相差悬殊的地区将形成各自不同的物流区域,换句话说就是在一个物流区域内部,物流在不同地方的发展程度是相近的,而不同的物流区域其物流发展程度往往差距很大。物流发展程度与空间资源分布状况联系紧密,丰富的自然资源是物流得以发展的必要条件,而充足的社会资源则是提高物流发展程度的经济基础。

(三)物流利益的相对独立性

毫无疑问,区域物流尤其是地区物流、地方物流,作为区域经济大系统的子系统,都是相对独立的经济利益主体,每个区域或地区都有其自身的经济利益。区域物流的形成与物流水平的提高是区域或地区经济利益的反映,因而,区域或地区之间的物流竞争是合理的,符合市场经济发展要求,有利于提高整个国民经济发展水平,应当受到鼓励、保护和正确引导。但在一国之内,区域物流应当接受国家宏观调控,相互之间的支持、帮助也是必要的。即使经济发达地区,长期以来也得到了经济落后地区在自然资源、劳动力、资金等多方面的帮助,其发展起来后对落后地区的支持和帮助也是义不容辞的;另外,经济发达地区发展到一定水平后,在市场经济规律的作用下也会产生生产要素由发达地区向相对落后地区流动的需要。只有这样,才能实现区域经济的共同、协调与可持续发展。

(四)物流系统的完整性

在当今信息时代,区域物流内部由于自然资源基础和社会资源现实的不同,都形成了自身的物流系统,而且具有一定的完整性。每一个区域物流都追求区域内各种物流活动结构上的合理组合与功能上的互补配套,对区域内外资源进行调剂余缺、优化配置,从而推动区域整体物流的增长与发展,产生任何单一经济组织都无法取得的物流效果。因此,尽管不同区域物流系统内涵和完整性有所不同,区域物流实质上是由区域内各种物流活动相互联系、相互制约而形成的具有自身结构和功能特色的物流系统。换言之,有的区域物流系统完整性可能高一些,有的区域物流系统完整性可能低一些,但都有一定的物流系统。

三、我国典型经济区域

(一)环渤海经济区

环渤海地区,是指环绕着渤海全部及黄海的部分沿岸地区所组成的广大经济区域。环渤海地区位于中国沿太平洋西岸的北部,是中国北部沿海的黄金海岸,在中国对外开放的沿海发展战略中,占重要地位,包括北京、天津两大直辖市及辽宁、河北、山西、山东和内蒙古中部地区,共五省(区)二市。全区陆域面积达 112 万平方千米,总人口 2.6 亿人,共有城市 157 个,约占全国城市的 1/4,其中城区人口超百万的城市有 13 个。环渤海经济区是一个复合的经济区,由三个次级的经济区组成,即京津冀圈、山东半岛圈和辽宁半岛圈。

1. 地理区位

环渤海地区处于东北亚经济圈的中心地带,向南,它联系着长江三角洲、珠江三角洲、港澳台地区和东南亚各国;向东,它沟通韩国和日本;向北,它连接着蒙古国和俄罗斯远东地区。这种独特的地缘优势,为环渤海区域经济的发展和开展国内外多领域的经济合作提供了有利的环境和条件,成为海内外客商新的投资热点地区。

2. 自然资源

环渤海地区拥有丰富的海洋资源、矿产资源、油气资源、煤炭资源和旅游资源,也是中国重要的农业基地,耕地面积达 2656.5 万公顷,占全国耕地总面积的 1/4,粮食产量占全国的 23% 以上。

3. 交　通

环渤海地区拥有 40 多个港口,构成了中国最为密集的港口群。环渤海地区是中国交通网络最为密集的区域之一,是我国海运、铁路、公路、航空、通讯网络的枢纽地带,交通、通讯连片成网,形成了以港口为中心、陆海空为一体的立体交通网络,成为沟通东北、西北、华北经济和进入国际市场的重要集散地。下面以东北地区为例介绍交通建设情况。

(1)区域骨架公路网。区域骨架公路网布局归纳为"五纵、八横、两环、十联",总里程为 1.4 万千米,其中包括国家高速公路 9450 千米。

①五纵:鹤岗—佳木斯—牡丹江—敦化—通化—丹东—大连;
　　　　同江—哈尔滨—长春—四平—沈阳—锦州—山海关;
　　　　嘉荫—伊春—绥化—哈尔滨—吉林—梅河口—沈阳—大连(旅顺);
　　　　黑河—明水—大庆—松原—双辽—阜新—朝阳—承德;
　　　　嫩江—齐齐哈尔—白城—通辽—彰武—沈阳—本溪—丹东。

②八横:鹤岗—伊春—北安—嫩江—加格达奇;
　　　　鸡西—林口—方正—通河—铁力—绥棱—海伦—拜泉;
　　　　绥芬河—牡丹江—哈尔滨—大庆—齐齐哈尔—阿荣旗;
　　　　珲春—敦化—吉林—长春—松原—白城—乌兰浩特;
　　　　抚松(松江河)—辉南—长春—双辽;
　　　　集安—通化—梅河口—辽源—四平—双辽—通辽;
　　　　通化—抚顺—沈阳—新民—阜新;

丹东—海城—盘锦—锦州—朝阳—赤峰。

③两环：铁岭—抚顺—本溪—辽阳—辽中—新民—铁岭(辽中环线)；

农安—德惠—九台—双阳—伊通—公主岭—农安(长春经济圈环线)。

④十联：北安—齐齐哈尔；哈尔滨—明水；五常—尚志—延寿—方正；大蒲柴河—桦甸—双阳—长春；伊通—辽源；沈阳—法库—康平—四平；阜新—锦州；庄河—盖县；绥中—凌源；大连大窑湾疏港路。

(2)沿海港口。沿海港口形成以大连港和营口港为主枢纽港,丹东港和锦州港为地区性重要港口,其他中小港口为补充的沿海港口分层次布局;并形成集装箱运输系统、外贸进口原油运输系统、外贸进口铁矿石运输系统、粮食运输系统和成品油运输系统。

(3)内河航道。内河航道总计 7687 千米,规划布局分为重要航道和一般航道。重要航道包括松花江大安至同江 976 千米、黑龙江界河段 1890 千米和第二松花江吉林以下 370 千米,总计 3236 千米。其他河流航道和湖泊、库区航道为一般航道,共计 4451 千米。

内河港口规划布局分重点港口和一般港口,重点港口包括哈尔滨、佳木斯、同江、黑河、富锦、吉林、抚远、大安等港。

(4)区域公路运输枢纽。区域公路运输枢纽共计 20 个,具体包括辽宁的沈(阳)扶(顺)、大连、锦州、丹东、营口、鞍山;吉林的长春、吉林、四平、延吉、白城、通化、松原;黑龙江的哈尔滨、齐齐哈尔、佳木斯、牡丹江、大庆、绥化、黑河。

4.工业

环渤海地区是中国最大的工业密集区,是中国的重工业和化学工业基地,有资源和市场的比较优势。环渤海地区科技力量最强大,仅京津两大直辖市的科研院所、高等院校的科技人员就占全国的 1/4。科技人才优势与资源优势将对国际资本产生强大的吸引力。

(二)长三角经济区

长江三角洲北起江苏徐州,南抵浙江温州,西至安徽合肥,东到海边,包括上海市、江苏省、浙江省。长江三角洲地区区位条件优越,自然禀赋优良,经济基础雄厚,体制比较完善,城镇体系完整,科教文化发达,已成为全国发展基础最好、体制环境最优、整体竞争力最强的地区之一,在中国社会主义现代化建设全局中具有十分重要的战略地位。历经新中国成立以来多个历史阶段的发展,长三角以全国 2.1%的陆地面积、11%的人口,创造了全国 21.7%的国内生产总值、24.5%的财政收入、47.2%的进出口总额,已成为中国经济社会发展水平最高、综合实力最强、城镇体系较为完备的区域。

1.地理区位

根据国务院 2010 年批准的《长江三角洲地区区域规划》,长江三角洲包括上海市、江苏省和浙江省,区域面积 21.07 万平方千米。其中陆地面积 186802.8 平方千米、水面面积 23937.2 平方千米。

2.自然资源

长三角地区的矿产资源主要分布于江苏、浙江两省,其中江苏的矿产资源相对丰富,有煤炭、石油、天然气等矿产能源和大量的非金属矿产,另外还有一定数量的金属矿产。长三角地区生态系统类型复杂,地表覆盖多样,包括三角洲平原及周边丘陵山地,天然的水环境良好,多年平均当地水资源量为 537.79 亿立方米,长江干流多年平均过境水量 9730 亿立方米,水资源丰富。长江总体水质尚好,主泓水质多为Ⅱ类,沿岸部分具有Ⅲ类水。

3. 交通

(1)铁路。长三角地区铁路有京沪铁路、沪宁高铁、沪杭高铁、宁杭高铁、京沪高铁、宁启铁路、沪杭铁路、浙赣铁路、沪蓉高铁合宁段、甬台温铁路、新长铁路、陇海铁路、沪通铁路、连盐铁路、江苏沿海铁路、宁安城际铁路、连淮扬镇铁路、杭黄高铁等铁路线。

(2)公路。长三角地区公路有沪昆高速公路、沿海高速公路、宁杭高速公路、杭绍甬高速公路、苏绍高速公路、绍诸高速公路、嘉绍高速公路、沪宁高速公路、苏嘉杭高速公路、宁合高速公路、宁通高速公路、宁马高速公路、甬舟高速公路、沪常高速公路、苏州绕城高速公路、锡澄高速公路、常州西绕城高速、江苏沿江高速公路、上三高速公路、甬台温高速公路、扬溧高速公路、京沪高速公路、宁淮连高速公路、宁宿徐高速公路、宁靖盐高速公路、同三高速公路、盐徐高速公路、连徐高速公路等公路。

(3)机场。长三角地区机场有上海浦东国际机场、上海虹桥国际机场、南京禄口国际机场、苏南硕放国际机场、常州奔牛机场、徐州观音国际机场、南通兴东机场、淮安涟水机场、连云港白塔埠机场、盐城南洋国际机场、扬州泰州机场、杭州萧山国际机场、宁波栎社国际机场、舟山普陀山机场、温州龙湾国际机场、台州路桥机场、义乌机场、衢州机场、合肥新桥国际机场等机场。

(4)航运。长三角地区航运港口有上海港、南京港、无锡港、常州港、徐州港、扬州港、镇江港、泰州港、芜湖港、苏州港、南通港、南通洋口港、盐城大丰港、连云港、宁波港、绍兴港、舟山港、台州港、温州港、滁州港、乍浦港、马鞍山港等港口。

4. 工业

长三角地区的工业主要是以上海为龙头的江苏、浙江经济带,这里是中国经济发展速度最快、经济总量规模最大、最具有发展潜力的经济板块。有包括万向集团、金山石化、扬子乙烯、大众汽车、上海贝尔、东方通信等在内的数千家巨人型企业。长三角经济区 2013 年地区生产总值已经达 12 万亿元,但面积只有 21 余万平方千米,占中国版图面积的 2%。长三角地区GDP 占全国 GDP 总量的 40%,长江经济带就是要以长三角为龙头带动长江沿岸发展,如果这个经济带快速发展起来就能带动整个中国经济。

(三)珠三角经济区

珠三角经济圈又称为珠三角都市经济圈或珠三角经济区,是指位于中国广东省珠江三角洲区域的由 9 个珠江三角洲经济圈地级市组成的经济圈,这 9 个地级市分别是广州市、深圳市、珠海市、佛山市、惠州市、肇庆市、江门市、中山市和东莞市。此外,珠三角经济都市经济圈也同时包括香港和澳门两个城市。珠三角经济区最早由广东省政府在 1994 年确立,其发展主要得益于邻近香港,香港一直是珠三角经济区的主要投资来源。据中华人民共和国国家发展和改革委员会公布的数据,2005 年,珠三角都市经济圈 9 个地级市的国内生产总值(GDP)为18116.74 亿元人民币,约占中国经济总量的 9.2%,是仅次于长三角都市经济圈、环渤海经济圈的中国第三大经济总量的都市经济圈。现在,珠三角经济区正打造 2020 年粤港澳世界城市群,将形成“大珠三角”,以经济规模论,“大珠三角”相当于长三角的 1.2 倍。

1. 地理区位

珠江三角洲,简称珠三角,是西江、北江和东江入海时冲击沉积而成的一个三角洲,面积大约 5.6 万平方千米。它位于广东省中南部,珠江下游,毗邻港澳,与东南亚地区隔海相望,海陆交通便利,被称为中国的“南大门”。

2.自然资源

珠江水系年均输沙量达 8000 多万吨,河口附近三角洲仍在向南海延伸。在河口区平均每年可伸展 10~120 米,成为中国重点围垦区之一。该区域多雨季节与高温季节同步,土壤肥沃,河道纵横,对农业有利;水稻单位面积产量在中国名列前茅;热带、亚热带水果有荔枝、柑橘、香蕉、菠萝、龙眼、杨桃、芒果、柚子、柠檬等 50 多种;发展了桑基鱼塘、果基鱼塘、蔗基鱼塘等立体农业结构形式,成为中国生态农业的典范;有制糖、丝织、食品、造纸、机械、化工、建筑材料、造船等工业,有"南海明珠"之称。

3.交通

(1)铁路。珠三角经济区的铁路主要有:京广铁路、京九铁路、广深铁路、广九铁路、广茂铁路、广珠铁路、广梅汕铁路、京广高速铁路、广深港高速铁路、厦深铁路、深茂铁路、南广铁路、贵广铁路。

(2)公路。珠三角经济区的公路主要有:京港澳高速公路、广深高速公路、仁深高速公路、广澳高速公路、广乐高速公路、沈海高速公路、广州绕城高速公路、长深高速公路、深罗高速公路、济广高速公路、广惠高速公路、大广高速公路、二广高速公路、广昆高速公路、珠三角环线高速公路、莞佛高速公路、广河高速公路、广深沿江高速公路、广明高速公路、派街高速公路、潮惠高速公路、潮莞高速公路、龙林高速公路、惠澳高速公路、水官高速公路、从莞深高速公路、惠深沿海高速公路、龙大高速公路、广东西部沿海高速公路、南光高速公路、新化快速路、东新高速公路、广州机场高速公路、广珠西线高速公路、江珠高速公路、新台高速公路、广州环城高速公路、佛山一环高速公路。

(3)机场。珠三角经济区的机场主要有:香港国际机场、澳门国际机场、广州白云国际机场、深圳宝安国际机场、珠海金湾机场、佛山沙堤机场、惠州平潭机场。

4.工业

珠江三角洲地区已经成为世界知名的加工制造和出口基地,是世界产业转移的首选地区之一,初步形成了电子信息、家电等企业群和产业群。珠江三角洲聚集了广东省重要科技资源,是全省高新技术产业的主要研发基地,是中国规模最大的高新技术产业带,是国内乃至国际重要的高新技术产业生产基地。珠三角经济区信息化综合指数 67.6%,高出全省 3.3 个百分点。珠江三角洲地区和深圳市被确定为首批国家级电子信息产业基地,全国第一个 linux 公共技术支持服务中心在此建成并投入使用。

(四)中部经济区

中部经济区位于中国中部的区域,属于经济地理概念,不同于传统地理概念的"华中"、"华中地区"或"华中大区",在 2004 年中国提出《中部崛起计划》以前,还没有特定的范围,属于泛指的概念;既可以指不沿边、不沿海、靠近版图中部的省份,也可以理解为临近中原腹地的地区,广义上包括山西、河南、湖北、湖南、安徽、江西、四川、陕西、重庆、贵州、青海、宁夏回族自治区共计 10 省、1 直辖市和 1 自治区。在中部崛起战略的基础上,区域范围仅包括华北地区的山西,华中地区的河南、湖北、湖南以及华东地区的安徽和江西六省,而上面提到的其他省和区则是西部大开发战略的目标地。

1.地理区位

按照《中部崛起计划》概定的范围,"中部"为经济地理(地缘经济)概念,区域范围仅包括华北地区的山西,华中地区的河南、湖北、湖南以及华东地区的安徽和江西,共计 6 省。

2.自然资源

中部经济区处于中国地理的第一阶梯和第二阶梯,从北到南的地貌依次是黄土高原、华北平原、长江中下游平原和东南丘陵。长江和黄河两条主要河流贯穿中部。长江流域分布着中国五大淡水湖中的三个,即洞庭湖、鄱阳湖和巢湖,其他大型湖泊还有洪湖、大官湖、龙感湖等。由于中部6省跨越中国南北界限,因此气候和环境的南北差异很大。山西和河南地处北方,为温带季风气候;湖北、湖南、江西和安徽地处南方,为副热带季风气候。

3.交通

郑州和武汉为中部经济区最大的铁路枢纽城市,洛阳、南阳、信阳、潢川、株洲、怀化、鹰潭、蚌埠、襄阳等为重要铁路枢纽。中部经济区最重要的铁路是京广铁路,由北至南依次贯穿河南、湖北和湖南三省并经过三省省会。

(1)纵向铁路。

①京广铁路:安阳—鹤壁—新乡—郑州—许昌—漯河—信阳—武汉—岳阳—长沙—株洲—衡阳;

②京九铁路:阜阳—麻城—九江—南昌—赣州;

③大湛铁路:大同—太原—焦作—洛阳—石门—益阳—永州;

④焦柳铁路:焦作—洛阳—南阳—襄阳—宜昌—张家界—怀化。

(2)横向铁路。

①陇海铁路:商丘—郑州—洛阳;

②湘黔—浙赣铁路:怀化—株洲—向塘—鹰潭;

③宁西铁路:合肥—六安—随州—信阳—南阳。

(3)八纵八横铁路网枢纽城市。

①郑州:京广铁路—陇海铁路;京广高铁—徐兰高铁;郑渝高铁、郑合高铁、郑济高铁、郑太高铁;

②武汉:京广铁路—沪汉蓉铁路;

③合肥:沪汉蓉铁路—宁西铁路;郑合高铁;

④蚌埠:京沪铁路—淮南铁路;京沪高铁—合蚌客运专线;

⑤洛阳:陇海铁路—洛湛铁路;郑西高铁(徐兰高铁);

⑥南阳:洛湛铁路—宁西铁路;郑渝高铁;

⑦商丘:陇海铁路—京九铁路;徐兰高铁、商杭高铁;

⑧信阳:京广铁路—宁西铁路;京广高铁;

⑨潢川:京九铁路—宁西铁路。

4.工业

中部地区粮食产量约占中国粮食总产量的40%,这个地区的山西、河南、安徽、江西等省拥有中国最丰富的煤炭资源,该地区的发展无疑有利于提高中国粮食安全和能源安全保障能力,缓解资源约束。河南2013年GDP总值达到32155.86亿元,全国排名第五;湖北2013年GDP总量达到24668.49亿元,全国排名第九;湖南2013年GDP总量达到24501.7亿元,全国排名第十;安徽2013年GDP总量达到19038.9亿元,全国排名第十四;江西2013年GDP总量达到14338.50亿元,全国排名第十九;山西2013年GDP总量达到12602.2亿元,全国排名第二十一。

(五)西三角经济区

1. 地理区位

"西三角(重庆—成都—西安)经济区"的纬度跨越了中国西部南北分界线——秦岭,囊括了中国版图的中心区域,按当前的经济版图的划分习惯,重庆、成都和西安均位于中国西部,三座城市刚好围合成一个指向东北的等腰三角形,故名为"西三角经济区"。"西三角经济区"以这三座城市为三个端点,以渝、川、陕三省份为腹地,并产生一个强大的辐射区,可分为两层,第一层为甘肃、贵州和湖北,第二层为云南、新疆、青海、宁夏和西藏。

2. 自然资源

"西三角"区域内有丰富的自然资源,重庆煤炭、非金属矿产资源丰富;四川整个采矿业都处于全国前列;陕西则拥有大量的煤炭、石油和天然气。

3. 交通

在铁路方面,拟规划形成"重庆—成都—西安—重庆"铁路环线,组成"铁路西三角"。该项目已启动前期研究,建成后,预计重庆到西安的铁路车程最快为两小时。

4. 工业

根据 2008 年的统计数据,"西三角经济圈"的经济总量,是除我国长三角经济区、珠三角经济区和环渤海经济区这三大增长极以外,经济总量最大的一个经济区,这是其一。其二,"西三角经济圈"科技实力雄厚,拥有三大国家级高新技术产业开发区,二十几所国家级科研基地、100 余所普通高等院校,在航天航空、石油化工、机械装备、电子通讯、软件设计、光电、生物医药、软件、新材料、环保、机电一体化等领域拥有强大优势。其三,"西三角经济圈"产业关联度大,带动能力强。在"西三角经济圈"中,支柱产业主要包括汽车摩托车、装备制造、军工制造、软件产业、石油化工、材料工业、电子信息、航天工业等。这些产业的最大特点,就是其产业上下游关联度极高,带动力强,容易形成庞大的产业链,能够向西部其他地区进行产业辐射,其增长极的作用突出。

拓展提升

珠海区域物流中心

一、珠海建成珠三角西部区域物流中心的基本条件

(一)珠海的地理环境

珠海市位于广东省珠江三角洲南端,地处中国经济最发达区域内,位置得天独厚,是我国联系内地与海外,尤其是香港、澳门的一个重要进出口岸,珠海设有国家一类口岸 6 个,拥有国际先进水平的珠海机场和华南第一深水港——珠海港。同时,香港、澳门和深圳完备的交通运输网络,也为珠海的物流业发展提供了有力的支持。因此,珠海发展现代物流业具有其他地区无法比拟的优势。

(二)珠海的经济环境

珠海经过二十几年的改革开放和现代化的发展策略,经济总量已具规模,并且在快速稳定地增长,从 1980 年国内生产总值的 2.6 亿元增长到 2012 年的 1504.1 亿元;工业经济发展良好,经济结构逐步优化,珠海市已初步由边陲渔村发展成现代工业为主的新兴城市,工业对经济发展起到了重要的支撑作用。

（三）珠海物流基础设施建设情况

要发展成为区域物流中心,基础设施建设情况是一个非常重要的因素,珠海的硬件设施已具规模,海陆空交通网已基本建成,珠海完善的交通基础设施为珠海发展物流提供了坚实的物质基础。

1.水路运输基础设施

珠海位于珠江口西岸,地处珠江八大出海口门中的五门汇流入海处,海岸线总长 691 千米,距大西国际水道仅 1 海里,通过西江可实现江海联运,水路交通运输条件十分优越。

2.公路运输基础设施

珠海市成立特区以来,公路建设有了飞速发展,结合城市总体规划,珠海市公路交通初步形成以高等级公路为骨架,以城市为中心,向地区辐射,连接主要城镇、口岸、机场、港口等交通枢纽,对内对外纵横交错、四通八达的公路交通网络。

3.航空运输基础设施

1995 年 6 月建成通航的珠海机场是目前我国规模较大、设计比较先进的主要民用机场之一,机场首期工程设计能力为年航空器起降 10 万架次,年旅客吞吐量 1100 万人次,年货邮吞吐量 40 万吨。2013 年珠海机场年旅客吞吐量为 290 万人,货邮吞吐量为 22160 吨,运输起降 25920 架次。

4.铁路运输基础设施

已经复工建设的广珠铁路为国家一级铁路,是全国铁路网中西南至华南通道的组成部分,将使珠海与全国铁路网络连通,可成为珠海市对外交通的重要通道,主要承担珠海及沿线城镇直达广州及更远的中长距离客运、兼顾沿线城镇间客运,并承担货物运输和港口集疏任务,对珠三角西部地区经济和社会发展具有重要作用。

5.物流信息平台与通讯设施

建立和改善物流信息系统,构筑物流信息平台不仅有助于推进物流业的形成,而且有助于促进物流业向国际化和规模化的方向发展。珠海市虽尚未建立起惠及整个物流业的信息平台和信息网络,但其信息基础设施、信息网络应用及 IT 技术已有相当基础和规模,为发展全市公用物流信息系统提供了有力支持。

二、珠海市建成区域物流中心城市面临的问题

（一）交通基础设施方面还有较大差距

经过二十多年的建设,目前珠海市虽然初步建立起了以空港和海港"双港"为核心的陆海空立体化综合交通运输网络,但综合运输体系尚未建立与完善,主要运输方式之间更未实现紧密衔接与配套,作为物流服务中极为重要的运输环节,在基础设施总量与布局上还有很大差距,制约着珠海现代物流的发展,影响物流市场的发展。

（二）物流信息化亟待提高

物流信息化不仅是发展现代物流业的重要基础,而且已成为现代物流业的核心。珠海市虽然在通讯信息基础设施、网络技术应用与普及等方面有了相当的基础和规模,但是尚未有效地整合物流信息、发挥网络优势,在物流信息化、物流信息平台和物流信息网络等方面的差距更大。

（三）珠海市物流发展的政策尚未配套

虽然珠海市发展现代物流在指导思想上是明确的,也从各个方面采取扶持性措施,支持现

代物流业的发展,但珠海市现代物流业发展的政策环境,如有关物流产业扶持政策,有关发展现代物流的法律、法规、统计标准和措施等还需完善。

项目小结

本项目学习了中国经济区划划分方法及划分情况,我国的主要经济区域的概况,同时也学习了区域物流基础知识。区域物流是相对于国际物流而言的,是指一个国家范围内的物流,或一个经济区域的物流,或一个城市的物流。在研究我国的区域物流之前,首先要对于我国的经各个经济区域有一定的认识,所以对于区域物流的学习必须结合我国经济区域的概况。

项目实训

实训目的:通过实训,使学生知道我国经济区划的划分原则,初步熟悉我国常用的经济区划分区。

实训内容:通过上网查询资料,了解我国各种经济区划的划分方法以及其特点,选择教材中未提及的一种经济区划方法和运用划分结果进行详细介绍。

实训学时:4学时。

实训组织实施:学生分组,以3~4人为一组,对以上实训内容每组提交一份实训报告。

项目习题

一、填空题

1. 所谓经济区划是根据_____的规律、_____和特征的相似性、_____,或者依据国家经济社会的发展目标与任务分工,对国土进行的战略性区划。

2. 经济区划种类有:第一_____,第二_____,第三_____,第四_____。

3. _____沙漠广布,石油、天然气丰富,是西气东输的起点、中国西部大开发的主要阵地。

4. 标准经济区归为四个发展阶段:800—2000美元阶段;_____美元阶段;_____美元阶段;_____美元以上。

5. 区域物流是相对于国际物流而言的,是指一个_____的物流,或一个_____的物流,或一个_____的物流。

二、选择题

1. 下列属于2000—4000美元阶段经济区的地区是(　　)。

A. 大兴安岭地区、黑河市　　　　B. 安庆市、池州市

C. 金昌市、武威市、张掖市　　　D. 达州市、广安市、巴中市

2. 克拉玛依市属于以下那种经济区(　　)。

A. 800—2000美元　　　　　　B. 2000—4000美元

C. 4000—8000美元　　　　　　D. 8000美元以上

3. (　　)经济发达,对中国内地经济的贡献有1/9,经济实力为全国发达的省份之一。

A. 云南省　　　　B. 广东省　　　　C. 山东省　　　　D. 浙江省

4. 物流区域的划分主要根据经济发展程度来确定,而经济发展程度又主要考察( )固定资产投资规模、社会消费水平、劳动生产率等经济指标。

A. GDP、人均 GDP、财政收入

B. 人均 GDP、财政收入

C. GDP、人均 GDP、地方财政收入

D. GDP、财政收入

5. 划分经济区还要考虑有利于( )、有利于民族自治和发展的民族原则、国防建设的需要以及促进合理的国际分工发展。

A. 自然经济社会条件的相似性原则

B. 行政区划界限的一致性原则

C. 国土全覆盖原则

D. 环境保护的生态原则

6. ( )是我国重要的工业基地,加工制造业比较发达,汽车与石化、农产品加工为三大支柱产业,装备制造、光电子信息、医药、冶金建材、轻工纺织具有自身优势特色。

A. 吉林省   B. 广东省   C. 山东省   D. 浙江省

7. 以下哪个不是七大地理经济区之一( )。

A. 华东地区   B. 西南地区   C. 华中地区   D. 东南地区

三、简述题

1. 中国经济区划划分原则是什么?

2. 国内标准经济区划原则是什么?

3. 中国区域物流基本特征有哪些?

4. 简述中国区域物流发展存在的误区。

项目三 中国口岸布局及物流

知识目标

1. 了解口岸基础知识
2. 掌握中国口岸物流概况
3. 掌握中国主要口岸分布

能力目标

1. 基本能区分各种口岸
2. 对口岸物流有基本认识
3. 能记忆一类口岸

任务一 口岸基础知识

一、口岸的概念

口岸是供人员、货物和交通工具出入国境的港口、机场、车站、通道等。口岸的开放和关闭,由国务院或省级人民政府审批后公布实行。凡开放口岸,应根据需要设立边防检查、海关、港务监督、出入境检验检疫等查验机构和国家规定的其他代理服务机构。

口岸原来的意思是指由国家指定的对外通商的沿海港口。但现在,口岸已不仅仅是经济贸易往来(即通商)的商埠,还包括政治、外交、科技、文化、旅游和移民等方面的往来港口;口岸也已不仅仅指设在沿海的港口。随着陆、空交通运输的发展,对外贸易的货物、进出境人员及其行李物品、邮件包裹等,可以通过铁路和航空直达一国腹地。因此,在开展国际联运、国际航空邮包邮件交换业务以及其他有外贸、边贸的地方,国家也设置了口岸。简单地说,口岸是由国家指定对外往来的门户,是国际货物运输的枢纽。从某种程度上说,它是一种特殊的国际物流结点。

二、口岸的产生与发展

"口岸"这个名词很早就有文字记载。顾名思义,"口"即口子,出入的通道,"岸"即江湖河海等水边的陆地,按照过去的解释,"口岸"可简称为通商的港埠。《辞源》解释为:口岸,即江海各港口,凡通商各埠在江海各陆地者也称通商口岸。总之,过去讲口岸是同水连在一起的,靠水的地方才有口岸。这是因为当时受交通运输条件的限制,各国之间的人员往来和经济贸易活动主要是通过海上运输进行的。以后随着交通运输工具的发展,口岸已不仅限于港口,还有铁路、公路、航空等。

首先航空运输的广泛使用使国际间客货运输出现新的空间运输方式,口岸发生了第一次革命——内陆型区域航空口岸诞生了。交通运输由平面向空间的发展,从必须依据疆域、河海水域边境设置口岸的传统模式中,分离出内陆型航空港;口岸向内陆大大延伸,可随飞行运输的起落地点自由设置。"内陆直通式"口岸的产生,使口岸设置最终摆脱传统的自然地域局限,口岸发生了第二次革命——非边境的内陆型公路和铁路口岸的出现,海陆空立体化口岸体系亦随之初步形成。大体在 21 世纪六七十年代,美国等幅员广大的发达工业化国家,因集装箱运输的应用、高速公路网的普及使用和计算机通讯技术的发展,在空港和海港复合的基础上,又出现了公路、铁路"门到门"的"内陆直通式"口岸。国际集装箱运输始于 1956 年,以集装箱为运输单位,可以简化理货、搬运、储存、保管和装卸等操作环节和过程。集装箱在发货地施封后,运输中途不必开箱检验,通过各种运输工具的自由转换迅速而直接地运抵目的地,即"门到门"。"内陆直通式"口岸继航空口岸之后,进一步彻底摆脱了传统口岸设置的自然地域局限,使非边境型陆路口岸设置成为可能。口岸直接在需求集散中心设立,使口岸的服务密度增加、服务半径缩小,由此形成轮船、飞机、汽车、火车、孔道等多种运输方式的组合连接,海陆空多层面立体化运输空间为网络的当代口岸体系。当代口岸在类型立体化丰富的同时,又以其特殊的区位优势,为所辐射和积聚的腹地带来巨大的经济效益,口岸对城市、尤其是国际性城市发展的作用越来越受到注目。除了发达国家外,不少发展中国家的内陆城市也及时利用了这次口岸体系革命带来的新机遇,大力发展适合自己特点的口岸类型,扭转无天然水港的被动状况。这一发展趋势同时引发了世界口岸体系类型、功能和分布格局上的巨大变化。

三、口岸的分类与性质

(一)口岸的分类

(1)口岸按开放程度分为一类口岸和二类口岸。

一类口岸是指由国务院批准开放的口岸(包括中央管理的口岸和由省、自治区、直辖市管理的部分口岸)。一类口岸包括:

①对外国籍船舶、飞机、车辆等交通工具开放的海、陆、空客货口岸;

②只允许我国籍船舶、飞机、车辆出入过境的海、陆、空客货口岸;

③允许外国籍船舶进出我国领海内的海面交货点。

二类口岸是指省级人民政府批准开放并管理的口岸 。二类口岸包括:

①依靠其他口岸派人前往办理出入境检查检验手续的国轮外贸运输装卸点、起运点、交货点;

②同毗邻国家地方政府之间进行边境小额贸易和人员往来的口岸;

③只限边境居民通行的出入境口岸。

(2)按运输方式分类,口岸又分为水运口岸(包括海运口岸和河运口岸)、陆运口岸(包括铁路口岸和公路口岸)和空运口岸。

(3)按地理位置来分类,口岸分为沿海口岸、边境口岸、内陆口岸。

(4)按运输对象分类,口岸分为有货运口岸、客运口岸和客货口岸。

(二)口岸的性质

口岸是一个复杂的有机体,由五个相对独立、分工协作的子系统组成。各子系统如下:

(1)口岸综合管理子系统,负责对口岸的综合管理协调,由口岸管理委员会(或办公室)、口岸党工委等机构组成;

(2)口岸查验子系统,依法对进出境的人员、货物和交通工具进行检查、检验和检疫,由海关、进出口商品检验、过境卫生检疫、进出境动植物检疫、边防检查、港务监督、船舶检验等机构组成；

(3)口岸货溯子系统,包括各进出口企业或单位;

(4)口岸运输子系统,包括公路、铁路、航空、水运等各种运输方式;

(5)口岸综合服务子系统,包括国际货运代理、外轧代理、外轮理货、外轮供应、代理报关报验、保税库、海关监管库、涉外金融伤险等口岸特色服务业和商业、饮食、住宿、交通通讯、治安保卫等一般服务业。

各子系统既分工独立、又密切配合,共同围绕创建依法把关、监管有效、进出方便、服务优良、管理科学、收费合理的一流口岸的目标来运作。

任务二 主要口岸

一、我国的口岸与口岸经济发展现状

(一)我国口岸的基本现状

随着我国对外开放步伐的不断加快,我国的口岸建设也得到了长足的发展,已经形成从沿海到沿边、从沿边到内陆、水陆空立体交叉的口岸开放的新格局。1978 年以前,全国仅有一类口岸 51 个,其中,水运口岸 18 个,空运口岸 8 个,铁路口岸 9 个,公路口岸 16 个。截至 2005 年底,全国共有对外开放的一类口岸 253 个。这些口岸包括水运口岸 133 个、铁路口岸 17 个、公路口岸 47 个、航空口岸 56 个,另有经地方政府批准的二类口岸 350 多个。如今,口岸开放已经成为我国改革开放的重要标志之一,口岸开放不仅给口岸所在地带来好处,也带动了周边腹地的经济发展。口岸作为货物和交通工具的出入境通道,在改革开放中已经越来越显示出它的重要地位和作用。根据统计,进出口岸的外贸货物,交通工具分别由 1980 年的 8089 万吨、69 万辆次发展到 2004 年的 1—10 月,全国各口岸验放出入境人员 2.3 亿人次,监管进口货物 5.8 亿吨,监管出口货物 10.9 亿吨,监管集装箱 4400 万箱次,监管出入境运输工具 1337 万辆艘,税收入库 3925.7 亿元,关税入 897.2 亿元。

随着对外经济贸易的快速发展,我国已构建了以港口、航空口岸为中心,以公路、水路、铁路为网络的立体化的口岸物流基础设施体系,形成了以沿海、沿江、航空和内陆边境全方位的立体化口岸开放格局。

(二)我国口岸经济发展现状

区域经济一体化是经济发展的重要趋势,随着区域经济一体化趋势的发展,口岸在带动周边区域经济发展中的地位和作用日显重要。内陆城市开辟空中口岸,架起了这些城市对外便捷的空中出入境通道,明显改善了投资环境,促进了城市建设。长江沿线的河运口岸,不仅带动了我国国际贸易的发展,同时也极大的促进了东部沿海城市的建设和经济发展,并带动了其腹地的经济发展,形成了以广州、深圳为中心的珠江三角洲经济区、以上海为龙头的长江三角洲及其沿线经济区、环渤海经济区和东南沿海城市发展经济带。一些边陲口岸小镇变成或正在成为新兴城市。

口岸是招商引资的梧桐树,我国近几十年来港口口岸的发展表明,港口口岸建设投资与招商引资的比例高达 1∶6.5,对于内陆口岸来说,这一比例还会更高。这些事实表明口岸对经济增长的重要作用,口岸不仅促进外贸进出口的增长,也增强了城市的功能;口岸既优化了投资环境,也带动了当地第三产业的繁荣和发展。

二、中国一类口岸

我国对外开放的一类口岸分为空港、陆港和水港,口岸数量正在随着国家对外开放的步伐逐年增加,我国对外开放的一类口岸如表3-1所示。

表3-1 中国对外开放一类口岸地区一览表(2013年中国口岸年鉴)

地区	空港	陆港	水港
北京	北京	北京	
天津	天津		天津
河北	石家庄		秦皇岛、唐山、黄骅
山西	太原		
内蒙	呼和浩特、海拉尔、满洲里	二连浩特、满洲里、策克、甘其毛都、珠恩嘎达布其、满都拉、额布都格、阿日哈沙特、黑山头、室韦、阿尔山	
辽宁	沈阳、大连	丹东	大连、庄河、旅顺、长兴岛、营口、丹东、锦州、葫芦岛
吉林	长春、延吉	集安、图们、南坪、珲春、圈河、长白、临江、三合、开山屯、古城里、沙沱子、双目峰	大安
黑龙江	哈尔滨、佳木斯、齐齐哈尔、牡丹江	东宁、绥芬河、密山、虎林、哈尔滨	哈尔滨、佳木斯、桦川、绥滨、富锦、抚远、同江、萝北、嘉荫、孙吴、黑河、呼玛、漠河、饶河、逊克
上海	上海	上海	上海
江苏	南京、徐州、盐城、无锡		连云港、南通、如皋、张家港、南京、镇江、江阴、扬州、泰州、太仓、常熟、常州、大丰、靖江
浙江	杭州、宁波、温州		宁波、台州、舟山、温州、嘉兴
安徽	合肥、黄山		芜湖、安庆、铜陵、池州、马鞍山
福建	福州、武夷山、厦门、泉州		福州、厦门、漳州、泉洲、莆田、宁德
江西	南昌		九江
山东	济南、青岛、烟台、威海		青岛、烟台、威海、龙口、日照(石臼)、石岛、岚山、东营、蓬莱、莱州、龙眼、潍坊
河南	郑州、洛阳	郑州	
湖北	武汉、宜昌		汉口、黄石
湖南	长沙、张家界		岳阳

地区	空港	陆港	水港
广东	广州、深圳、湛江、汕头（揭阳潮汕）、梅州	广州、东莞、肇庆、皇岗、佛山、文锦渡、罗湖、沙头角、笋岗、拱北、常平、端州、三水	广州、南沙、新塘、莲花山、赤湾、大亚湾、大铲湾、妈湾、东角头、蛇口、西冲、盐田、珠海、九州、湾仔、万山、斗门、江门、三埠、新会、鹤山、高明、南海、顺德、汕头、潮阳、南澳、中山、虎门、惠州、肇庆、汕尾、潮州、水东、广海、阳江、梅沙
广西	南宁、桂林、北海	友谊关、凭祥、东兴、水口、龙邦、平孟	北海、防城、福州、钦州、柳州、企沙、石头埠、梧州、贵港
海南	海口、三亚		海口、三亚、清澜、洋浦、八所
重庆	重庆		重庆
四川	成都		
贵州	贵阳		
云南	昆明、西双版纳、丽江	瑞丽、碗町、孟定清水河、腾冲猴桥、打洛、磨憨、勐康、河口、天保、金水河	思茅、景洪
西藏	拉萨	普兰、吉隆、樟木	
陕西	西安		
甘肃	兰州	马鬃山	
青海	西宁		
宁夏	银川		
新疆	乌鲁木齐、喀什	老爷庙、乌拉斯台、塔克什肯、红山嘴、阿黑土别克、吉木乃、巴克图、阿拉山口、霍尔果斯、都拉塔、木扎尔特、吐尔尕特、伊尔克什坦、红其拉甫、别迭里	

(一)一类水港口岸

水港是具有水陆联运设备和条件、供船舶安全进出和停泊的运输枢纽，是水陆交通的集结点和枢纽，是工农业产品和外贸进出口物资的集散地，也是船舶停泊、装卸货物、上下旅客、补充给养的场所。

1.水港口岸分类

水港口岸按所在位置可分为海岸港、河口港和内河港，海岸港和河口港统称为海港。

（1）河口港。河口港位于流入海口或受潮汐影响的河口段内，可兼为海船和河船服务。一般有大城市作依托，水陆交通便利，内河水道往往深入内地广阔的经济腹地，承担大量的货流量，故世界上许多大港都建在河口附近，如鹿特丹港、伦敦港、纽约港、列宁格勒港、上海港等。

河口港的特点是,码头设施沿河岸布置,离海不远而又不需建防波堤,如岸线长度不够,可增设挖入式港池。

(2)海港。海港位于海岸、海湾或泻湖内,也有离开海岸建在深水海面上的。位于开敞海面岸边或天然掩护不足的海湾内的港口,通常需修建相当规模的防波堤,如大连港、青岛港、连云港、基隆港、意大利的热那亚港等。供巨型油轮或矿石船靠泊的单点或多点系泊码头和岛式码头属于无掩护的外海海港,如利比亚的卜拉加港、黎巴嫩的西顿港等。泻湖被天然沙嘴完全或部分隔开,开挖运河或拓宽、浚深航道后,可在泻湖岸边建港,如广西北海港。也有完全靠天然掩护的大型海港,如东京港、香港港、澳大利亚的悉尼港等。

(3)河港。河港是位于天然河流或人工运河上的港口,包括湖泊港和水库港。湖泊港和水库港水面宽阔,有时风浪较大,因此同海港有许多相似处,如往往需修建防波堤等。前苏联古比雪夫、齐姆良斯克等大型水库上的港口和中国洪泽湖上的小型港口均属此类。

中国主要一类水港口岸有宁波—舟山港、上海港、天津港、广州港、青岛港、大连港、深圳港、秦皇岛港、唐山港、香港港、澳门港、基隆港等。

(二)一类陆地口岸

陆地口岸是指国家在陆地上开设的供人员和货物出入国境及陆上交通运输工具停站的通道。陆地口岸包括国(边)境以及国家批准内地直接办理对外进出口经济贸易业务往来和人员出入境的铁路口岸和公路口岸。

我国主要陆地边境口岸主要有以下口岸:

1.满洲里口岸

满洲里位于内蒙古自治区东北部,是自治区计划单列市,西邻蒙古国,北接俄罗斯,享有"东亚之窗"的盛誉,是我国最大的陆路口岸和开展对俄蒙经济、贸易、文化和科技等多领域合作的重要口岸城市,是我国环渤海地区通往俄罗斯以及东欧最便捷、最经济、最重要的陆海联运大通道,同时该口岸也是一个具有百年历史的口岸。满洲里口岸承担着中俄贸易65%以上的陆路运输任务,对外贸易占内蒙古自治区对俄进出口贸易80%以上,占全国与周边国家边境贸易的13%,是内蒙古自治区乃至中国对外贸易最重要货物集散地之一。

满洲里国际公路口岸于1998年投入使用,是中国规模较大的边境公路口岸,口岸封闭区面积64万平方米。其中货检区34万平方米,目前建成使用一进两出3条货检通道,并将其中一条出境通道作为菜果出口专用通道。年通过能力为200万吨,旅检区30万平方米,建成使用16条通道(客车通道两进两出,人员6进6出)。口岸主体建筑有货检大楼、旅检大楼、部队兵营、会晤站,以及相配套的公路口岸交易市场、海关监管区等。口岸封闭区集通关、查验、仓储运输、生活服务于一体,可一次性完成报检报关、税费征缴业务。

满洲里铁路口岸(如图3-1所示)于1901年开通,是我国规模最大、通过能力最高的铁路口岸。现有宽准轨到发编组线51条,其中宽轨24条,准轨27条;口岸站换装线、专用线等线路90余条;宽轨列车会让站一个。换装场地20余个,其中设施完善、功能齐全的大型或专业换装仓储基地9个。此外,满洲里铁路口岸配备安装了钴60火车自动检查系统,列车电子监控系统、放射性检测仪等现代化查验检测设施,建立了覆盖各监管场区的网络系统。

2014年满洲里铁路口岸已经成功实现"一次申报",在一定程度为下一步全面开展查验和放行方面的合作打下坚实基础。关检需要对同一批货物实施查验、检验检疫的,双方联合实施"一次查验"。海关放行信息与检验检疫放行信息随后自动对碰,实现"一次放行",企业无需来

图 3-1　满洲里口岸

回奔跑即可办结通关手续。"三个一"通关模式使企业申报效能提高 30％以上,申报时间缩短 30％以上。据估算,查验、检验检疫环节时间及费用均可节省近半,对提高通关效率、降低企业成本、促进贸易便利化效果明显。

2. 二连浩特口岸

二连浩特市位于内蒙古自治区正北部,与蒙古国东戈壁省扎门乌德市隔界相望,是中国对蒙古国开放的最大公路、铁路口岸,边境线长 68.29 千米。二连是距首都北京最近的陆路口岸,也是陆路连接欧亚最便捷的通道。二连面对蒙古、俄罗斯及欧洲国际市场,背靠京津唐环渤海经济圈和呼包鄂经济带,是中国向北开放的前沿阵地,也是中国重要的商品进出口集散地。近年来,二连浩特市不断加大工作力度,在"转变、调整、开放、提高"上下功夫,着力完善过货通关、物流贸易和落地加工三大功能,经济社会得到快速发展,城市功能明显增强,通关环境得到进一步改善,为构筑欧亚国际大通道打下了坚实的基础。

二连浩特口岸(如图 3-2 所示)是中国陆路连接欧亚最捷径的通道,以二连为终点的集二线,连通京包、京山线,与蒙古、独联体及东西欧各国的铁路结成一座欧亚铁路大路桥。以北京为起点,经二连浩特到莫斯科,比经满州里口岸的滨洲线近 1140 千米。特别是通过京包、京山线与天津港相连,是日本、东南亚及其他邻国开展对蒙古、俄罗斯及东欧各国转口贸易的理想通道,更是蒙古国走向出海口的唯一通道。

图 3-2　二连浩特口岸

2014 年以来,二连浩特口岸积极推进口岸通关查验体制改革,推进"三个一"通关合作,扩大无纸化通关范围,创新与蒙方口岸的合作模式,进一步降低企业通关成本,提升通关效率,实现了人员货物快进快出。从 2014 年 11 月开始,呼和浩特海关、内蒙古检验检疫局在二连浩特口岸正式启动关检合作"三个一"试点工作。目前,已经成功实现了"一次申报",企业通过申报界面一次输入,就能完成报关和报检录入工作,申报时间缩短 30% 以上;初步实现"一次查验",对于需要同时查验的货物,由海关和检疫部门同时开箱查验,减少重复吊箱、重复开箱环节;逐步开展"一次放行",对于完成查验环节的货物,海关和检疫部门放行信息自动对碰,企业无需来回奔走,即可办结通关手续。2014 年 1—10 月,二连海关累计受理报关单 82881 票,其中无纸化报关单 80699 票,无纸化申报率达 97%。无纸化通关改革后,企业可不受海关工作时间和地点的限制自由申报,实现了 24 小时无人值守通关。同时,二连浩特市创新与蒙方口岸的合作模式,进一步加强与蒙古国扎门乌德口岸的通关合作,联合开展中蒙海关载货清单业务,互认查验结果,互为双方进出境运输工具和所载货物提供通关便利。合作开辟果蔬粮油通关"绿色通道",对果蔬等质保期较短的货物实施优先审核、优先验放。据统计,2014 年 1—10 月份,二连浩特口岸进出口货运量累计完成 1101 万吨,进出口贸易额完成 30 亿美元,海关税收完成 19 亿元;进出境人员累计 160 万人次。

3. 绥芬河口岸

绥芬河市位于黑龙江省东南部,东与俄罗斯滨海边疆区接壤,总人口 10 万(包括 5 万流动人口),1992 年被国务院批准为中国首批沿边扩大开放城市。1999 年 6 月,经中俄两国政府外交换文,设立绥芬河中俄互市贸易区。

绥芬河公路口岸(如图 3-3 所示)位于 301 国道东端中俄边境线上,与俄罗斯滨海边疆区波格拉尼奇内区陆路接壤,是国家一类口岸,担负中俄贸易进出口中转分拨和客运任务。得天独厚的地理位置及地缘优势,使绥芬河公路口岸成为通向日本海的中、俄、日、韩陆海联运国际大通道的关结点和枢纽。

图 3-3 绥芬河口岸

绥芬河公路口岸是全国第一个由交通部门投资建设与管理的改革试点单位,集过境运输管理与口岸管理于一体。近年来,俄罗斯联邦政府为开发远东地区,2012 年投入 14.5 亿卢布

（约合 3 亿人民币）在绥芬河对面建设新的公路口岸。为了与俄方口岸改造后通关能力相匹配，绥芬河市 2012 年投资 4.6 亿元，对公路口岸进行整体改造，口岸设计年通关 600 万人次、车辆 55 万辆次、货物 550 万吨。该工程于 2012 年 8 月 1 日开始动工建设，预计 2015 年投入使用。

绥芬河铁路口岸绥芬河站位于滨绥线终点，与俄罗斯符拉迪沃斯托克分局格罗迭克沃站接轨，是国家对俄贸易的重要陆路口岸，主要承担中俄国际联运和中外旅客运输任务。车站始建于 1899 年，1903 年正式投入运营，是一个历经沙俄、日伪、中苏共管和主权铁路四个历史时期的百年老站。

2010 年 6 月 6 日，牡丹江—绥芬河铁路扩能改造项目开工建设。该项目总投资 106 亿元，线路全长 144 千米，全线为 1 级双线电气化铁路，规划运力客车 40 对/日，设计时速 200 千米/时，货运能力将由目前 1300 万吨/年提升到 5000 万吨/年。建设中的"牡—绥"高铁预计 2015 年末投入使用，届时两地间单程耗时将缩短至 40 分钟，牡绥铁路将成为我省乃至全国铁路客货共线标准最高的铁路之一。

4. 阿拉山口口岸

阿拉山口位于阿拉套山和巴尔鲁克山之间，是一条宽广、平坦的通道，长约 90 千米，宽约 20 千米，素有"准噶尔山门"之称。阿拉山口口岸（如图 3-4）位于新疆博尔塔拉蒙古自治州境内，是举世瞩目的新亚欧大陆桥中国的西桥头堡，是中国西部地区唯一的铁路、公路和管道兼有的国家一类口岸，距州政府所在地枣博乐市 73 千米。相对应口岸是哈萨克斯坦共和国的德鲁日巴口岸（距阿拉山口 12 千米）。阿拉山口是介于阿拉套山和巴尔鲁克山之间关于宽约 20 千米、长约 90 千米的一个宽阔、平坦的通道。它北接哈萨克斯坦共和国的阿拉湖，南接中国艾比湖，北段属哈萨克斯坦共和国塔尔迪库尔干州，南段属于中国新疆博尔塔拉蒙古自治州。

图 3-4　阿拉山口口岸

1990 年 9 月 12 日，兰新铁路北疆段与原苏联的吐西铁路接轨，从此这条联接亚洲与欧洲的钢铁大道，通过阿拉山口口岸架起一条横跨亚、欧洲新的经济陆桥。阿拉山口的铁路口岸建于 1990 年 7 月，同月开办临时货运；1972 年 12 月，向第三国开放；1995 年 6 月，正式开办客货运输。公路口岸于 1992 年 5 月临时开通，1995 年 12 月正式开通。2005 年 11 月 14 日，连接中国与哈萨克斯坦的石油管道在中哈边境口岸阿拉山口实现跨国对接，标志着中哈管道第一期工程近 1000 千米的大口径输油管道主体工程顺利完成。

据统计，阿拉山口口岸自 1991 年临时过货以来，截至 2014 年底，累计过货 2.65 亿吨，在国家能源、资源大通道中的作用进一步凸显。2014 年新疆阿拉山口口岸通关过货 2545.1 万吨。其中,铁路口岸进出口货物 1316.16 万吨,中哈管道进口原油 1205.37 万吨,公路口岸进出口货物 23.57 万吨。

5.友谊关口岸

友谊关口岸(如图 3-5)位于广西凭祥市西南端的友谊关,是国家一类口岸,是中国通往越南及东盟各国最大的陆路口岸。口岸距离凭祥市区 18 千米,首府南宁 176 千米,距离越南谅山和首都河内分别为 18 千米和 170 千米。

图 3-5　友谊关口岸

友谊关口岸于 1951 年开通,1979 年因中越两国关系紧张而关闭,1992 年 4 月 1 日,经国务院批准,恢复友谊关口岸对外开放。友谊关口岸是连接中国与越南进出口贸易的主要口岸之一,在促进中国同东南亚国家的经济、文化交流方面发挥了重要作用。据统计,每年从凭祥友谊关口岸进出口的货物占了广西与越南贸易量的近一半。如今随着中国-东盟博览会落户南宁和南友高速公路的通车,更大量的人流、物流都将从凭祥友谊关口岸通关。

凭祥这座城市以友谊关而兴,自 1992 年以来,充分把握国家对外开放的大好时机,大力发展口岸经济,全力支持和促进友谊关口岸建设,对外贸、物流、服务得到高速发展,全市经济社会发展成果喜人,经过十多年的建设和发展,现在基本形成了口岸带动城市、城市发展口岸的良性互动格局。近年来,国家和自治区以及当地政府不断加大对友谊关口岸基础建设投资力度,使友谊关口岸通关环境得到较大改善,对加快口岸的通关速度和发展口岸经济起到积极的推动作用。据统计,2010 年友谊关口岸出入境旅客达 100 万人次,出入境货物达 74 万吨。

6.瑞丽口岸

瑞丽,中国的一个边境城市,现在是中国通向缅甸的主要口岸。有三道门可供出入,一个是进出人员主要通道称大国门,即中华人民共和国瑞丽口岸;另一个是大型货车通道称姐告国门;还有一个是小型货车小型机动车、入境人员等的通道称中国瑞丽国门。

瑞丽历史悠久,是勐卯古国的发源地,勐卯古国文化已影响到整个东南亚、南亚的傣系人群。瑞丽于 1992 年撤县设市,1999 年,国务院进行区划调整,将畹町并入瑞丽。如今瑞丽辖六乡三镇四个经济开发区,总面积 1020 平方千米,人口 12 万。瑞丽拥有两个国家级口岸(瑞丽、畹町口岸),两个国务院批准设立的经济合作区(瑞丽边境经济合作区、畹町边境经济合作区）。2000 年 4 月,国务院又批准设立姐告边境贸易区,这是我国唯一按照"境内关外"模式实行特殊管理的边境贸易区。

瑞丽口岸(如图 3-6 所示)目前是中缅边境口岸中人员、车辆、货物流量最大的口岸,其东、南与缅甸棒赛、木姐、南坎三个城市相毗邻,东有我市畹町经济开发区国家一级口岸,西有章风二类口岸。近年来瑞丽口岸边民互市贸易、边境小额贸易、一般贸易有了长足的发展,出口商品达 2000 多种,进口 200 多种。不少中国商品通过缅甸转口到孟加拉、泰国、新加坡、印度和中东国家,国外各种商品也源源不断通过瑞丽口岸进入我国内地。

图 3-6 瑞丽口岸

随着中国与东盟国家经贸合作的正常有序发展,特别是瑞丽被确定为国家重点开发开放试验区之一后,瑞丽口岸贸易额呈现快速增长势头。2012 年 1—8 月,中国与缅甸贸易总额为 44.4 亿美元,而瑞丽口岸与缅甸贸易额就达 14.9 亿美元,居中国口岸对缅贸易额的首位。在瑞丽口岸对缅贸易中,边境小额贸易逾五成,2012 年 1—8 月达 8 亿美元,以机电和工程建筑产品出口增长最快。其中,出口机电产品 8.8 亿美元,占口岸出口额 68.2%,工程建筑产品出口规模低但增速快,出口额达 8291 万美元,增长 5.7 倍。此外,加工贸易也有所发展,进出口额达 1367 万美元。

7. 霍尔果斯口岸

霍尔果斯口岸(如图 3-7 所示)位于伊犁哈萨克自治州霍城县境内,地处东经 80°29′、北纬 44°14′。从地图上可以清楚地看到,中国与哈萨克斯坦的边界以蜿蜒的霍尔果斯河为界,霍尔果斯口岸因其而得名。霍尔果斯口岸于 1983 年 11 月 16 日,经国务院批准恢复对哈萨克斯坦国和第三国开放。1992 年 8 月,中哈两国政府同意该口岸向第三国开放,具有国际联运地位。

霍尔果斯口岸距伊宁市 90 千米,距乌鲁木齐市 670 千米,是中国西部历史上最长、综合运量最大、自然环境最好、功能最为齐全的国家一类陆路公路口岸,是新疆与中亚各国通商的重要口岸,霍尔果斯口岸是新疆对外开放的一个重要窗口,与南疆中巴边境的红其拉甫口岸和北疆阿拉山口口岸同为新疆目前向第三国开放的三个口岸之一。

霍尔果斯口岸具有年进出口货物 200 万吨、出入境人员 300 万人次的通关能力。2002年,口岸出入境人员 14.68 万人次,出入境运输工具 2.9 万辆次,进出口货物 34 万吨。自 2008 年以来通过该口岸销售到中亚国家的蔬菜、果品接近 20 万吨,其中 90% 以上来自内地。

图 3-7 霍尔果斯口岸

霍尔果斯口岸已成为中国西部重要的果蔬出口重要通道。

8.红其拉甫陆运（公路）口岸

红其拉甫口岸（如图 3-8 所示）位于喀什地区塔什库尔干塔吉克自治县境内,地处东经 75°33′,北纬 37°02′,处于祖国西部帕米尔高原的冰峰雪岭之中,距县城 130 千米,距喀什市 420 千米,距乌鲁木齐市 1890 千米,是我国与巴基斯坦唯一的陆路进出境通道,也是通往南亚次大陆乃至欧洲的重要门户。

图 3-8 红其拉甫口岸

红其拉甫口岸早在 1000 多年前就是著名的古"丝绸之路"上的一个重要关隘。历史上,这里一直是中国与西南亚以及欧洲经济、文化交流的重要通道。1982 年 8 月 27 日,经国务院批准口岸正式开放。1986 年 5 月 1 日,向第三国人员开放。

由于气候原因,红其拉甫为季节性口岸,根据中巴两国协议,每年 5 月 1 日至 10 月 31 日对旅客开放,限旅游团组过境,零散旅客过境可延伸至 11 月 30 日。12 月 1 日至翌年的 4 月 30 日,除中巴两国邮政、贸易和特许人员外,对其他旅客关闭。口岸为客、货两用口岸,双方口岸间对开旅游班车。红其拉甫口岸在夏季正常开关期间没有任何节假日,实行 24 小时正常通关。

红其拉甫口岸开放以来,已接待了来自世界 100 多个国家和地区的 56 万多名旅客。贸易方式也由过去单一易货贸易,发展到信用证、外币现钞、出口货物收汇等结算方式。红其拉甫口岸的开放,有力地促进了喀什地区旅游、外贸、商业、运输等相关行业的发展。

9. 别迭里口岸

别迭里口岸与吉尔吉斯斯坦共和国接壤,自古以来就是南疆对外通商的口岸之一,是阿克苏通向中亚的捷径与咽喉。早在 20 世纪 30 年代,别迭里口岸就是中国与前苏联的重要贸易口岸,后因多种原因而关闭。自 20 个世纪 90 年代起,地区各级领导班子无一例外都在加紧向国家申请开放别迭里口岸。口岸距乌什县城只有 70 多千米,距离吉方境内伊塞克湖州的喀拉库尔市约 80 千米。此外,这个口岸距离哈萨克斯坦的阿拉木图市只有 350 千米。这个口岸的成功开放,成为中国和吉尔吉斯斯坦乃至中亚地区的又一条贸易大通道。同时,这个口岸被政府和经济界人士视为促进南疆经贸大发展的一大举措。

别迭里山口(达坂)地处天山山脉郭克沙尔套山别迭里沟末端,位于东经 78°24′36″、北纬 41°24′36″,海拔高度 4259 米。达坂比高约 200 米左右,横向宽 120 米,纵向宽 2 米,两侧为分化沙石,西、北、南三面均为高山,因此风少而气候相对温和。夏天多雨、湿润,山上下雪沟谷为雨,通常每天 12—14 点,天气晴朗,14 点以后见云即雨,气候多变化。冬季降雪较少,气候比较温和。别迭里山口中方一侧坡度约 30～40 度,吉方一侧坡度约 30 度左右,马匹和人爬达坂需 30 分钟左右,常年可通行。

乌什县有 70 多千米沙砾公路通至别迭里达坂下,并新建永久式大桥 1 座,长 146 米,中型桥 2 座,可通行中型货车。中吉双方公路专家勘查后认为,乌什口岸贯通后,只要对口岸公路进行正常的养护,并在冬季对别迭里达坂两侧积雪段进行清理,基本上可达到常年通关的条件。

10. 红山嘴口岸

1991 年 6 月 24 日,中蒙两国政府同意开放红山嘴口岸(如图 3-9 所示),1992 年 7 月,经国务院批准对外正式开通,年过货运能力 1 万吨,旅客 1 万人次。红山嘴口岸位于新疆阿勒泰地区福海县境内喀拉额尔齐斯河上游支流的阜尔特河的河谷内,属双边性季节开放的国家一类口岸,也是新疆四个对蒙口岸环境最为恶劣的口岸,口岸平均海拔 2000 米,由于环境恶劣,以前每年开放仅 50 天,具体为 6 月 21 日—7 月 5 日,8 月 1 日—20 日,9 月 1 日—15 日。从红山嘴出境,至蒙方大洋口岸 10 千米,至萨格赛县城 160 千米,从红山嘴入境,至阿勒泰市 192 千米,至乌鲁木齐市 896 千米。

图 3-9 红山嘴口岸

红山嘴口岸常年驻有边防会晤站,开关期间,边防、海关、检查、工商、税务等部门的工作人员至口岸一线开展工作。红山嘴口岸开放以来,建设了口岸联检厅等713平方米,建成2000平方米全封闭露天货场,边民互市活动房248间。据统计,口岸累计出入境人员7.2万人次,出入境交通工具1.4万辆次,进出口货物1.7万吨,完成进出口货值4536万元,旅游购物商品成交额每年都在100万元以上。红山嘴口岸是福海县对外开放的窗口,是一条重要的贸易通道,也是出国旅游的重要通道。

近年来,随着新疆外贸的飞速发展,尤其是蒙古国丰富的矿产资源出口,带动红山嘴口岸的区位优势逐步凸现出来,口岸基础建设脚步也逐步加快,可以满足日益增长的人流、物流出入境需求。因此,经中蒙两国外交照会确定,红山嘴口岸自2014年起延长开放时间,具体为每年6月1日—9月25日不间断开放。红山嘴口岸延长开放时间,对于新疆来说,又打通了一条更加便利的资源、能源进口通道,蒙古国优质的煤炭、矿石可以由此进口,同时我国的机电设备、日用百货也可以更好地从这走出去,并将迅速带动当地旅游、物流、餐饮等第三产业快速发展。

11. 老爷庙口岸

老爷庙口岸(公路口岸)(如图3-10所示)位于新疆维吾尔自治区哈密地区巴里坤哈萨克自治县境内。1991年6月24日,中蒙两国政府达成协议,开放老爷庙—布尔嘎斯台口岸,于1992年3月正式开通。口岸开放时间为每年2、4、6、8、10、12月的11—30日。口岸开放期间,中方工作时间为北京时间10:00至18:00;蒙方工作时间为乌兰巴托时间10:00至18:00(夏令时为11:00至19:00)。

图3-10 老爷庙口岸

老爷庙口岸开放以来,双方合作的领域由过去单一的易货贸易,发展到多项经济技术合作,出口货物主要是成品油、建材、机电产品、面粉、果蔬等生活日用品;进口货物主要是绒毛、皮张等畜产品,后进口矿产品。中蒙双方协定,口岸贸易实行"交互对开",即逢双月11日至30日开关时,本次开关两国客商均到此方口岸交易,下次开关到彼方口岸交易。老爷庙口岸曾以进口蒙古国畜牧农产品为主,年过货量一度不足万吨。2009年起,铁矿砂成为口岸主要进口货物,进口量连年激增。老爷庙口岸货物运输完全依赖公路,随着过货量突破200万吨,该口岸也成为全疆公路运输量最大的口岸。而在总过货量排名中,目前老爷庙口岸仅次于阿拉山口口岸和霍尔果斯口岸,居全疆第三。2011年,完成进出口货物运量125万吨;2012年完成158万吨;2013年完成224万吨。截至2014年8月28日,老爷庙口岸进出口货物总量已突破百万吨,达到124万吨。这个曾经已经似乎被人遗忘的口岸,眼下成为了新疆的明星口岸。

随着中蒙双方边境贸易的发展及经济技术的合作与交流,对新疆哈密地区的经济发展将会起到更大的推动作用。

12. 金水河口岸

金平县与越南的莱州省和老街省山连山,水连水,有502千米长的国境线,长度在省内仅次于勐腊县。金平对外开放的边境口岸和通道有4个,即金水河口岸和十里村、马鞍底、隔界3个边贸通道。

金水河口岸(如图3-11所示),是红河州最为重要的对越开放口岸之一,是祖国西南边疆对外开放的重要门户,距金平县城38千米,距越南奠边府市196千米,距老挝丰沙里西庄口岸230千米。金水河口岸原名那发口岸,于清朝光绪二十三年(1897年)开设。20世纪60年代抗美援越援老战争中,这里是著名的"胡志明小道"的北端起点,许多援越抗美的物资就是通过这条通道源源不断地进入越南腹地的,在援越抗法抗美战争中发挥出了极其重要的作用。

图3-11 金水河口岸

金水河口岸地处藤条江与腾条河河口交汇处,其地形地势与河口颇为相似。随着中越双边口岸通关环境改善,双边贸易和边民互市蓬勃发展。据县口岸办统计,2012年1至6月,金水河口岸进出口货运量2000吨,货值97万美元。同时,截至2012年7月底,口岸边民互市贸易额达4亿元。2013年以来金水河口岸进出口贸易稳定发展,进口货物主要为稀土矿、锌矿,出口货物主要为水电站建设用阀门、钢管。

13. 聂拉木口岸

聂拉木地处祖国西南边陲,喜马拉雅山脉与拉轨岗日山脉之间,是西藏自治区边境县之一。聂拉木县地处东经85°27′~86°37′,北纬27°55′~29°08′。东、北、西三面分别与定日、昂仁、萨嘎、吉隆四县交接,南与尼泊尔王国毗邻。全县土地总面积8684.39平方千米,属农、牧、林综合性的半农半牧县。县辖5乡2镇45个行政村(居委会)1.4万余人。其中有700余名夏尔巴人。县城驻地聂拉木镇,为全县的政治、经济、文化中心。

聂拉木藏语意为大象颈脖的意思,人们通常理解和汉译为"地狱之路"。早在元朝年间,聂拉木县同西藏一道正式划归元朝疆域,属中国元朝的行政区划,受中央管辖。1276年聂拉木地区属于拉堆洛管辖,为阿里的一个行政区,到1618年受乌思藏地方政府管辖。1751年,清朝政府废除西藏的藏王制,建立地方噶厦政府后,在聂拉木设立聂拉木宗(相当于今聂拉木县),从此开始由噶厦政府向聂拉木派驻雪巴(相当于县长)。西藏和平解放后,由西藏自治区委员会智力行使西藏地方政府的职权。后于 1960 年建立聂拉木县委、县人民政府。

被称为西藏"旅游黄金线"的中尼公路 318 国道终点樟木镇聂拉木口岸,是西藏的一个国家一级陆路通商口岸。国家、自治区、地区及部分省市在樟木镇设立了分支机构及贸易单位,初步显示出现代化城市的雏形。聂拉木口岸设有海关、商贸边检、医院、学校、藏胞接待办、外事旅游等 30 多个单位。在这里商贾云集,商品琳琅满目,边境贸易活跃,南来北往的客人多汇于此,素有西藏"小香港"的美誉。

随着青藏铁路的开通,"拉萨—樟木—加德满都"这条黄金旅游线也迎来越来越多的旅行者。其中,位于中尼边境喜马拉雅山南麓的聂拉木口岸更是依托各方面优势,成为这条线上的"热点"。由于拉萨和加德满都之间的班机价格较为昂贵,而在中尼两国边境线上的 5 个开放口岸中,也仅有聂拉木口岸直通公路,所以,口岸所在地——樟木镇就成为多数旅游者选择的"中转站"。

14. 逊克口岸

逊克口岸位于(如图 3-12 所示)中俄界江黑龙江右岸,居逊克县城城东,地处东经 128°28′,北纬 49°36′,是集国贸、地贸、民贸多功能于一体的国家一类口岸,1989 年被省政府批准为临时过货点,同年 12 月 17 日正式被国家批准为一类口岸,1990 年经国家验收后,正式对外开放。1992 年 6 月 1 日逊克海关正式建关,同年国务院批准逊克口岸开通国际旅游,又第一个被省政府开辟为省级经济技术合作区。1992 年 7 月国家批准逊克口岸为国际客运口岸。2004 年 7 月省政府正式批复在逊克县辟建中俄边民互市贸易区。

图 3-12 逊克口岸

逊克与俄罗斯有 135 千米的边界线,县域面积 17344 千米,人口 11 万人。与黑龙江省东邻嘉荫县南接伊春市,西通黑河,与俄罗斯阿穆尔洲的扎维京斯克市、白山市、赖奇欣斯克市和阿尔哈拉区、坦包夫卡区、罗娜纳区、米哈依洛夫区,即"三市五区"隔江相望。逊克口岸与波亚尔科沃镇相距 13 千米,波亚尔沃港口是俄罗斯黑龙江沿线三大港口之一,口岸设施完备,交通发达,具备水陆空三位一体的交通体系,通过航空、铁路、公路与西伯利亚铁路相连,可达到俄罗斯内地各大中城市。

2008年上半年,逊克口岸出口贸易额为2237.4万美元,比2007年同期增长171.4%,其中汽车大量出口,成为口岸出口贸易额迅速增长的重要因素。逊克口岸出口自卸车、牵引车、混凝土搅拌车、挂车及半挂车等车辆367辆,贸易额达到1431.5万美元,占上半年出口贸易总额的64%。汽车在逊克口岸出口增多的主要原因有:一是俄罗斯在2008年7月1日后实施汽车进口新政策,7月1日后要通过55项检查。为了规避这一新政策的不利影响,国内企业在7月1日前大量出口汽车;二是俄罗斯国内基础建设对工程用车需求猛增,中国汽车在俄罗斯市场有较强价格竞争力;三是由于明水期开关后,黑龙江水位较低,货运船舶航行困难,大批货物由黑河转至逊克口岸出口。

15. 漠河口岸

漠河口岸(如图3-13所示)为中国最北端的口岸。该处黑龙江水流充沛,有可靠千吨级货轮的自然码头,是黑龙江上游重要的江运码头。该处公路交通也较方便,这里有三级公路同黑漠公路相接,距漠河县城183千米,距长缨火车站100千米,距该处12千米处为漠河县兴安乡政府所在地阿木尔林业局在这里设立了兴安林场,兴安乡商、粮、邮、银行等部门健全,常驻人口在2.5千人左右。漠河口岸港口同俄罗斯阿穆尔州斯科沃罗丁诺区对应口岸加林达隔江相望,相距只有1.5千米。加林达为连接西伯利亚大铁路和贝阿大铁路的小贝阿干线的终点站,距离阿穆尔州第二大城市腾达市300千米。该处江段水流充沛,可停靠千吨级货轮。

图3-13 漠河口岸

漠河口岸建有近万平方米查验单位办公、业务、生活用房及查验设施。明水期开展水上船舶运输,由此下行可达黑龙江沿岸港口,冰封期开展冰上汽车运输,有三级公路同黑漠公路相接。口岸距漠河县城西林吉火车站183千米,距最近的长缨火车站100千米。

漠河口岸对岸为俄阿穆尔州斯克沃洛迪诺区边境重镇加林达,现有人口7千人左右,是自黑河开始黑龙江上游最大居民点,加林达是俄小贝阿铁路的南端终点站,沿小贝阿铁路北上66千米,在斯克沃洛迪诺与西伯利亚铁路交汇,再北上270千米至阿穆尔州第三大城市腾达同俄大贝阿铁路交汇。小贝阿铁路是俄远东地区沟通西伯利亚铁路和大贝阿铁路重要通道,小贝阿铁路目前正继续向北延伸,终点是雅库特自治共和国的叶鲁文哥里市。加林达还有可同时停靠三个千吨级货轮的码头,铁路火车站距江边达500米左右配有塔式吊车,加林达还设有军用飞机场。

(三)一类空港口岸

航空口岸又称空港口岸,指国家在开辟有国际航线的机场上开设的供人员和货物出入国境及航空器起降的通道。

我国主要航空口岸有：北京首都国际机场、上海虹桥国际机场、上海浦东国际机场、广州白云国际机场等。

拓展提升

联邦快递亚太转运中心

2005 年 7 月 13 日，联邦快递与广州白云国际机场签署了在机场内兴建全新亚太转运中心的协议，新的转运中心取代了联邦快递原本设于菲律宾苏比克湾国际机场的枢纽地位。

新的亚太转运中心占地 63 公顷，总建筑面积达 82000 平方米。投入运作后从业人员超过 800 名，每周运营 136 个航班，在 20 个亚洲主要城市间提供运送服务，并通过这些城市连接全球超过 220 个国家和地区。

转运中心的一大特点是联邦快递拥有自己的机坪控制塔，对于一家国际航空快递运输公司而言，这在全中国也是首开先河。联邦快递可自主在地面完成控制飞机起降、停机安排及优先上落货等程序。此外，该中心的主要分拣区由 16 条高速分拣带、7 条用于货物装载的输送带以及 90 部主要和次要文件分拣设备组成，每小时可处理 2.4 万件货物。

2008 年 12 月 17 日，转运中心完成了其首次试运营。一架联邦快递麦道 MD－11 飞机从菲律宾苏比克湾国际机场起飞，于次日凌晨 5：50 分顺利降落广州白云国际机场。该航班由全新的运转中心负责全部地面运作，使用了联邦快递控制塔和新分拣系统。在地面流程成功完成后，该航班准点飞往其最终航点巴黎夏尔·戴高乐机场。这条亚欧航线在试运营期间每周执飞 4 次，新转运中心于 2009 年 2 月 6 日正式开业运营。

2009 年 2 月 6 日清晨，在最后一个航班飞往台湾后，联邦快递关闭了其位于菲律宾北部已运作了 13 年的的苏比克湾亚太转运中心，其核心业务已全数转移至白云机场。飞抵新亚太转运中心的首个航班来自印第安纳波利斯国际机场，这架以 MD－11 执飞的航班在经停巴黎夏尔·戴高乐机场后于夜里 23：10 分降落白云机场，标志着新的亚太转运中心的开放并全面投入运作。

项目小结

本项目是在学习口岸基础知识的基础上，掌握了中国一类（空港、水港和路港）口岸的开放情况以及地理分布情况，并且了解了我国部分陆地边境口岸的基本情况。区域经济一体化是经济发展的重要趋势，随着区域经济一体化趋势的发展，口岸在带动周边区域经济发展中的地位和作用日显重要。通过对于我国口岸知识的学习将完善学生对于区域经济知识的理解。

项目实训

实训目的：通过实训，使学生知道我国二类口岸分类和功能，初步熟悉我国部分二类口岸的基本情况。

实训内容：通过上网查询资料了解我国现有的各种二类口岸，选择教材中未提及的任何一个省份的空港、水港或路港其中一类的所有二类口岸并详细介绍。

实训学时：4 学时。

实训组织实施：学生分组，以 3～4 人为一组，对以上实训内容每组提交一份实训报告。

项目习题

一、填空题

1. 口岸是一个复杂的有机体，由五个相对独立、分工协作的子系统组成，分别是：_____ _____、_____、_____、_____、_____。

2. 二类口岸是指由_____批准对外开放，并依靠其他口岸派人前往办理_____、_____的国轮外贸运输点，同毗邻国家进行边境小额贸易和人员往来的口岸。

3. 与一般意义上的资源相比较，口岸资源具有下列特点：_____、_____、_____、_____、_____、_____。

4. 我国主要航空口岸有_____、_____、_____、_____等。

5. 北京空港物流基地是北京市唯一的航空—公路_____型的物流基地。

6. 按运输方式分，口岸又分为_____（包括海运口岸和_____）、_____（包括_____和公路口岸）和_____。

7. 霍尔果斯口岸是中国西部_____、_____、_____、_____的国家一类陆路公路口岸。

8. 满洲里铁路口岸于_____年开通，是我国规模最大、通过能力最高的_____口岸。

二、选择题

1. 漠河口岸为中国最（　　）端的口岸。
A.东 　　　　B.南 　　　　C.西 　　　　D.北

2. （　　）1989 年 12 月 17 日正式被国家批准为一类口岸，1990 年经国家验收后，正式对外开放。
A.漠河口岸 　　B.逊克口岸 　　C.满洲里口岸 　　D.别迭里口岸

3. （　　）位于新疆维吾尔自治区哈密地区巴里坤哈萨克自治县境内。
A.红山嘴口岸 　　B.老爷庙口岸 　　C.别迭里口岸 　　D.绥芬河口岸

4. 口岸按地理位置来分，可分为（　　）。
A.沿海口岸、边境口岸、内陆口岸 　　　B.一类口岸、二类岸
C.货运口岸、客运口岸、客货口岸 　　　D.水运口岸、陆运口岸、空运口岸

5. （　　）口岸相对应的口岸是哈萨克斯坦共和国的德鲁日巴口岸。
A.霍尔果斯 　　B.瑞丽 　　C.阿拉山口 　　D.红山嘴

6. 1990 年 6 月 7 日，国务院批准（　　）口岸开放，为铁路、公路双重口岸。
A.二连浩特 　　B.阿拉山口 　　C.友谊关 　　D.满洲里

三、简述题

1. 什么是口岸？
2. 简述中国口岸的发展趋势。
3. 口岸物流的功能有哪些？
4. 简述水港口岸的分类及其特点。
5. 简述中国如何提高口岸的物流效率。

模块二

中国交通运输地理

项目四 中国铁路运输布局

知识目标

1. 了解铁路运输基础知识
2. 掌握中国主要铁路运输干线
3. 掌握中国主要铁路枢纽和铁路局

能力目标

1. 能在中国平面图中画出主要铁路运输干线
2. 能够对客户托运的货物选择合适的铁路货运站办理运输
3. 能够为国际铁路运输的货物选择合适的车站办理运输

任务一 铁路运输基础知识

近年来我国铁路发展迅速。2013年,全国铁路营业里程已达到10万千米,居世界第二位,高铁运营里程达到1万千米,居世界第一位。这标志着铁路已经覆盖了全国所有的地区、所有的省份,具有里程碑的意义和作用。然而我国铁路的发展现状仍然无法满足经济发展所形成的运输需求,供需缺口依然很大。未来五年我国铁路运输紧张状况将继续存在。中国铁路目前在以世界6%的营业里程完成着占铁路运输总量24%的运输任务,因而扩大铁路规模迫在眉睫。

一、铁路运输的地位与作用

1. 铁路运输在我国综合运输中一直起着骨干作用

铁路运输是我国运输网中的重要组成部分,是五种现代交通运输方式中的主要方式。由于铁路运输能力强、运量大、受自然条件影响小,成本和单位能耗都较低、运输速度快、时间准、连续性强等特点,长期以来,铁路一直是我国交通运输的主力,虽然近年来公路、水路、航空都有了较大的发展,但从我国的国情出发,铁路今后仍将是我国中长途客货运输的主力。

2. 铁路是国民经济的大动脉

我国幅员辽阔,南北间和东西间自然条件、社会经济发展差异很大。对国计民生有着重要影响的主要资源,特别是煤炭、石油、铁矿石、木材等的分布不均衡,因此,我国地区间的专业化分工将随着经济发展更加深化,商品经济的发展和人民生活水平的提高所引发的运输需求,都使得区际间客货流量越来越大,大宗货物长途调运和旅客长途旅行都需依靠铁路这种贯通全国、高度集中、运力强大的运输方式来承担。

3. 铁路干线网是我国生产力布局的主轴

我国生产力,特别是工业生产分布的主轴——全国大中型工业一大部分分布在铁路沿线。

4.铁路是城乡形成与分布的主轴

铁路线无论是已有线,还是新线都对城市发展和新城市的兴起有着重要的促进作用。我国目前73%的城市都分布在铁路沿线,而且全部是大城市和特大城市。铁路网的延伸及其运能的强化,对我国的城镇化发展进程起着极其重要的推动作用。

二、铁路运输的基本设施

铁路运输是由铁路线路和沿线的各种车站、机车车辆及其各种技术设备的有机组合,在一定的行车组织方法下,通过铁路员工的劳动,形成铁路的运输能力,它一般用通过能力或输送能力来表示。

1.线路

铁路线路是机车、车辆和列车运行的基础。铁路线路是由路基、桥隧建筑物(桥梁、涵洞、隧道)和轨道三部分组成。

2.铁路机车和车辆

(1)机车。机车是铁路运输的基本动力,铁路是用机车牵引车辆,行驶在铺有钢轨线路的一种现代化运输工具。因此,只有在机车和轨道两种主要设备先后发明,并配合使用时,才揭开铁路史的第一页。

(2)车辆。铁路车辆是运送旅客和货物的工具。一般车辆没有动力装置,需要把车辆连挂成列,由机车牵引,才能在轨道上运行。

铁路车辆类型较多。按照车辆运送对象不同,可把铁路车辆分为三大类,即客运车辆、货运车辆和客货运车辆。货运车辆又有棚车、敞车、平车、家畜车、罐车、保温车、水泥车、集装箱车等车型。

3.铁路站场

站场是铁路运输的生产基地,办理旅客和货物运输、编组和解体列车以及有关技术作业都是在站场完成的。

铁路站场按技术作业分为中间站、区段站和编组站。

(1)中间站。中间站主要办理列车的到发、通过、会让和越行,旅客的乘降和行李的承运、保管与交付,货物的承运、装卸、保管与交付,本站作业车的摘挂作业和向货场、专用线取送车辆的调车作业。客货运量较大的中间站,还有始发、终到客货列车的作业。

(2)区段站。区段站的主要任务是办理货物列车的中转作业,进行机车的更换或机车乘务组的换班以及解体、编组区段列车和摘挂列车。

(3)编组站。编组站是铁路网上办理大量货物列车解体和编组作业,并设有比较完善的调车设备的车站,有列车工厂之称。

编组站和区段站统称技术站。但二者在车流性质、作业内容和设备布置上均有明显区别。区段站以办理无改编货物列车为主,仅解编少量的区段、摘挂列车;而编组站主要办理各类货物列车的解编作业,且多数是直达列车和直通列车,改编作业量往往占全站作业量的60%以上,有的高达90%。

4.信号设备

信号设备是铁路运输中采用的一种自动控制与远程控制装置。其作用是保证行车安全和运输效率,并准确地组织列车运行及调车工作。所有铁路有关人员必须按照信号的指示办事,方能保证铁路的运输安全。

三、铁路的分级

目前,中国铁路建设标准共划分为三个等级,即Ⅰ级、Ⅱ级、Ⅲ级。具体划分条件如下所列。

(1)Ⅰ级铁路:在路网中起骨干作用的铁路,远期年客货运量≥20百万吨;

(2)Ⅱ级铁路:根据在路网中的作用不同,Ⅱ级铁路划分为如下两类:

①在路网中起骨干作用的铁路,远期年客货运量<20百万吨;

②在路网中起联络、辅助作用的铁路,远期年客货运量≥10百万吨;

(3)Ⅲ级铁路:为某一区域服务,具有地区运输性质的铁路,远期年客货运量<10百万吨。

四、铁路网分布特点

铁路网是由相互联结的铁路干线、支线、联络线和铁路枢纽构成的铁路网系统。目前我国已形成了全国以北京为中心,各省以省会为中心伸展线路的铁路网骨架,连接着许多不同规模的铁路枢纽。

目前,我国铁路网的框架已形成,国家铁路由280多条干支铁路线,5500多个车站和45个铁路枢纽组成,连接成为统一营运和调度指挥的完整体系。另外,还有68条地方铁路由地方政府经营管理,服务于地区性运输。这些地方铁路都与国家铁路的车站相靠近或接轨。此外,合资和地方集资办铁路也正大步增长。

衡量铁路网的一个重要指标就是铁路网密度。铁路网密度一般是指每一定面积或一定数量人口(千人或万人)内分摊的铁路线长度。要研究铁路网的地理分布,铁路网密度是一个被广泛引用的指标。当前,我国铁路网密度按面积计算,每一万平方千米有铁路96千米,略少于印度铁路(206千米/万平方千米)的1/2,与其他发达国家相比差距更大;按人口计,我国每一万人有0.76千米铁路,为印度的4/5。

任务二　主要铁路线路

按我国铁路网分布的特点,分纵贯南北的铁路干线和横贯东西的铁路干线。

一、铁路干线

铁路干线是指铁路网中具有重要地位的铁路线。凡能保证全国运输联系,并具有重要政治、经济和国防意义,或达到规定客货运量的铁路,都属于铁路干线。

(一)我国南北铁路干线

我国南北铁路干线主要有七大干线,称"七纵",具体如下:

1. 京广线

京广线起始北京,终达广州,全程2332千米,已全线建为复线。京广线通过华北平原、两湖平原、江南丘陵、穿越南岭山脉,连接珠江三角洲;跨海河、黄河、淮河、长江、珠江五大流域;连接北京—石家庄—郑州、武汉—长沙—株洲—衡阳—广州六大铁路枢纽,又与长江干流垂直相交,纵穿6省(市),成为中国综合运输网的南北中枢。

京广线在北京枢纽与京包、京沈、京通、京承等线相接;在石家庄枢纽连石德(州)、石太(原)二线;在郑州枢纽与陇海线相交;在武汉交会汉丹(江口)和武大(冶)线;在株洲与湘黔、浙赣相交会;在它的南段衡阳,是湘桂铁路的起点,连湘桂线,接黔桂线;在广州又有广三(水)、广深(圳)线可达香港,从而使全国铁路网脉络相通,成为我国南北交通的中枢。

京广线是我国南北铁路运输通道中最繁忙的线路,长期处于货物运输能力供给不足的局面,运能缺口有时高达 50%。由于铁路存在着"货客相争"的局面,尤其到春运时,铁路部门都会增开列车运送旅客,而每增加一列临时客车就意味着要减少一列货车,重要物资的运送就会特别紧张。

随着京广高铁的开通,既有线路的部分客运任务将转移到高铁线路上,其货运能力将得以释放,这也意味着粮食、电煤、石油、农药、化肥等重要物资运输紧张的状况将得到极大缓解。

在武广高铁开通后,当初既有线路货运能力的释放使得沿线大型厂矿企业的货运量增长得以保证。以韶钢集团为例,武广高铁开通前,铁路每年仅能满足其 40% 多的货运需求,而当前该集团 100% 的运输需求都能实现。

京广高铁开通后,与老京广线逐步客货分离,由此将改变沿线的铁路运输格局。目前,老京广线保留客车 183 对,停开 32 对,而这些停开的列车将为货车腾出空间。有专家估计,如果停开 32 对客车,预计可以释放 10 对左右货车的运力。"一对货车按 50 辆车计算,每个车装 50 吨,货运能力是 2500 吨,10 对货车每天的运力是 25000 吨,一年的运力接近 1000 万吨。"

2. 京沪线

京沪铁路是中国一条从北京通往上海的铁路,于 1968 年建成,全长 1463 千米。京沪铁路连接了中国最大的两座城市,沿途大都为沿海经济发达地带,此线客流量大,行车密度大,因此成为中国目前最繁忙的铁路干线之一,现已全部为复线,并已建成京沪高铁,这将缓解既有线上的运输压力。

京沪铁路是中国东部南北大干线之一。从北京开始,由天津向南,经沧州、德州、济南、泰安、兖州、枣庄、徐州、蚌埠、南京、镇江、常州、无锡、苏州,到上海。全线纵贯海河、黄河、淮河、长江四大流域,穿过冀、鲁、皖、苏四省,连接京、津、沪三大直辖市。该线北端与京哈铁路相接;途中于德州会石德铁路;于济南会胶济铁路;于泰安会辛泰铁路;于磁窑会晋豫鲁铁路、磁博铁路;于兖州会新兖铁路、兖石铁路;于枣庄会枣临铁路;于徐州会陇海铁路;于蚌埠会淮南铁路水蚌线;于南京会宁铜(陵)线;在上海与沪杭线相连接。沿线是沿海人口密集、经济发达地区,有许多重要工业城市,大型煤、铁、石油基地,粮棉集中产区和鱼米之乡。南运货物以钢铁、煤炭、木材、棉花、油料和杂粮为主;北运货物以机械设备、机电设备、仪表、布匹、百货、面粉和茶叶等为主,为全国客货运量最繁忙的线路之一。

3. 京九线

京九铁路全长 2500 千米,1996 年 9 月 1 日正式开通,是我国铁路建设史上一次建成最长的复线。京九铁路位于京沪和京广两大铁路之间,弥补京沪、京广两大铁路干线之间的空白,是我国南北又一条干线。纵贯京、津、冀、鲁、豫、皖、鄂、赣、粤九省市。从北京始发后,途经河北霸州、衡水,山东聊城、荷泽,河南商丘,安徽阜阳,湖北麻城,江西九江、南昌、向塘、吉安、赣州,广东龙川、常平,在常平与广深铁路接轨,通过深圳至九龙。该线于 1997 年 7 月 1 日香港回归祖国之前,全线通车。

京九铁路北与京原(太原)、丰(台)沙(河)、京包(头)、京山(海关)、京通(州)、京秦(皇岛)等铁路相接,南与石(家庄)德(州)、新(乡)兖(州)、陇海、阜(阳)淮(南)、合(肥)九(江)、武(汉)九(江)、浙赣、广(州)梅(州)汕(头)等铁路相连。

京九铁路(香港段),港称"九广东铁",前称九广铁路(英段),北起罗湖桥,南至九龙红磡,全长 35.4 千米。

现在,九广东铁每天开行 200 对通勤列车,来往九龙和罗湖区间。此外,九广东铁每天开行 10 对旅客列车,从九龙前往北京、上海、广州、东莞、佛山和肇庆;以及三趟货列、邮政车、快运专列等,是全中国(除台湾以外)唯一一条长途旅客列车和城市公交通勤列车共享的铁路线。

京九铁路沿线地区不仅是我国粮、棉、油等农副产品的重要产区,也是矿产资源、旅游资源非常丰富的地区。该线对促进沿线经济的发展,维持香港的长期稳定的繁荣,都是有重要作用。它的建成使全国铁路网布局更加趋于合理、完善,运输能力也明显增强,南北铁路运输紧张状态得到缓解。

4. 北同蒲—太焦—焦柳线

该线北起山西省大同市,由大同南下,经由山西大同—太原—长治—河南焦作—洛阳—南阳—湖北襄樊—荆门—枝城—湖南怀化—广西柳州,全程 2395 千米。该线经过五省(区),跨越三大流域,纵贯黄土高原、豫西山地、江汉平原、湘西山地和两广丘陵。

太焦—焦枝—枝柳线使北同蒲、京包、石太、京广、陇海、湘黔、黔桂、黎湛等铁路干线和横贯东西的水运交通干线——长江等水系沟通起来,这不仅加强了华北、中南两地区的紧密联系,而且使我国中部地区出现了同京广铁路平行的又一条纵贯南北的交通大动脉,也是我国晋煤外运的通道之一。此外,该线向北延伸连接集二线(集宁—二连浩特,该线成为通往蒙古、俄罗斯和国际联运交通干线)。

5. 宝成—成昆线

宝成线北起陕西宝鸡,翻越秦岭、大巴山,穿越川西平原,飞越岷江,横跨金沙江,到达昆明,全长 1754 千米。该线在宝鸡与陇海线衔接,在成都与成渝线相接,是西南与西北、华南相连的重要干线。沿线是我国特产丰富的多民族聚居地区,蕴藏着丰富的矿产资源和森林资源,铁路的建成促进了西南地区经济建设,加强了民族团结,也是连接西北地区的重要通道。

6. 成渝—渝黔线、黔桂线

成渝线经由成都—内江—重庆,全长 546 千米,它把西南地区两个最大的城市连接起来。渝黔线北接成渝线,经由重庆—遵义—贵阳,全长 463 千米,是四川、重庆南下的通道。黔桂线从贵阳到广西柳州,长 606 千米,是我国西南地区通向华南的主要路线,也是沟通西北、西南、华南的主要干线。

7. 哈大线

哈大线全长 946 千米,全为复线,是东北地区的交通轴线。该线经由哈尔滨—长春—四平—沈阳—鞍山—大连,与大连港相连,形成我国东北通海的大通道。

东北铁路网以哈尔滨和沈阳为中心,形成哈大线与滨州、滨绥线相连,构成了"丁"字形干线。以"丁"字形干线为中枢,通过牡丹江、哈尔滨、长春、四平、沈阳等大中型铁路枢纽,连接东北地区 70 多条干支线,把东北地区的工矿企业和城市连成一个经济整体。

哈大线联结东北三省主要的工业中心、政治中心和最大海港,成为东北地区经济发展的支柱。沿线物产丰富,经济发达,城市较多。如大兴安岭林海是我国重要的木材供应基地;呼伦贝尔盟是我国著名的良种牲畜与乳、肉制品基地;松嫩平原和三江平原是我国粮食、大豆和甜菜糖的生成基地;大庆、齐齐哈尔、长春、沈阳、抚顺、鞍山等城市,是全国驰名的石油、煤、钢铁、汽车、重型机器重要产地。

（二）我国横贯东西的铁路干线

我国横贯东西的铁路干线主要有8条，称为"八横"，具体如下：

1. 滨州—滨绥线

滨州—滨绥线，西起内蒙古的满洲里，经由满洲里—大庆—哈尔滨—绥芬河，其中滨州线935千米，滨绥线548千米，全长1483千米。该线西端与俄罗斯西伯利亚铁路接轨，中端连哈大干线北上南下，东端出中俄边界达俄罗斯远东港口海参崴，是一条重要的国际铁路线。

2. 京包—包兰线、京沈线

京包线是连接华北与西北的铁路干线，经由北京—张家口—大同—集宁—呼和浩特—包头，全长833千米；包头—银川—兰州的铁路线为包兰线，全长989千米。该线东起北京，越冀北山地，跨张北高原经大同盆地，出长城，经内蒙古高原，过河套平原、宁夏平原至兰州，连接六省（市、区），沟通华北和西北。沿线煤、铁、磷矿等资源丰富，又分布着我国重要的畜牧业基地和商品粮基地。西运货物主要有钢铁、机械、木材等；东运货物以煤炭、矿石、畜产品为主。该线对促进华北和西北经济联系，分担陇海线运输压力，建设少数民族地区以及巩固边防都有着重要意义。

京沈线自北京经天津、唐山、秦皇岛出山海关，沿渤海湾北岸斜穿辽西走廊，过锦州到达沈阳，是我国通过能力最大的铁路干线之一，也是我国东北铁路网与关内铁路网相联系的主要干线。该线在北京枢纽连接京广、京包等线，在天津枢纽遇津沪线，在锦州枢纽连锦承线，在大虎山与大郑线相接，在沈阳枢纽与哈大、沈丹（东）、沈吉等线相联系，通过沈丹线可达朝鲜民主主义人民共和国首都平壤。

京沈线沿线是我国重要城市和煤、铁、石油等生产基地比较集中的地带，有首都（石景山）、天津、唐山等钢铁厂，有开滦、阜新的煤炭，有盘锦的石油，还有东北林区的木材，鞍山的钢铁和沈阳重型机器设备等的运输，多靠此线承运。因此，它是目前全国旅客列车最多，货运密度最大的铁路线。

3. 陇海—兰新线

陇海—兰新线是横贯我国中部的最大动脉，全国铁路网的横轴，串联我国铁路网，沟通我国东部和西部、沿海和内地。该线经由连云港—徐州—郑州—西安—兰州—乌鲁木齐—阿拉山口，途经江苏、安徽、河南、陕西、甘肃、新疆六省区，横贯黄淮平原、豫中平原、关中平原、黄土高原，穿过河西走廊、吐鲁番盆地，翻越天山山脉，终达中哈（哈萨克斯坦）边境的阿拉山口，全长达4112千米，是我国最长的一条铁路干线。其中陇海线由连云港到兰州，全长1736千米；兰新线东起兰州，越过乌鞘岭，穿行河西走廊，出玉门关，经哈密、吐鲁番，过天山垭口经乌鲁木齐至中哈边境的阿拉山口，全长2376千米。

兰新线从阿拉山口向西一直可达荷兰的鹿特丹，横跨亚欧两洲，连接太平洋和大西洋，成为第二条欧亚大陆桥的主干线，是我国通往中亚、中东、欧洲的捷径，有现代"丝绸之路"之称，对欧亚经济的联系有十分重要的作用。该线与我国几条主要南北干线相交，又经开封、洛阳、西安等历史文化名城及旅游胜地，沿线有丰富的煤炭、石油等矿产和棉花、畜产品等，因此客货运输都非常繁忙。

4. 襄渝—襄汉线（汉丹线）

襄渝线长916千米，是进出蜀道的重要干道，经由重庆—达州—安康—襄阳。襄阳—武汉称为襄汉线，全长328千米。

襄渝线起自重庆,过嘉陵江大桥,沿华蓥山至达州,穿过大巴山,到陕西安康,顺汉江东去,直达湖北襄阳。襄渝铁路所通过的地区正是川、渝、陕、鄂四省区毗邻地区,对沟通西南、华中、西北广大地区具有十分重要的作用。它的东北端,以襄阳为中心,与汉丹、焦枝铁路衔接,加强了华中、华北地区的联系,西南端以重庆为枢纽,和成渝、渝黔两线相接,且通达云贵两省;在中段,与安康铁路接轨,通过宝成线,与西北地区相联系,这样就使襄渝铁路成为我国东西走向的又一条重要交通干线。后来建设的西康铁路、达万铁路,使得襄渝线功能进一步增强。

5.沪杭—浙赣—湘黔—贵昆线

沪杭—浙赣—湘黔—贵昆线由四段组成,全线东起上海,穿过沪、浙、赣、湘、黔、滇六省市,连接长江三角洲、江南丘陵和云贵高原,长达 2672 千米。此线位于长江以南,是横贯江南的东西干线,与陇海线和长江航线平行,是我国横穿东西的第二条大动脉。

该线具体经由上海—杭州—金华—鹰潭—萍乡—株洲—湘潭—怀化—贵定—贵阳—安顺—六盘水—昆明。其中,沪杭线东起上海,西至杭州,全长 189 千米,全线为复线;浙赣线起自杭州,西经金华、鹰潭、萍乡到株洲,全长 947 千米,在萧山、鹰潭、南昌分别与萧甬、鹰厦、南浔(九江)三条铁路相交叉,可通往宁波、厦门、福州和九江等重要港口。西端在株洲枢纽与京广、湘黔两线相通。沿线工农业比较发达,人口稠密,特别是西段,煤、铁等矿产资源丰富。因此,客货流运输都很繁忙。湘黔线东起株洲,经由湘潭—淑浦—冷水江—怀化—镇远—贵定—贵州,全长 902 千米。这条铁路的建设不仅有利于加快湘西、黔东少数民族地区的开发,而且对湘黔两省的经济建设也有促进作用。贵昆线自贵阳经安顺、六盘水、宜威到昆明,全长 467千米。全线通过矿产资源丰富,特别是著名的六盘水煤田等地区。这条铁路除了负担煤外运,还有六盘水钢铁厂的矿石运输及云南磷矿外运等任务。

6.石太—石德和胶济线

石太—石德和胶济线是连接晋、冀、鲁三省的干线,是我国晋煤东运的一条通道。

石太—石德线经由太原—石家庄—德州,以石家庄铁路枢纽为中心,在德州通过京沪线连接胶济线,该线担负着晋中大量煤炭的输出任务。

胶济线经由济南—潍坊—青岛,是山东半岛重要的交通干线,也是晋、冀、鲁三省出海港的通道。

7.南昆线

南昆线经由南宁—百色—安龙—昆明,于 1998 年 3 月建成,全长 899 千米,是我国西南地区又一条新干线。南昆铁路途经广西、贵州、云南三省区的 19 个县市。南昆铁路的建成,形成了背靠大西南,面对东南亚的经济格局,为大西南资源开发和改变沿线贫困落后面貌起到重要促进作用。

8.湘桂—黔桂线

湘桂—黔桂线经由贵阳—都匀—柳州—桂林—衡阳,是我国铁路网中连接中西部、西南部组成部分,特别是西南铁路出海大通道的重要组成干线。

二、我国其他重要的铁路干线

1.大秦线

大秦线经由山西大同—河北秦皇岛,双线 653 千米,形成铁路和海运联运干线,为大同煤炭直接出海南下的大通道。

2.侯月线

侯月线自山西侯马至河南月山,全长 252 千米,于 1994 年建成通车,是晋煤外运的南通路之一。侯月铁路向东的最终点是山东日照港,是与陇海铁路平行的一条铁路干线,可减轻陇海铁路负担,缩短西北与山东出海口的运距。

3.西康线

西康线经由陕西西安—安康,经陕西省 7 个县市,于 2001 年 3 月 1 日全线开通,全长 268千米。西康铁路是中国铁路网"八纵八横"中"包柳铁路大通道"的重要组成部分。2009 年 12月 17 日,国家"十一五"重点建设项目——西康铁路复线工程正式动工,已于 2013 年 10 月 31日通车。西康铁路复线建成后,与包西铁路、襄渝铁路安康至重庆段、渝黔铁路、黔桂铁路共同组成中国中部的一条贯穿南北的铁路大动脉。

4.达万线

达万线经由四川达州—重庆万州,于 2001 年 6 月全线通车,全长 158 千米。这条铁路是规划中的西南铁路通道的组成部分,是三峡水利枢纽建设的配套工程。

5.渝怀线

渝怀线经由重庆—湖南怀化,全长 625 千米。渝怀铁路是重庆市及西南地区一条通江达海的运输大动脉,是我国西部大开发重点工程之一。该线使川渝地区与东南沿海地区的客货运输途径缩短 270~550 千米。

6.广梅汕线

广梅汕线经由广州—东莞—梅州—潮州—汕头,全长 480 千米。广梅汕铁路是广东省和铁道部合资修建的路网性干线,位于广东省东部,从广深铁路常平站接轨,途经东莞、梅州、潮州、汕头等 16 个市县。该线在东南沿海网中具有重要地位,形成了从汕头、梅州经广州至湛江横贯广东省东西部地区的铁路运输大动脉。

7.青藏铁路

青藏铁路经由青海省西宁市至西藏自治区首府拉萨,全长 1956 千米。其中,西宁至格尔木段 814 千米已于 1979 年铺通,1984 年投入运营。青藏铁路格尔木至拉萨段,北起青海省格尔木市,经纳赤台—五道梁—沱沱河—雁石坪,翻越唐古拉山,再经西藏自治区安多—那曲—当雄—羊八井拉萨,全长 1142 千米。其中新建线路 1110 千米,于 2001 年 6 月 29 日正式开工,2006 年 7 月 1 日正式通车运营。青藏铁路是世界海拔最高、线路最长的高原铁路。

青藏铁路一期工程(西宁至格尔木段)建成运营以来,已成为开发青海柴达木盆地及推动青、藏两省区经济发展的主要交通线路。它促进了青海钾肥厂、锡铁山铅锌矿、青海铝厂、青海油田、格尔木炼油厂、茫崖石棉矿和龙羊峡、李家峡两座大型水电站等一大批大中型项目的建设和发展。

在 2006 年青藏铁路全线开通以前,西藏自治区是我国唯一不通铁路的省级行政区。交通运输设施的落后,已经严重制约了这一地区经济、社会的发展,使之成为我国主要的贫困地区之一。随着西部大开发的实施,运往西藏的物资大幅度增加,西藏原有的以青藏公路为主体的运输通道无论从运能、运量上,还是从运输的快捷、方便上,都远远不能满足经济发展的迫切要求。建设青藏铁路,是克服交通"瓶颈",加快青海、西藏两省区经济发展,促进西部大开发的客观需要。青藏铁路开通后,75%的进出藏物资由铁路承担,改变了以往公路运输运距长、运费高、损耗大的缺点。

三、中国的国际铁路通道

(一)通往朝鲜的铁路

1.沈丹线(沈阳—丹东)

沈丹线经由沈阳本溪—凤城丹东,跨过鸭绿江,与朝鲜新义州的铁路接轨,全长277千米,丹东站是客货运混合站,办理旅客出入境检查手续。

2.牡图线(牡丹江—图门)

牡图线经由牡丹江—宁安—图们,全长240余千米,同朝鲜铁路相接。图们站主要办理国际联运进出口货物运输。

3.梅集线(梅河口—集安)

梅集线经由梅河口—柳河—通化—集安,全长210余千米,通过鸭绿江铁路桥与朝鲜铁路接轨。集安站每天都接待往来中朝客货的混合列车。

(二)通往俄罗斯的铁路

1.滨州线(哈尔滨—满洲里)

滨州线经由哈尔滨大庆—富拉尔基—海拉尔—满洲里,全长930余千米,与俄罗斯的外贝加尔接轨。满洲里站可办理国际旅客联运和国际铁路货物联运,以及中俄间联运货物对外交接手续,并进行旅客的出入境检查。

2.滨绥线(哈尔滨—绥芬河)

滨绥线经由哈尔滨—尚志、牡丹江—绥芬河,全长540余千米,和俄罗斯的远东铁路接轨。绥芬河站办理与俄罗斯货物进出口运输。

(三)通往蒙古的铁路

集二线由集宁—察哈尔—苏尼特—二连浩特,与蒙古的扎门乌德铁路接轨,全长333千米。二连浩特站是北京—乌兰巴托的中间站,俄罗斯以及独联体国家铁路间联运均在二连浩特站接换和对旅客进行出入境检查。

(四)通往越南的铁路

1.昆河线(昆明—河口)

昆河线经由昆明—宜良—开远—河口市,全长469千米,通过红河桥在老街与越南铁路相接。

2.湘桂线

湘桂线经由湖南衡阳—东安—桂林—柳州—南宁—凭祥市,通过友谊关,到达越南谅山,全长1026千米,是我国通往越南的主要铁路线。凭祥站为客货运混合站。

(五)通往哈萨克斯坦的铁路

北疆铁路线经由兰州酒泉—哈密—乌鲁木齐—奎屯—阿拉山口,出阿拉山口,在阿拉木图与西伯利亚铁路接轨,全长2340余千米。阿拉山口口岸站是我国西北地区唯一的铁路口岸,1992年开办国际旅客营运,在此检查国际列车的出入境。

任务三　铁路枢纽及铁路局

一、铁路枢纽

在铁路网中,几条铁路相互衔接或相互交叉的地方,需要修建一个联合车站或几个专业车站,以及连接这些车站的联络线、进站线路和线路疏解等设备。由若干车站、站间联络线以及一系列站场和设施所组成的有机联系的整体,称为铁路枢纽。

铁路枢纽是铁路运量的集中地和列车的交接点,是组织运输生产的中心环节;同时,铁路枢纽也往往是省(区)的政治经济中心、工业基地和水陆联运中心。

(一)全国铁路枢纽

目前我国铁路干线相互联接或交叉处已形成了 45 个铁路枢纽,这些铁路枢纽承担着全国铁路的绝大部分车流的汇集、解编任务和大量的地方客货集散任务。我国铁路枢纽的布局是均衡的,华东区和中南区平均 900 千米线路有一个枢纽,东北区和华北区约 1200 千米线路有一个枢纽,西北区和西南区则约 1400 千米有一个枢纽。我国 45 个铁路枢纽概况见表 4-1。

表 4-1　中国 45 个铁路枢纽

序号	枢纽	连接干线方向	编组站	序号	枢纽	连接干线方向	编组站	序号	枢纽	连接干线方向	编组站
1	北京	8	丰西、丰台、双桥	16	佳木斯	3	佳木斯	31	武汉	4	江岸西、武昌南
2	天津	4	南仓、新港	17	长春	4	长春	32	郑州	4	郑州北
3	石家庄	4	石家庄	18	吉林	4	吉林	33	柳州	4	柳州南
4	大同	3	大同	19	蚌埠	3	蚌埠东	34	贵阳	4	贵阳南
5	太原	4	太原	20	徐州	4	徐州北	35	成都	3	成都东
6	包头	3	包头西	21	芜湖	4	芜湖	36	重庆	3	重庆西
7	沈阳	5	苏家屯、沈西	22	济南	3	济南西、济南	37	昆明	3	昆明东
8	锦州	4	锦州	23	南京	3	南京东	38	西安	3	西安东
9	大连	2	大连	24	上海	2	南翔、新龙华	39	乌鲁木齐	2	乌鲁木齐西
10	本溪	4	本溪	25	杭州	3	艮山门	40	兰州	4	兰州西
11	四平	4	四平	26	南昌	3	南昌	41	洛阳	4	洛阳东
12	丹东	3	丹东	27	鹰潭	3	鹰潭	42	宝鸡	3	宝鸡东
13	哈尔滨	5	哈尔滨	28	衡阳	3	衡阳北	43	襄阳	4	襄阳北
14	齐齐哈尔	4	三间房	29	广州	2	广州北	44	怀化	4	怀化
15	牡丹江	4	牡丹江	30	株洲	4	株洲北	45	西宁	2	西宁

(二)全国重点铁路枢纽

在全国 45 个铁路枢纽中,重点铁路枢纽有:北京铁路枢纽、天津铁路枢纽、郑州铁路枢纽、武汉铁路枢纽、上海铁路枢纽、广州铁路枢纽、兰州铁路枢纽、沈阳铁路枢纽、成都铁路枢纽、重庆铁路枢纽等。

1. 北京铁路枢纽

北京铁路枢纽由京广、京沈、京包、京九、京秦、京承、京通、京原等铁路线交汇而成,是我国最大的铁路枢纽,负责通向全国各地的列车编组作业。

2. 天津铁路枢纽

天津铁路枢纽地处津沪和京沈两大重要干线交汇处,并与天津港相衔接,为北方最大的水陆联运中心。该枢纽承担着繁重的运输任务,天津站既是客货混合站,又是编组站。

3. 郑州铁路枢纽

郑州铁路枢纽位于陇海和京广两条重要铁路干线交汇处,居全国铁路网的中心,郑州北站是全国著名的大型编组站。

4. 武汉铁路枢纽

武汉铁路枢纽位于京广、汉丹和武九等铁路线的交汇处,并与长江航道相连,是一个以水陆中转为特点的交通枢纽。枢纽的各站分别设于武昌、汉口、汉阳,是一个延伸式的铁路枢纽。

5. 上海铁路枢纽

上海铁路枢纽由津沪线和沪杭线交汇而成,与上海港相结合,组成了我国最大的水陆交通枢纽。

6. 广州铁路枢纽

广州铁路枢纽地处京广、广茂、广深、广九、广梅汕等铁路交汇处,接广州港,是南方最大的水陆交通中心。

7. 兰州铁路枢纽

兰州铁路枢纽位于包兰、兰青、陇海、兰新四大干线交汇处,为西北地区最重要的铁路枢纽。

8. 沈阳铁路枢纽

沈阳铁路枢纽地处哈大、京沈、沈丹和沈吉等铁路线交汇处,是东北南部地区最大的铁路枢纽。

9. 成都铁路枢纽

成都铁路枢纽地处宝成、成昆、成渝等铁路线交汇处,为一环形枢纽。

10. 重庆铁路枢纽

重庆铁路枢纽地处襄渝、成渝、川黔等铁路线交汇处,联接重庆港,是西南地区最大的水陆交通中心。

二、铁路局

铁路局是中国铁路管理体制的特色产物,是中国铁路三级体制的重要组成部分。中国目前有 18 个铁路局,分别是:北京铁路局、成都铁路局、武汉铁路局、上海铁路局、沈阳铁路局、西安铁路局、太原铁路局、济南铁路局、郑州铁路局、南宁铁路局(原柳州铁路局,2007 年搬至南宁)、南昌铁路局、昆明铁路局、兰州铁路局、哈尔滨铁路局(管辖内蒙东部)、呼和浩特铁路局、乌鲁木齐铁路局、广铁集团、青藏铁路公司。

2013 年 3 月 14 日第十二届全国人民代表大会第一次会议决定拆分原铁道部,实行政企分开,组建国家铁路局和中国铁路总公司。国家铁路局由交通运输部管理,承担铁道部的部分行政职责,负责拟订铁路技术标准,监管铁路安全生产、服务质量和工程质量等。中国铁路总公司,承担铁道部的企业职责,负责铁路运输统一调度指挥,经营铁路客货运输业务,承担专运、特运任务,负责铁路建设,承担铁路安全生产主体责任等。

拓展提升

蓉欧国际快速铁路货运直达班列

蓉欧国际快速铁路货运直达班列是跨国性质的运输工具,其自成都青白江集装箱中心站出发,经宝鸡、兰州到新疆阿拉山口出境,途经哈萨克斯坦、俄罗斯、白俄罗斯等国直达波兰罗兹站,线路全长9826千米,其中成都至阿拉山口3511千米,阿拉山口至罗兹6315千米。

一、基本信息

蓉欧国际快速铁路货运直达班列是跨国货运轨道,由于中国和欧洲铁路使用标准轨道,独联体国家铁路使用宽轨,途中需进行2次换轨吊装作业。"蓉欧快铁"成都至罗兹运行时间为14天,下一步可缩短至12天,成都出口货物通过"蓉欧快铁"到波兰罗兹后,可以在1~3天内通过欧洲铁路或公路网络快速分拨至欧洲任何地方。

2013年3月26日,由成都市人民政府、四川省物流办、四川省商务厅联合主办,成都市物流办、成都市商务局、成都市青白江区人民政府联合承办的"蓉欧国际快速铁路货运直达班列推介会暨签约仪式"在成都天府国际会议中心举行,省、市及驻蓉中直单位有关领导、外国驻蓉商协会和商务机构、成都市商协会、70多家国内外知名船运公司、国际货代公司和外贸企业、相关媒体300余人参加了会议,四川省政府领导、成都市政府领导莅临会议并致辞。共同为扩大蓉欧国际快速铁路货运直达班列(简称"蓉欧快铁")影响力,推动班列尽早常态化运行作积极准备,加速构架中国西部通往欧洲速度最快陆上铁路货运大通道,进一步塑造成都在西部城市中的竞争优势,加速成都区域性国际贸易中心建设和国际化进程。

二、发车时间

"蓉欧快铁"由中外合资成都亚欧班列物流有限公司负责按照市场化模式提供全程物流服务,合资公司由波兰HATRANS物流有限公司和江苏飞力达国际物流股份有限公司、深圳越海全球物流有限公司共同出资,集合国内外各自优势而自愿组建。合资公司于2013年4月26日起按照每周一列的频率稳定开行,经合资公司与铁路部门协商定于每周五发运,成都周边以及西南地区的货物不论是成列、成组、拼箱均可通过"蓉欧快铁"快捷、安全运抵欧洲任何地方。

三、优势

1.高速优价

"蓉欧快铁"运输时间为12~14天,是传统海铁联运时间的1/3,运输效能的加快不仅帮助企业快速抢占市场,并且能有效降低在途库存和现金流。和空运相比,时间虽比空运长5天左右,但费用仅为空运费用的1/4。

2.定期发班

"蓉欧快铁"自2013年4月26日开行后,每周五定期稳定开行,每周至少一列。在阿拉山口与多斯特克边境有室内换装场所,确保换装作业不受天气影响,"蓉欧快铁"冬季不停运。

3.快速通关

"蓉欧快铁"全程使用EDI传输,沿途国家通关EDI系统预先提交过境资料,实现不停留转关,采取"一次申报、一次查验、一次放行"的快速通关模式。

4.优质服务

(1)"蓉欧快铁"作为公共服务平台,采用开放式运营模式,可为广大代理人及发货人提供端到端的从散货到整柜全程全面的供应链物流解决方案;同时也可提供菜单式服务,由客户自主选择所需服务内容。

(2)IT 信息管理系统:"蓉欧快铁"自行开发的 IT 信息管理系统可同时连接客户—承运人—海关—收货人,达成实时化、可视化、标准化的现代物流服务目标。

(3)"蓉欧快铁"欧洲转运中心波兰保税仓库同时具备欧盟及俄罗斯与独联体保税优惠便利,可分别为欧盟及俄罗斯及独联体客户提供运抵缴税及延后 160 天缴税的便利。

四、作用

开通"蓉欧快铁"是提升成都投资环境、增强城市竞争优势的战略选择。开通"蓉欧快铁"为成都乃至中国西部地区通往欧洲大地架起了陆上货运大通道,为成都建设面向欧洲市场的出口生产基地和欧洲产品贸易集散中心提供了物流平台支撑;"蓉欧快铁"的开行从根本上打破了西部地区发展外向型经济必须依赖港口的老路,变西部内陆地理劣势为出口欧洲前沿主阵地优势;班列将极大地改善和提升成都面对欧洲市场的投资环境,极大地增强产品出口欧洲的竞争能力。

"蓉欧快铁"将中国西部与欧洲紧密地联系在了一起,它不仅是经济崛起之钮,也是通达全球之脉,它将为中国西部外向型经济发展注入快速发展的蓬勃动力,奏响古丝绸之路以来的亚欧经贸往来最强音。开通"蓉欧快铁",是一次跨时代的创举,将彻底改变"蜀道难"的历史。

项目小结

本项目是在了解铁路运输基础知识的基础上,重点学习我国铁路运输干线,以及铁路干线纵横相交形成的铁路枢纽。铁路线路是铁路运输的动脉,铁路干线网是我国生产力布局的主轴,铁路线主要承担沿线大宗货物的运输;铁路枢纽及货运站场是铁路运输的重要结点,是办理铁路货运业务的场所,也是铁路运输与其他运输方式组织联运的结点。在我国铁路三级体制下,目前有 18 个铁路局,每个铁路局管辖局内都有铁路线、铁路枢纽及铁路客、货运站场。在铁路货运中,每个货运站办理业务类型不同,因此货主或铁路货代能够就货物选择合适的铁路货运站办理运输。

项目实训

实训目的:通过实训,使学生熟悉我国主要的铁路线路和铁路枢纽,理解我国的铁路运输网络,了解铁路线上的货物种类,以便货主或铁路货代就货物选择铁路运输方式,并就具体的货物选择合适的铁路货运站办理运输业务。

实训内容:

1.查阅资料,能根据铁路沿线的经济腹地及产业,分析我国主要的铁路运输干线上运输的货物种类。

2.查阅资料,熟悉我国 18 个铁路局及每个铁路局管辖范围内的铁路线。

3.查阅资料,了解以武汉为区域中心形成的"米"字型的高铁网络。

4.查阅资料,了解铁路局内铁路货运站及其货物办理要求及限制。

实训学时:4 学时。

实训组织实施: 学生分组,以 3～4 人为一组,对以上四项实训内容每组提交一份画图作业及实训报告。

项目习题

一、填空题

1.车站从业务性质上可分为_____站、_____站和_____站。

2.我国南北方向的铁路干线由东向西依次是_____。

3.经过郑州、武汉两大铁路枢纽的南北方向的铁路线是_____。

4.连接我国两个最大城市的铁路线是_____。

5.南北方向的一条运煤通道是_____。

7.我国现代化程度最高的一条运煤专线是_____。

8._____线是我国一次性建成的最长的铁路线。

9.横贯江南地区的东西方向的铁路干线是_____。

10.青藏铁路一期工程是从_____到_____,于_____年通车,全线通车时间是_____年,结束了世界屋脊西藏不通火车的历史。

11.我国连通关内外的铁路干线是_____和_____。

12.我国连接铁路线最多的铁路枢纽是_____。

13.横贯江南地区的东西方向的铁路干线是_____。

二、选择题

1.青藏铁路二期工程建设中遇到的主要困难是( )。

A.地表崎岖,山高路险   B.太阳辐射少、气温低

C.高寒缺氧,多年冻土   D.地震滑坡,积雪冰川

2.铁路网络是由( )。

A.线和面组成的   B.点和面组成的

C.许多线和点组成的   D.点和点组成

3.下列运输特点的叙述,属于铁路运输的是( )。

A.速度最快、运价最高   B.可以门到门运输、灵活机动

C.速度最慢、运价最低   D.速度比较快,运载量比较大

4.铁路运输适运货物( )。

A.运距短、批量小   B.运距短、批量大

C.运距长、批量大   D.运距长、批量小

5.下列铁路线中与南昆铁路相交且属于国际铁路的是( )。

A.昆河线、湘桂线   B.湘桂线、焦柳线

C.昆河线、成昆线   D.昆河线、焦柳线

6.目前,我国已经实现客货分离的铁路线路主要有( )。

A.京九线   B.京广线   C.焦柳线   D.陇海线

7.第二亚欧大陆桥在我国由( )铁路线组成。(多选题)

A.陇海线   B.兰新线   C.南疆线   D.北疆线

8.东北铁路网丁字形骨架由( )铁路线组成。

A. 哈大线　　　　　B. 滨州线　　　　　C. 滨绥线　　　　　D. 京哈线

9. 我国通往朝鲜的国际铁路通道是(　　)。

A. 滨州线　　　　　B. 梅集线　　　　　C. 长图线　　　　　D. 北黑线

10. 我国通往越南的国际铁路通道是(　　)。

A. 南昆线　　　　　B. 昆河线　　　　　C. 成昆线　　　　　D. 湘桂线

11. 我国的(　　)穿越了很多古都和历史文化名称。

A. 沪杭—浙赣线　　B. 宝成—成昆线　　C. 陇海—兰新线　　D. 京包—包兰线

12. 我国的(　　)沿途多崇山峻岭、急流险滩,有许多"地下铁路、空中车站"。

A. 京九线　　　　　B. 昆河线　　　　.宝成—成昆线　　D. 湘黔—贵昆线

三、简述题

1. 我国的十大铁路枢纽有哪些?其中哪些铁路枢纽具备铁水联运的条件?哪些铁路枢纽具备铁海联运的条件?

2. 铁路枢纽的含义是什么?

3. 陇海线沿途经过哪些省区(按照顺序),哪些重要铁路枢纽?

4. 京广线沿途经过哪些省区(按照顺序),哪些重要铁路枢纽?

5. 简述武汉铁路枢纽在我国铁路网中的地位和作用。

项目五 中国公路运输布局

知识目标

1. 了解公路的分类与分级
2. 了解全国的 70 条国道
3. 熟悉"7918"网的高速公路线路及命名

能力目标

1. 能够系统掌握"7918"网的高速公路线路
2. 能够为适运货物选择最优的公路运输线路

任务一 公路运输基础知识

公路是具有一定线型、宽度和强度,供各种无轨机动、非机动车辆和人、畜行驶的人工陆上道路。

对于拥有 13 亿人口和 960 万平方千米国土面积的中国而言,交通对国民经济的发展具有基础性、先导性的作用。我国政府始终把发展交通运输作为国家经济建设的重点,政府已形成的理念是"经济发展,交通先行",老百姓已形成的理念是"要想富,先修路"。

到 2012 年底,全国公路通车里程达 423.8 万千米,其中国道 11 万千米,高速公路里程 9.62 万千米,全国通公路的乡(镇)占全国乡(镇)总数的 99.97%,公路密度为 44.14 千米/百平方千米。

一、公路运输的作用与地位

公路运输是我国综合运输体系中的重要组成部分。公路运输虽然载重量小,成本和能耗较高,但速度快,机动灵活,适应性强,减少换装转运环节,可以实现"门到门"的运输。高速公路的发展更加速了货物流通和资金周转速度。公路运输的地位与作用主要表现在以下几方面:

(1)其他运输方式组织运输生产,需要公路运输提供集疏运条件。公路运输既是独立的运输系统,又是铁路、水运和航空集散货物的重要运输力量。

(2)公路运输是沟通城乡,协调供、产、销的主要运输力量。我国农村面积广大,资源种类繁多,地理分布分散;中小型及乡镇企业居多,大量的原材料、燃料、农牧副产品,工业消费品、半成品、零部件的产、供、销的流通,人员的流动,城乡、企业之间的协作等都主要靠公路运输来完成。

(3)公路运输是偏远地区的运输主干线。我国山地占国土面积的 2/3,特别是西南、西北地区铁路、水运比较薄弱的地区,公路运输承担主干线的运输任务。

(4)公路运输在国防建设、通信联络等方面起着重要作用。我国农村人口多,人际交往、通信联系、边疆国防、建设、军需物资的运输等都主要靠公路运输来承担。

二、公路的分类

按照公路在国民经济及政治、国防中的作用,以及所在国家公路网中的地位,可将公路划分不同类别。目前,我国的公路一般可分为五类,即国家公路(国道)、省级公路(省道)、县级公路(县道)、乡村道路,以及专用公路。

1.国道

国道是国家干线公路的简称。我国的国道由以下道路组成:① 北京通向各省、直辖市、经济中心等城市的干线道路;② 通向各大港口、铁路枢纽、重要工农业生产基地的干线道路;③ 大、中城市通向重要对外口岸、历史名城及风景区的干线道路;④ 具有重要意义的国防道路。这些公路线组成国家干线公路网的框架。

2.省道

省道是联系省、自治区首府和重要城市的干道以及大城市联系郊区城镇、工矿区、疗养地的道路。这类公路是区域公路网的骨干。

3.县道

县道以县城为中心,通往县内集镇,组成地方公路网。它直接服务于城乡物资交流和地方客运,同广大人民的生产、生活联系密切。

4.乡道

乡道(或称乡村道路)是指主要为乡(镇)村经济、文化、行政服务的公路,以及不属于县道以上公路的乡与乡之间及乡与外部联络的公路。乡道由辖区内乡镇政府负责修建、养护和管理。

5.专用公路

专用公路是指专供或主要供厂矿、林区、农场、油田、旅游区、军事要地等与外部联系的公路;专用公路由专用单位负责修建、养护和管理,也可委托当地公路部门修建、养护和管理。

三、公路等级

公路等级是根据公路的使用任务、功能和交通量进行的划分,世界各国公路等级大体相似,但其分类指标不完全相同。中国大陆将公路划分为高速公路、一级公路、二级公路、三级公路、四级公路五个等级。

1.高速公路

高速公路是非曲直、全部控制出入、专供汽车在分隔的车道上高速行驶的公路,主要用于连接政治、经济、文化上重要的城市和地区,是国家公路干线网中的骨架。一般年平均每昼夜汽车通过量 2.5 万辆以上。

2.一级公路

一级公路,一般能适应按各种汽车(包括摩托车)折合成小客车的年平均昼夜交通量(10000~25000 辆),为连接重要政治、经济中心,通往重点工矿区、港口、机场,专供汽车分道行驶并部分控制出入的公路。

3.二级公路

二级公路是连接政治、经济中心或大工矿区等地的干线公路,或运输繁忙的城郊公路。一般能适应各种车辆行驶,二级公路一般能适应按各种车辆折合成中型载重汽车的远景设计年限年平均昼夜交通量为 3000～7500 辆。

4.三级公路

三级公路是沟通县及县以上城镇的一般干线公路。通常能适应各种车辆行驶,三级公路一般能适应按各种车辆折合成中型载重汽车的远景设计年限年平均昼夜交通量为 1000～4000 辆。

5.四级公路

四级公路是沟通县、乡、村等的支线公路。通常能适应各种车辆行驶,四级公路一般能适应按各种车辆折合成中型载重汽车的远景设计年限年平均昼夜交通量为双车道 1500 辆以下,单车道 200 辆以下。

任务二　国道线路

目前,全国有 70 条主要干线道路被划定为国道,总长 11 万多千米。根据国道的地理走向,编号分为三类:

(1)以北京为中心的放射线国道,其编号为 1××,这类国道共有 12 条,如表 5－1 所示;
(2)南北走向国道(纵线国道),其编号为 2××,这类国道共有 28 条,如表 5－2 所示;
(3)东西走向国道(横线国道),其编号为 3××,这类国道共有 30 条,如表 5－3 所示。

表 5－1　首都放射线

编号	路线起止	主控点	里程(千米)
G101	北京—沈阳	北京—承德—朝阳—沈阳	909
G102	北京—哈尔滨	北京—山海关—锦州—沈阳—四平—长春—哈尔滨	1337
G103	北京—天津新港	北京—塘沽—天津新港	162
G104	北京—福州	北京—廊坊—沧州—济南—曲阜—徐州—滁州—南京—宜兴—杭州—绍兴—乐清—温州—苍南—宁德—福州	2420
G105	北京—珠海	北京—廊坊—沧州—济宁—商丘—阜阳—黄梅—九江—庐山—南昌—樟树—吉安—赣州—广州—中山—珠海	2717
G106	北京—广州	北京—衡水—濮阳—淮阳—麻城—新洲—黄冈—大冶—通城—浏阳—茶陵—韶关—广州	2466
G107	北京—深圳	北京—保定—石家庄—邢台—邯郸—安阳—郑州—许昌—漯河—驻马店—信阳—武汉—咸宁—赤壁—岳阳—长沙—衡阳—郴州—清远—广州—东莞—深圳	2698
G108	北京—昆明	北京—阳曲—太原—平遥—霍州—临汾—渭南—西安—汉中—绵阳—成都—雅安—西昌—昆明	3331

编号	路线起止	主控点	里程（千米）
G109	北京—拉萨	北京—大同—清水河—鄂尔多斯—银川—青铜峡—兰州—乐都—西宁—格尔木—安多—那曲—拉萨	3901
G110	北京—银川	北京—宣化—张家口—集宁—呼和浩特—土默特左旗—包头—乌海—石嘴山区—银川	1357
G111	北京—加格达奇	北京—赤峰—敖汉旗—通辽—科右中旗—乌兰浩特—扎赉特旗—扎兰屯—加格达奇	2123
G112	北京环线	高碑店—霸州—唐山—遵化—宣化—高碑店	1228

表 5-2　南北纵向线

编号	路线起止	主控点	里程（千米）
G201	鹤岗—旅顺口	鹤岗—牡丹江—大连—旅顺口	1964
G202	黑河—旅顺口	黑河—哈尔滨—吉林—沈阳—大连—旅顺口	1818
G203	明水—沈阳	明水—松原—沈阳	720
G204	烟台—上海	烟台—连云港—上海	1031
G205	山海关—广州	山海关—淄博—南京—黄山—广州	3160
G206	烟台—汕头	烟台—徐州—合肥—景德镇—汕头	2375
G207	锡林浩特—海安	锡林浩特—张家口—长治—襄阳—常德—梧州—海安	3738
G208	二连浩特—长治	二连浩特—集宁—太原—长治	990
G209	呼和浩特—北海	呼和浩特—三门峡—柳州—北海	3435
G210	包头—南宁	包头—西安—重庆—贵阳—南宁	3097
G211	银川—西安	银川—吴忠—西安	691
G212	兰州—重庆	兰州—广元—重庆	1302
G213	兰州—磨憨	兰州—成都—昆明—景洪—磨憨	2796
G214	西宁—景洪	西宁—玉树—昌都—景洪	3542
G215	红柳园—格尔木	红柳园—敦煌—格尔木	641
G216	阿勒泰—巴仑台	阿勒泰—乌鲁木齐—巴仑台	857
G217	阿勒泰—库车	阿勒泰—独山子—库车	1117
G218	伊宁—若羌	霍城—清水河—伊宁—库尔勒—若羌	1067
G219	叶城—拉孜	叶城—狮泉河—拉孜	2342
G220	东营—郑州	东营—滨州—济南—菏泽—郑州	585
G221	哈尔滨—同江	哈尔滨—佳木斯—同江	668

编号	路线起止	主控点	里程（千米）
G222	哈尔滨—伊春	哈尔滨—伊春	363
G223	海口—三亚（东）	海口—琼海—万宁—陵水—三亚	323
G224	海口—三亚（中）	海口—屯昌—琼中—五指山—三亚	309
G225	海口—三亚（西）	海口—澄迈—儋州—东方—三亚	429
G226	楚雄—墨江	楚雄—双柏—墨江	288
G227	西宁—张掖	西宁—大通—民乐—张掖	347
G228	台湾环线	资料暂缺	

表 5-3 东西横向线

编号	路线起止	主控点	里程（千米）
G301	绥芬河—满洲里	绥芬河—哈尔滨—满洲里	1680
G302	珲春—乌兰浩特	珲春—图门—吉林—长春—乌兰浩特	1028
G303	集安—锡林浩特	集安—四平—通辽—锡林浩特	1263
G304	丹东—霍林郭勒	丹东—通辽—霍林郭勒	889
G305	庄河—林西	庄河—营口—敖汉旗—林西	815
G306	绥中—克什克腾旗	绥中—克什克腾旗	497
G307	歧口—银川	歧口—石家庄—太原—银川	1351
G308	青岛—石家庄	青岛—济南—石家庄	637
G309	荣城—兰州	荣城—济南—宜川—兰州	2208
G310	连云港—天水	连云港—徐州—郑州—西安—天水	1613
G311	徐州—西峡	徐州—许昌—西峡	748
G312	上海—伊宁	上海—南京—合肥—西安—兰州—乌鲁木齐—伊宁	4967
G313	调整后撤销		
G314	乌鲁木齐—红旗拉甫	乌鲁木齐—喀什—红其拉甫	1948
G315	西宁—莎车	西宁—若羌—莎车	3063
G316	福州—兰州	福州—南昌—武汉—兰州	2915
G317	成都—那曲	成都—昌都—那曲	2043
G318	上海—聂拉木	上海—武汉—成都—拉萨—聂拉木	5476
G319	厦门—成都	厦门—长沙—重庆—成都	2984
G320	上海—瑞丽	上海—南昌—昆明—畹町—瑞丽	3695
G321	广州—成都	广州—桂林—贵阳—成都	3695

编号	路线起止	主控点	里程(千米)
G322	衡阳—友谊关	衡阳—桂林—南宁—凭祥—友谊关	1039
G323	瑞金—临仓	瑞金—韶关—柳州—临沧	2915
G324	福州—昆明	福州—广州—南宁—昆明	2712
G325	广州—南宁	广州—湛江—南宁	868
G326	秀山—河口	秀山—毕节—个旧—河口	1562
G327	菏泽—连云港	荷泽—济宁—连云港	424
G328	南京—南通	南京—扬州—南通—海安	300
G329	杭州—普陀区	杭州—绍兴—宁波—舟山普陀区	292
G330	温州—寿昌	温州—丽水—永康—金华—寿昌	327

任务三　高速公路网络

一、高速公路含义及特点

高速公路是一种专供汽车快速行驶的公路。一般行车时速都在每小时 80～120 千米,或更高的速度。我国《公路工程技术标准》规定:高速公路的设计车速为 120 千米/小时。图 5 - 1 所示为高速公路实景图。

图 5 - 1　高速公路

高速公路是在汽车数量增多,行车速度加快,汽车中长途运输在国民经济中日益重要的综合要求下形成和发展的。高速公路与一般公路相比,具有以下特点:

(1)行车速度快。高速公路只能通行快速的机动车辆,禁止通行慢行车和行人,行车车速一般为 80～140 千米/小时。

(2)通过能力大。高速公路的最小日交通量为 10000～15000 辆。在干线上一般可达 2

万～5 万辆,有些路已达 10 万辆以上。

(3)多车道。高速公路一般 4 车道,也有 6 车道、8 车道(每车道宽 3.5 米或 3.75 米),加上中央分隔带及路肩宽度,路幅总宽在 22～40 米。

(4)设中央分隔带。中央分隔带宽度在设保护栏时,一般采用 3～5 米;不设护栏时采用 12 米。

(5)立体交叉。高速公路与高速公路或公路干线相交必须修成互通式立交;与铁路相交修成非互通式立交。在城市地区有时需要修多层立交。

(6)控制出入。高速公路严格控制汽车出入,除互通立交可以出入外,还设置了许多出入口。出入口间距一般采用 15 千米,并装设现代化的交通设施。

(7)交通设施。高速公路对照明、路标等均有较多的要求。

(8)交通管理。高速公路通过使用车辆传感器,还利用工业电视巡视交通。从这些情报网传来的交通信息,通过电子计算机或管理人员处理。

(9)服务设施。高速公路沿线设停车场、休息区和服务区。一般停车场的设置间隔为 10～30 千米,休息区的设置间隔为 30～50 千米,服务区的间隔为 28～100 千米。

(10)特殊工程多。由于高速公路标准要求高,工程复杂,故造价很高。一般高速公路造价比等级较高的公路,每千米造价高十倍甚至几十倍。

二、高速公路发展历史

世界上最早的高速公路出现在 20 世纪三四十年代的德国,是为了军事侵略的目的在德国境内修筑的。第二次世界大战后,各国高速公路迅速发展。发达国家如美、德、日、加拿大等国已经构筑起与本国经济和社会发展相适应的高速公路网。

我国高速公路起步较晚,我国首条高速公路——沪嘉(上海浦桃工业区—嘉定县)高速——于 1988 年建成通车。从 20 世纪 90 年代开始,中国进入了公路建设快速发展的时期。随后广佛(广州—佛山)、沈大(沈阳—大连)、西临(西安—临潼)、首都机场、京津塘(北京—天津塘沽区)、济青(济南—青岛)、海南环岛(海口—三亚)、广深(广州—深圳)、京石(北京—石家庄)、郑许(郑州—许昌)、长平(长春—四平)、太旧(太原—旧关)、沪宁(上海—南京)、杭甬(杭州—宁波)、长潭(长沙—湘潭)、厦漳(厦门—漳州)、成雅(成都—雅安)等高速公路相继建成通车。

尽管我国高速公路建设起步较晚,但高速公路发展非常迅速。我国用了 10 年的时间完成了发达国家 40 年的高速公路建设历程。高速公路的发展,极大提高了中国公路网的整体技术水平,优化了交通运输结构,对缓解交通运输的"瓶颈"制约发挥了重要作用,有力地促进了中国经济发展和社会进步。

中国地域辽阔,地形地貌差别极大,给高速公路的建设带来很大的挑战性。在初期,高速公路的建设从经济发达同时修建难度比较小的地区开始建设,随着国家主干道计划("五纵七横"规划)的逐步而实施,为实现成网的要求,建设重点也向地形复杂的地区转移,长大隧道及高跨、长跨桥梁占的比例也起来越大,同时高速公路的平均造价也大幅度提高。

三、国家高速公路网规划

(一)《国家高速公路网规划》方案

《国家高速公路网规划》方案于 2004 年底由国家发展和改革委员会印发,这是中国历史上第一个"终极"的高速公路骨架布局。国家高速公路网采用放射线与纵横网格相结合布局方案,由7条首都放射线、9条南北纵线和18条东西横线组成,核心为"7918"网,总规模约8.5万千米,其中主线6.8万千米,地区环线、联络线等其他路线约1.7万千米。具体路线是:

1.首都放射线

首都放射线共7条,即北京—哈尔滨、北京—上海、北京—台北、北京—港澳、北京—昆明、北京—拉萨、北京—乌鲁木齐。

2.南北纵线

南北纵线共9条,即鹤岗—大连、沈阳—海口、长春—深圳、济南—广州、大庆—广州、二连浩特—广州、包头—茂名、兰州—海口、重庆—昆明。

3.东西横线

东西横线共18条,即绥芬河—满洲里、珲春—乌兰浩特、丹东—锡林浩特、荣成—乌海、青岛—银川、青岛—兰州、连云港—霍尔果斯、南京—洛阳、上海—西安、上海—成都、上海—重庆、杭州—瑞丽、上海—昆明、福州—银川、泉州—南宁、厦门—成都、汕头—昆明、广州—昆明。

此外,国家高速公路网还包括辽中环线、成渝环线、海南环线、珠三角环线、杭州湾环线等共5条地区环线,2段并行线和37段联络线。

(二)调整后的《国家高速公路网规划》方案

2013年初,按照"实现有效连接、提升通道能力、强化区际联系、优化路网衔接"的思路,国家发展和改革委员会对原有国家高速公路网进行了补充完善。完善的总体思路是:保持原国家高速公路网规划总体框架基本不变,补充连接新增20万以上城镇人口城市、地级行政中心、重要港口和重要国际运输通道;在运输繁忙的通道上布设平行路线;增设区际、省际通道和重要城际通道;适当增加有效提高路网运输效率的联络线。

在此背景下,将原有"7918网"高速公路线路进行了进一步调整和优化,优化后的方案中,国家高速公路网由7条首都放射线、11条南北纵向线、18条东西横线,以及地区环线、并行线、联络线等组成,约11.8万千米,另规划远期展望线约1.8万千米。调整后的《国家高速公路网规划》与2004年底形成的《国家高速公路网规划》相比,主要是在南北纵向线中进行了进一步完善。

新的南北纵向线有11条,分别是:鹤岗—大连、沈阳—海口、长春—深圳、济南—广州、大庆—广州、二连浩特—广州、呼和浩特—北海、包头—茂名、银川—百色、兰州—海口、银川—昆明。

四、国家高速公路网命名和编号规则

为便于公众使用和交通管理的信息化、智能化,我国借鉴国际经验,按照统一、规范、简明的原则,制定国家高速公路网路线的命名和编号方案。

(一)命名

(1)国家高速公路网路线的命名应遵循公路命名的一般规则。

(2)国家高速公路网路线名称按照路线起、讫点的顺序,在起讫点地名中间加连接符"—"组成,全称为"××—××高速公路"。路线简称采用起讫点地名的首位汉字表示,也可以采用起讫点所在省(市)的简称表示,格式为"××高速"。

(3)国家高速公路网路线名称及简称不可重复。如出现重复时,采用以行政区划名称的第二或第三位汉字替换等方式加以区别。

(4)国家高速公路网的地区环线名称,全称为"××地区环线高速公路",简称为"××环线高速"。如"杭州湾地区环线高速公路",简称为"杭州湾环线高速"。

(5)国家高速公路网的城市绕城环线名称以城市名称命名,全称为"××市绕城高速公路",简称为"××绕城高速"。如"沈阳市绕城高速公路",简称"沈阳绕城高速"。

(6)当两条以上路段起讫点相同时,则按照由东向西或由北向南的顺序,依次命名为"××—××高速公路东(中、西)线"或"××—××高速公路北(中、南)线"。简称为"××高速东(中、西)线"或"××高速北(中、南)线"。

(7)路线地名应采用规定的汉字或罗马字母拼写表示。路线起讫点地名的表示,应取其所在地的主要行政区划的单一名称,一般为县级(含)以上行政区划名称。

(8)南北纵向路线以路线北端为起点,以路线南端为终点;东西横向路线以路线东端为起点,以路线西端为终点。放射线的起点为北京。

(二)编号

1.编号结构

中国国家高速公路网编号由字母标识符和阿拉伯数字编号组成。

2.字母标识符

中国国家高速公路是国道网的重要组成部分,路线字母标识符采用汉语拼音"G"表示;中国国家高速公路网主线的编号,由中国国家高速公路标识符"G"加1位或2位数字顺序号组成,编号结构为"G×"或"G××"。

3.数字及数字与字母编号

(1)首都放射线的编号为1位数,以北京市为起点,放射线的止点为终点,以1号高速公路为起始,按路线的顺时针方向排列编号,编号区间为G1~G9。

(2)纵向路线以东端为起点,西端为终点,按路线的纵向由东向西顺序编排,路线编号取奇数,编号区间为G11~G89。

(3)横向路线以北端为起点,南端为终点,按路线的横向由北向南顺序编排,路线编号取偶数,编号区间为G10~G90。

(4)并行路线的编号采用主线编号后加英文字母"E"、"W"、"S"、"N"组合表示,分别指示该并行路线在主线的东、西、南、北方位。

(5)纳入中国国家高速公路网的地区环线(如珠江三角洲环线),按照由北往南的顺序依次采用G91~G99编号;其中台湾环线编号为G99,取意九九归一。

(6)中国国家高速公路网一般联络线的编号,由国家高速公路标识符"G"+"主线编号"+数字"1"+"一般联络线顺序号"组成,编号为4位数。

(7)城市绕城环线的编号为4位数,由"G"+"主线编号"+数字"0"+城市绕城环线顺序号组成。主线编号为该环线所连接的纵线和横线编号最小者,如该主线所带城市绕城环线编号空间已经全部使用,则选用主线编号次小者,依此类推。如该环线仅有放射连接,则在1位数主线编号前以数字"0"补位。

4.出口编号

(1)国家高速公路出口编号一般为阿拉伯数字,其数值等于该出口所在互通立交中心里程桩号的整数值;桩号值超过千位时,仅保留后三位的数值。如果出口处桩号为K15+700,则该出口编号为15;某出口处桩号为K2036+700,则该出口编号为36。

（2）同一枢纽式互通立交在同一主线方向有多个出口时，该枢纽式互通立交所有主线出口统一编号，采用出口编号后加英文字母组合表示。出口编号按照桩号递增方向逆时针排列，英文字母按照"A"、"B"、"C"、"D"……序列排序。如某枢纽式互通桩号为 K15＋700，在主线 K15＋200、K16＋200 和反方向 K16＋200、K15＋200 处有 4 个出口，则该出口编号为 15A、15B 和 15C、15D。

（三）"7918"网线路

1.首都放射线

（1）北京—哈尔滨（G1，京哈高速）：北京—唐山—秦皇岛—锦州—沈阳—四平—长春—哈尔滨，1280 千米。

（2）北京—上海（G2，京沪高速）：北京—天津—沧州—德州—济南—泰安—临沂—淮安—江都—江阴—无锡—苏州—上海，1245 千米。

（3）北京—台北（G3，京台高速）：北京—天津—沧州—德州—济南—泰安—曲阜—徐州—蚌埠—合肥—铜陵—黄山—衢州—南平—福州—台北，2030 千米（未达到台北）。

（4）北京—港澳（G4，京港澳高速）：北京—保定—石家庄—邯郸—新乡—郑州—漯河—信阳—武汉—咸宁—岳阳—长沙—株洲—衡阳—郴州—韶关—广州—深圳—香港（口岸），2285 千米。

并行线：广州—澳门（G4W，广澳高速）：广州—中山—珠海—澳门（口岸）。

（5）北京—昆明（G5，京昆高速）：北京—保定—石家庄—太原—临汾—西安—汉中—广元—绵阳—成都—雅安—西昌—攀枝花—昆明，2865 千米。

（6）北京—拉萨（G6，京藏高速）：北京—张家口—集宁—呼和浩特—包头—临河—乌海—银川—中宁—白银—兰州—西宁—格尔木—拉萨，3710 千米。

（7）北京—乌鲁木齐（G7，京新高速）：北京—张家口—集宁—呼和浩特—包头—临河—额济纳旗—哈密—吐鲁番—乌鲁木齐，2540 千米。

2.南北纵线

（1）鹤岗—大连（G11，鹤大高速）：鹤岗—佳木斯—鸡西—牡丹江—敦化—通化—丹东—大连，1390 千米。

联络线一：鹤岗—哈尔滨（G1111，鹤哈高速）：鹤岗—伊春—绥化—哈尔滨。

联络线二：集安—双辽（G1112，集双高速）：集安（口岸）—通化—梅河口—辽源—四平—双辽。

联络线三：丹东—阜新（G1113，丹阜高速）：丹东（口岸）—本溪—沈阳—新民—阜新。

（2）沈阳—海口（G15，沈海高速）：沈阳—辽阳—鞍山—海城—大连—烟台—青岛—日照—连云港—盐城—南通—常熟—太仓—上海—宁波—台州—温州—宁德—福州—泉州—厦门—汕头—汕尾—深圳—广州—佛山—开平—阳江—茂名—湛江—海口，3710 千米。

并行线：常熟—台州（G15W，常台高速）：常熟—苏州—嘉兴—绍兴—台州。

联络线一：日照—兰考（G1511，日兰高速）：日照—曲阜—济宁—菏泽—兰考。

联络线二：宁波—金华（G1512，甬金高速）：宁波—嵊州—金华。

联络线三：温州—丽水（G1513，温丽高速）：温州—丽水。

联络线四：宁德—上饶（G1514，宁上高速）：宁德—上饶。

（3）长春—深圳（G25，长深高速）：长春—双辽—阜新—朝阳—承德—唐山—天津—黄骅—滨州—青州—临沂—连云港—淮安—南京—溧阳—宜兴—湖州—杭州—金华—丽水—南平—三明—龙岩—梅州—河源—惠州—深圳,3580 千米。

联络线一:新民—鲁北(G2511,新鲁高速):新民—彰武—通辽—鲁北。

联络线二:阜新—锦州(G2512,阜锦高速):阜新—锦州。

联络线三:淮安—徐州(G2513,淮徐高速):淮安—宿迁—徐州。

(4)济南—广州(G35,济广高速):济南—菏泽—商丘—阜阳—六安—安庆—景德镇—鹰潭—南城—瑞金—河源—广州,2110 千米。

(5)大庆—广州(G45,大广高速):大庆—松原—双辽—通辽—赤峰—承德—北京—霸州—衡水—濮阳—开封—周口—麻城—黄石—吉安—赣州—龙南—连平—广州,3550 千米。

联络线:龙南—河源(G4511,龙河高速):龙南—河源。

(6)二连浩特—广州(G55,二广高速):二连浩特—集宁—大同—太原—长治—晋城—洛阳—平顶山—南阳—襄阳—荆州—常德—娄底—邵阳—永州—连州—广州,2685 千米。

联络线一:集宁—阿荣旗(G5511,集阿高速):集宁—鲁北—乌兰浩特—阿荣旗。

联络线二:晋城—新乡(G5512,晋新高速):晋城—焦作—新乡。

联络线三:长沙—张家界(G5513,长张高速):长沙—常德—张家界。

(7)包头—茂名(G65,包茂高速):包头—鄂尔多斯—榆林—延安—铜川—西安—安康—达州—重庆—黔江—吉首—怀化—桂林—梧州—茂名,3130 千米。

(8)兰州—海口(G75,兰海高速):兰州—广元—南充—重庆—遵义—贵阳—麻江—都匀—河池—南宁—钦州—北海—湛江—海口,2570 千米。

联络线:钦州—东兴(G7511,钦东高速):钦州—防城—东兴(口岸)。

(9)重庆—昆明(G85,渝昆高速):重庆—内江—宜宾—昭通—昆明,838 千米。

联络线:昆明—磨憨(G8511,昆磨高速):昆明—元江—思茅—磨憨(口岸)。

3. 东西横线

(1)绥芬河—满洲里(G10,绥满高速):绥芬河(口岸)—牡丹江—哈尔滨—大庆—齐齐哈尔—阿荣旗—满洲里(口岸),1520 千米。

联络线:哈尔滨—同江(G1011,哈同高速):哈尔滨—佳木斯—双鸭山—同江。

(2)珲春—乌兰浩特(G12,珲乌高速):珲春(口岸)—敦化—吉林—长春—松原—白城—乌兰浩特,885 千米。

联络线一:吉林—黑河(G1211,吉黑高速):吉林—舒兰—五常—哈尔滨—明水—黑河(口岸)。

联络线二:沈阳—吉林(G1212,沈吉高速):沈阳—吉林。

(3)丹东—锡林浩特(G16,丹锡高速):丹东—海城—盘锦—锦州—朝阳—赤峰—锡林浩特,960 千米。

(4)荣成—乌海(G18,荣乌高速):荣成—文登—威海—烟台—东营—黄骅—天津—霸州—涞源—朔州—鄂尔多斯—乌海,1820 千米。

联络线:黄骅—石家庄(G1811,黄石高速):黄骅—沧州—石家庄。

(5)青岛—银川(G20,青银高速):青岛—潍坊—淄博—济南—石家庄—太原—离石—靖边—定边—银川,1600 千米。

联络线一：青岛—新河（G2011，青新高速）：青岛—新河。

联络线二：定边—武威（G2012，定武高速）：定边—中宁—武威。

（6）青岛—兰州（G22，青兰高速）：青岛—莱芜—泰安—聊城—邯郸—长治—临汾—富县—庆阳—平凉—定西—兰州，1795千米。

（7）连云港—霍尔果斯（G30，连霍高速）：连云港—徐州—商丘—开封—郑州—洛阳—西安—宝鸡—天水—兰州—武威—嘉峪关—哈密—吐鲁番—乌鲁木齐—奎屯—霍尔果斯（口岸），4280千米。

联络线一：柳园—格尔木（G3011，柳格高速）：柳园—敦煌—格尔木。

联络线二：吐鲁番—和田/伊尔克什坦（G3012/G3013，吐和高速）：吐鲁番—库尔勒—库车—阿克苏—喀什—和田/伊尔克什坦。

联络线三：奎屯—阿勒泰（G3014，奎阿高速）：奎屯—克拉玛依—阿勒泰。

联络线四：奎屯—塔城（G3015，奎塔高速）：奎屯—克拉玛依—塔城—巴克图（口岸）。

联络线五：清水河—伊宁（G3016，清伊高速）：清水河—伊宁。

（8）南京—洛阳（G36，宁洛高速）：南京—蚌埠—阜阳—周口—漯河—平顶山—洛阳，712千米。

（9）上海—西安（G40，沪陕高速）：上海—崇明—南通—扬州—南京—合肥—六安—信阳—南阳—商州—西安，1490千米。

联络线：扬州—溧阳（G4011，扬溧高速）：扬州—镇江—溧阳。

（10）上海—成都（G42，沪蓉高速）：上海—苏州—无锡—常州—南京—合肥—六安—麻城—武汉—孝感—荆门—宜昌—万州—垫江—南充—遂宁—成都，1960千米。

联络线一：南京—芜湖（G4211，宁芜高速）：南京—马鞍山—芜湖。

联络线二：合肥—安庆（G4212，合安高速）：合肥—安庆。

（11）上海—重庆（G50，沪渝高速）：上海—湖州—宣城—芜湖—铜陵—安庆—黄梅—黄石—武汉—荆州—宜昌—恩施—忠县—垫江—重庆，1900千米。

联络线：芜湖—合肥（G5011，芜合高速）：芜湖—巢湖—合肥。

（12）杭州—瑞丽（G56，杭瑞高速）：杭州—黄山—景德镇—九江—咸宁—岳阳—常德—吉首—遵义—毕节—六盘水—曲靖—昆明—楚雄—大理—保山—瑞丽（口岸），3405千米。

联络线：大理—丽江（G5611，大丽高速）：大理—丽江。

（13）上海—昆明（G60，沪昆高速）：上海—杭州—金华—衢州—上饶—鹰潭—南昌—宜春—株洲—湘潭—邵阳—怀化—麻江—贵阳—安顺—曲靖—昆明，2370千米。

（14）福州—银川（G70，福银高速）：福州—南平—南城—南昌—九江—黄梅—黄石—武汉—孝感—襄樊—十堰—商州—西安—平凉—中宁—银川，2485千米。

联络线：十堰—天水（7011，十天高速）：十堰—天水。

（15）泉州—南宁（G72，泉南高速）：泉州—永安—吉安—衡阳—永州—桂林—柳州—南宁，1635千米。

联络线：南宁—友谊关（G7211，南友高速）：南宁—友谊关（口岸）。

（16）厦门—成都（G76，厦蓉高速）：厦门—漳州—龙岩—瑞金—赣州—郴州—桂林—麻江—贵阳—毕节—泸州—隆昌—内江—成都，2295千米。

（17）汕头—昆明（G78，汕昆高速）：汕头—梅州—韶关—贺州—柳州—河池—兴义—石林—昆明,1710 千米。

(18)广州—昆明(G80,广昆高速):广州—肇庆—梧州—玉林—南宁—百色—富宁—开远—石林—昆明,1610 千米。

联络线:开远—河口(G8011,开河高速):开远—河口(口岸)。

4.地区环线

(1)辽中环线(G91):铁岭—抚顺—本溪—辽阳—辽中—新民—铁岭。

(2)杭州湾环线(G92):上海—杭州—宁波。

联络线:宁波—舟山(G9211):宁波—舟山。

(3)成渝环线(G93):成都—绵阳—遂宁—重庆—合江—泸州—宜宾—乐山—雅安—成都。

(4)珠三角环线(G94):深圳—香港(口岸)—澳门(口岸)—珠海—中山—江门—佛山—花都—增城—东莞—深圳。

联络线:东莞—佛山(G9411):东莞—虎门—佛山。

(5)海南环线(G98):海口—琼海—三亚—东方—海口。

5.城市环线及编号

我国高速公路城市环线及编号如表 5-4 所示。

表 5-4 我国高速公路城市环线及编号

北京 G4501	天津 G2501	上海 G1501	重庆 G5001
济南 G2001	合肥 G4001	福州 G1501	石家庄 G2001
郑州 G3001	武汉 G4201	长沙 G4001	乌鲁木齐 G3001
西安 G3002	成都 G4201	昆明 G5601	银川 G2001
兰州 G3001	西宁 G6001	拉萨 G6001	呼和浩特 G6001
太原 G2001	沈阳 G1501	长春 G2501	哈尔滨 G1001
大连 G1101	青岛 G1501	宁波 G1501	厦门 G1501
广州 G3501	南京 G2501	杭州 G2501	深圳 G2501
贵阳 G6001	南宁 G7601	海口 G1501	南昌 G6001

拓展提升

陕西苹果销售到东盟越南

陕西是中国苹果的主要产地,中国大约有 60% 的苹果产自陕西省。在陕西,苹果又集中在礼泉县、富平县、白水县、洛川县和延安等几个地区,尤其以礼泉县的苹果产量最多。礼泉县秦果经营有限公司在多年的苹果经营过程中,与越南河内西湖水果经营有限公司结成了贸易(商流)伙伴关系,每年从 9 月到次年的 5 月,河内市西湖水果经营有限公司都向陕西礼泉县秦果经营有限公司购买大量的苹果,每次购买 20～60 吨不等,交货地点规定为中国和越南边境的主要口岸(一类口岸),中国与越南既可以通汽车又可通火车的一类口岸是广西凭祥口岸和云南河口口岸,陕西礼泉县距离中国和越南边境的主要口岸有 2000 多千米。礼泉县秦果经营

有限公司为了把苹果销售到越南,需要思考分析如下问题并作出正确的选择:

(1)越方要货在 30 吨以下时用哪一种物流运输方式最好? 如果确定用道路运输通过高速公路物流在广西凭祥口岸交货,需要经过哪些高速公路才能到达凭祥口岸?

(2)越方要货在 60 吨时用哪一种物流运输方式最好? 如果确定用铁路运输到广西凭祥口岸和云南河口口岸各需要经过哪些铁路线?

项目小结

本项目是在了解公路运输基础知识的基础上,进一步熟悉了全国的 70 条国道,重点是掌握我国中长期高速公路网规划的核心内容——"7918"网中的高速公路线路,包括高速公路的主控点、名称及编号。高速公路对于公路货运乃至整个物流业有极大的促进作用,它能使货运运能得到充分释放,运输效率显著提高。物流企业的相关岗位,不仅要求熟悉我国的高速公路线路,还要能比较起讫点相同的城市之间几条高速公路的差别,包括线路里程的差别、路况的差别、繁忙程度的差别等,从而能根据物流企业的运营要求合理选择高速公路线路。

项目实训

实训目的:通过实训,使学生了解全国的 70 条国道,熟悉我国的高速公路网络,能够为具体的货物选择合适的公路运输线路。

实训内容:

1.查阅地图,在地图中找出 70 条国道的线路走向。

2.请为以下几个任务选择具体的公路运输线路。

(1) 武汉某商贸公司销售一批工字钢 80 吨,买方为江西吉安某客户,请为其设计具体的公路运输线路。

(2)一批苹果重 15 吨,从陕西渭南运到武汉光霞果品批发市场,请为其设计具体的公路运输线路。

(3) 四川长虹集团 200 台 42 寸长虹 LED 电视要运到南京的配送中心仓库,请为其设计具体的公路运输线路。

(4)请为某物流公司对从广州白云区汽运中心到北京大兴区汽运中心的专线线路设计比较。

实训学时:2 学时。

实训组织实施:学生分组,以 3~4 人为一组,对实训内容 2 每组做 PPT 讲解方案。

项目习题

一、填空题

1.按照公路在国民经济、政治、国防中的作用,以及在所在国家公路网中的地位,可将公路划分为不同的类别。在我国现有条件下,可将公路分为_____三种类别。

2.根据公路交通量及其使用任务和性质,公路共分为____个等级,分别是_____
_____。

3.国道中首都放射线有____条,南北纵向线有____条,东西横向线有____条,总共____条国家干线公路被划分为国道。

4.南北纵向线的国道中 G ____ 线路里程最长,达 3788 千米,从内蒙古锡林浩特到广东湛江海安镇。

5.东西横向线的国道中 G318 线路里程最长,达 5324 千米,从_____到_____。

6.世界上最早的高速公路出现在_____国,时间是_____。

7.我国第一条高速公路是_____高速,于_____年建成通车。

8.《国家高速公路网》规划简称_____网。

9.我国早期修建的高速公路的特点是_____。

二、选择题

1.以下( )是我国早期修建的高速公路。

A.京石高速 B.沪宁高速 C.长平高速 D.厦漳高速

2.目前,我国高速公路通车里程居世界第( )位。

A.一 B.二 C.三 D.四

3.我国《国家高速公路网规划》于( )年底经国务院审议通过。

A.2007 B.2006 C.2005 D.2004

4.以下( )不属于 7 条首都放射线中的高速公路。

A.北京—上海 B.北京—港澳 C.沈阳—海口 D.北京—台北

5.南北纵向线的高速中最东边的一条是( )。

A.长春—深圳 B.鹤岗—大连 C.大庆—广州 D.包头—茂名

6.东西横向线的高速中最北边的一条是( )。

A.珲春—乌兰浩特 B.丹东—锡林浩特 C.绥芬河—满洲里 D.荣成—乌海

三、简述题

1.我国国道的编号是如何进行分类的?

2.《国家高速公路网》规划的核心内容"7918"网分别代表哪些高速公路? 并写出这些高速公路更名以后的新名称(如京港澳高速更名以后为 G4)。

项目六　中国水路运输布局

📖 **知 识 目 标**

1. 熟悉长江上重要的港口及长江货流构成
2. 熟悉东部沿海港口的地理位置、经济腹地及港口经营特色

🎓 **能 力 目 标**

1. 能够熟练选择长江上的港口,分析长江上货运构成
2. 能够根据适运货物和起讫港口熟练选择东部沿海港口和水路航线

任务一　水路运输基础知识

一、水路运输含义

水路运输是以船舶为主要运输工具,以港口或港站为运输基地,以水域包括海洋、河流和湖泊为运输活动范围的一种运输方式。水运至今仍是世界许多国家最重要的运输方式之一。水路运输方式实景图如图 6-1 所示。

二、水路运输历史

水路运输有着悠久的历史。人类还在石器时代,就以木作舟在水上航行,后来才有了独木舟和船。人类在古代就已利用天然水道从事运输,最早的运输工具是独木舟和排筏,以后出现木船,帆船出现于公元前 4000 年,15～19 世纪是帆船的鼎盛时期。帆船运输如图 6-2 所示。

图 6-1　水路运输方式　　　　　　　　　图 6-2　帆船运输

1807 年美国人富尔顿把蒸汽机装在"克莱蒙特号"船上,航行在纽约至奥尔巴尼之间,航速达每小时 6.4 千米,成为第一艘机动船。19 世纪蒸汽机驱动的船舶出现后,水路运输工具产生了飞跃。

中国是世界上水路运输发展较早的国家之一。公元前 2500 年已经制造舟楫,商代有了帆

船。公元前 500 年前后中国开始工凿运河。公元前 214 年建成了连接长江和珠江两大水系的灵渠。京杭运河则沟通了钱塘江、长江、淮河、黄河和海河五大水系。唐代对外运输丝绸及其他货物的船舶直达波斯湾和红海之滨,其航线被誉为海上丝绸之路。明代航海家郑和率领巨大船队七下西洋,历经亚洲、非洲 30 多个国家和地区。1872 年,我国自制的蒸汽机船开始航行于海上和内河。

中国水路运输发展很快,特别是近 30 多年来,中国的商船已航行于世界 100 多个国家和地区的 400 多个港口。在相当长的历史时期内,中国水路运输对经济、文化发展和对外贸易交流起着十分重要的作用。中国当前已基本形成一个具有相当规模的水运体系。

三、水路运输的特点

与其他运输方式相比,水路运输具有如下特点:

(1)水路运输运载能力大、成本低、能耗少、投资少,是一些国家国内和国际运输的重要方式之一。例如,一条密西西比河相当于 10 条铁路,一条莱茵河抵得上 20 条铁路。此外,修筑 1 千米铁路或公路约占地 3 公顷多,而水路运输利用海洋或天然河道,占地很少。在我国的货运总量中,水运所占的比重仅次于铁路和公路。

(2)受自然条件的限制与影响大。水路运输受海洋与河流的地理分布及其地质、地貌、水文与气象等条件和因素制约与影响明显;水运航线无法在广大陆地上任意延伸,所以,水运要与铁路、公路和管道运输配合,并实行联运。

四、水运划分

根据航行水运性质,水运分海运和河运两种。

海运即海洋运输,是使用船舶等水运工具经海上航道运送货物和旅客的一种运输方式。它具有运量大、成本低等优点,但运输速度慢,且受自然条件影响。

河运即内河运输,是用船舶和其他水运工具,在国内的江、河、湖泊、水库等天然或人工水道运送货物和旅客的一种运输方式。它具有成本低、耗能少、投资少、少占或不占农田等优点,但其受自然条件限制较大,速度较慢,连续性差。

根据船舶航行水域的具体地理空间范围,水路运输有以下四种形式:

(1)内河运输。内河运输是使用船舶在陆地内的江、河、湖、川等水道进行运输的一种方式,主要使用中、小型船舶。

(2)沿海运输。沿海运输是使用船舶通过大陆附近沿海航道运送客货的一种方式,一般使用中、小型船舶。

(3)近海运输。近海运输是使用船舶通过大陆邻近国家海上航道运送客货的一种运输形式,视航程可使用中型船舶,也可使用小型船舶。

(4)远洋运输。远洋运输是使用船舶跨大洋的长途运输形式,主要依靠运量大的大型船舶。

任务二　内河运输地理

我国是一个水资源丰富的国家,有大小天然河流 5800 多条,总长达 42 万多千米,其中流域面积在 100 平方千米以上的河流有 5 万余条,流域面积在 1000 平方千米以上的河流有

1500 多条,现已开辟为航道的里程约 10 万多千米,其中 7 万多千米可通航机动船只,几乎是英、法、德三国内河航道总长的 3 倍;另有可通航的大小湖泊 900 多个(不包括台湾地区,下同),构成了纵横交错的水道网。这些河流、湖泊的水量一般都较充沛,大多终年不冻。

河流的分布是影响航运发展的重要条件。我国总的地势西高东低,形成大多河流自西向东奔流入海,极利于实行河海联运。我国较大的河流都分布在经济发达、人口密集的地区,有利于内河水运的发展,而我国西北地区由于水资源缺乏,河流水量不足,航运比较困难。另外,河流水文条件对于发展内河运输也有巨大影响。总体来说,我国南方地区河流航运条件好,北方地区河流冬季结冰,不利于航运,部分河流洪枯季节明显,对航运也有不利影响。

我国现有的内河航道运输中起重要作用的是“三江两河”,即长江、珠江、黑龙江(包括松花江)航线以及淮河、京杭大运河。

一、长江水系航运

长江是中国第一大河,世界著名河流之一,发源于青藏高原唐古拉山脉主峰各拉丹东雪山的西南侧。干流流经青、藏、川、滇、渝、鄂、湘、赣、皖、苏、沪 11 省市自治区,注入东海。全长约 6300 千米,仅次于亚马逊河和尼罗河,居世界第三位。流域介于北纬 $24°30'\sim35°45'$,东经 $90°33'\sim112°25'$,面积 180 余万平方千米,约占全国土地总面积的 1/5,年均入海水量 1 万亿立方米,占中国河川径流总量的 36% 左右,相当于黄河水量的 20 倍。

(一)长江水系主要支流

长江水系在上游主要支流有嘉陵江、岷江、沱江、乌江、雅砻江;在中游主要支流有洞庭湖水系(包括湘江、资江、沅江、澧水)和汉江;在下游主要支流是鄱阳湖水系(赣江、抚河、修水、信江)、巢湖水系。鄱阳湖、洞庭湖、太湖、巢湖等是我国最主要的淡水湖集中地区。

(二)长江划分

按照自然地理特征,一般将长江从江源到湖北宜昌市作为上游,长约 4500 千米,流域面积 100 万平方千米。河道经过高原山区和盆地,金沙江和三峡河段,多高山深峡,水流湍急。宜昌到江西省鄱阳湖湖口为中游,长 938 千米,流域面积 68 万平方千米,其中枝城至城陵矶河段习称荆江,荆江河道弯延曲折,又有“九曲回肠”之称。其主要支流有清江、洞庭四水(湘、资、沅、澧)、汉江、鄱阳“五水”(赣、抚、信、饶、修)等。湖口至入海口为下游,长 835 千米,流域面积 13 万平方千米。安徽省大通以下受海潮影响,水势和缓。江苏省江阴至长江口为河口段,江面宽度由 1.2 千米扩展至 91 千米,呈喇叭状,主要支流有青弋江、水阳江、滁河、秦淮河、黄浦江等。淮河的大部分水量也经京杭运河汇入长江。

但我国水运业长期以来的习惯分段与此不同。以宜宾至宜昌为上游,宜昌至武汉为中游,武汉至入海口为下游。

(三)长江通航能力

长江是中国最重要的内河航运大动脉,具有得天独厚的区位优势和水运优势,是中国内河航运的“黄金水道”。长江水系河道长、支流多、流域广、水量丰沛,有通航河道 3600 余条,通航总里程达 7 万千米,占全国内河通航总里程的 52.6%,每年客货运量占全国河运的 70%,且可实现江海联运。长江水系完成的水运货运量占沿江全社会货运量的 20% 以上,货物周转量占 60% 以上,沿江企业所需 85% 铁矿石、83% 电煤、83% 的石油和 87% 的外贸货物通过长江干线运输。

长江从宜宾新市镇以下 2900 多千米的航道可全年通航轮船。其中南京至太仓段航道水深达 10.5 米,太仓至长江口航道水深达到 12.5 米,3 万吨级海轮可常年通达南京,5 万吨级海轮可常年到达太仓。中游荆江河段的最低航道维护水深 3.2 米,枯水期通航紧张局面明显缓解。上游重庆至宜宾航道最低的航道水深 2.7 米,达到三级航道标准,1000 吨级船舶和 3000 吨级船队可以在该段航道上昼夜通航。

(四)长江流域货流

长江流域经济优势突出,该地区蕴藏着丰富的能源和矿藏资源,是我国经济最发达地区,长江流域的成都平原、江汉平原、洞庭湖区、鄱阳湖区、太湖地区是全国重要商品粮基地。长江流域是我国最大的城乡市场,有城市 185 座,大城市有上海、南京、武汉、重庆、成都、昆明、长沙、杭州、南昌、贵阳等。长江流域具有丰富的旅游资源,也是我国交通较发达地区,与京沪、京广、京九、焦枝、川黔、成昆等铁路相交,是我国最重要的内河航道与水路联运干线。以上这些都奠定了长江水系在内河航运方面的优势。

长江货流构成以煤炭、石油、粮食、冶炼物资为主,下水运量大于上水运量。上水商品主要有机械设备、日用工业纺织品、石油及石油制品、食盐等;下水商品主要有粮食、棉花、食用油、煤炭、矿产品、土特产等。

1.煤炭运输

长江流域的工业产值在全国所占比重很大,且集中了许多用煤大户,而流域内煤炭的产量只占全国的 15%,远远不能满足区内消费,从而造成了历年来北煤南运、西煤东运的局面。大量来自我国北方和西部地区的煤炭经铁路(焦枝线、京广线、淮南线、京沪线等)在枝城、武汉、裕溪口、浦口等港由铁路转水路东运,基本上形成了连接晋、豫、陕、苏煤炭的一条重要通道。

长江煤炭运输的流向以下行为主。长江上游的西南地区,煤炭基本上自给,部分由重庆、万州、奉节下运至巴东、宜昌等地,但数量较少。

2.矿石运输

长江沿岸钢铁厂所需铁矿石主要靠水路运输。流域内铁矿石主要由黄石、大冶、马鞍山上行或下行运输至武汉和上海各大钢铁基地,上海、武汉是长江干流上金属矿石的最大输入港。

3.钢铁及其制品的运输

重庆、武汉、黄石、马鞍山、南京、上海是铁矿石发出港,也是最大的进口港,这是因为各地钢铁品种不同,其流向有差异的缘故。下游马鞍山的生铁供应上海炼钢,大冶、武汉的钢铁部分上运至宜昌、重庆,下运至南京、上海。

4.石油及其制品的运输

石油(原油)运输占全江运量的 20% 左右。我国石油资源主要分布在东北、华北和西北,长江流域石油资源较少,而目前长江沿线分布有五大炼油厂(荆门、岳阳、武汉、仪征、上海),所需原油由华北地区的几大油田经管道转海运或管道南运至仪征转江运,或以东北地区的大庆、辽河油田为中心经管道至大连、秦皇岛转海运至长江口内运。从全国范围来看,原油及成品油运输的总流向是由北向南,而长江油运是由东向西。

5.粮食运输

长江中下游的湖南、江西、安徽、江苏、湖北是我国重要的稻米产区。我国近代的四大米市长沙、九江、芜湖、无锡均在长江中下游。湖南、江西两省的粮食多集中于武汉、岳阳、九江,经长江下运南京转京沪线北上,或至上海转海运北上。巢湖流域及皖南粮食也集中芜湖外运。

以上海为中心的长江三角洲地区,对粮食需求量极大,除四川供应部分外,主要由江苏、安徽、浙江、江西四省供应,这些粮食的运输大多经由水路。

(五)长江沿岸港口

长江沿岸自上而下的重要港口有:上游的宜宾、泸州、重庆、万州;中游的宜昌、枝城、沙市、城陵矶、武汉;下游的黄石、九江、安庆、铜陵、芜湖、马鞍山、南京、镇江、张家港、南通。其中重庆、武汉、南京分别为上、中、下游的最大港口。

1.重庆港

重庆港地处我国中西结合部,水路可直达长江八省二市,陆路与成渝、襄渝、渝黔、渝怀铁路和成渝、渝黔、重庆至武汉、重庆至长沙等高速公路相连,是长江上游最大的内河主枢纽港,现为全国内河主要港口。

(1)区位优势。重庆市地处中国西南部,处在中西部地区的结合部,承东启西,沟通南北,具有特殊的区位优势。在与西部大城市的比较发展中,最得天独厚的突出优势就是交通便捷的黄金水道,长期作为西部主要交通枢纽,长江沿着全市有近700千米,横穿湖北直至上海出口,是我国西南地表水东泄入海的唯一通道,通过长江连接太平洋,从而成为我国既有的中西部内陆地区连接亚洲、欧洲、非洲、大洋洲、南美洲、北美洲的主要通道,加入全球供应网络。重庆已经成为了西部地区唯一拥有公、铁、水、空综合交通优势的特大城市,综合交通网平均密度及公路网、铁路网、内河航运密度均居西部第一,大运量、低成本水运优势独具,水陆空多式联运和"无缝衔接"潜力巨大。

重庆经济发展已进入以重化工业为特征的工业化中期阶段,为港口发展和相关产业集群的有机结合发展奠定了较好的经济基础。中央继续鼓励重庆地区率先发展、城乡统筹,拓宽了港口发展和相关产业集群的有机结合的空间。

国务院已正式批准重庆设立中国首个内陆保税港区。国务院下发的《国务院关于推进重庆市统筹城乡改革和发展的若干意见》要求重庆建设长江上游地区综合交通枢纽和国际贸易大通道,《国务院关于印发物流业调整和振兴规划的通知》将重庆定位为全国性物流枢纽城市、西南物流区域核心城市,布局有四条国家级物流通道。而且,重庆是国家的第六大工业基地,汽摩、装备、化工、材料、电子等产业在国内外都具有一定优势。有较强的物流需求作支撑,产业优势也比较明显。

"一江两翼三洋"的战略是重庆市政府顺应时代发展要求,构建重庆三大对外国际物流大通道,稳固占据西部物流至高点,实现重庆深度对外开放的主要战略举措。重庆港形成年集装箱130万标箱、汽车重载滚装20万辆、件杂散货300万吨的吞吐能力,成为"重庆主城区、长江南岸的世界级物流港"。

(2)服务对象及内容。重庆港的经济腹地主要包括重庆市辖9区12县及四川、云南、贵州三省。

重庆港系国家一类口岸,主要从事港口装卸、客货运输、水陆中转、仓储服务、物流配送、酒店旅游等多种综合性经营服务。港口年货运综合通过能力900万吨,年客运旅游通过能力近1000万人次,有码头泊位114个,堆场面积35万平方米,拥有年通过能力为10万TEU的国际集装箱专用码头、年通过能力为10万辆的汽车滚装码头和全国内河港口最大的400吨级特大重件装卸作业线等17座现代化货运码头和16座客运旅游码头,现有资产18亿元。

①集装箱运输。九龙坡集装箱码头分公司是目前长江上游堆存面积最大、设施先进、功能完善、管理规范的集装箱专用码头,年通过能力为10万TEU,年外贸物资集装箱进出口占重

庆口岸的 90% 以上。集装箱运输建立 EDI 系统,并与上海港和重庆海关联网,实现了长江快速通关,是长江上游外贸集装箱安全、方便、快捷的水路通道。

②大件运输。位于九龙坡港区的大件分公司拥有长江上游最大的特大重件码头,相邻重庆最大的铁路货运编组站——九龙坡铁路南站,与重庆大件公路相连,是长江上游和西南地区最大的特大重件水陆中转运输的唯一通道。公司拥有全国内河起重量最大、功能最全、设施最先进的 360 度全旋转、一次起重量为 400 吨的浮式起重船和一次起重量为 180 吨的岸吊和浮吊船,能满足 A、B、C 级航区拖带技术的要求,可在长江内河干线各港(码头)进行特大重件吊装转运特殊作业。

③汽车滚装运输。重庆港是重庆市商品车进出口的重要口岸,商品车滚装码头年通过能力为 10 万辆。水路运输商品车具有量大价低等诸多优势,随着国民经济的持续发展,重庆港进一步拓展汽车滚装业务。除九龙坡商品车滚装码头外,江北港区商品车滚装业务量也年年攀升,成为长安汽车重要的进出口通道。正在修建的寸滩港区汽车滚装码头 2005 年一期工程完工后,将把重庆港商品车通过能力提高为 15 万辆。2010 年二期工程完工后,重庆港商品车年通过能力达到了 40 万辆。

④仓储服务。重庆港拥有仓库、货场 35 万平方米,一次性货物堆存量 90 万吨。其中,江津港区已成为化肥、矿石、化工、煤炭等件散货仓储基地,一次性堆存量达 30 万吨。九龙坡港区拥有完备的仓储设施,拥有配套齐全的各类装卸作业机械 200 余台(套)及 6 条卷钢剪切线,可按客户要求加工配送。

⑤件散货集散中心。地处长江北岸的江津港区,占地 470 余亩,拥有屋面仓库近 2 万平方米、露天货场 14 万平方米,一次性堆存货物达 50 万吨以上,堆存能力在长江首屈一指。拥有专业化码头 5 座,港区地势平坦开阔,水陆条件优越,常年可供 4000 吨级船舶靠泊作业,机械化程度高达 90%,年通过能力 140 万吨,是西南地区件散货水陆联运枢纽和渝西重要水上门户。

2. 武汉新港

武汉新港是由武汉、鄂州、黄冈、咸宁 4 市港口岸线统一规划建设而成,目标是"亿吨大港、千万标箱"。阳逻集装箱港是武汉新港的江北核心港,2012 年集装箱吞吐量达到 76.48 万标箱。武汉新港的左岸从武汉市黄陂区武湖窑头至黄冈蔡胡廖,岸线全长 59.72 千米;右岸从青山武钢运河口至鄂州长港出口,岸线全长 71.31 千米。

(1)包含区域。武汉新港 2010 年正式成立,位于长江黄金水道中游,由原武汉港和黄冈市、鄂州市、咸宁市的部分港区组成,规划港口岸线 548.2 千米(其中,长江岸线 435.3 千米,汉江岸线 112.9 千米),港区及腹地面积达 9300 平方千米。

武汉新港的规划范围是:西以武汉市域与咸宁市域为界,北临武汉外环高速、武英高速公路,东接大广高速、沪渝高速、京广铁路线、环港高速、京广铁路线以东 12 千米,南至咸宁、赤壁市域界限。

港区规划用地 3225 万平方米,包括阳逻三大作业区,以及林四房、唐家渡、武钢、北湖、白浒山、葛店、三江等 10 大港口作业区。到 2025 年,货物吞吐量预计达 16360 万吨,集装箱吞吐量达 350 万标箱,未来将超过 1000 万标箱。这相当于每天有至少 5000 辆大卡车运送 6 米长标准集装箱从武汉新港出发。

武汉新港将建设综合保税区、经济开发区、物流加工区等产业园区,形成物流、钢铁、化工、能源、造船、新型建材、光电通信和现代制造业等产业集群,并发展成为集高速公路、航空、铁路和水运于一体的大型综合交通枢纽。

新港建设旨在为湖北九大产业助力,即改善基础设施,满足经济发展需求。九大产业包括现代物流业、钢铁及深加业、石油化工产业、汽车产业、装备制造产业、电子信息产业、食品加工业、商贸服务业、其他现代服务业。

(2)主要码头。

①武汉中石油码头。该码头总投资 3.6 亿元,将新建 4 个 5000 吨级油品泊位,设计通过能力为 200 万吨。

②国家稻米交易中心配套码头。

③左岭化学品码头二期工程、鄂钢工业港。

④南顺石油化工码头。新建 2 个 5000 吨级石油化工浮式泊位,建设 20 万立方米液体化工储存基地,设计年通过能力 177 万吨。

⑤武钢江北基地码头。新建 4 个 5000 吨级泊位,设计年通过能力 433 万吨。

⑥亚东水泥码头。新建 2 个 5000 吨级散货泊位,设计年通过能力 294 万吨。

⑦阳逻集装箱二期工程。新建 4 个 5000 吨级集装箱泊位,建成后年吞吐能力达到 75 万标箱。

⑧WIT 多用途码头。新建 1 个多用途泊位(兼顾集装箱与重件),设计集装箱年通过能力 10 万标箱,货物年通过能力 20 万吨。

⑨阳逻三作业区码头工程。规划建设 15 个集装箱泊位,年设计通过能力 250 万标箱。

⑩林四房配煤中心码头。新建 4 个 3000 吨级兼顾 5000 吨级煤炭泊位(其中 3 个出口泊位、1 个进口泊位),年通过能力 1000 万吨。

⑪80 万吨乙烯配套码头。新建 6 个 200 吨级兼顾 5000 吨级件杂泊位、3 个 2000 吨级兼顾 5000 吨级液体化工泊位、1 个 2000 吨级固体危险品泊位、1 个 300 吨级散货泊位,设计年通过能力 650 万吨。

⑫左岭化学品码头二期工程。新建 1 个危化品泊位。

⑬黄冈禹杰物流综合码头。新建 3 个 1000 吨级散货泊位,1 个 5000 吨级件杂泊位。

⑭湖北三和管桩综合码头。新建 2 个 800 吨级泊位。

⑮鄂州鸿泰钢铁综合码头。

⑯新建 2 个 3000 吨级矿石、钢铁综合码头泊位,设计年吞吐量 180 万吨。

(3)发展规划。武汉新港以 26 个港区建设为基础,重点规划建设 2 大集装箱港区、1 个新港商务区、5 座临港新城、12 个临港产业园区,目标是把武汉新港打造成为集现代航运物流、综合保税服务、临港产业开发为一体的现代港、国际港、枢纽港,实现"亿吨大港、千万标箱"。到 2020 年,武汉新港集装箱吞吐量将达到 500 万标箱,到 2030 年将达 1000 万标箱;货物吞吐量达 3.5 亿吨,建成后的武汉新港货物吞吐量仅次于南京港,成为中国内河航运第二大港口。

相比铁路、公路和航空发展,长江航道并未得到足够重视和良好利用。如今能源紧缺、油价飙升,黄金水道低能耗、低占地、低成本、大运量的交通优势凸显。武汉新港的建设体现了决策层的战略眼光。

南京以下航道,3 万吨~5 万吨船舶可直达。但武汉至南京航线上,通常只能航行 5000 吨级船舶。武汉新港建成后,既可开通直达日、韩及东南亚等国家和地区的国际近洋航线,也可与处于国际黄金海运带的洋山港对接,成为中国中部通达世界的水上门户,中国内河最大的国际性港口。

3.南京港

南京港早在三国时就成为军港和商港,自元代起是南粮北运起运港口之一,也是郑和下西洋的基地港。今天的南京港已成为我国华东地区及长江流域江海换装、水陆中转、货物集散和对外开放的多功能江海型港口。

(1)总体介绍。南京港是中国内河第一大港,亚洲最大的内河港口,也是长江下游水陆联运和江海中转的枢纽港,处于铁路、公路、管道、航空和水运的交会点。南京港位于江苏省南京市,距吴淞口400余千米,航道水深,港区宽阔,自然条件良好。中华人民共和国成立后,对南京港进行改造与大规模扩建工程。1961年在浦口建成机械化装卸的煤码头,1971年建成原油中转码头。此后又新建了新生圩港区,港区长98千米,港口沿江两岸布置,拥有7个港务公司和50多座码头,其中有万吨级深水泊位13个,万吨级以上锚地泊位6个。所处江面最宽处达2.5千米,最窄处1.5千米,主槽水深5~30米。在南京长江大桥下主航道水深超过10米,万吨级船舶可常年通航。南京港进出口货物主要有煤炭、石油、矿石、钢铁、杂货和集装箱。客运有至上海、芜湖、九江、武汉、重庆等沿江城市班轮往来,也有至香港的江海旅游航线。

1992年6月,南京港加入国际港口协会,成为我国大陆首批正式会员港之一。

南京港具有独特的地理位置和区位优势,是万吨级海轮进江的分界点。津浦、沪宁、宁芜等铁路,沪宁、宁通等高速和104等国道,长江水运主通道,禄口国际机场,鲁宁、甬沪宁输油管道等共同构成完善的集疏运体系,使其同时具备海轮、江轮运输以及江海转运、长江转运、铁水联运、管水联运的功能,成为全国性综合运输、南北物资交流重要节点和长江流域中上游地区理想的货物中转枢纽,是南京市及其周边地区的经济发展的重要依托,是我国内陆重要的江、海、陆多种运输方式相衔接的综合运输枢纽和现代物流服务基地,南京港以原材料、能源等大宗散货和集装箱运输为主,大力发展临港工业和物流业,建设成为多功能、综合性港口。2012年实际完成货物吞吐量1.91亿吨,集装箱吞吐量首次突破230万TEU,双双创下历史新记录。

(2)腹地范围。

①直接腹地:南京及安徽省滁州地区。

②间接腹地:A.水陆中转腹地:津浦线、沪宁线、宁皖赣线铁路沿线地区;B.江海中转腹地:长江沿线的重庆市、四川省、湖南省、湖北省、江西省、安徽省、江苏省的沿江地区。

二、珠江流域航运

(一)珠江简介

珠江是我国南方的大河,流域覆盖滇、黔、桂、粤、湘、赣等省区、港澳地区及越南的东北部,流域面积453690平方千米,其中我国境内面积442100平方千米。

珠江流域北靠南岭,南临南海,西部为云贵高原,中部丘陵、盆地相间,东南部为三角洲冲积平原,地势西北高,东南低。全流域土地资源共66300万亩,其中耕地7200万亩,林地18900万亩,耕地率低于全国平均水平,流域人均拥有土地仅有9.31亩,约为全国人均拥有土地的3/5。

珠江流域是一个复合的流域,由西江、北江、东江等水系所组成。西江、北江两江在广东省三水市思贤窖、东江在广东省东莞市石龙镇汇入珠江三角洲,经虎门、蕉门、洪奇门、横门、磨刀门、鸡啼门、虎跳门及崖门等八大口门汇入南海。西江是珠江水系中最有经济价值、最长的一条江，北江是第二主流，东江是第三主流。

珠江是我国七大江河之一。流域内各河流水量充沛，河道稳定，具有良好的航运条件，现有通航河道 1088 条，通航总里程 14156 千米，约占全国通航里程的 13%，年货运量仅次于长江，居第二位。

（二）珠江流域港口

珠江流域主要港口有南宁港、贵港港、梧州港、肇庆港、佛山港等。

1. 南宁港

（1）港口简介。南宁港位于广西南部偏西，地处丘陵山区地带，平均海拔 80～100 米，最高处为 496 米。属珠江水系的邕江贯穿市区，水源丰富。

（2）交通情况。

①水运交通。水运河道位于南宁市邕江河段，上溯左江可达龙津港，溯右江可通百色，下航可抵贵港、梧州、广州、香港等地。

②铁路交通。铁路有湘桂线、黎钦线经过。

③公路交通。公路有桂海和南广两条高速公路交汇。

④航空交通。公路距南宁国际机场 70 千米，有至各地航空线。

（3）港区分布。

①南宁港六景作业区。该作业区位于南宁市六景工业园，设有 7 个 2000 吨级件杂货泊位、3 个 2000 吨级多用途泊位，码头泊位总长 1078 米。后方堆场 144500 平方米，仓库 38469 平方米。

②南宁港牛湾作业区。该作业区位于南宁市邕宁区邕江一桥下游 40 千米处，设有 3 个 1000 吨级多用途泊位、3 个 2000 吨级件杂货泊位、5 个 2000 吨级多用途泊位，码头泊位总长 1244 米。后方堆场 33550 平方米，仓库 47451 平方米。

2. 梧州港

梧州港具有 100 多年历史，其建设规模是华南地区仅次于广州的第二内河大港，也是广西最大的内河港口。地理坐标为北纬 23°29′，东经 111°18′，位于梧州市桂江、浔江和西江的汇合处，扼广西内河水运咽喉，素称"水上门户"之称。往东下航可达广州、香港、澳门，溯浔江西上可通南宁、百色、柳州，沿桂江北上可至桂林。

（1）港口简介。梧州港作为综合运输体系的重要枢纽，逐步发展成为以集装箱、件杂货、能源和矿建材料运输为主，相应发展临港工业和现代物流，兼顾旅客运输，具有装卸存储、中转换装、临港工业、现代物流和旅游客运等功能的综合性港口。

梧州港分为三个港区，即中心港区、苍梧港区和藤县港区。

①中心港区包括浔江、西江段从长洲岛尾附近至界首航标站，桂江 25 千米航段。重点发展李家庄作业区、富民码头作业区，以集装箱和城市生活物资运输为主，主要为梧州市经济发展和城市建设服务。

②苍梧港区含表水、龙圩镇作业区到长洲岛尾部右叉主航道的出口。重点规划发展龙圩镇作业区，以通用散杂货运输为主，主要为梧州市经济发展和临港工业开发服务。

③藤县港区涵盖了以赤水圩作业区为龙头、藤县境内的全部岸线，规划范围为白马圩到赤水圩整个航段。重点发展赤水圩作业区和西江作业区，以规划开发赤水圩作业区为主线，规划

引进林浆纸一体化项目,逐步进行开发建设。该港区是以件杂货、集装箱和大宗散货运输为主的综合性港区,主要为腹地内大宗散货中转、外贸物资运输和临港工业开发服务。

(2)交通情况。

①水运交通。水运至穗、港、澳,全年可通航 1000 吨船舶,西江二期整治之后将提高到 3000 吨级。已建成集装箱码头 3 座,港口年吞能力达 700 万吨,有 5 万多吨位的船舶专营港澳航线。溯江而上可通贵港、南宁、柳州、桂林等市。

②铁路交通。铁路有洛阳至湛江铁路(梧州段)、贵阳至珠海铁路(梧州段)及梧州港等。

③公路交通。陆路有一级公路通粤、港、澳,距广州 280 千米,3 小时即可到达。二级公路通南宁、柳州、桂林、玉林、贺州等地市。通往所辖各县(市)的均为国道。

④航空交通。梧州飞机场可起降波音 737 客机。

(3)经济规模。截至 2014 年 1 月 1 日零时,梧州市交通运输局结算全市港口码头货物吞吐量结果显示:2013 年港口货物年吞吐量近 40 万标准箱,累计达到 3015 万吨,占广西内河港口货物吞吐量的比例为 28%,港口集装箱吞吐量占广西内河港口集装箱货物吞吐量的 70%,成为广西内河港口集装箱吞吐量的第一大港。

梧州紧抓广西壮族自治区提出"双核"驱动战略和珠江—西江经济带建设即将上升为国家战略的机遇,坚持交通优先发展,以长洲水利枢纽为节点,科学谋划核心港区各作业区功能定位和布局,加快构筑黄金水道"十字型骨架",使每个产业园区有 2~3 个码头作业区作为保障,每个码头作业区有 2~3 个产业园区作为支撑。

2015 年梧州将形成以长洲水利枢纽为节点,坝上 2000 万吨、坝下 3000 万吨的年吞吐量港口布局,梧州港将逐步发展成为以集装箱、件杂货、机械制造和矿建材料运输为主,相应发展临港工业、现代物流和商贸服务,兼顾旅游的综合性枢纽港口,成为现代化内河龙头大港。

(4)区位优势。梧州港位于广西壮族自治区东部,是广西东大门。东邻广东省肇庆市封开县、云浮市郁南县,东南与广东省云浮市的罗定市接壤,南接玉林市容县,西连贵港市平南县,北通贺州市昭平县、桂林市荔浦县,东北与贺州市八步区接壤,西北与来宾市金秀瑶族自治县毗邻。

梧州港区位优势明显,浔江、桂江、西江汇于市区。三江交汇处黄绿分明,人称鸳鸯江。梧州集广西水流量 85% 以上,与粤港澳一水相连,水路距广州 341 千米、香港 436 千米、澳门 384 千米。梧州口岸为国家一类口岸,有百年对外贸易历史,设施齐全,基础较好,与世界五大洲 130 多个国家和地区有贸易往来。

3.肇庆港

(1)港口简介。肇庆港属珠江水系的西江下游,属广东省肇庆市辖境。肇庆港交通较为方便,水路沿西江及珠江三角洲水网可达珠海、广州、香港、澳门,逆西江而上可达广西梧州、贵县等地。肇庆港的港区范围包括北岸自龟顶山至羚羊峡口,南岸自青湾至新兴江口。港口下辖堤西和堤东 2 个作业区。堤西作业区为指定的外贸进出口装卸运输码头,陆域面积 5796 平方米,水域面积 1.3 万平方米。

(2)交通情况。

①水运交通。河道运输以西江干流为主,河段总长 218 千米,被称为"南国黄金水道",可连接贺江、新兴江、绥江等河流;航道可达广州、佛山、江门、梧州、香港等地。

②铁路交通。广(州)茂(名)铁路穿越四会、鼎湖、端州、高要等市(区),使全市与与珠江三

角洲、雷州半岛、大西南各省乃至全国直接沟通;辖区内有铁路正线 81.5 千米,沿线有大沙、鼎湖、肇庆、高要等 8 个站。

③公路交通。国道 321(广州至成都)和 324(福州至昆明)横贯市域。境内公路交通以肇庆市区为中心,可达全市各县(市)区、乡镇。

三、黑龙江、松花江流域航运

黑龙江跨中国、俄罗斯、蒙古三国,全长 4370 千米(以海拉尔河为源),流域面积达 184.3 万平方千米,为世界第十位,在中国境内的流域面积约占全流域面积的 48%。

黑龙江的支流共约 200 多条,其中较大的有松花江、乌苏里江等。但因纬度高,每年有半年封冻期,再加上流域内经济不发达,故航运量不大,主要运输货物有粮食、木材、煤炭等。黑河是其最大的港口。

松花江是黑龙江最大的支流,流经中国东北区北部,全长 1657 千米,流域面积约 55 万平方千米。

松花江是中国东北境内航运价值最大的河流,干流哈尔滨以下丰水期可通航千吨以下江轮。松花江正源在吉林市以下江段,洪水期可通航 200 吨以下驳船,开江后和封江前的短暂流冰期不能通行。其主要的港口有哈尔滨、佳木斯、牡丹江等。

1. 哈尔滨港

哈尔滨港位于黑龙江省哈尔滨市道外区,松花江南岸。哈尔滨港是全国八大内河港口之一,东北内河最大的水陆换装枢纽港口。

哈尔滨港有客运、货运两个港口。货运港口拥有千吨级泊位 12 个,铁路专用线 5 条。货运线有哈尔滨至大赉、佳木斯、同江、黑河、依西肯等航线,并经松花江、黑龙江水道与哈巴罗夫斯克(伯力)、布拉戈维申斯克(海兰泡)、共青城、尼古拉耶夫斯克(庙街)等俄罗斯远东港口相通。哈尔滨港可承担木材、煤炭、粮食、矿产、化肥、盐等货物的装卸业务。

2. 佳木斯港

佳木斯港是东北内河第二大港口,位于黑龙江省东北部,松花江下游南岸,佳木斯市区北端。

佳木斯港已经建成较大的水陆换装的枢纽港口,承担松花江、黑龙江、乌苏里江沿江数十个市县、农场、林业局的物资运输和中俄贸易物资水陆中转换装任务。该港口有煤炭、粮食、木材等 4 个作业区和 4 条铁路专用线,千吨级泊位 13 个,起重、装卸、输送机械设备 80 台组,机械化装卸率达 85% 以上。

四、淮河流域航运

淮河流域地处我国东部,介于长江和黄河两流域之间,全长 1050 千米,其中通航里程为696 千米。淮河流域包括湖北、河南、安徽、山东、江苏五省 40 个地市,181 个县(市)。

淮河流域交通发达。京沪、京九、京广三条南北铁路大动脉从该流域东、中、西部通过,陇海铁路横贯流域北部,还有晋煤南运的主要铁路干线——新乡日照铁路。

淮河货运构成以煤炭、粮食和日用工业品为主。蚌埠是淮河上最大的港口。连云港、日照港等大型海运码头,不仅可直达全国沿海港口,还能通往韩国、日本、新加坡等地。

淮河流域主要的港口有蚌埠港、淮南港和阜阳港。

1. 蚌埠港

蚌埠地处淮河中游,面向长三角,是华东重要的组合交通枢纽,经济腹地十分宽广,蚌埠是全国重要的交通枢纽城市，蚌埠交通便捷，公路、铁路、水运、四通八达。

蚌埠港为千里淮河第一大港，是全国 28 个主要内河港口之一，新港年吞吐量达百余万吨，拥有数个千吨级泊位。蚌埠港可四季通航江苏、浙江、上海等省市，还可以借助已开放港口通达海外。该港现已拥有蚌埠新港及怀远、五河、固镇等四个港区，码头 39 座，生产用泊位 60 个，码头岸线总长 2324 米，综合通过能力 450 万吨，最大靠泊船舶吨级 1000 吨。依托蚌埠市大中型企业和淮河中游地区腹地经济发展，蚌埠港近年来港口吞吐量、出口量均保持 10% 左右的增势。

2. 淮南港

淮南港地处安徽省中北部、淮河中游。航道总里程 187.06 千米，其中淮河主航道 81 千米。可常年通航 1000 吨级船舶。

淮南港分为毛集、凤台、李咀孜、八公山、二道河、谢家集、潘集、田家庵、大通计 9 个港口作业区。

3. 阜阳港

阜阳港位于安徽省阜阳市，是安徽省规划的八大重要港口之一，是国家交通运输部"十二五"规划工程重点建设项目。截止 2014 年已建成 6 个泊位，从下游起依次为 2 个散货泊位、1 个件杂货泊位、3 个集装箱泊位，并在上游预留 2 个件杂货泊位，码头下游建设 4 个斜坡式待泊位。码头作业区临时库场 11.62 万平方米。设计年吞吐量 230 万吨，其中散货进口 190 万吨/年、件杂货进出口 40 万吨/年、集装箱 5 万标准箱/年。

五、京杭大运河航运

京杭大运河是世界上开凿最早、里程最长、工程量最大的运河。北起北京通州，南到杭州，全长 1747 千米。自北向南流经京、津、冀、鲁、苏、浙等六省市，贯通了海河、黄河、淮河、长江、钱塘江五大水系和一系列湖泊。京杭运河对中国南北地区之间的经济、文化发展与交流，特别是对沿线地区工农业经济的发展和城镇的兴起均起了巨大的作用。

京杭大运河沿线主要港口有：山东段有德州、临清、台儿庄、留庄、郭庄、济宁；江苏段有淮阴、淮安、宝应、高邮、扬州、常州、无锡、苏州；浙江段有乌镇、新市、德清、余杭等。

目前，大运河济宁段以北河段，因水源不足，未能发挥航运作用。济宁以南至杭州河段，已建成 16 座通航梯级，其中大型船闸 12 座。运河及其沿岸河流、湖泊已节节设闸控制，洪水期调泄，枯水期补给，江水北调工程已经初具规模。徐州以南河段，船闸年通过船舶吨位已达 1370 万吨，年货运量达 5500 万吨。为适应货运任务的迅速增长，分流煤炭南运，济宁至杭州段的运河扩建工程已经开始，将进一步扩宽航道，加建复线船闸，沟通运河至钱塘江的航道，扩大港口吞吐能力，使运河单向通过能力达到 3500 万吨～4000 万吨，承担起年货运量 1 亿吨的总货运任务。京杭大运河对我国东部地区的经济发展有着不可忽视的作用。

任务三　沿海港口及航线

我国东临太平洋，海上运输是我国水路运输的重要组成部分。我国东部大陆海岸线自鸭绿江口至北仑河口，长达 1.8 万多千米。在这绵长的海岸线上建有几十个港口，其中有些港口属世界大型港口。因此，我国海上运输条件十分优越。

港口是指具有船舶进出、停泊、靠泊，旅客上下，货物装卸、驳运、储存等功能，具有相应的码头设施,由一定范围的水域和陆域组成的区域。港口可以由一个或者多个港区组成。

一、沿海港口

从地理分布来看,我国沿海港口可以看作是五大区域的港口群,即环渤海港口群,包括的港口有大连港、营口港、秦皇岛港、天津港、烟台港、青岛港、日照港等;长江三角洲港口群,包括的港口有连云港、上海港、宁波—舟山港等;东南沿海港口群,包括的港口有福州港、厦门港等;珠江三角洲港口群,包括的港口有深圳港、广州港、汕头港、珠海港等;西南沿海港口群,包括的港口有湛江港、北海港、防城港港、海口港等。

(一)大连港

1. 简介

大连港始建于 1899 年,距今已有百余年的历史。大连港位居西北太平洋的中枢,是东北亚经济圈的中心,是该区域进入太平洋,面向世界的海上门户。港口港阔水深,不淤不冻。自然条件非常优越,是转运远东、南亚、北美、欧洲货物最便捷的港口。港口拥有集装箱、原油、成品油、粮食、煤炭、散矿、化工产品、客货滚装等 80 多个现代化专业泊位,其中万吨级以上泊位40 多个。

大连港交通十分方便,哈大铁路与东北地区发达的铁路网连接。公路有沈大高速公路与东北地区的国家公路网络相连接,是中国南北水陆交通运输枢纽和重要国际贸易港口之一,在国际贸易和国内物资交流方面起着重要作用。大连港经东北铁路网和公路网,还联接着俄罗斯和朝鲜,可通过西伯利亚大铁路,成为欧亚大陆桥的起点。陆海空多种运输方式组成的主体运输网为大连港发展提供了优越的集疏运条件。2013 年大连港完成货物吞吐量 3.334 亿吨,集装箱吞吐量 991.2 万标准箱。

2. 经济腹地

大连港依托大连市,经济腹地也包括黑龙江省、吉林省、辽宁省及内蒙古自治区东部的呼伦贝尔市、通辽市和赤峰市。

3. 港口业务

大连港是亚洲最先进的散装液体化工产品转运基地,是东北亚油品转运中心,主要从事原油、成品油和液体化工产品的装卸和储运,可停靠 30 万吨级油轮。大连港目前拥有全国最大、最先进的 30 万吨级原油码头和 30 万吨级矿石码头,矿石码头拥有全国效率最高的卸船机和装车系统。其中,大窑湾港是国家重点建设的四大国际深水中转港之一。

(二)营口港

营口港是东北地区及内蒙古东部地区最近的出海港,其陆路运输成本较周边港口相对较低,具有非常明显的区位优势,是辽东湾经济区的核心港口。营口港下辖营口港区、鲅鱼圈港区、仙人岛港区、盘锦港区、海洋红港区、绥中石河港区和葫芦岛柳条沟七个港区。

营口港已同 50 多个国家和地区 140 多个港口建立了航运业务关系。装卸的主要货种有:集装箱、汽车、粮食、钢材、矿石、煤炭、原油、成品油、液体化工品、化肥、木材、非矿、机械设备、水果、蔬菜等。其中,内贸集装箱、进口矿石、进口化肥、出口钢材、出口非矿的装卸量均为东北各港之首。2012 年,营口港吞吐量达到 3.01 亿吨,成为中国沿海第八大港口;集装箱完成481.5 万 TEU。

营口港交通便捷,沈大高速、哈大公路沿港区而行,长大铁路直通码头前沿。现已开通营口港至哈尔滨、大庆、长春、四平、松原、佳木斯、牡丹江、绥芬河等 20 多条集装箱班列专线和经满洲里直达欧洲、经二连浩特直达蒙古国的国际集装箱专列。

(三)秦皇岛港

1. 简介

秦皇岛港地处渤海之滨,扼东北、华北之咽喉,是我国北方著名的天然不冻港。这里海岸曲折,港阔水深,风平浪静,泥沙淤积很少,万吨货轮可自由出入。秦皇岛港是世界第一大能源输出港,是我国"北煤南运"大通道的主枢纽港,担负着我国南方"八省一市"的煤炭供应,占全国沿海港口下水煤炭的50%。

2. 经济腹地

秦皇岛港地处华北、东北两大经济区的结合部,是我国煤炭、原油运输的主要港口,也是其他进出口货物的集散口岸,有能源运输枢纽之称。近年来,秦皇岛港正在发展成为多功能、综合性、现代化的港口。在秦皇岛港进口货类结构中,内贸进口以件杂货为主,占总量的0.2%;内贸出口以煤炭、原油为大宗,占总量的71.5%;外贸进口主要是小麦、矿石、木材、钢铁、化肥、糖、水泥及其他件杂货,占总量的5.1%;外贸出口的货物主要是煤炭、原油、非金属矿石、钢铁、粮食及其他杂货,占总量的23.2%。港口煤炭货源分布于山西北部,内蒙古西部,宁夏、陕西北部,以及河北、北京等地,我国著名的大同、开滦、平朔煤矿及建设中的神府东胜煤田等,都在港口经济腹地内,是我国主要煤炭生产基地。秦皇岛港国内中转煤炭流向上海、浙江、江苏、福建、山东、广东、广西、海南、辽宁等九个省市,约占港口煤炭吞吐量的77%;外贸煤炭出口流向为日本、香港、东南亚和欧洲等一些国家和地区,约占港口煤炭吞吐量的23%。港口原油货源主要来自大庆油田。大庆油田原油产量在我国居第一位,为港口提供了充足的货源。港口杂货出口货源分布为内蒙古中部、河北北部、辽宁、吉林、黑龙江西部和京、津、唐地区;进口货源分布于河北、山西、京津地区、内蒙古、宁夏、甘肃、新疆等省区及辽宁、吉林、黑龙江西部地区。

3. 区位优势

秦皇岛港位于渤海辽东湾西侧,港口对外交通发达,集疏运条件优越。铁路有沈山、津山、京哈和大秦4条铁路干线直达港口。公路通过城市集疏港道路与102、205国道相连,可直达北京、天津、沈阳等地。铁(岭)—秦(皇岛)输油管线直通港口。海上运输可到达中国沿海各港及长江中下游港口。秦皇岛港目前与世界上80多个国家和地区的港口通航,先后开通了至香港、日本、韩国等3条国际集装箱班轮航线。

(四)天津港

1. 简介

天津港地处华北的经济中心——天津市,位于渤海湾上的海河入海口,处于京津城市带和环渤海经济圈的交汇点上,距北京160千米,距天津56千米,是环渤海港口中与华北、西北等内陆地区距离最短的港口,是首都北京和天津市的海上门户,也是亚欧大陆桥的东端起点。

2. 位置及交通

天津港是我国华北、西北和京津地区的重要水路交通枢纽,对外交通十分发达,已形成了颇具规模的立体交通集疏运体系。京哈、京沪、京津3条铁路干线在此交汇,并外接京广、京九、京包、京承、京通、石德、石太、陇海、包兰、兰新等干线,与全国铁路联网。北达北京、内蒙古和东北,南抵华东、华南各地,西连西部和西北部内陆地区,进而连通蒙古俄罗斯及欧洲各国。公路成网,四通八达,京津唐高速公路、丹拉高速公路、京津塘公路(103国道)、津晋高速、海防公路等形成辐射状公路网络,连接了北京、天津及华北、西北地区各省市。

3.经济腹地

经济腹地以北京、天津及华北、西北等地区为主。其中,直接经济腹地包括天津市、北京市、河北省和山西省;间接经济腹地通过综合运输网延伸至陕西、甘肃、宁夏、青海、新疆、内蒙古等省区和蒙古国的部分地区。腹地横跨我国东、中、西部地区,地域辽阔、人口众多、资源丰富。

4.港区分布

天津港主要分为北疆、南疆、东疆、海河四大港区,北疆港区以集装箱和件杂货作业为主;南疆港区以干散货和液体散货作业为主;海河港区以 5000 吨级以下小型船舶作业为主;东疆港区为天津港的一个新港区,规划面积为 30 平方千米。2006 年 8 月 31 日,国务院正式批准设立天津东疆保税港区。

天津港已经形成了以集装箱、原油及制品、矿石、煤炭为"四大支柱"、以钢材、粮食等为"一群重点"的货源结构。2013 年底,天津港货物吞吐量突破 5 亿吨,集装箱吞吐量突破 1300 万标准箱,成为我国北方第一个 5 亿吨港口。

(五)烟台港

1.港口简介

烟台港位于山东半岛北侧、芝罘湾内,隔海与辽东半岛相望。目前是中国环渤海港口群主枢纽港,是中国沿海重要港口之一。烟台港有芝罘湾港区、西港区、龙口港区、蓬莱港区四大港区,共有各类泊位 76 个,万吨级以上深水泊位 37 个。

2.经济腹地

烟台港直接经济腹地主要是烟台市,间接腹地为山东省北部沿海地区,包括潍坊市、淄博市北部、东营市、滨州市以及河南、河北、山西、陕西的部分地区。

腹地内矿产资源丰富,有许多重工业和轻工业基地,烟台港进口的金属矿石、化肥、粮食、铝矾土、液体化工品及出口煤炭、钢铁等均集疏运于上述腹地,同时,烟台港与东北三省重工业基地隔海相望,与韩国、日本的交流也有明显的地理优势。近几年来,上述腹地已经在客货滚装运输、金属矿石中转、外贸集装箱运输等许多方面带来了丰富的客货资源,发展前景十分广阔。

3.港口经济

烟台港腹地经济发达,尤其是外向型经济发展迅速,公路、铁路运输便利,港口疏运条件优越。烟台港对外已与世界 100 多个国家和地区的 150 多个港口直接通航。近年来,烟台港集装箱运输业务发展迅速,现已开通 10 余条国际集装箱班轮航线,可承接、中转世界各地适箱货物,尤其是中韩国际旅客运量和集装箱运量增长迅速。烟台至大连旅客运输、汽车轮渡是国内沿海最繁忙的航线之一。

2007 年,烟台港货物吞吐量首次突破亿吨,成为沿海第 11 个亿吨港口。2013 年烟台港完成货物吞吐量 2.2156 亿吨,完成集装箱吞吐量 215 万标准箱。货物吞吐量、集装箱吞吐量、火车卸车量等主要指标均创历史最好水平。2013 年烟台港铝矾土、金属矿石、化肥、木材、水泥、商品车等货源吞吐量大幅增长,目前烟台港化肥出口量、铝矾土进口量、对非口岸贸易量等指标位居全国港口前列。

(六)青岛港

青岛港位于山东半岛的胶州湾畔,地处黄海北部的咽喉要道。始建于1892年,是我国重点国有企业,中国第二个外贸亿吨吞吐大港。港内水域宽深,四季通航,港湾口小腹大,是我国著名的优良港口。

青岛港由青岛老港区、黄岛油港区、前湾新港区和董家口港区等四大港区组成。各港码头均有铁路相连,环胶州湾高等级公路与济青高速公路相接,腹地除山东外,还承担着华北对外运输任务。青岛港是晋中煤炭和胜利油田原油的主要输出港,也是我国仅次于上海、深圳的第三大集装箱运输港口。

青岛港主要从事集装箱、煤炭、原油、铁矿、粮食等进出口货物的装卸服务和国际国内客运服务。与世界上130多个国家和地区的450多个港口有贸易往来,被国务院明确定位为现代化的综合性大港和东北亚国际航运枢纽港。世界上有多大的船舶,青岛港就有多大的码头,包括可停靠18000TEU船舶的世界最大的集装箱码头、40万吨级矿石码头、30万吨级原油码头。其中,停靠5万吨级船舶的泊位有6个,停靠10万吨级船舶的泊位有6个,停靠30万吨级船舶的泊位有2个。

2012年港口完成货物吞吐量达到4.069亿吨,集装箱吞吐量突破1450.3万标准箱。2013年,青岛港完成货物吞吐量4.5亿吨,同比增长10.6%;完成集装箱吞吐量1552万标准箱,同比增长7%。集装箱装卸效率、铁矿石卸船效率始终保持世界第一。

(七)日照港

日照港区位优势明显,自然条件得天独厚。港口位于中国18000千米海岸线中部,东临黄海,北与青岛港、南与连云港比邻,隔海与日本、韩国、朝鲜相望。港区湾阔水深,陆域宽广,不冻不淤,适合建设大型深水码头,是我国名副其实的天然深水良港。目前全港拥有日照东港区、日照中港区、日照西港区、岚山港区、岚山北港区五大港区,有生产性泊位40多个。

日照港腹地非常广阔,直接经济腹地包括山东南部、河南北部、河北南部、山西南部及陕西关中等地区,人口8000多万,面积18万平方千米。间接经济腹地包括甘肃、宁夏、新疆等广大地区,人口2亿多,面积约占全国的1/5。

日照港集疏运方便快捷。铁路方面,连接港口的兖石铁路、坪岚铁路向西经新乡、侯马、西安直达新疆的阿拉山口,形成平行陇海,与京沪、京九、京广、焦枝、同蒲铁路相交的纵横交错的铁路网络,把日照港与华东、中原、西北广大地区连接在一起。胶州—新沂铁路及东都—平邑、枣庄—临沂铁路将进一步提高日照港的铁路集疏运能力。公路方面,疏港高速公路与日东、连霍高速公路相连,与同三、京沪、京福高速公路相交,连接港口的4条公路国道干线通往全国各地,形成了四通八达的公路运输网络。水路方面,日照港海上航线可与世界100多个国家和地区通航。

日照港货源构成为十大主导货种,即煤炭、铁矿石、集装箱、粮食、液体化工及油品、氧化铝、焦炭、水泥、木材、钢材等;辅助货种有非金属矿石、化肥等各类散件杂货,并开通了客货滚装运输。

(八)连云港

1.港口简介

连云港港地处中国沿海中部的海州湾西南岸、江苏省的东北端。港口北倚长6千米的东西连岛天然屏障,南靠巍峨的云台山,为横贯中国东西的铁路大动脉——陇海、兰新铁路的东部起点港,被誉为新亚欧大陆桥东桥头堡和新丝绸之路东端起点,是中国中西部地区最便捷、最经济的出海口。

连云港拥有包括集装箱、散粮、焦炭、煤炭、矿石、氧化铝、液体化工、客滚、件杂货在内的各类码头泊位 35 个,其中万吨级以上泊位 30 个;与 160 多个国家和地区的港口建立通航关系,开辟有至欧洲、美洲、中东、东北亚、东南亚等集装箱和货运班轮航线 40 多条,并开通了至韩国仁川、平泽两条大型客箱班轮航线。

2. 港口现状

连云港港是"国家规划的能源和原材料运输的重要口岸和重要的煤炭装船港",是中国沿海集装箱运输的支线港。

连云港港分为连云、赣榆、徐圩、前三岛、灌河五个港区。其中,连云港区以集装箱和大宗散货运输为主,兼顾客运和散、杂货运输的综合性港区;赣榆、徐圩港区依托临港工业起步,逐步发展成为后方临港工业服务的综合性港区;前三岛港区以石油运输为主;灌河港区以散杂货、化工品运输为主,兼顾修造船功能。

2013 年,连云港港顺利实现货物吞吐量 2 亿吨,全年累计完成货物吞吐量 20165.06 万吨、集装箱吞吐量 548.77 万标箱的目标。连云港港吞吐量中 60% 左右的货物来自中西部省区,外贸运输量比重始终在 60% 以上,成为全国进口氧化铝、出口小麦和胶合板第一大港,出口焦炭第二大港。

(九)上海港

1. 港口简介

上海港依江临海,以上海市为依托、长江流域为后盾,经济腹地广阔,全国 31 个省市(包括台湾地区)都有货物经过上海港装卸或换装转口。

上海港的水陆交通便利,集疏运渠道畅通,通过高速公路和国道、铁路干线及沿海运输网可辐射到长江流域甚至全国,对外接近世界环球航线,处在世界海上航线边缘。

(1)水路。上海港控江襟海,地处长三角水网地带,水路交通十分发达。沿海北距大连558 海里,南距香港 823 海里,长江西溯重庆 2399 千米。

(2)公路。有沪宁、沪杭、沪青平、沪乍、嘉浏等高速公路与江苏和浙江对接,并联通全国高速公路网;有 204、312、318、320 等四条国道分别通往烟台、乌鲁木齐、拉萨和昆明。

(3)铁路。港区内有铁路与沪杭、沪宁铁路干线相连。其中沪宁线与津浦线联结,成为中国东部纵贯南北的运输大动脉;沪杭线与浙赣、萧甬线相衔,可通达中南、西南及浙东地区。

另外,上海港还有发达的航空运输。

2. 经济腹地

港口所在的上海市是全国最大的经济、金融、贸易、科技、文化、信息中心,也是全国最大的港口城市。

港口的直接腹地主要是长三角地区,包括上海、江苏南部和浙江北部。长三角包括上海、南京、镇江、常州、无锡、苏州、南通、扬州、泰州、盐城、淮安、杭州、宁波、嘉兴、湖州、绍兴、舟山等 15 个城市,土地面积 10 余万平方千米,人口近 1 亿。

港口的间接经济腹地主要有浙江北部、江苏南部以及安徽、江西、湖北、湖南、四川等省。

港口物资流向腹地除上述省份外,还包括福建、河南、陕西、青海、甘肃、宁夏和新疆等地。

3.主营业务

港口经营业务主要包括装卸、仓储、物流、船舶拖带、引航、外轮代理、外轮理货、海铁联运、中转服务以及水路客运服务等。

港口主要经营的货类为集装箱、煤炭、金属矿石、石油及其制品、钢材、矿建材料、机械设备等。

上海港在我国和上海市的经济发展中起着十分重要的作用。自1984年上海港的货物吞吐量首次突破1亿吨后,上海港吞吐量持续大幅攀升,到2000年突破2亿吨,2003年突破3亿吨,2005年攀升到4.43亿吨,首次超过新加坡港,成为世界第一大港。2006年,上海港的货物吞吐量首次突破5亿吨,达5.37亿吨,高于世界第二位的新加坡港约9000万吨,稳居世界第一大港。

作为国际大港重要标志的集装箱业务1978年在上海起步,每年以近30%的速度增长,2005年完成的集装箱吞吐量达到1809万标准箱,居世界第三位。2006年完成的集装箱吞吐量达2171万标准箱,占全国港口集装箱吞吐量的24%,继续稳居世界第三位。2013年全年上海港集装箱吞吐量报3361.7万TEU,领先新加坡港约100万TEU,保持世界第一。

现在,上海港已与世界上200多个国家和地区的500多个港口和600多家航运公司建立了航运和贸易联系。从上海港始发的14条国际集装箱定期班轮航线,每月有500多个航班,驶向北美、南美、欧洲、大洋洲、波斯湾、地中海、非洲、东南亚、东北亚以及香港等地区。

(十)宁波—舟山港

1.港口简介

宁波,简称甬,是中国浙江省的一个地级市,副省级城市,是浙江的三大经济中心之一,位于浙东、长江三角洲南翼,北临杭州湾,西接绍兴,南靠台州,东北与舟山隔海相望。

舟山,素有"东海鱼仓"和"祖国渔都"之美称,是全国唯一以群岛设市的地级行政区划,位于我国东南沿海,浙江省的舟山群岛,拥有渔业、港口、旅游三大优势。舟山是中国最大的海水产品生产、加工、销售基地。

"宁波—舟山港"名称自2006年1月1日起正式启用,原"宁波港"和"舟山港"名称不再使用,宁波—舟山港管理委员会同时成立。看似只是两个名称的叠加,但它的意义远非简单意义上的"1+1=2"。

2.战略合并

随着浙江经济快速发展,对外开放进一步扩大,外贸物资运输量也大幅增长,经过多年的发展建设,宁波、舟山两港已成为浙江省港口的两大支柱,也是上海国际航运中心南翼的重要组成部分。宁波港是长三角除上海港外唯一拥有远洋航线的港口,2004年货物吞吐量达2.3亿吨,居大陆沿海港口第2位,而2005年截至12月19日,集装箱吞吐量又突破了500万标准箱,且增长率连续7年保持第一;舟山港凭借其深水岸线优势,则已跻身全国沿海港口第九位,由一个地方小港迅速发展成为华东沿海重要的区域性港口。

位于东海之滨的宁波港和舟山港,是我国深水岸线资源最丰富的地区。宁波港的进港航道水深在18.2米以上,25万吨级以下船舶可以自由进出,25万至30万吨级超大型船舶可以候潮进港。而依托中国最大的群岛——舟山群岛的舟山港更是拥有世界罕有的建港条件,水深15米以上的岸线200.7千米,水深20米以上的岸线103.7千米,穿越港区的国际航道能通行30万吨级以上的巨轮。

3.合并的重要性

作为浙江省港航强省建设的主阵地,宁波—舟山港承担起了浙江绝大部分的海运进出口任务。据浙江省港航管理局统计,宁波—舟山港 2009 年完成的 5.7 亿吨货物吞吐量占全省全年海港货物吞吐量的 81.4%,其中外贸货物吞吐量 2.4 亿吨,占全省海港的 92.3%;完成集装箱吞吐量 1043 万标准箱(TEU),占全省海港的 94%,略低于 2008 年水平,这表明宁波—舟山港集装箱量自 2008 年后首次突破 1000 万标准箱大关后,在金融危机的袭扰下,依然保持强劲发展势头,与沿海同类港口相比,其下降幅度最小。

为应对金融危机,发挥好宁波—舟山港的龙头优势,交通行业积极支持宁波—舟山港以资产为纽带加快港口联盟建设,2010 年已与嘉兴、温州、台州等港口都签定了合作协议,港口联盟的作用开始显现,嘉兴、台州等地的集装箱中转量有了大幅增长。此外,宁波—舟山港积极到浙江省内外腹地城市建设"无水港",开展对台直航,不断增强港口辐射力。

2013 年,宁波—舟山港累计完成货物吞吐量 80978.3 万吨,其中,宁波港域累计完成 49591.7 万吨,舟山港域累计完成 31386.6 万吨。全年累计完成集装箱吞吐量 1735.1 万标箱,其中,宁波港域累计完成 1677.4 万标箱,舟山港域累计完成 57.7 万标箱。

目前,浙江省的高速公路已加密、成网,有 4 条高速公路与上海相接,有 4 条高速公路与江苏相接。宁波—舟山港通过这些密集的高速公路连接着浙江周边地区,辐射整个华东,便捷的交通必然吸引整个华东的外贸公司蜂拥向宁波—舟山港聚拢,集聚效应会更加明显。

(十一)厦门港

1.港口简介

厦门港位于中国东南部福建省东南沿海九龙江的出海口,地处金门湾的西北岸,它面向东海,濒临台湾海峡的西侧,为我国东南海疆之要津,入闽之门户。厦门港是我国东南沿海重要的天然深水良港,自然条件优越。港湾外围大小金门等岛屿形成一道天然屏障,港内水域宽阔、水深浪小、不冻少淤。

厦门港现拥有和平、东渡、高崎和海沧 4 个港区。和平港区位于厦门内港东岸南段,紧临老市区,开发最早。东渡港区位于厦门内港东岸中段,湖里工业区西部,1984 年建成投产。东渡港区(一期)岸线总长 976 米,拥有 4 个万吨级以上深水泊位,其中 1 个万吨级集装箱泊位,2 个可靠泊 5 万吨级船舶的散货泊位。东渡二期岸线总长 650 米,拥有 2 个分别为 2.5 万吨和 3.5 万吨级集装箱泊位和 1 个 2 万吨级杂货泊位。高崎港区位于厦门内港东岸北段,邻近高集海堤和鹰厦铁路,是以散杂货中转为主的中、小泊位港区。海沧港区位于厦门内港西岸南部,始建于 1990 年,拥有 2 个 3 万吨级和 3 个 2 万吨级的集装箱泊位。

2.交通状况

厦门港交通发达,拥有便捷的集疏运网络。公路连接全省路网,形成了以福厦、厦漳主干道为骨干的运输网,并通过 319、324 国道与全国公路网相连。铁路运输有直达码头前沿的鹰厦铁路干线,省内与外福线、漳龙线、漳泉等铁路支线连接。厦门高崎国际机场距东渡、海沧等主要港区仅半小时车程,70 多条航线通达世界各主要港口。水运航线可通我国沿海、长江中下游和世界各港,内河可通九龙江干支流和乡镇码头。沿海航线北距上海 561 海里、福州 201 海里;东距台湾地区基隆 222 海里、高雄 165 海里、台中 130 海里、澎湖 102 海里;南至广州 389 海里、香港 287 海里。客运有通过香港、上海、广州、温州、海口、汕头等地的航线。

3.经济腹地

厦门港主要担负厦门市和福建省内外贸运输任务,也承担江西省某些物资的中转任务。该地区工农业总产值较高,腹地外向型经济发展迅速。

(十二)汕头港

1.港口简介

汕头港位于广东省东部沿海,美丽富饶潮汕平原的南部,居福州至广州黄金海岸中央,东临台湾海峡,距高雄214海里,西距香港187海里,扼韩江、榕江、练江之出海口,素有"岭东之门户,华南之要冲"的称誉。

汕头港是由原汕头老港区和珠池、广澳、潮阳和南澳等八大港区组成,汕头港是交通部确定的全国25个沿海主要港口之一,与世界57个国家和地区的268个港口有货运往来。

2.经济腹地

汕头港担负着粤东、闽西南、赣南地区对外贸易进出货物的运输。直接经济腹地是汕头、潮州、揭阳、梅州4市所辖14县的广大地区,其间接腹地包括闽西南及赣南部分地区。随着广梅汕铁路的通车,汕头港的腹地范围也进一步扩大和延伸。

(十三)深圳港

1.港口简介

深圳港位于广东省珠江三角洲南部,珠江入海口伶仃洋东岸,毗邻香港,拥有蛇口、赤湾、妈湾、东角头、盐田、福永机场、沙鱼涌、内河八个港区。全市260千米的海岸线被九龙半岛分割为东西两大部分。西部港区位于珠江入海口伶仃洋东岸,水深港阔,天然屏障良好,主要包括蛇口、赤湾、妈湾和东角头和福永等港区;南距香港20海里,北至广州60海里,经珠江水系可与珠江三角洲水网地区各市、县相连,经香港暗士顿水道可达国内沿海及世界各地港口。东部港区位于大鹏湾内,是华南地区优良的天然港湾,主要包括盐田、沙渔涌和下洞等港区。

2.交通状况

西部港区水路距珠江口门约32海里、距香港和澳门20海里、距黄浦40海里;陆路到深圳市中心30千米;东部港区水路至香港53海里、澳门75海里、黄埔121海里、距西部港区77海里;陆路至深圳市中心22千米。

深圳是我国南方对内、对外的交通枢纽。铁路有京九线、广深线接京广线与全国铁路联通。公路有广深、深汕高速公路通往广州、惠州、汕头;深圳南有文锦渡、罗湖、沙头角和皇岗路口岸直通香港;盐田—惠州的一级汽车专用公路于1993年建成。深圳国际机场距西部港区仅22千米,海空联运极为便利。

3.经济腹地

深圳港口的直接腹地为深圳市、惠阳市、东莞市和珠江三角洲的部分地区,转运腹地范围包括京广铁路和京九铁路沿线的湖北、湖南、江西、粤北、粤东、粤西和广西的西江两岸等地。货物以集装箱为主,兼营化肥、粮食、饲料、糖、钢材、水泥、木材、砂石、石油、煤炭、矿石等。2013年,深圳港完成集装箱吞吐量2327.8万标准箱,居全球第三。

(十四)广州港

1.港口简介

广州港历史悠久,早在2000多年前的秦汉时期,广州古港就是中国对外贸易的重要港口,是中国古代"海上丝绸之路"的起点之一;1300多年前的唐宋时期,"广州通海夷道"是世界上最长的远洋航线;至清朝,广州成为中国唯一的对外通商口岸和对外贸易的最大港口;改革开放以来,社会经济的飞速发展使广州港发展成为国家综合运输体系的重要枢纽和华南地区对外贸易的重要口岸;步入 21 世纪,在腹地经济持续快速增长的支持下,广州港快速发展,从 2004 年开始连续三年,港口货物吞量保持每年以 5000 万吨的速度增长;2013 年广州港完成集装箱吞吐量 1509 万 TEU,在全球 10 大集装箱港中名列第八。

2.地理位置

广州港地处珠江入海口和我国外向型经济最活跃的珠江三角洲地区中心地带,濒临南海,毗邻香港和澳门,东江、西江、北江在此汇流入海。通过珠江三角洲水网,广州港与珠三角各大城市以及与香港、澳门相通,由西江联系我国西南地区,经伶仃洋出海航道与我国沿海及世界诸港相联。港区分布在广州、东莞、中山、珠海等城市的珠江沿岸或水域,从珠江口进港,依次为虎门港区、新沙港区、黄埔港区和广州内港港区。

3.经济腹地

广州港经济腹地辽阔,以广东为主,并以广州市为主要依托,包括广东、广西、湖南、湖北、云南、贵州、四川以及河南、江西、福建的部分地区。广州港是珠江三角洲以及中南、西南、赣南、闽南等地区物资的主要集散地,便利的海、陆、空交通,使其成为上述地区客、货运输的集散中心,担负着国内和外贸物资的转口任务。

珠江水系腹地内矿产资源丰富,主要有煤、磷、硫、铁矿、重晶石、锰矿和铝土矿等资源,沿江地区工农业比较发达,许多重要城市多分布于沿江两岸。进出口的大宗货物有煤炭、石油、金属矿石、钢铁、矿建材料、水泥、木材、非金属矿石、化肥、农药、盐、粮食等。通过该港的国内外货物货种、流量、流向具有复杂多变的特点。

4.交通状况

广州港濒临南海,毗邻香港、澳门,位于珠江水系的东、西、北三江交汇点。铁路、公路、航空、水路运输发达,既是华南地区最大的国际贸易港,又是珠江三角洲水网运输中心和水陆运输枢纽。

港口交通便利,铁路有京广、广九、广湛线与全国主干铁路相连,形成铁路运输网。公路与汕头、湛江、深圳等省内重要市县均有干线连通,公路网络沟通闽、赣、湘、桂等省区。广州白云国际机场已开辟国内、国际航线 30 条左右,来往于全国主要大中城市及香港、曼谷、马尼拉、新加坡、悉尼、墨尔本、吉隆坡等地的航班,可完成客货航空运输。

广州港北距汕头 276 海里,南距香港 70 海里,西距湛江 273 海里。经虎门出海可达沿海各港及世界 100 多个国家(地区)的 600 多个港口。至海口、厦门、上海、青岛、大连等港有定期客货班轮,内河可至珠江水系的东江、西江、北江各港。

(十五)湛江港

1.港口简介

湛江港位于中国大陆最南端的广东省雷州半岛东北部的广州湾内,濒临南海,背倚西南,是我国西南和华南西部地区货物进出口主要口岸,也是我国大陆通往东南亚、非洲、欧洲和大洋洲航程最短的港口。素以天然深水良港著称,港湾周围岛屿环绕,形成天然屏障,港内水深浪静,水域广阔。

2.交通状况

湛江港海陆空交通方便。海运方面,与世界各大洲 100 多个国家和地区的港口有贸易往来。铁路经由黎湛线和三茂线与全国铁路网联通,有广湛铁路、粤海铁路和重要的黎湛线、湘桂、黔桂、南昆、洛湛、川黔、枝柳等全国铁路干线网。公路方面,有国道325、国道207、渝湛高速、粤海高速公路通过,并与本省、市公路网连通,公路密度在全国各地区中名列前茅。民用航空与香港、深圳、珠海、广州、北京、上海、成都、重庆、昆明、贵阳、长沙、青岛、厦门、海口、武汉、北海、汕头、三亚等20个城市间有航班往来。

3.经济腹地

湛江港经济腹地包括广东、广西、海南、云南、贵州、四川、重庆、湖南、湖北、江西等地区。腹地内物产资源十分丰富,经湛江港中转的大宗货物主要有石油、金属矿石、化肥、非金属矿石、化工产品、煤炭、粮食等。

(十六)北海港

1.港口简介

北海港地处广西南陲,南海北部湾畔,是广西对外开放的重要港口,也是我国西南地区,包括桂、滇、黔、川、渝、藏等地最便捷的海运通道之一,也是中国大陆距东南亚、西亚、欧洲最近的海港之一。

2.港内交通

北海港运输配套设施完善。公路方面,随着中国西南地区到广西沿海地区高速公路的相继建成通车,北海港距南宁204千米,距贵阳994千米,距成都1717千米,北海港的公路集疏运能力大大增强。铁路方面,随着钦北、南昆铁路的全线通车,北海与大西南的运输动脉已经贯通,形成西连大西南各省,中连湘西、豫西、桂西,东连广东的铁路交通网络,使北海港与全国铁路网络连成一片。海上客运方面,开通了海口、涠洲岛及下龙湾等国际国内航线。航空方面,北海机场已开通了至全国各大中型城市航线十多条,年旅客吞吐量达30多万人次。北海已经初步实现了以港口为龙头,港航结合,海陆空配套的立体交通运输网络。

(十七)防城港

1.港口简介

防城港市,是广西壮族自治区辖下的一个地级市,地处我国大陆海岸线的最西南端,广西南部,背靠大西南,面向东南亚,南临北部湾,西南与越南接壤,区位优势十分突出。防城港是中国的深水良港,是全国25个沿海主要港口之一,中国西部地区第一大港,是东进西出的桥头堡,西南地区走向世界的海上主门户,是连接中国—东盟、服务西部的物流大平台。

2.港口货类

在防城港中转的货物有三大特点:一是以外贸货物为主,占总吞吐量85%以上;二是以西南地区货物为主,占总吞吐量80%以上;三是以大宗货、散件货为主,占总吞吐量80%以上,主要是铁矿砂、磷矿砂、重晶石、硫磺、氧化铝、煤炭、钢材、大豆、化肥、工业盐等。随着集装箱运输的发展,散件货比例逐年走低。

二、我国主要海运航线

根据航程远近,我国对外海运航线分为近洋航线和远洋航线。

(一)近洋航线

(1)港澳线。该海运航线通往香港、澳门地区。

(2)新马线。该海运航线通往新加坡、马来西亚的巴生港、槟城和马六甲等港。

(3)暹罗湾线。该海运航线又可称为越南、柬埔寨、泰国线,通往越南海防,柬埔寨磅逊和泰国曼谷等港。

(4)科伦坡、孟加拉湾线。该海运航线通往斯里兰卡的科伦坡、缅甸的仰光、孟加拉的吉大港和印度东海岸的加尔各答等港。

(5)菲律宾线。该海运航线通往菲律宾的马尼拉港。

(6)印度尼西亚线。该海运航线通往爪哇岛的雅加达等。

(7)澳大利亚新西兰线。该海运航线通往澳大利亚的悉尼、墨尔本、布里斯班和新西兰的奥克兰、惠灵顿等。

(8)巴布亚新几内亚线。该海运航线通往巴布亚新几内亚的莱城、莫尔兹比港等。

(9)日本线。该海运航线通往日本九州岛的门司和本州岛神户、大阪、名古屋、横滨和川崎等港口。

(10)韩国线。该海运航线通往釜山、仁川等港口。

(11)波斯湾线。该海运航线又称阿拉伯湾线,通往巴基斯坦的卡拉奇、伊朗的阿巴斯、霍拉姆沙赫尔、伊拉克的巴士拉、科威特的科威特港、沙特阿拉伯的达曼等。

(二)远洋航线

(1)地中海线。该海运航线通往地中海东部黎巴嫩的贝鲁特、的黎波里,以色列的海法、阿什杜德,叙利亚的拉塔基亚,地中海南部埃及的塞得港、亚历山大,阿尔及利亚的阿尔及尔、奥兰,地中海北部意大利的热那亚,法国的马赛,西班牙的巴赛罗那和塞浦路斯的利马索尔等港。

(2)西北欧线。该海运航线通往比利时的安特卫普,荷兰的鹿特丹,德国的汉堡、不来梅,法国的勒弗尔,英国的伦敦、利物浦,丹麦的哥本哈根,挪威的奥斯陆,瑞典的斯德哥尔摩和哥德堡,芬兰的赫尔辛基等。

(3)美国、加拿大线。该海运航线通往包括加拿大西海岸港口温哥华,加拿大东岸港口蒙特利尔、多伦多,美国西岸港口西雅图、波特兰、旧金山、洛杉矶,美国东岸港口纽约、波士顿、费城、巴尔的摩、波特兰,加拿大东岸港口蒙特利尔、多伦多和美国墨西哥湾港口的莫比尔、新奥尔良、休斯顿等港口。美国墨西哥湾各港也属美国东海岸航线。

(4)南美洲西岸线。该海运航线通往秘鲁的卡亚俄,智利的阿里卡、伊基克、瓦尔帕莱索、安托法加斯塔等港。

拓展提升

长江中下游进口铁矿石运输模式比较分析

一、长江中下游铁矿石进口的三种运输模式

进口铁矿石的运输模式是由钢铁企业所处的地理位置所决定。下面以位于长江中游的武钢为例,目前进口铁矿石运输主要有三种模式:三程运输、减载运输和江海直达运输。

1.三程运输

三程运输即用海轮将矿石从国外海港运输到中国海港(如宁波北仑港),再由2万～4万吨级的二程船运输到长江港口(如上海港、南通港、张家港、镇江港等),最后再由1000～2000吨的驳船运输到企业。

2.减载(一船两卸)运输

所谓减载运输,就是较大的海轮装满铁矿石到达中国海岸的第一个深水港口,经卸载一部分货物后,母船继续向长江内河航行,把剩余的部分运达第二目的港的一种运输方式。如好望角型海轮将矿石从国外海港运输到中国海港,卸 10 万吨左右后(此部分矿石运输方式同三程运输),海轮将剩余 6 万吨左右矿石直接运输到长江港口,最后由 1000~2000 吨的驳船运输到企业;再如巴拿马型海轮将矿石从国外海港运输到中国海港,卸 2 万吨左右后(此部分矿石运输方式同三程运输),海轮将剩余 4 万吨左右矿石直接运输到长江港口,最后由 1000~2000 吨的驳船运输到企业。

3. 江海直达运输

江海直达运输即用海轮将铁矿石从国外海港运输到中国海港,再通过江海直达船直接将铁矿石运输到企业。采用江海直达运输方式与前两种方式相比,省去了一次中转装卸作业,这样既减少了一次作业费,又减少了一次中转损耗,运输周期也有所缩短,运输成本随之下降。

武钢等长江中下游钢铁企业的实践证明,采用减载和江海直达的运输方式在长江水路运输中成本最优,矿石损耗最少。因此,长江沿线的钢铁企业应加大采用减载方式和江海直达方式运输的数量。同时,无论是二程船、江海直达船还是驳船,都应向大型化发展,特别是江海直达船船型可以向万吨级发展(目前最大的船型为 6800 吨)。

二、铁矿石运输模式的比较分析

据统计,全球主要钢铁生产国炼钢需要的进口铁矿石,主要由海运运输。长江干线及华东进口铁矿石主要发运海港为宁波、上海、青岛港,都已具备接卸 13 万吨级以上矿石运输的能力。宁波港是中国最大的矿石中转港,北仑港区有目前中国唯一能靠泊 30 万吨级散货船的泊位,舟山有马迹山 25 万吨级矿石中转码头。下面以从澳大利亚进口铁矿石至武钢为例,将传统的江海"三程运输"与江海二程运输(江海直达运输)作一简单的比较。

1. 三程运输

此方式为传统的三程运输。以大型矿砂船(如好望角型)在宁波、青岛等沿海港口码头卸载后,由 2 万~3 万吨级的船接矿运到上海、南通、张家港、镇江、南京等长江下游港口,再由三程驳船承运,主要货主有武钢、重钢等。此方式中间环节繁多,整体价格较高,损耗较大。

2. 大船减载

大船减载为"一船两卸"和"一港两点卸"方式,此方式可在一定程度上降低钢厂运输成本,受货主欢迎。武钢等货主已增加大船减载方式的运量。

3. 海船直靠

海船直靠指海轮直达长江下游钢厂,长江口航道条件改善后此方式将成为现实。如沙钢就是采取海轮直靠钢厂。此方式减少了货物中转、损耗小,但长江驳运将减收。

4. 江海直达

此方式将二、三程合并运输。这样不仅提高了运输质量,直接为客户减少中转成本,而且在均衡发运、时效性上得天独厚,降低钢厂矿石库存,缩短资金占用周期,因而愈加受到货主的重视。

5. 江海直达与大船减载

此方式组合使用,可为货主大幅度降低成本。从长江矿石运输自身特性和多途径节约成本来看,发展趋势为江驳和江海直达并举,以江海直达运输为主,而以江驳为辅的运输组合系统。一是因为航道码头、装卸作业的限制,使部分钢铁企业无法采用江海直达运输,如重钢、鄂钢等,对此宜采取大船减载的运输方式,提高江段驳船延距运输效益。二是随着长江口整治二期工程的完工,水深达 10 米深后,13 万吨级一程海轮稍作减载就可直靠上海和长江下游南通等港口,江海直达主要承运减载运量,与长江驳运共同承运矿石二程运输。

项目小结

本项目在了解水路运输基础知识的基础上,介绍了我国水运条件,包括内河运输和海上运输两方面。内河运输中介绍了"三江两河",以"三江两河"的基本情况做起点,重点是"三江两河"的港口及货流构成。海上运输重点是东部沿海港口,包括港口的地理位置、自然条件、经济腹地、港区定位及经营特色、港口接卸货类、开辟的航线、近年吞吐量等内容,并在熟悉我国东部沿海港口的基础上,介绍了我国主要的海运航线。通过学习本项目,使学生能对我国水路运输有一个清晰的了解,并根据货物信息选择合理的水路运输结点开展货物运输。

项目实训

实训目的:通过实训,使学生熟悉我国的内河水运航线、内河港口及沿海港口,了解各港口的经济腹地、港区特色及开通航线情况,并根据货物信息选择合理的水路运输结点开展货物运输。

实训内容:请为下列货物选择合适的运输方式、运输结点和运输路(航)线:

(1) 1000 吨稻壳从安庆运到宜宾。

(2) 500 吨煤炭从如皋运到秭归。

(3) 1000 吨矿粉从马鞍山运到徐州。

(4) 4000 吨水泥从丰都运到上海。

(5) 一批 3000 吨玉米从沈阳运输到上海,试结合各种运输方式的特点,合理设计这批货物的运输路线。

(6) 分析由我国上海港出发到达美国西海岸洛杉矶港的航线有几条?

(7) 分析我国从巴西进口铁矿石到上海港的航线。

(8) 10 个集装箱的货物要从武汉出口到美国西海岸的旧金山港,查阅资料,分析该批货物远洋运输的具体航线。

实训学时:4 学时。

实训组织实施:学生分组,以 3～4 人为一组,对实训内容每组提交一份实训报告。

项目习题

一、填空题

1.在我国现有的内河航运中起重要作用的是"三江两河",其中三江是指_____、_____、_____,两河是指_____、_____。

2.我国最大的内河航运大动脉是_____,其运量占全国内河航运总运量的_____%,其又被称为"黄金水道"。

3.按照自然地理特征,把长江划分为上、中、下游的两个城市是_____和_____;而按照水运业的习惯,以_____至_____为上游,_____至_____为中游,_____至_____为下游。

4.长江与其支流嘉陵江两江交汇于_____市,与汉江交汇于_____市。

5.珠江是_____江、_____江和_____江的合称,其中_____江流域是珠江三大主流中货运量最繁忙的河流。

6.目前,京杭大运河_____段以南至杭州可以通航。

7.上海港的经济腹地包括_____。

8.天津港由_____港区组成。

9.深圳港有_____九大港区。

10.宁波—舟山港两港合并的时间是_____。

11._____港是远东的航运中心,该港费率低,管理先进,效率很高。

12.长江沿岸地带的城市中属于特大城市的有:_____、_____、_____、_____。

二、选择题

1.我国长江上运输的货物主要有(　　)。

A.粮食　　B.煤炭　　　C.钢铁及其制品　　D.矿石运输　　E.石油及其制品运输

2.长江上游最大的港口是(　　)。

A.宜宾港　B.泸州港　　C.重庆港　　D.万州港

3.长江中游最大的港口是(　　)。

A.宜昌港　B.城陵矶港　C.黄石港　　D.武汉港

4.以下(　　)港是亚洲最大的内河港。

A.重庆港　B.武汉港　C.南京港　　D.上海港

5.珠江流域的主要港口有(　　)。

A.梧州　　B.江门　　　C.桂林　　　D.佛山　　E.肇庆

6.(　　)位于我国大陆海岸线中部,是我国最大的综合性国际贸易港口,也是我国正在建设的国际航运中心。

A.上海港　B.天津港　　C.青岛港　　D.深圳港

7.位于渤海沿岸的港口有(　　)。

A.上海港　B.天津港　　C.营口港　　D.锦州港　　E.秦皇岛港

8.位于黄海沿岸的港口有(　　)。

A.大连港　B.天津港　　C.营口港　　D.丹东港　　E.烟台港

9.位于台湾海峡西侧的最大海港是(　　)。

A.福州港　B.厦门港　　C.温州港　　D.汕头港

10.我国最大的能源输出港是(　　)。

A.天津港　B.营口港　　C.日照港　　D.秦皇岛港

11.东北地区最大的港口是(　　)。

A.大连港　B.营口港　　C.锦州港　　D.丹东港

12.位于南海北部湾的港口有(　　)。

A.湛江港　B.钦州港　　C.防城港　　D.北海港

13.长江上游、中游、下游和长江三角洲城市群的中心分别是(　　)。

A.宜昌、成都、九江、南京　　　　B.重庆、武汉、南京、上海

C.宜宾、重庆、长沙、合肥　　　　D.长沙、武汉、南昌、南京

14.既是长江航道上的港口城市,又在南北向铁路干线上的城市,自西向东依次排列为(　　)。

A.重庆、武汉、上海、南京　　　　B.重庆、武汉、南京、九江

C.重庆、九江、芜湖、上海　　　　D.重庆、武汉、南京、上海

15. 下列四组城市中,分别位于长江干流并有主要支流汇入的是(   )。

A.宜、长沙   B.南昌、南京   C.武汉、九江   D.成都、重庆

16.被誉为"黄金水道"的是(   )。

A.黄河   B.长江   C.珠江   D.京杭运河

17.下列长江沿岸地区中城市分布密度最大的地区是(   )。

A.长江上游地区   B.长江中游地区   C.长江下游地区   D.长江三角洲

18.作为沟通沿海经济发达地区与西部资源富集地区纽带的是(   )。

A.黄河沿岸地区   B.长江沿岸地区   C.珠江沿岸地区   D.京杭运河地区

19.既是沪宁杭工业区的核心,也是全国最大的工业城市的是(   )。

A.北京   B.上海   C.广州   D.天津

三、简述题

1.我国远洋航线以沿海港口为起点,可分为东、西、南、北四个方向,请简述这四个方向可以到达的国家和地区。

2.简述武汉新港的建设对湖北东部地区发展的意义。

项目七　中国航空运输布局

📖 **知识目标**

1. 飞行时间的计算
2. 中国内地主要机场名称、位置及开通的国内国际航线
3. 主要航空公司及开通的航线

📚 **能力目标**

1. 能够熟悉空运货物办理注意事项
2. 能够根据货物特性以及运输及时性的要求选择航空运输方式及机场

任务一　航空运输基础知识

一、航空运输的概念

航空运输（air transportation），是指使用飞机、直升机及其他航空器运送人员、货物、邮件的一种运输方式。航空运输具有快速、机动的特点，是现代旅客运输，尤其是远程旅客运输的重要方式，也是国际贸易中的贵重物品、鲜活货物和精密仪器运输不可缺少的运输方式。

二、航空货物运输的特点

航空货运虽然起步较晚，但发展异常迅速，特别受到现代化企业管理者的青睐，原因之一就在于它具有许多其他运输方式所不能比拟的优越性。

（一）航空货物运输的优点

1.运送速度快

从航空业诞生之日起，航空运输就以快速而著称。到目前为止，飞机仍然是最快捷的交通工具，常见的喷气式飞机的经济巡航速度大都在每小时 850～900 千米左右。快捷的交通工具大大缩短了货物在途时间，对于那些易腐烂、变质的鲜活商品，时效性、季节性强的报刊、节令性商品，抢险、救急品的运输，这一特点显得尤为突出。航空运输的运送速度快、在途时间短，也使货物在途风险降低，因此许多贵重物品、精密仪器也往往采用航空运输的形式。当今国际市场竞争激烈，航空货运所提供的快速服务也使得供货商可以对国外瞬息万变的市场行情即刻作出反应，迅速推出适销产品占领市场，获得较好的经济效益。

2.不受地面条件影响，深入内陆地区

航空货运利用天空这一自然通道，不受地理条件的限制。对于地面条件恶劣，交通不便的内陆地区非常合适，有利于当地资源的出口，促进当地经济的发展。航空货运使本地与世界相连，对外的辐射面广，而且航空货运输相比较公路运输与铁路运输占用土地少，对寸土寸金、地

域狭小的地区发展对外交通无疑是十分适合的。

3.安全、准确

与其他运输方式相比,航航空货运输的安全性较高。1997年,世界各航空公司共执行航班1800万架次,仅发生严重事故11起,风险率约为三百万分之一。航空公司的运输管理制度也比较完善,货物的破损率较低,如果采用航空货运集装箱的方式运送货物,则更为安全。

4.节约包装、保险、利息等费用

由于采用航空货运输方式,货物在途时间短,周转速度快,企业存货可以相应地减少。这样,一方面,有利资金的回收,减少利息支出;另一方面,企业的仓储费用也可以降低。又由于航空货物运输安全、准确,货损、货差少,故其保险费用较低。与其他运输方式相比,航空货运的包装简单,包装成本减少。这些都使企业隐性成本下降,收益增加。

(二)航空货物运输的缺点

当然,航空货物运输也有自己的局限性,主要表现在以下几方面:

(1)航空货运的运输费用较其他运输方式更高,不适合低价值货物。

(2)航空货运载工具——飞机的舱容有限,对大件货物或大批量货物的运输有一定的限制。

(3)飞机飞行安全容易受恶劣气候影响等。

总的来讲,随着新兴技术更为广泛的应用,产品更趋向薄、轻、短、小、高价值,管理者更重视运输的及时性、可靠性,航空货运将会有更大的发展前景。

三、中国民用航空发展历史

1949年11月2日,中国民用航空局成立,揭开了我国民航事业发展的新篇章。新中国民航从小到大大致经历了以下四个发展阶段:

(一)(1949—1978年):筹建时期

1950年,新中国民航初创时,仅有30多架小型飞机,年旅客运输量仅1万人,运输总周转量仅157万吨千米。到1965年,国内航线增加到46条,国内航线布局重点,也从东南沿海及腹地转向西南和西北的边远地区,新建和改建了南宁、昆明、贵阳等机场,并相应改善了飞行条件和服务设施,特别是完成了上海虹桥机场和广州白云机场的扩建工程。1965年末,中国民航拥有各类飞机355架。

(二)(1978—1987年):稳步发展时期

1978年10月9日,邓小平同志指示民航要用经济观点管理。1980年3月5日,中国政府决定把民航脱离军队建制,把中国民航局从隶属于空军改为国务院直属机构,实行企业化管理。这期间中国民航局是政企合一,下设北京、上海、广州、成都、兰州(后迁至西安)、沈阳6个地区管理局。1980年,我国民航全年旅客运输量仅343万人;全年运输总周转量4.29亿吨千米,居新加坡、印度、菲律宾、印尼等国之后,列世界民航第35位。

(三)(1987—2002年):重组扩张时期

1987年,中国政府决定对民航业进行以航空公司与机场分设为特征的体制改革。改革的主要内容是将原民航北京、上海、广州、西安、成都、沈阳6个地区管理局组建了6个国家骨干航空公司,实行自主经营、自负盈亏、平等竞争。这6个国家骨干航空公司是:中国国际航空公司、中国东方航空公司、中国南方航空公司、中国西南航空公司、中国西北航空公司、中国北方航空公司。此外,以经营通用航空业务为主并兼营航空运输业务的中国通用航空公司也于

1989 年 7 月成立。

"九五"期间国家集中建设了 40 个城市的 41 个机场。它们包括 27 个省会(首府)和 3 个直辖市的 31 个机场,以及深圳、厦门、重庆、大连、桂林、汕头、青岛、珠海、温州、宁波等 10 个重要的开放和旅游城市机场,其中北京、上海、广州三大城市的 4 个机场作为重中之重。2002 年,民航行业完成运输总周转量 165 亿吨千米、旅客运输量 8594 万人、货邮运输量 202 万吨,行业的国际排位进一步上升,我国成为令人瞩目的民航大国。

(四)(2002 年以后):迅猛壮大时期

2004 年 10 月 2 日,在国际民航组织第 35 届大会上,中国以高票首次当选该组织一类理事国。

至 2004 年底,我国定期航班航线达到 1200 条,其中国内航线(包括香港、澳门航线)975 条,国际航线 225 条,境内民航定期航班通航机场 133 个(不含香港、澳门),形成了以北京、上海、广州机场为中心,以省会、旅游城市机场为枢纽,其他城市机场为支干,连结国内 127 个城市,连结 38 个国家 80 个城市的航空运输网络。2004 年中国民航运输总周转量达到 230 亿吨千米(不包括香港、澳门特别行政区以及台湾地区),在国际民航组织 188 个缔约国中名列第三位。

截止 2012 年,我国定期航班航线条数 2457 条,其中国际航线 381 条,国内航线 2076 条,民用飞机架数 3589 架。

事实上,我国已经成为名副其实的航空大国。从国际民航组织 189 个成员国的航空运输总周转量排名看,我国已经上升到世界第二位。

四、世界时区的划分

(1)时区的定义。1884 年国际经线会议规定,全球按经度分为 24 个时区,每区各占经度 15°。以本初子午线为中央经线的时区为零时区,由零时区向东、西各分 12 区,东、西 12 区都是半时区,共同使用 180°经线的地方时。

全球按经度被划分为 24 个时区,在《OAG》中公布了各个国家所位于的时区,据此可算出飞行时间。

(2)规定英国(格林尼治天文台)为中时区(零时区)、东 1—12 区,西 1—12 区。每个时区横跨经度 15°,时间正好是 1 小时。最后的东、西第 12 区各跨经度 7.5°,以东、西经 180°为界。每个时区的中央经线上的时间就是这个时区内统一采用的时间,称为区时,相邻两个时区的时间相差 1 小时。

(3)例如,中国东 8 区的时间总比泰国东 7 区的时间早 1 小时,而比日本东 9 区的时间迟 1 小时。因此,出国旅行的人,必须随时调整自己的手表,才能和当地时间相一致。凡向西出行,每过一个时区,就要把手表向前拨 1 小时(比如 2 点拨到 1 点);凡向东出行,每过一个时区,就要把表向后拨 1 小时(比如 1 点拨到 2 点)。

(4)飞行小时的计算方法。具体计算方法如下:

①找出始发站和目的站城市所在的时区;

②将 DEP 时间和 ARR 的当地时间转换成(GMT);

③用 ARR 减去 DEP 即是飞行时间。

(5)飞行小时计算实例。

【例 7-1】国航 CA931 航班于 10 月 06 日(TUE)13:45 从 BEIJING(PEK)起飞,在同一

天 16：40 到达 FRANKFURT(FRA)，试计算全程飞行时间。

计算步骤：

第一步：找出始发站和目的站城市所在的标准时区。

PEK＝GMT＋0800　　　　　　　FRA＝GMT＋0200

第二步：将 DEP 时间和 ARR 时间转换成(GMT)。

PEK　13：45TUE－(0800)＝GMT05：45 TUE

FRA　16：40TUE－(0200)＝GMT14：40 TUE

注： 起飞时间和到达时间的转换：

当起飞、到达地点在格林尼治东部时，用当地时间减去所在时区数。

当起飞、到达时间在格林尼治西部时，用当地时间加上所在时区数。

第三步：用 ARR 减去 DEP 即是飞行时间。

14：40－05：45＝08：55(8 小时 55 分钟)

【例 7－2】 某人乘飞机从北京去华盛顿。1 月 28 日乘国航班机从北京启程，北京时间是9：44。到达华盛顿时，当地时间为 1 月 28 日 15：30。求该人在途中经历了多少时间？

计算步骤：

第一步：从 International time calculator 中找出始发站和目的站的标准时间。

PEK＝GMT＋0800(Standard Time)

WAS＝GMT－0500(Standard Time)

第二步：将起飞和到达的当地时间换算成世界标准时(GMT)。

PEK　9：44－0800(GMT)＝GMT 1：44

PEK　15：30＋0500(GMT)＝GMT 20：30

第三步：用到达时间减去起飞时间，即是飞行时间。

20：30－1：44＝18：46(18 小时 46 分钟)

任务二　机场及航线

一、中国的机场

机场亦称飞机场、空港，较正式的名称是航空站，为专供飞机起降活动之飞行场。机场有不同的大小，除了跑道之外，机场通常还设有塔台、停机坪、航空客运站、维修厂等设施，并提供机场管制、空中交通管制等其他服务。

机场是供飞机起降、停驻和维护的场所，是航空运输不可缺少的地面设施。机场的数量、规模、现代化程度、分布状况对航空运输至关重要。因此，机场的技术设备、管理水平、利用状况往往是所在国家和地区的航空运输水平的标志。中国是一个幅员辽阔、人口众多、人均耕地较少的大国，随着航空运输的发展，这无疑对机场的数量、质量和规模提出更大的需求。如何有效地利用国土资源，节省建设投资，充分发挥现有机场的作用，搞好机场的合理布局是关系到民航运输能否正常发展的重大问题。

我国机场吞吐量 30 多年来发展迅速。2012 年我国机场完成旅客吞吐量 67977.2 万人次，比上年增长 9.5%；完成货邮吞吐量 1199.4 万吨，比上年增长 3.6%。其中，国内航线完成784.9 万吨，国际航线完成 414.5 万吨。

二、空港城市三字代号和机场三字代号

(1)城市三字代码代表着一个城市,一般是取一个城市的英文"首三个字母"或者具代表性三个字母。例如,上海 SHANGHAI 城市代码为 SHA。

(2)机场三字代码则仅仅代表一个机场,其代码是取机场英文名的"三个代表性"字母。例如,上海浦东国际机场 SHANGHAI PUDONG INTERNATIONAL AIRPORT,三字代码为 PVG;日本成田国际机场 NARITA INTERNATIONAL AIRPORT,三字代码为 NRT。

城市代码和机场代码是不一样的,机场是城市的一部分,从范围上讲城市代码所适用的范围要比机场代码大得多。城市三字代码用于客货运输的运价计算等业务,机场三字代码用于表示点到点的航空运输。

但是在飞机起降这方面,城市代码绝对代替不了机场代码。因为有的城市有不止一个机场(上海就有浦东和虹桥两个机场),如果仅仅用城市代码表示机场,许多到达的乘客会搞不清楚自己的位置而造成不必要的麻烦。

表 7-1 所示为中国主要机场名称及其三字代码。

表 7-1 中国主要机场名称及三字代码

机场名称	三字代码	机场名称	三字代码
北京首都国际机场	PEK	长沙黄花机场	CSX
上海虹桥国际机场	SHA	海口美兰机场	HAK
上海浦东国际机场	PVG	武汉天河机场	WUH
天津滨海国际机场	TSN	济南遥墙机场	TNA
太原武宿机场	TYN	青岛流亭国际机场	TAO
呼和浩特白塔机场	HET	南宁吴圩国际机场	NNG
沈阳桃仙国际机场	SHE	三亚凤凰国际机场	SYX
大连周水子国际机场	DLC	重庆江北国际机场	CKG
长春龙嘉机场	CGQ	成都双流国际机场	CTU
哈尔滨太平国际机场	HRB	昆明巫家坝国际机场	KMG
厦门高崎国际机场	XMN	西安咸阳国际机场	XIY
福州长乐国际机场	FOC	兰州中川机场	LHW
杭州萧山国际机场	HGH	贵阳龙洞堡机场	KWE
合肥骆岗机场	HFE	拉萨贡嘎机场	LXA
南京禄口国际机场	NKG	乌鲁木齐地窝堡机场	URC
广州白云国际机场	CAN	南昌昌北机场	KHN
深圳宝安国际机场	SZX	郑州新郑机场	CGO

三、航线

飞机飞行的路线称为空中交通线,简称航线(airway)。飞机的航线不仅确定了飞机飞行的具体方向、起讫点和经停点,而且还根据空中交通管制的需要,规定了航线的宽度和飞行高

度,以维护空中交通秩序,保证飞行安全。

飞机航线的确定除了安全因素外,取决于经济效益和社会效益的大小。一般情况下,航线安排以大城市为中心,在大城市之间建立干线航线,同时辅以支线航线,由大城市辐射至周围小城市。

航线按照起讫地点的归属不同分为国际航线和国内航线。

(一)国内航线

国内航线是指航线的起讫点和经停点均在一国国境内的航线。

国内航线又可分为干线航线、支线航线和地方航线。①国内干线,是指首都北京至全国各省会城市和大城市之间的航线,形成省际或大城市之间的空中交通干道。例如,北京—南京、北京—杭州、广州—上海等。一般来说,干线上的客货流量大,使用的机型运载能力强。②国内支线,是指大城市(一般指省会)至本地区中小城市之间的航线,主要目的是汇集或疏散客货流,辅助干线运输。例如,上海—黄山、南京—杭州等。③地方航线,是指省(地区)内的航线。例如,南京—连云港。地方航线主要用于地方上地面交通不便的小城市之间的客货邮运输。

1.国内主要航线

(1)以北京为中心的辐射航线。重要直飞航线有:PEK—CAN、SHA、PVG、SHE、SIA.NKG、CTU、KMG、XMN、HGH、SZX、KWT、HRB、DLC、CGQ、HET、HFE、URC、CKG、HAK、TSN、HKG。

(2)以上海为中心的辐射航线。重要直飞航线有:SHA. PVG—PEK、CAN、CTU、KWL、HGH、NKG、SIA. SHE、DLC、CGQ、HRB、WUH、FOC、XMN、CKG、KMG、URC、HAK、SZX、LXA. HKG。

(3)以广州为中心的辐射航线。重要直飞航线有:CAN—PEK、SHA. PVG、CTU、KWL、HGH、KMG、KHN、NKG、NNG、WNZ、SHE、DLC、CGQ、WUH、XMN、SIA. SWA. HAK、CKG、HAK、URC。

(4)以香港为中心的辐射航线。主要直飞航线有:HKG—PEK、DLC、TSN、SHE、SHA.PVG、NGB、DLC、TAO、HGH、NGB、FOC、KMG、CKG、SIA. CTU、XMN、SWA。

(5)以昆明、成都、西安等大中型机场为中心的辐射航线。

2.国内航线分布特征

目前,我国国内航线分布具有一定的特征,具体表现如下:

(1)我国国内航线集中分布于哈尔滨—北京—西安—成都—昆明一线以东的地区。其中又以北京、上海、广州的三角地带最为密集。整体上看,航线密度由东向西逐渐减小。

(2)航线多以大、中城市为中心向外辐射,由若干个放射状的单元相互连通,共同形成全国的航空网络。

(3)国内主要航线多呈南北向分布,在此基础上,又有部分航线从沿海向内陆延伸,呈东西向分布。

(二)中国的国际航线

1.国际航线含义

国际航线是指飞行起讫点、经停点超过一个国家的国境线的航线,如上海—洛杉矶。由于国际航线较国内航线较远,所以多使用大型飞机。

2.国际航线的飞机型号

航程较远的客机,通常包括:波音 747、757、777、787,空客 330、340、380,麦道 10、11,伊尔 96。

3.国际航线的行李规定

国际航线免费行李额分为计重免费行李额和计件免费行李额两种。

(1)计重免费行李额。按照旅客所付的票价座位等级,每一全票或半票旅客免费行李额为:一等舱为 40 千克(88 磅),公务舱为 30 千克(66 磅),经济舱(包括旅游折扣)为 20 千克(44 磅),按成人全票价 10% 购票的婴儿无免费行李额。

(2)计件免费行李额。按照旅客所付的票价座位等级,每一全票或半票旅客的免费行李额为两件,每件长、宽、高三边之和不得超过 158 厘米,每件重量不得超过 32 千克。但持有经济舱(包括旅游折扣)客票的旅客,其两件行李长、宽、高的总和不得超过 273 厘米,按成人全票价 10% 购票的婴儿无免费行李额。

4.中国主要的国际航线

中国主要的国际航线基本情况如表 7-2 所示。

表 7-2　中国主要的国际航线简介(部分)

航线起讫点	飞行距离 (千米)	飞行时间	飞越的国家
北京—东京	2547	3:00	中国、韩国、日本
上海浦东—大阪	1396	1:45	中国、日本
上海浦东—小松	1528	2:00	中国、日本
广州—东京	2800	3:55	中国、日本
首尔—北京	1072	1:35	韩国、中国
北京—新加坡	4855	6:10	中国、新加坡
北京—曼谷	3556	4:30	中国、越南、老挝、泰国
广州—曼谷	1842	2:45	中国、越南、老挝、泰国
广州—雅加达	3313	4:30	中国、印度尼西亚
北京—利雅得	7500	9:40	中国、阿拉伯联合酋长国、巴林、沙特阿拉伯
北京—马累	3425	7:50	中国、缅甸、孟加拉、印度、马尔代夫
吉达—乌鲁木齐	6040	7:10	沙特、卡塔尔、阿联酋、巴基斯坦、中国
昆明—卡拉奇	3730	4:50	中国、巴基斯坦
上海浦东—新德里	4876	5:50	中国、缅甸、孟加拉、印度
北京—塞班	5000	5:45	中国、韩国、日本、北马里亚纳联邦
北京—莫斯科	6182	7:50	中国、蒙古、俄罗斯
北京—法兰克福	8225	10:10	中国、蒙古、俄罗斯、白俄罗斯、波兰、捷克、德国
法兰克福—上海浦东	9433	10:30	德国、捷克、波兰、自俄罗斯、俄罗斯、蒙古、中国

航线起讫点	飞行距离（千米）	飞行时间	飞越的国家
北京—巴黎	8514	10：45	中国、蒙古、俄罗斯、芬兰、瑞典、丹麦、德国、荷兰、比利时、法国
巴黎—上海浦东	9623	11：00	法国、比利时、荷兰、德国、丹麦、瑞典、芬兰、俄罗斯、蒙古、中国
广州—巴黎	10127	12：40	中国、哈萨克斯坦、俄罗斯、白俄罗斯、波兰、捷克、德国、比利时、法国
北京—伦敦	8525	10：45	中国、蒙古、俄罗斯、芬兰、瑞典、丹麦、英国
上海—伦敦	9753	12：20	北京、蒙古、俄罗斯、芬兰、瑞典、丹麦、英国
北京—罗马	9079	9：45	中国、蒙古、俄罗斯、白俄罗斯、意大利、捷克、奥地利、波兰
罗马—上海浦东	9890	11：10	意大利、梵蒂冈、奥地利、捷克、波兰、白俄罗斯、俄罗斯、蒙古、中国
北京—阿姆斯特丹	8127	11：20	中国、蒙古、俄罗斯、爱沙尼亚、拉托维亚、瑞典、丹麦、德国、荷兰
上海浦东—旧金山	10350	10：00	中国、日本、美国
旧金山—北京	12228	11：00	美国、俄罗斯、中国
上海浦东—洛杉矶	10400	11：15	美国、日本、中国
洛杉矶—北京	10400	12：30	美国、俄罗斯、中国
广州—洛杉矶	10400	13：00	美国、日本、中国
北京—纽约	11902	13：30	中国、俄罗斯、阿拉斯加、加拿大、美国
北京—温哥华	8620	10：40	中国、俄罗斯、美国、加拿大
上海浦东—温哥华	9556	10：30	中国、日本、加拿大
悉尼—广州	17640	9：15	澳大利亚、印度尼西亚、菲律宾、中国
上海浦东—悉尼	7468	9：50	中国、菲律宾、印度尼西亚、澳大利亚

由表 7-2 可以看出,中国最重要的航空中枢是北京(PEK)、上海(SHA,PVG)和广州(CAN)。

任务三　主要航空公司

一、航空公司

(一)航空公司含义

航空公司(airlines)是指以各种航空飞行器为运输工具,以空中运输的方式运载人员或货物的企业。

航空公司使用的飞行器可以是它们自己拥有的,也可以是租来的,它们可以独立提供服务,或者与其他航空公司合伙或者组成联盟。航空公司的规模可以从只有一架运输邮件或货物的飞机到拥有数百架飞机提供各类全球性服务的国际航空公司。航空公司的服务范围可以分洲际的、洲内的、国内的,也可以分航班服务和包机服务。

(二)行业分类

航空公司可以按多种方式进行分类,具体如下:

(1)按公司规模分,可分为大型航空公司、小型航空公司。

(2)按飞行范围分,可分为国际、国内航空公司。

(3)按运输的种类分,可分为客运航空公司、货运航空公司。

(4)按工作时间分,可分为定期、不定期航空公司。

(5)按经营成本分,可分为廉价航空公司、低成本航空公司。

二、民航组织

(一)国际民航组织

国际民航组织(International Civil Aviation Organization,ICAO)是联合国下属的专门员责管理和发展国际民航事务的机构。国际民用航空组织为全球各航空公司指定了三个字母的ICAO航空公司代码。国际民航组织还是国际范围内制定各种航空标准和程序的机构,以保证各地民航航空公司运作的一致性。

(二)国际航空运输协会

大部分的国际航空公司都是国际航空运输协会(International Air Transport Association,IATA)的成员,以便和其他航空公司共享连程中转的票价、机票发行等标准。国际航空运输协会为全球各航空公司指定了两个字母的IATA航空公司代码,但是有许多地区性的航空公司或者低成本航空公司并非国际航空运输协会的成员。

(三)行业联盟

各国航空公司也组成跨国跨地区的联盟,共享资源,强化竞争力,其成员航空公司在航班、票务、代码共享、转机、飞行常客计划、机场贵宾室及降低支出等多方面进行合作,主要联盟有天合联盟、寰宇一家、星空联盟等。

三、航班的定义与分类

(1)航班的定义:飞机由始发站起飞按规定的航线经过经停站至终点站或直接到终点站作运输飞行,称为航班。

(2)航班的分类:在国内航线飞行的航班称为国内航班;在国际航线飞行的航班称为国际航班。

(3)航班的班次(frequency):是指单位时间(通常指一周)内飞行的航班次数。

(4)班期时刻表:是指各航空公司的航线、航班及其班期和时刻,它按照一定的秩序汇编成册。每年编两次,四月至十月为夏秋航班时刻表,十月至第二年四月为冬春时刻表。

(5)国内航班编号规律:由"两字代码+四个阿拉伯数字"组成,第一个数字代表航空公司的数字代码,第二个数字代表该航班终点站所属的管理局或航空公司所在地的数字代码,第三、四个数字代表该航班的具体编号,第四个数字为单数表示去程航班,双数为回程航班。如MF8101、MF8102。

(6)国际航班编号规律:由"两字代码+三个阿拉伯数字"组成,最后一个数字为单数表示去程航班,双数为回程航班。如 CA981、CA982。

四、国内航空公司及代码

国内航空公司及代码具体如表 7-3 所示。

表 7-3 国内航空公司及代码

航空公司名称	代码		航空公司名称	代码	
	三字	二字		三字	二字
中国国际航空公司	CCA	CA	中国南方航空公司	CSN	CZ
中国东方航空公司	CES	MU	海南航空公司	CHH	H4
深圳航空公司	CSZ	4G	首都航空公司	CBJ	JD
厦门航空有限公司	CXA	MF	四川航空公司	CSC	3U
山东航空公司	CDG	SC	上海航空公司	CSH	FM
云南航空公司	CYH	3Q	中国新华航空公司	CXH	X2
浙江航空公司	CAG	F6	长城航空公司	CGW	G8
中原航空公司	CYN	Z2	中国西南航空公司	CXN	SZ
新疆航空公司	CXJ	XO	贵州航空公司	CGH	G4
长安航空公司	CGN	2Z	春秋航空公司	CQH	9C
南京航空公司	CNJ	3W	福建航空公司	CFJ	IV

(一)中国国际航空股份有限公司

中国国际航空股份有限公司(简称为"国航")1988 年在北京正式成立,是中国航空集团公司控股的航空运输主业公司。国航与中国东方航空股份有限公司和中国南方航空股份有限公司合称中国三大航空公司。

国航主要经营国际、国内定期和不定期航空客、货、邮和行李运输;国内、国际公务飞行业务;飞机执管业务,航空器维修;航空公司间的代理业务;与主营业务有关的地面服务和航空快递(信件和信件性质的物品除外);机上免税品等。

国航总部设在北京,辖有西南、浙江、重庆、内蒙古、天津等分公司和上海基地、华南基地。国航还参股深圳航空公司、国泰航空公司等企业,是山东航空公司的最大股东,控股澳门航空有限公司。国航继续经略北京枢纽的同时,又着力强化以成都为中心的华西、上海为中心的华东、广州为中心的华南等区域枢纽。

国航与国内外航空公司进行了内容广泛的合作,已经和德国汉莎航空、美国联合航空、港龙航空公司、全日空航空公司等 19 家航空公司实行代码共享,与 84 家外航签订了 SPA 合作协议,与上海航空公司等国内航空公司实行代码共享合作。国航以国内航线对国际航线形成有效连接,形成国内支撑国际、国际辐射国内的航线网络布局,可以为旅客提供方便的直飞及转机服务。2007 年,国航正式加入国际航空联盟——星空联盟。

国航为在首都国际机场的外国航空公司、国内航空公司提供地面服务,占首都机场地面服务业务份额的 65%。中国国际航空股份有限公司飞机外观如图 7-1 所示。

图 7-1 中国国际航空股份有限公司飞机

（二）中国南方航空公司

中国南方航空股份有限公司（China Southern Airlines Co.，Ltd.），简称南航，是国内运输航班最多、航线网络最密集、年客运量亚洲最大的航空公司。

1.运营情况

中国南方航空股份有限公司先后联合重组、控股参股多家国内航空公司。南航有新疆、北方、北京、深圳、黑龙江、吉林、大连、湖北、湖南、海南、广西、珠海直升机、台湾等 13 个分公司和厦门（厦门航空有限公司）、汕头、贵州、珠海、重庆、河南等 6 家控股子公司；在上海、西安设立基地，在广州、北京、上海、成都、杭州、南京等地共设有 17 个国内营业部，在新加坡、东京、汉城、迪拜、阿姆斯特丹、巴黎、洛杉矶、纽约、悉尼、拉各斯等地设有 49 个国外办事处。南航于 2007 年 11 月 15 日加入了天合联盟（SkyTeam），成为首家加入国际航空联盟的中国内地航空公司。北京首都机场 T2 航站楼、西安咸阳机场 T1 航站楼为南方航空公司进驻航站楼。

2.航线

中国南方航空股份有限公司在亚洲地区主要与大韩航空公司及美国西北航空公司进行全面的共享代码的协议。截止 2007 年，南航经营包括波音系列、空中客车系列在内的客货运输飞机 300 余架，国际国内航线 600 余条，形成了以广州、北京为中心枢纽，密集覆盖国内，辐射亚洲，连接欧美澳洲的航线网络，通往全球 152 个大中城市。中国南方航空公司飞机外观如图 7-2 所示。

图 7-2 中国南方航空股份有限公司飞机

（三）中国东方航空公司

中国东方航空集团公司,简称东航,总部位于上海,是我国三大国有骨干航空运输集团之一。2002年,以原东航集团公司为主体,在兼并原中国西北航空公司、联合原云南航空公司的基础上组建而成中国东方航空集团公司。

1.从事服务

东航主要从事国内和国际航空的客、货、邮、行李运输、通用航空等业务及延伸服务,辖山东、安徽、江西、山西、河北、甘肃、西北、云南、浙江、北京分公司。控股中国货运航空有限公司、中国东方航空江苏有限公司、中国东方航空四川有限公司、上海航空股份有限公司、中国联合航空公司,参股中国东方航空武汉有限责任公司,全资控股东方通用航空股份有限公司。

2.主营业务

东航在航空运输主营业务方面,实施"中枢网络运营"战略,建立以上海为中心、依托长江三角洲地区、连接全球市场、客货并重的航空运输网络。航线除了包括国内航线外,也经营从上海等地至国际各大城市的国际航线。拥有贯通中国东西部,连接亚洲、欧洲、澳洲和美洲的航线网络。构建"统一运营管理模式",建立起与世界水平接近的飞行安全技术、空中和地面服务、机务维修、市场营销、运行控制等支柱性业务体系。东航机队主要的机型包括了空中客车A300、A320、A330、A340、波音737、波音767、MD－90和CRJ－200、ERJ－145等。截至2012年,东航拥有各型飞机460多架,形成了通达世界187个国家、1000个目的地的航空运输网络。中国东方航空公司飞机外观如图7-3所示。

图7-3 中国东方航空公司飞机

（四）海南航空公司

海南航空股份有限公司,是一家总部设在海南省海口市的中国第一家A股和B股同时上市的航空公司,是海航集团旗下航空公司之一。海南航空是继中国国际航空公司、中国南方航空公司及中国东方航空公司后中国第四大的航空公司。海南航空公司飞机外观如图7－4所示。

图 7-4 海南航空公司飞机

(五)深圳航空公司

深圳航空有限责任公司,简称深航,于 1992 年 11 月成立,1993 年 9 月 17 日正式开航。股东为中国国际航空股份有限公司、深国际全程物流(深圳)有限公司,主要经营航空客、货、邮运输业务。截止 2012 年 11 月,深航共拥有波音 747、737,空客 320、319 等各类型客货机逾百架,经营国内国际航线 135 条。深圳航空公司飞机外观如图 7-5 所示。

图 7-5 深圳航空公司飞机

(六) 首都航空有限公司

北京首都航空有限公司(Beijing Capital Airlines Co., Ltd.),简称首都航空,是经中国民用航空局及北京市工商行政管理局批准成立的,由海航集团与首旅集团共同出资组建,是海南航空集团旗下航空公司,2010 年 5 月 2 日正式挂牌开航。其前身为成立于 1998 年的金鹿航空有限公司,基地机场为北京首都国际机场。公司经营范围为:国内(含港澳台)、国际航空客货运输业务。

　　自成立以来,首都航空旅游包机(空客 A319、空客 A320)的运作范围不断拓展延伸,先后开通商务旅游航线 120 余条,建立品质化的航线网络,构建了以北京、广州、三亚、西安为中心辐射周边的区域式航线网络结构,辐射全国一二线商务及旅游城市,并延伸至北美、欧洲的国际航线网络;建立三亚目的地航线基地,辐射全国主要省会城市,并延伸至东南亚、非洲的国际航线网络。首都航空公司飞机外观如图 7-6 所示。

图 7-6　首都航空公司飞机

拓展提升

武汉天河机场货运站

　　武汉机场航空货站工程是天河机场二期扩建工程的重要组成部分,于 2007 年 4 月底开始建设,2008 年 4 月 10 号通过民航行业验收,2009 年 3 月 18 号通过海关验收。建成后的航空货站总面积 2.14 万平方米(其中机场国内库 6480 平方米、机场国际库 7128 平方米、东航国内货库 2592 平方米、邮政航空仓库 2592 平方米),年货物吞吐量可达 32 万吨,货机坪可同时停放 4 架 B747-400 型全货机。新货站设施齐全,功能完善,流程合理,管理先进。其中,海关监管货区面积达 1 万平方米,是湖北省第一家通过海关总署 171 号令要求的监管场所。航空货站现有员工近百人,是一支专业、团结、求实、守纪、进取、创新的队伍,其中更有多名获得国际航协及中国民航认证的高级从业人员、危险品收运人员及危险品教员。

　　武汉天河机场货运站服务范围主要有以下几方面:

1.国内航空货运(快递)时效服务

　　机场货运部独具优势的国内 8、12、24、36、48 小时的限时服务品牌和遍布全国的航空快递网络,安全、准确、快捷地为客户提供优质的门到门航空快递和物流服务,并实施信息跟踪服务。

2.天河机场货运部配送及服务

　　以深度覆盖的国内公路运输网络平台为基础,提供快捷、准时、安全、优质的标准化公路运输服务。同时,通过整合内外物流资源,提供"一站式"综合物流服务,满足客户对物流配送的个性化需求。协助客户提高物流效率,降低物流成本,提升核心竞争力,成为客户供应链管理的最佳战略合作伙伴。

3.天河机场货运部物流服务

物流仓储系统始建于 2002 年,在上海外高桥占有 6000 平米的仓库。目前在武汉、天津、上海、苏州、广州和深圳六个城市开展保税及非保税业务,仓储面积扩大到 79000 平米。仓储设施符合 C−TPAT 的要求,配备了最新的 MNE 设备,能够促进货物快速高效地进出仓库。

4.天河机场货运部国际货运服务

天河机场货运部国际货运系统是在包机运输基础上发展起来的集国际空运、海运为一体的国际货物运输系统,本着为客户提供全方位的国际运输服务为目标,与华创仓储和物流配送系统一起为公司的新老客户提供全方位的国际空运、海运、海空联运、国内空运、展览运输以及其他与此相关的定舱、清关、仓储、派送、布展等服务,大田国际货运系统在北京、上海、广州、深圳、香港等国内主要空、海港口岸建立了一整套货运专业服务队伍,在此基础上,华创根据北京、上海、广州等城市货量集中的枢纽地位,突出发展北京、上海、广州三大区域口岸,培养了业务过硬的操作队伍,建设了设施完备的口岸公司。为保障价格、舱位的优势,三大口岸分别在以亚太、欧非、美洲为主的航线上与主要航空公司进行包舱、包板的合作。

项目小结

本项目是在学习航空货物运输优点及缺点的基础上,学习了时区的划分及飞行时间的计算,重点学习了中国内地机场分布、机场代码、主要航空公司及开辟的国内国际航线。学习完毕后,学生应该能够根据货物信息及运输及时性的要求选择航空运输方式及合适的机场。

项目实训

实训目的:通过实训,使学生熟悉我国主要机场的布局,了解各机场开通航线情况。能够根据货物特性以及运输及时性的要求选择航空运输方式及相应的机场。

实训内容:

1.查阅资料,了解每个机场的航空公司和开通航线的情况。

2.查阅资料,了解武汉天河国际机场的货物运输情况。

实训学时:4 学时。

实训组织实施:学生分组,以 3～4 人为一组,对实训内容 1、2,每组提交一份实训报告。

项目习题

一、填空题

1.机场的书面语可以称为_____。

2.我国最主要的三个国际机场是_____。

3.飞机飞行的路线称为航空交通线,简称_____。

4.航线按照起讫地点的归属不同分为_____和_____。

5.国内航线又可分为_____和_____。

二、选择题

1.航空运输体系由(_____)组成。

A.飞机　　　　B.机场　　　　C.空中交通管理　　　D.飞行航线

2.机场按航线性质划分,可分为(_____)。

A. 国际航线　　　B. 省内航线　　　C. 国内航线　　　D. 城市航线

3. 航空运输的特点包括(　　　　　　　)。

A. 速度快　　　　B. 机动性大　　　C. 舒适　　　　D. 安全

4. 航线的组成要素有(　　　　　　　)。

A. 起点　　　　　B. 经停点　　　　C. 终点　　　　D. 航路　　　E. 机型

5. 航空货物运输的主要特征有(　　　　　　　)。

A. 运送速度快

B. 不受地面条件的限制,可以深入内陆地区

C. 安全、准确

D. 节约包装、保险、利息等费用

6. 航空运输的适运货物有(　　　　　　　)。

A. 大件货物或大批量货物

B. 薄、轻、短、小的高价值货物

C. 高附加值的货物

D. 时令性、节令性强的商品

三、简述题

1. 简述我国国内航线的分布特征。

2. 请解释武汉—海口 CZ3845 航班号代表的含义。

3. 简述国际航空运输物流线路。

4. 写出中国内地 34 个重点城市的机场名称及代码。

5. 简述中国主要航空公司(包括代码、主要运营基地和航线)。

项目八　中国管道运输布局

知识目标

1. 管道运输的特点
2. 中国主要的管道运输线路

能力目标

1. 能够将管道运输线路和石化产业布局结合起来分析

任务一　管道运输基础知识

一、管道运输的定义

管道运输(pipeline transportation)是用管道作为运输工具的一种长距离输送液体和气体物资的运输方式,是一种专门由生产地向市场输送石油、煤和化学产品的运输方式,是统一运输网中干线运输的特殊组成部分。管道运输管线如图8-1、图8-2所示。

图8-1　管道运输泵站

图8-2　管道运输线路

二、管道运输的特点

(1)运量大。一条输油管线可以源源不断地完成输送任务。根据其管径的大小不同,其每年的运输量可达数百万吨到几千万吨,甚至超过亿吨。

(2)占地少。运输管道通常埋于地下,其占用的土地很少;运输系统的建设实践证明,运输管道埋藏于地下的部分占管道总长度的95%以上,因而对于土地的永久性占用很少,分别仅为公路的3%、铁路的10%左右。在交通运输规划系统中,优先考虑管道运输方案,对于节约土地资源,意义重大。

（3）管道运输建设周期短、费用低。国内外交通运输系统建设的大量实践证明，管道运输系统的建设周期与相同运量的铁路建设周期相比，一般来说要短 1/3 以上。历史上，我国建设大庆至秦皇岛全长 1152 千米的输油管道，仅用了 23 个月的时间，而若要建设一条同样运输量的铁路，至少需要 3 年时间。新疆至上海市的全长 4200 千米天然气运输管道，预期建设周期不会超过 2 年，但是如果新建同样运量的铁路专线，建设周期在 3 年以上。特别是地质地貌条件和气候条件相对较差，大规模修建铁路难度将更大，周期将更长。统计资料表明，管道建设费用比铁路低 60% 左右。

（4）管道运输安全可靠、连续性强。由于石油天然气易燃、易爆、易挥发、易泄露，采用管道运输方式，既安全，又可以大大减少挥发损耗，同时由于泄露导致的对空气、水和土壤的污染也可大大减少，也就是说，管道运输能较好地满足运输工程的绿色化要求。此外，由于管道基本埋藏于地下，其运输过程恶劣多变的气候条件影响小，可以确保运输系统长期稳定地运行。

（5）管道运输耗能少、成本低、效益好。发达国家采用管道运输石油，每吨千米的能耗不足铁路的 1/7，在大量运输时的运输成本与水运接近，因此在无水条件下，采用管道运输是一种最为节能的运输方式。管道运输是一种连续工程，运输系统不存在空载行程，因而系统的运输效率高，理论分析和实践经验已证明，管道口径越大，运输距离越远，运输量越大，运输成本就越低，以运输石油为例，管道运输、水路运输、铁路运输的运输成本之比为 1∶1∶1.7。

（6）灵活性差。管道运输不如其他运输方式（如汽车运输）灵活，除承运的货物比较单一外，它也不容随便扩展管线。要实现"门到门"的运输服务，对一般用户来说，管道运输常常要与铁路运输或汽车运输、水路运输配合才能完成全程输送。此外，由于运输量明显不足时，运输成本会显著地增大。

管道运输的上述特点，使得管道运输主要担负单向、定点、量大的流体状货物（如石油、油气、煤浆、某些化学制品原料等）运输。

任务二　管道线路及运输

一、我国主要管道线路

（一）华北、中部地区原油管道

华北地区有大港油田、华北油田，都铺设有外输原油管道；华北地区的炼化企业，有地处北京燕山的东方红炼油厂和大港炼油厂、天津炼油厂、沧州炼油厂、石家庄炼油厂、保定炼油厂、内蒙古呼和浩特炼油厂。其原油管道总长度为 1847.4 千米。

华北地区最早修建的原油主干线是秦皇岛至北京的秦京线，为北京东方红炼油厂供应原料油。秦京线 1974 年 4 月开工，1975 年 6 月 19 日投产，管道全长 324.6 千米，年输油能力 600 万吨，穿越河流 11 处，铁路 14 处，公路 40 处，跨越河流（永定河 1574 米）和水渠 5 处。

大港至周李庄输油管线 1968 年建设，这条管道是大港油田唯一的一条原油外输线，该管线的起点多次发生变化。其原油管理总长度为 210.5 千米，年输能力 500 万吨。

任丘至沧州原油管道，1976 年元月 1 日开工，4 月 1 日投产，全长 109 千米，年输油能力 500 万吨，1983 年经过改造，年输油能力 770 万吨。以华北油田为源头的原油管道，还有任沧复线、任沧新线、任京线（任丘至北京）、沧临线（沧州至临邑）、河石线（河间至石家庄）、任保线（任丘至保定）、阿赛线（阿尔善至赛汗塔拉）。

中部地区油田,分布在湖北和河南两省境内,有江汉油田、河南油田和中原油田,主要炼油企业有湖北荆门炼油厂和河南洛阳炼油厂。其原油管道总长度为 1347.5 千米。

江汉原油管道有潜荆线(潜江至荆门),1970 年建成,全长 90 千米,年输能力 170 万吨。

河南原油管道有魏荆线(魏岗至荆门)和魏荆复线。

中原原油管道有濮临线(濮阳至临邑)、中洛线(濮阳至洛阳)及中洛复线。

另外,港口至炼厂原油管道总长度为 859.3 千米。

(二)东北地区原油管道

东北地区是原油生产的主要基地,有大庆油田、辽河油田和吉林油田,原油产量大约占全国总产量的 53.5%,原油管道达 3399.6 千米。

大庆至抚顺的庆抚线管道从黑龙江肇源县茂兴穿越嫩江后,向南经吉林省的松源、农安、长春、公主岭、梨树、四平,进入辽宁省的昌图,经铁岭,最终至炼厂较为集中的工业城市抚顺。末站设在抚顺康乐屯,以支线向抚顺石油一厂、二厂、三厂供油。庆抚线全长 596.8 千米,其中直径 720 毫米的管线 558.6 千米,1970 年 9 月开工,1971 年 8 月试运行,10 月 31 日正式输油。工程总投资 2.93 亿元,年输油能力 2000 万吨。建设长距离、大口径、输送"三高"原油的管道,这在中国是第一次。

东北地区 1972 年开工建设了铁岭至秦皇岛管道,1973 年 10 月开工建设了大庆至铁岭复线,1974 年 10 月开工建设了铁岭至大连的管道。在此期间还建成了抚顺至鞍山炼厂、石油二厂至辽宁电厂、丹东至朝鲜新义州、盘锦至锦西石油五厂等短距离管道。到 1975 年 9 月,5 年中建设输油管道 8 条,共 2471 千米,其中主要干线 2181 千米,形成了以铁岭站为枢纽,联接大庆至抚顺、大庆至秦皇岛和大庆至大连的 3 条输油大动脉,东北管网逐步形成。

(三)华东地区原油管网

华东地区主要油田为山东胜利油田,是继大庆油田之后建成的第二大油田。胜利油田投入开发后,陆续建成了东营至辛店(1965 年)、临邑至济南(1972 年)两条管道,直接向齐鲁和济南的两个炼厂输油。1974 年,东营至黄岛管道建成后,原油开始从黄岛油港下海转运;1975 年后,开工修建了山东至仪征、东营至临邑的管道,形成了华东管道网,原油又可从江苏仪征油港水路转运。1978 年建成河北沧州至临邑、1979 年建成河南濮阳至临邑的管道,华东油田和中原油田的部分原油,也进入了华东原油管网。长江北岸的仪征输油站(油库)成为华东地区最大的原油转运基地,除供应南京炼油厂用油外,通过仪征油港转运长江沿岸各炼油厂。华东地区原油管道总长度 2718.2 千米。

(四)西北地区原油管道

西北地区是 20 世纪 50 年代初全国石油勘探的重点地区。1958 年 12 月建成的克拉玛依至独山子原油管道,标志了中国长输管道建设史的起点。西北地区原油管道总长 4102.7 千米。

花格线起于青海省海西州境内的花土沟油砂山(油田集中处理),终于青海省格尔木市南郊,向格尔木炼油厂供油。1987 年 9 月开工,1990 年 9 月 21 日正式投产输油,全长 435.6 千米,年输油能力 100 万吨。

轮库线(轮南至库尔勒)是塔里木油田的第一条原油外输管道,原油由轮南至库尔勒后装火车外运。1991 年 7 月 2 日开工,1992 年 7 月 1 日竣工投产,全长 191.79 千米,年输能力 100 万吨至 300 万吨。

塔轮线(塔中至轮南)是我国的第一条流动性沙漠管线,75%处于塔克拉玛干大沙漠中。1995 年 7 月 1 日开工,1996 年 8 月 16 日竣工投产,年输油能力 100 至 600 万吨。

库尔勒至鄯善(库鄯线),这条管道 1996 年 6 月开工,1997 年 6 月 30 日竣工投产,全长 475 千米。

(五)陆上成品油管道

中国最早的长距离的成品油管道是 1973 年开工修建的格拉成品油管道,起自青海省格尔木市,终于西藏自治区拉萨市。1977 年 10 月全部工程基本完工。管道全长 1080 千米,年输送能力 25 万吨。

格拉成品油管道由中国人民解放军总后勤部青藏兵站部输油管线团组织修建。格拉线穿越长江源头楚玛尔河、沱沱河、通天河等 108 处河流,翻越昆仑山、唐古拉山等 9 座大山。其中,有 900 多千米管道处于海拔 4000 米以上(最高处 5200 多米)的严寒地区,有 560 千米铺设在常年冻土地带。

距离较长的成品油管道还有 1995 年建成的抚顺石化至营口鲅鱼圈管道,全长 246 千米;1999 年建成的天津滨海国际机场和北京首都国际机场管道,全长 185 千米;2000 年 10 月 22 日开工建设的兰州至成都至重庆的管道,全长 1200 多千米。

(六)西北地区输气管道

靖边至北京的陕京线,是国家的重点工程,也是早期西气东输的骨干工程。

鄯乌线(鄯善至乌鲁木齐),1995 年 9 月 26 日开工,1996 年 9 月 30 日完工,1997 年 3 月 10 日正式供气。该线全长 301.6 千米,穿越河流 6 处、铁路 6 处、公路 79 处。

新疆塔里木油田,有油藏也有气藏。气藏储藏丰富,开发远景大,1996 年累计探明天然气储量 305.23 亿立方米,1996 年开始敷设输气管道。20 世纪末,探明天然气储量已达 5000 多亿立方米。已建输气管道有塔轮线、轮库线,西气东输至上海的干线也从这里为起点。

塔中至轮南(塔轮线),1995 年 7 月 1 日开工,1996 年 8 月 16 日竣工,全长 302.15 千米,塔轮线也是中国第一条沙漠气线,与塔轮输油管线和通信光缆同沟铺设。

(七)其他地区输气管道

河南濮阳至沧州(中沧线),1985 年 4 月 1 日开工,1986 年 4 月 28 日完工,8 月 7 日向沧州化肥厂供气。全长 361.89 千米,设计压力 5.1 兆帕,年输气能力 6 亿立方米。管道穿越铁路 4 处、公路 38 处、河流 92 处。

二、我国管道运输

在五大运输方式中,管道运输有着独特优势。在建设上,与铁路、公路、航空相比,投资要省得多。就石油的管道运输与铁路运输相比,交通运输协会有关专家曾算过一笔账:沿我国成品油主要流向建设一条长 7000 千米的管道,它所产生的社会综合经济效益,仅降低运输成本、节省动力消耗、减少运输中的损耗 3 项,每年就可以节约资金数十亿元;而且对于具有易燃特性的石油运输来说,管道运输有着安全、密闭等特点。

在油气运输上,管道运输有其独特的优势:首先在于它的平稳、不间断输送。对于现代化大生产来说,油田不停地生产,管道可以做到不停地运输,炼油化工工业可以不停地生产成品,满足国民经济需要。二是实现了安全运输。对于油气来说,汽车、火车运输均有很大危险,国外称之为"活动炸弹",而管道在地下密闭输送,具有极高安全性。三是保质。管道在密闭状态下运输,油品不挥发,质量不受影响。四是经济。管道运输损耗少、运费低、占地少、污染低。

成品油作为易燃易爆的高危险性流体,最好运输方式应该是管道输送。与其他运输方式相比,管道运输成品油有运输量大、劳动生产率高、建设周期短、投资少、占地少、运输损耗少、无"三废"排放、有利于环境生态保护、可全天候连续运输、安全性高以及运输自动化、成本和能耗低等明显优势。

1970 年,大庆油田原油产量突破 2000 万吨,依靠火车运油远远满足不了大庆油田快速发展的需要。为了解决大庆油田被迫限产、关井的难题,国务院于 1970 年 8 月 3 日决定展开东北"八三工程"会战,掀起了中国第一次建设油气管道的高潮。经过 5 年奋斗,于 1975 年建成了庆抚线、庆铁线、铁大线、铁秦线、抚辽线、抚鞍线、盘锦线、中朝线 8 条管线,总长 2471 千米,率先在东北地区建成了输油管网。

20 世纪 90 年代以来,我国天然气管道得到快速发展,天然气消费领域逐步扩大,城市燃气、发电、工业燃料、化工用气大幅度增长。2004 年投产的西气东输工程横贯中国西东,放射型的支线覆盖中国许多大中城市,并于 2005 年通过冀宁联络线与陕京二线连通,构成我国南北天然气管道环网。忠县—武汉输气管道也于 2004 年底建成投产。到 2005 年初步形成西气东输、陕京二线、忠武线三条输气干线,川渝、京津冀鲁晋、中部、中南、长江三角洲五个区域管网并存的供气格局。西气东输线路如图 8-3 所示。

图 8-3 管道线路建设图

虽然我国海底油气管道建设还不到 20 年时间,管道数量不多,但技术上都达到了国际先进水平。此外,我国还自行设计建成了山西省尖山矿区—太原钢铁厂铁精粉矿浆管道,管道全长 102 千米,管径 229.7 毫米,精矿运量 200 万吨/年,矿浆重量浓度 63%~65%,还有长距离、大口径、高压力的煤气管道。

至 2013 年,我国已建成天然气管道 6 万千米,原油管道 2.6 万千米,成品油管道 2 万千米,形成了横跨东西、纵贯南北、连通海外的油气管网格局,油气管网格局初步形成,总里程达到 10.6 万千米。

拓展提升

中国完成天然气进口战略布局

历经十余载,中俄天然气管道谈判终于开花结果。2014 年 5 月 21 日中俄两国政府签署《中俄东线天然气合作项目备忘录》,两国企业中国石油天然气集团公司和俄罗斯天然气工业股份公司签署了《中俄东线供气购销合同》。

　　根据合同,从 2018 年起,俄罗斯开始通过中俄天然气管道东线向中国供气,输气量逐年增长,最终达到每年 380 亿立方米,累计合同期 30 年。

　　合同约定,主供气源地为俄罗斯东西伯利亚的伊尔库茨克州科维克金气田和萨哈共和国恰扬金气田,俄罗斯天然气工业股份公司负责气田开发、天然气处理厂和俄罗斯境内管道的建设。中石油负责中国境内输气管道和储气库等配套设施建设。

　　中俄东线天然气项目将把来自俄罗斯远东地区的天然气资源输送至中国东北入境。这条管线将与已经投运的中俄原油管道一起,构成中国油气进口东北战略要道上的天然气进口大动脉。

　　中俄东线天然气项目的最终落实,意味着中国天然气进口多元化的战略布局基本完成。中国天然气进口东北、西北、西南及海上四大通道的布局最终敲定,有助于实现天然气进口的多渠道、多来源与多品种,对于中国保障能源安全意义重大。

　　中俄天然气贸易谈判从启动以来,历经十余年之久。管线的走向、资源的落实,乃至价格如何确定,都成为谈判的焦点。期间,国际地缘政治格局不断变化,国际能源市场剧烈变革,中俄两国内外部因素也发生了巨大的变化。

　　每年 380 亿方进口天然气资源将进一步满足中国对清洁资源的渴求。此次俄罗斯进口天然气目标市场主要是中国东北、京津冀和长三角地区,并将通过管道联网,平衡全国供气格局。

　　为治理严峻的大气污染,天然气成为中国推动能源消费结构转型的重要选择。分析人士认为,这条管线的建成将加快全国基础性骨干管网的建成,并拉动天然气管道沿线的民生就业和经济发展。

项目小结

　　本项目学习了管道运输的定义、优点和缺点,在此基础上,了解了中国主要的管道运输线路。管道运输是五种基本运输方式之一,但由于其运输货物的特殊性,在物流运输中的作用主要体现在与石化产业布局的衔接上,因此管道运输线路的学习要与石化产业布局结合起来。

项目实训

实训目的:通过实训,使学生进一步熟悉我国的管道运输线路,了解石化产业布局。

实训内容:查阅地图,在地图中找出我国主要的管道运输线路。

实训学时:2 学时。

实训组织实施:学生分组,以 3～4 人为一组,讲解管道线路与石化产业布局之间的联系。

项目习题

一、填空题

1.管道运输的种类有＿＿＿＿＿＿管道、＿＿＿＿＿＿管道和＿＿＿＿＿＿管道三种。

2.长距离输油管道由＿＿＿＿＿＿和＿＿＿＿＿＿两部分组成。

3.输油站包括＿＿＿＿＿＿、＿＿＿＿＿＿和＿＿＿＿＿＿等。

二、选择题

1.管道运输与其他运输方式相比,与众不同的特性有(　　　)。

A.运输工具与运输工作合一　　　　　　　　B.建设成本低

C.高度工业化,适合于气体和液体的运输　D.单方向运输

2.以下(　　)适合管道运输。

A.石油　　　B.油气　　　C.煤浆　　　D.某些化学制品原料

3.中国原油管道主要分布在(　　)地区。

A.华北、中部地区　　　B.东北地区　　　C.华东地区　　　D.西北地区

三、简述题

1.简述管道运输的优点。

2.分析我国管道运输线路和石化产业布局之间的关系。

模块三

国民经济产业布局与物流地理

项目九　中国农业布局与物流地理

知识目标

1. 了解农业与农业物流
2. 掌握种植业概念、特点、分类、生产布局及物流地理
3. 掌握畜牧业概况、布局及物流地理
4. 掌握林业资源概况、分布及物流地理
5. 掌握渔业概况、分布及物流地理

能力目标

1. 能说出农业物流的概念、类型和特征
2. 能准确描述我国种植业分布情况
3. 能准确描述我国畜牧业分布情况
4. 能准确描述我国林业分布情况
5. 能准确描述我国渔业分布情况

任务一　农业与农业物流

农业是支撑国民经济建设与发展的基础产业,它属于第一产业。农业是人类赖以生存的衣食之源、生存之本,它可为工业尤其是轻工业提供丰富的原料来源,也可为工业的发展开拓广阔的市场;为国民经济其他部门提供粮食、副食品、工业原料、资金和出口物资,是实现社会主义现代化建设所需资金的重要来源。

一、农业概述

农业的劳动对象是有生命的动植物,获得的产品是动植物本身。土地是农业中不可替代的基本生产资料,劳动对象主要是有生命的动植物,其生产时间与劳动时间不一致,受自然条件影响大,有明显的区域性和季节性。农业是人类衣食之源、生存之本,是一切生产的首要条件。

(一)农业的分类

通常情况下,依据农业生产对象的不同,将农业分为种植业、畜牧业、林业、渔业等。世界主要农业地域类型,基本上分属畜牧业和种植业。有些情况下,农民在自己田地上同时经营种植业和畜牧业,这样的农业称为混合农业。

(二)农业生产的特点

与其他部门相比,农业生产具有显著的特点:①地域性。农业生产在空间的分布上具有明显的地域差异,不同的地域,生产的结构品种和数量都不同。②季节性。农业生产在时间分配

上的特殊规律,即生产的一切活动都要按季节顺序进行,并有一定的变化周期。③不稳定性。农业生产对自然条件的依赖性较大,容易受到灾害性天气的影响。④综合性。农业是由农、林、牧、渔组成的多部门产业,其内部各产业之间存在着极其密切的联系。

二、农业物流

(一)农业物流的概念

农业物流是指以农业生产为核心而发生的一系列物品从供应地向接受地的实体流动和与之有关的技术、组织、管理活动,也就是使运输、储藏、加工、装卸、包装、流通和信息处理等基本功能实现有机的结合。

(二)农业物流的分类

(1)根据农业物流的管理形式,可以将农业物流分为:农业供应物流、农业生产物流、农业销售物流。

(2)根据农业物流的流体对象,可以将农业物流分为:农业生产资料物流和农产品物流。

(3)根据农业生产过程的主要阶段和物质转化,农业物流分为农业产前物流、农业生产物流、农产品流通物流和农业废弃物物流四种类型。

(三)中国农业物流发展现状

由于农业在中国国民经济中的重要地位,使得与农业息息相关的农用生产资料的产销供需量庞大。目前中国用于生活消费的农产品主要以鲜食鲜销形式为主,在分散的产销地之间要满足消费在不同时空上需求,使得中国农业物流面临数量和质量上的巨大挑战。现在中国用于生活消费的农产品商品转化比例相对较低,但是以农产品为原料的轻工、纺织和化工业也在我国工业结构占有重要地位。

在中国的农业发展过程中,"重生产、轻流通"思想意识的影响广泛,没有形成农业物流完整的行业体系框架,基础投入不足,农业物流信息体系不健全,农业物流成本偏高,对农业物流理论探讨的严重匮乏,农业流通和物流的相关理论研究,在中国农业现代化发展过程中地位,没有受到应有的重视。总体而言,中国农业物流还需加大投入,加快发展速度。

任务二 种植业布局与物流地理

一、种植业概述

(一)种植业概念

种植业即植物栽培业,它是农业的主要组成部分之一,包括粮食作物、经济作物、饲料作物和绿肥等的生产。其具体项目,通常用"十二个字",即粮、棉、油、麻、丝(桑)、茶、糖、菜、烟、果、药、杂来代表。

(二)种植业的特点

种植业是农业的主要组成部分,其特点是以土地为基本生产资料,利用农作物的生物机能将太阳能转化为化学潜能和农产品。种植业是大农业的重要基础,不仅是人类赖以生存的食物与生活资料的主要来源,还为轻纺工业、食品工业提供原料,为畜牧业和渔业提供饲料。同时,种植业的分布和发展对国民经济各部门有直接影响。

(三)我国主要农作物的分类

我国主要农作物可分为粮食作物和油料作物两大类。粮食作物主要分为谷物、豆类和薯类三大类,其中谷物又可以细分为稻谷、小麦、玉米、谷子、高粱等。我国农作物的分类如图 9 - 1 所示。

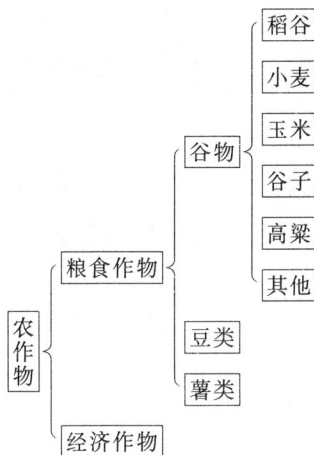

图 9 - 1 我国农作物的分类示意图

二、我国粮食作物布局

粮食作物是以收获成熟果实为目的,经去壳、碾磨等加工程序而成为人类基本食粮的一类作物,主要分为谷类作物、薯类作物和豆类作物。粮食作物包括小麦、水稻、玉米、燕麦、黑麦、大麦、谷子、高粱和青稞等,但是,其中三种作物(小麦、水稻和玉米)占世界上食物的一半以上。粮食作物是人类主要的食物来源。

(一)水稻

水稻的种植主要分布在我国南方地区,以水稻为首要粮食作物的地区有湖北、江西、江苏、广西、四川、湖南、广东、浙江、福建、海南等。其他诸如安徽、重庆、贵州、云南以及东北地区的黑龙江、辽宁、吉林等地区也有大量的水稻种植。

全国的水稻的总产量占到全国粮食总产量的 40%,是我国总产量最高的粮食作物。

(二)小麦

我国小麦种植主要分布在黄河下游、淮河流域和西北地区,河南、山东、安徽、甘肃、宁夏、新疆、青海等地均以小麦作为首要粮食作物,其他地区如陕西、山西、河北、江苏、四川、湖北及西藏的雅鲁藏布江谷地等也有大面积的小麦种植。小麦适宜生长在温带,中温带以春小麦为主,暖温带以冬小麦为主。这些地区的主要自然环境特征是:地势平坦、灌溉便利、土壤肥沃,小麦的生长期内日均气温高于 0℃。

(三)玉米

玉米的种植范围极广,南起海南,北到黑龙江,西达新疆,东至江苏,均有种植。其中以玉米为首要粮食作物的地区有吉林、辽宁、内蒙古、河北、北京、天津、山西、陕西等地。这些地区大多位于中温带,一部分位于暖温带。但是南方亚热带的玉米播种面积也很大,产量也很高。

(四)谷子

谷子性喜干燥,生长适宜温度为 22～30℃,海拔 1000 公尺以下均适合栽培,属于耐旱、稳产作物,因而在我国北方有较广泛的种植,在南方种植较少。我国谷子主要产区在华北地区和东北地区,但其播种面积都较小,其次是河北、内蒙古、辽宁、陕西,另外重庆、浙江、西藏、四川、上海、青海、湖南、海南等地区也有谷子种植。

(五)高粱

我国高粱种植主要分布在北方地区,南方较少。高粱主要产区在东北地区、西北部分地区等。高粱在各省区的播种面积比例都较小,内蒙古高粱播种面积最大,其次是辽宁、吉林、黑龙江、四川、山西、贵州、河北等地区。

(六)其他谷物

其他谷物是指除了水稻、小麦、玉米、谷子、高粱等主要谷物外的播种面积和产量较小的所有其他谷物,包括大麦、燕麦、青稞、粟等作物。其他谷物产区主要分布在西北地区以及西南地区等。

(七)豆类

豆类的主要产区在东北地区和西北地区,主要是中温带区。黑龙江豆类播种面积最大,其次是内蒙古,再次是安徽。在豆类总产量方面,黑龙江排在首位。

(八)薯类

中国薯类的主产区是西南地区、西北地区和东北地区。其中,播种面积最大的省区依次是四川、贵州、重庆、甘肃、内蒙古,总产量最大的省区依次是四川、重庆、甘肃、贵州、山东。

三、我国经济作物布局

经济作物又称技术作物、工业原料作物,是指具有某种特定经济用途的农作物。按其用途可分为:纤维作物(棉花、麻类、蚕桑)、油料作物(花生、油菜、芝麻、大豆、向日葵等)、糖料作物(甜菜、甘蔗)、饮料作物(茶叶、咖啡、可可)、嗜好作物(烟叶)、药用作物(人参、贝母等)、热带作物(橡胶、椰子、油棕、剑麻)。广义的经济作物还包括蔬菜、瓜果、花卉等园艺作物。

(一)纤维作物

纤维作物是纺织工业的重要原料,主要有棉花、麻类和蚕茧等。

1. 棉花

我国是世界主要产棉国之一。棉花是重要的经济作物,其种植面积居经济作物之首,约占经济作物播种面积的1/3左右。棉花是纺织工业的重要原料,国防、化工、医药等工业也离不开棉花,棉杆可造纸,棉籽可榨油,棉籽饼是优质饲料。所以,棉花生产在国家建设和人民生活等方面都有重要意义。我国棉花产地分布广泛,按照自然条件、栽培管理水平和种植的历史条件,将全国划分为三个主要棉区。

(1)黄河流域棉区。本区包括秦岭—淮河以北、长城以南、六盘山以东的山东、河北、河南、山西、陕西及北京、天津七省市。棉花产量以山东、河南、河北三省最多。本区植棉历史悠久,自然条件优越,区内地势平坦,秋雨少,日照充足,有利于棉花的生长,成为我国最大的棉花产区,其种植面积占全国棉田面积的1/2。

(2)长江流域棉区。本区包括上海、浙江、江苏、安徽、江西、湖南、湖北等省市,其中,湖北、江苏两省产量最多。本区植棉历史悠久,技术水平较高,劳动力充足,区内纺织业发达,运输条件便利,使该区成为全国棉花单产和商品率最高的棉区,也是我国第二大产棉区。但秋雨多,湿度大,日照较少,影响棉花吐絮,棉花质量不如黄河流域棉区。

(3)西北内陆棉区。本区包括新疆和甘肃河西走廊地区。本区地处干旱地区,降水少,光照条件优越,温差大,病虫害少,棉花品质好,是我国第三大产棉区,也是我国优质长绒棉产区。

2.麻

麻类是一种古老的纤维作物。我国是世界上主要产麻国之一,也是麻类品种最多的国家,主要品种有黄麻、红麻、苎麻、亚麻等。

(1)黄麻。黄麻喜温湿多雨,要求深厚肥沃的土壤,主要分布于广东、广西和浙江等地。黄麻纤维吸湿性强,结构疏松,是织麻袋的优质材料。

(2)红麻。红麻是从国外引进的品种,对气候、土壤适应性较强,用途与黄麻类似。分布十分广泛,南自广东,北到辽宁,东起浙江,西达新疆,都有栽培。

(3)苎麻。苎麻是我国的特产,有"中国草"之称。性喜温湿,是多年生的宿根作物,主要产于江南各省,以湖南、湖北、四川、江西等省为最多。

(4)亚麻。亚麻主要产于东北,以黑龙江产量最多,集中于哈尔滨附近,其次是吉林,集中于延边地区。

3.蚕茧

我国是世界上养蚕最早的国家,已有4000多年的历史,素有"东方丝国"之称。

(1)桑蚕茧。我国有三大桑蚕茧基地,即太湖流域、四川盆地和珠江三角洲。其中太湖流域为我国最大的桑蚕茧基地。

(2)柞蚕茧。我国柞蚕茧也有三大产地,即辽东半岛、山东半岛和豫西山地。其中辽宁省产量最多。

(二)油料作物

油料作物品种繁多,主要有花生、油菜籽、芝麻、胡麻、大豆、向日葵等。我国油料作物的种植面积在经济作物中居首位,是世界上油料作物种植最多的国家。

1.花生

在各种油料作物中,花生的单产高,含油率高,是喜温耐瘠作物,对土壤要求不严,以排水良好的沙质土壤为最好。花生生产分布广泛,除西藏、青海外,全国各地都有种植,主要集中在山东、广东、河南、河北、江苏、安徽、广西、辽宁、四川、福建等省区,其中山东的产量居全国首位,其次是广东。目前,全国花生主要集中在两个地区:一是渤海湾周围的丘陵地及沿河沙土地区,是我国最大的花生生产基地和出口基地;二是华南福建、广东、广西、台湾等地的丘陵及沿海地区。

2.油菜

油菜是我国播种面积最大,地区分布最广的油料作物,是世界上生产油菜籽最多的国家。油菜是喜凉作物,对热量要求不高,对土壤要求不严。根据播种期的不同,可分为春、冬油菜,春、冬油菜分布的界限,相当于春、冬小麦的分界线而略偏南。我国以种植冬油菜为主。长江流域是全国冬油菜最大产区,其中四川省的播种面积和产量均居全国之首,其次为安徽、江苏、浙江、湖北、湖南、贵州等省。春油菜主要集中于东北、西北北部地区。

3.芝麻

我国是世界上生产芝麻最多的国家之一。芝麻是一种含油率很高的优质油料作物,我国芝麻分布广泛,主要分布在河南、湖北、安徽、山东等省,其中河南省产量居全国首位。

4.大豆

大豆是喜温作物,生长旺季需要高温,收获季节以干燥为宜,很适宜在我国北方温带地区栽培。我国大豆分布广泛,以东北松辽平原和华北的黄淮平原最为集中。松辽平原是我国最主要的大豆生产基地,主要集中于松花江、辽河沿岸和哈大线沿线。其中,哈尔滨、辽源、长春被称作我国大豆的"三大仓库",其单产和商品率居全国之冠。

5.向日葵

向日葵是一种出油率和营养价值都很高而又高产的油料作物,分布范围很广,主要分布在东北、西北、华北区域,是向日葵油商品生产基地。其中内蒙古的产量最高。

(三)糖料作物

糖料作物主要包括甘蔗和甜菜,其中以甘蔗为主。甘蔗主要分布在我国南方沿海各省区,甜菜分布在北方各省区,所以分布具有"南蔗北菜"的特点。

1.甘蔗

甘蔗是热带和南亚热带经济作物,具有喜高温、喜湿、喜肥的特性,生长期长。我国甘蔗主要分布在北纬 24°以南的地区。其中以广东、广西、台湾、福建、海南、云南、四川等省区种植面积最大,广东是大陆上种植甘蔗最多的省份。

2.甜菜

甜菜喜温凉气候,有耐寒、耐旱、耐碱等特性。我国甜菜主要分布在北纬 40°以北各省区。黑龙江、内蒙古、新疆、吉林、甘肃、宁夏为主要产地。黑龙江是我国甜菜的最大产区。甜菜生产基地有:黑龙江松嫩平原西部、吉林西部、内蒙古河套地区和新疆玛纳斯地区。

(四)其他作物

其他经济作物种类繁多,这里仅介绍烟草和茶叶。

1.烟草

我国烟草分布很广,河南、山东、云南、甘肃、湖南五省是我国重要的烤烟产地。其中河南是我国最大的烤烟产区,其产量占全国的 1/3,主要分布在许昌、南阳、周口和驻马店等地。山东烤烟主要分布在潍县到淄博的胶济铁路沿线,以昌潍地区的益都、临朐两地最为集中。云南的烤烟质量最好,分布在曲靖、玉溪、昭通等地。

2.茶叶

我国茶区辽阔,广泛分布在秦岭—淮河以南的广大山地和丘陵地带,以浙江、湖南、安徽、四川、福建五省产量最多,是我国著名的五大产茶省,其次是云南、广东、湖北等省。

四、我国粮食作物运输

我国粮食运输主要以铁路和水路为主,分别占跨省运量的 45%(不含铁海联运)和 42%,公路运输仅占 10%。根据全国粮食流量、流向情况,可以把我国粮食运输分为五大通道,其中有三大流出通道和两大流入通道,具体如下:

1.流出通道

(1)东北地区粮食流出通道:指东北地区的辽宁、吉林、黑龙江和内蒙古东部的粮食由铁路运往大连,再经水路运到浙江、江苏、福建、上海、广东等南方粮食主销区省份,或出口到韩国等国家;以及由铁路经山海关运往关内,销往辽宁、北京、河北、山东、上海等省市。

(2)黄淮海地区小麦流出通道:指河北、河南、山东及安徽北部地区输出的小麦通过铁路运往周边的省份和华东、华南、西南、西北省份,部分通过铁路运往周边省市。

(3)长江中下游稻谷流出通道:指长江中下游的湖北、湖南、安徽、江西和四川等五省输出的稻谷经铁路和公路干线运往东南沿海及西南地区。

2.流入通道

(1)东南沿海粮食流入通道:指东北粮食产区经海路运输的稻谷、玉米及从国外进口的粮食从东南沿海各省市港口流入,再经公路或内河转运。

(2)京津地区粮食流入通道:指东北粮食主产区的稻谷玉米由铁路运输经过山海关运往北京、天津等主销区省份。

任务三　林业布局与物流地理

一、我国林业资源情况

林业的发展以资源为基础。新中国成立以来,我国共进行了八次森林资源清查。全国历次森林资源清查结果如表9-1所示。

表 9-1　全国历次森林资源清查结果

序号	年份	活立木蓄积量 (亿立方米)	森林面积 (亿亩)	森林蓄积量 (亿立方米)	森林覆盖率 (%)
1	1973—1976	95.32	18.28	86.56	12.7
2	1977—1981	102.61	17.29	90.28	12
3	1984—1988	105.72	18.7	91.41	12.98
4	1989—1993	117.85	20.06	101.37	13.92
5	1994—1998	124.88	23.84	112.67	16.55
6	1999—2003	136.18	26.2	124.56	18.21
7	2004—2008	149.13	29.3	137.21	20.36
8	2009—2013	164.33	31.2	151.37	21.63

近年来,我国森林总量持续增长,质量不断提高,呈现出数量持续增加、质量稳步提升、效能不断增强的良好态势。截至2013年底,全国森林面积2.08亿公顷,森林覆盖率21.63%。活立木总蓄积164.33亿立方米,森林蓄积151.37亿立方米。天然林面积1.22亿公顷,蓄积122.96亿立方米;人工林面积0.69亿公顷,蓄积24.83亿立方米。森林面积和森林蓄积分别位居世界第5位和第6位,人工林面积仍居世界首位。

二、我国森林资源分布及特点

(一)东北地区

东北地区的森林资源分布在黑、吉、辽三省和内蒙古东部的呼伦贝尔、兴安、哲里木三盟和赤峰市,主要集中在大兴安岭、小兴安岭和长白山地。主要用材树种有针叶林有落叶松、长白落叶松、红松、樟子松、沙松、云杉、冷杉等;阔叶树有桦、杨、水曲柳、黄菠萝、胡桃楸、椴、榆、槭、柞树等。东北林区的特点是:营林和木材生产集中,国有林业企业规模较大,机械化水平较高,采伐率高,林区道路密度大,林区经营水平高。目前,木材生产量仍占全国林业系统木材产量的一半。

(二)西南地区

这里所指的西南地区包括四川、重庆、云南、西藏。西南地区的森林资源主要分布在川西、滇西北、藏东南的高山峡谷地区。其范围有 7500 万公顷,有林地面积达 1700 万公顷,森林蓄积量达 31 亿立方米。除高山峡谷原始林区外,还有很多森林资源分布在四川盆地周围山区和云南中部、南部、东南部。西南地区发展森林资源的潜力很大。

(三)南方地区

本地区包括浙江、安徽、江西、福建、湖北、湖南、广东、广西、海南和贵州等 10 省区。南方地区是我国自然条件最好的地区,也是历来林业发达的地区,人工林占有很高的比重。南方森林资源的分布比较均匀,其中武夷山系和南岭山系较为集中,两个山系的面积占南方地区总面积的 22%,而有林地面积占 45%,蓄积量占 65%。南方地区森林资源集约经营水平高,林木品种多、生长迅速,为东北地区林木生长速度的 2～3 倍。南方地区也是我国最大的经济林和竹林基地。如湘、鄂、黔的漆、油桐;鄂、皖、赣、浙的乌桕;浙、赣、湘、黔、桂的油茶;湘、桂、闽、浙、赣的毛竹等。

(四)东部少林地区

本地区包括北京、天津、上海、河北、山东、河南、江苏等省市。本地区的林业类型主要是以平原林业为主,即以农田、沟渠、道路、村庄等防护林为主,绝大部分为带、网状的形式,还有林农间作形式,以及极少量的片林。华北石质山区在古代森林较茂盛,但宋朝至今,几经战乱,封建王朝大兴土木,又接近发达的农业区,使森林带遭到大规模破坏,部分阳坡地已经岩石裸露,失去生产能力。绿化燕山、太行山、豫西山地和沂蒙山地对华北大平原将起到十分重要的防护作用。这里主要以营造水土保持、水源涵养的经济林为主,此外,还有少量的用材林和薪炭林。

(五)西北和华北西部地区

本地区包括的范围有山西、陕西、甘肃、青海、宁夏、新疆和内蒙古的中、西部。西北地区的森林资源主要分布在秦岭南坡(汉中、甘肃白龙江流域)、天山、阿尔泰山、祁连山、青海东南部等。本地区是我国"三北"防护林的主要地区,黄土高原为我国最大、最严重的水土流失地区,为防止水土流失,保水保土是该地区发展林业的重点任务,也是为本地区脱贫致富创造良好的条件。蒙新高原是我国干草原和荒漠区,风沙危害尤为严重,每年沙漠化面积以千万亩速度扩大,因此,防风固沙是这里林业发展的首要任务。

三、我国林产品物流发展概况

随着我国林业资源的稳步增加,以林产品为主的林业经济随之快速发展。从国际通用的口径来看,林产品是包括以森林资源为基础而生产的木材和以木材为原料的各种产品,主要包括原木、锯材、木质人造板、各种木质成品和半成品、木浆、以木材为原料的各种纸及纸制品、林化产品等。林产品物流除了具有其他工业产品所具有的物流特点外,还具有林产品自身的特点。近年来,我国林产品物流取得了一定的发展,但也存在着物流设施落后或资源分配不合理,林产品标准化程度低,运输成本相对较高和林产企业信息化程度低等问题。林产品的物流管理,应该改变观念,要快速地响应市场和客户的需求,充分重视信息技术在现代物流体系中的作用,加快对现代物流理论的研究和引入,建立和完善林产品物流系统的理论体系,实施林产品物流工程,提高林产企业的经济效益和市场竞争力,促进林产工业的可持续发展。

任务四　畜牧业布局与物流地理

一、我国畜牧业发展概况

新中国成立 60 多年来,中国畜牧业在探索中前进,曲折中发展,走出了一条具有中国特色的畜牧业发展道路。60多年来,我国畜牧业飞速发展,实现了畜产品供需基本平衡的历史性跨越。特别是到20世纪90年代后期,中国主要畜产品总量实现了供需平衡、丰年有余。随着1999年《关于加快畜牧业发展的意见》的出台,畜牧业生产结构不断优化,形成优势生产区域布局。畜牧业由数量增长型向质量效益型转变,畜产品质量明显提高。2007年至今,在政策扶持下,中国向现代畜牧业转变取得了实质性进展,畜牧业产值占农业总产值比例稳定上升,已成为农业的支柱产业。

二、中国畜牧业分布

根据畜牧业生产发展的条件和特点,以及民族的生活、生产习惯与历史发展的地区差异等,中国畜牧业可划分为牧区、农区、半农半牧区、城郊等四种类型地区。

(一)牧区畜牧业

牧区畜牧业主要分布于北部的内蒙古高原、西部的新疆和西南部的青藏高原。从东向西呈明显的地带性变化,具体表现如下:

1. 东部草甸草原地区

该地区牧草生长茂密,产草量高,质量好,适宜发展牛、马、羊等多种牲畜,在这里有全国著名的三河牛、三河马等。

2. 中部干草原(包括荒漠草原)地区

该地区牧草较稀疏矮小,产草量较低,宜于牧羊,是中国重要的羊毛、羊皮与羊肉生产基地与耕役马的主产地。

3. 西部半荒漠—荒漠地区

该地区水草条件较差,宜于羔皮羊、裘皮羊、山羊和骆驼等的放牧,但以山羊所占比重较大,骆驼的分布也相当集中,是中国骆驼的重要分布区。

4. 西部阿尔泰山、天山等地的山地区

该地区天然草场类型多样,垂直差异十分显著,适宜放牧绵羊、山羊、马、牛和骆驼,其中尤以新疆细毛羊、阿勒泰肥臀羊、伊犁牛、伊犁马等著称。

5. 青藏高原区

该地区天然草场类型繁多,牧草低矮,产量低,家畜以牛、马、羊、骆驼等草食牲畜为主,是以牦牛、藏系羊为主体的高寒牧区。世界上约有85%的牦牛分布在中国,而以青藏高原牧区最为集中,该地区是国内外牦牛的集中产区。

(二)农区畜牧业

该地区以从属于种植业并带有副业性质的舍饲畜牧业为特点,以猪和家禽占重要地位,而黄牛、水牛、马、驴、骡等畜种则主要供役用。该地区大致以秦岭、淮河为界,可分为北方和南方农区。

1. 北方农区

北方农区接近牧区和半农半牧区,区内有一定面积的天然草场,绵羊和山羊的比重大于南方农区,并有小群的放牧畜群和放牧经营的方式。黄淮海平原、东北平原、关中平原、河西走廊等地养猪较多,具较高的商品性。禽类以鸡为主,水禽(鸭、鹅)较少。

2. 南方农区

该区域饲料来源丰富,牲畜种类较多,以猪、水牛、黄牛、山羊等为主。全区猪的数量接近全国总数的2/3,以四川盆地、两湖平原、珠江三角洲、长江下游平原、浙江中部及西南部、闽

东南沿海、桂东部、滇中和台湾西南部平原等种植业发达的地区最为集中,饲养量大,出栏率、商品率均较高。水牛拥有头数约占全国的99%以上,多分布于平原稻作区。黄牛在全国也占重要地位,主要分布于台地和丘陵山地区。山羊遍及区内,但丘陵山区居多。绵羊虽不多,但以杭嘉湖平原和太湖地区的湖羊为最著名。禽类仍以鸡为主,但水禽数量和放养规模远远超过北方农区。

(三)半农半牧区

该地区沿长城南北呈狭长的带状分布,是农区役畜和肉食牲畜主要供应基地之一。本区历史上曾是农牧业交替发展变化较大的地区,以具有汉族经营纯农业与蒙古族经营纯牧业的生产方式为特色。区内旱作农业与放牧畜牧业交错分布,畜牧业兼有纯牧区放牧与农区舍饲的特点。区内科尔沁草原和坝上高原等天然草场以放牧牛、马、羊为主,是肉、乳、细毛的重要生产基地。此外,宁夏的盐池、同心及内蒙古毗邻地区,历来以发展滩羊为主,所产二毛裘皮尤负盛名。

(四)城郊畜牧业

城郊畜牧业主要分布于城市和大型工矿区周围,以饲养猪、鸡、奶牛等畜禽为主,为城市、工矿区直接提供肉、蛋、乳等畜产品。除郊区农村集体与个人舍养畜禽外,还有奶牛饲养场、大型机械化养猪、养鸡场,形成技术水平和商品率均较高的城市、工矿区副食品基地。

三、我国畜牧业物流发展情况

畜牧业物流是指为了满足畜牧业用户和消费者的需求,实现畜产品价值而进行的畜产品物质实体及相关信息从生产者到消费者之间的物理性经济活动。畜牧业物流包括肉、禽、蛋、奶四大支柱产品物流,以及特色养殖产品物流。目前,我国畜牧业发展城乡"二元结构"明显,畜牧业物流第三方物流薄弱,畜牧业物流安全问题严重,畜牧业物流多头分段管理的负面效应严重。

随着我国经济的快速发展,畜牧业在国民经济中的关键地位及其现存的弱势状况引起了各级政府的高度重视。随着"西部大开发"、"振兴东北"、"中部崛起"、"珠三角整合"、"长三角一体化"、"环渤海经济圈崛起"等战略的实施,这些经济圈的农村需要以现代畜牧业物流为先导而带动其发展,许多中西部落后地区,畜牧业成为其支柱产业,带动了畜牧业物流的发展,一批大型的畜牧业物流龙头企业得到培育。

近年来,我国逐步形成科学管理、布局合理、优势突出的区域化经营畜牧业格局,这使畜牧业物流规模量得到相应的提高。

任务五　渔业布局与物流地理

一、我国渔业发展概况

中国是世界上渔业历史最悠久的国家之一。新中国成立以来,特别是党的十一届三中全会以后,在改革开放政策的推动下,我国渔业步入了快速发展的轨道,特别是1985年党中央、国务院发出《关于放宽政策、加速发展水产业的指示》(中发[1985]5号)以后,渔业进入了高速增长阶段。主要表现在:一是创造了同期世界最高的发展速度,在世界渔业中占有举足轻重的地位。二是改变了传统的资源开发模式,成功地对我国渔业发展方向进行了战略性调整,养殖业发展取得了重大突破。三是水产品市场供给有了根本改观,对保障我国粮食安全发挥了积极作用。四是渔业成为促进农村经济发展的重要产业,渔民人均收入显著增加,广大群众通过发展渔业率先进入小康。五是渔业经济质量明显提高,水产品对外贸易稳定增长,渔业经济全球化进程加快。六是渔业法制建设不断加强,资源和环境保护力度加大。目前,我国渔业已由传统渔业向现代化渔业迈进。

二、我国的渔业资源

(一)海洋渔业资源

中国海域从南到北,共跨越 37 个纬度,呈现暖温带、亚热带、热带各种不同的环境差异,鱼类种数的分布有南多北少的趋势。海洋水产品产量约占水产总产量的 57.72%,其中以鱼类数量占绝对优势。中国海洋鱼类约有 1700 余种,其中经济鱼类约 300 种,常见的高产量经济鱼类约 60 到 70 种。此外还有沿海藻类约 2000 种,虾蟹类近 300 种,经济软体动物约 200 种。其中黄海、渤海海区,共有鱼类 250 余种,捕捞产量占中国海洋捕捞总产量的 27.9%,盛产小黄鱼、鳕鱼、太平洋鲱等。东海海区共有鱼类 440 余种,捕捞产量占总产量的 51.8%,是中国带鱼、大黄鱼、小黄鱼、乌贼四大经济种类的最大产区,素有“天然鱼仓”之称。南海海区有鱼类近千种,具有品种多、产量少的特点,捕捞产量仅占中国海洋捕捞总产量的 20.3%,盛产金枪鱼、鲣、旗鱼、鲨鱼、海龟、玳瑁等。

(二)近海渔业资源

由于多年的过度捕捞,中国近海的水产资源呈连年下降的趋势,产量减少,鱼体变小。近年来,在渤海、东海和南海的近海区域分别实施了增殖放流和投放人工鱼礁的措施,以增加自然海区的水产资源,取得了一定效果。目前中国养殖的鱼、虾、贝、藻类共计有 60 余种,主要品种有海带、牡蛎、珍珠贝、鲍鱼、紫菜、对虾、海参、扇贝、鲻鱼等。

(三)内陆渔业资源

中国是世界上内陆水产业较为发达国家之一,内陆水域共有鱼类 800 余种,主要经济鱼类约有四五十种,其产量占世界内陆水域产量的 1/10,其中虾、蟹、贝类的产量仅占淡水渔业总产量的 3.2% 左右。青鱼、草鱼、鲢鱼、鳙鱼是中国的四大淡水鱼,鲤、鲫、团头鲂、鳊、沼虾、绒螯蟹、河蚌等亦是经济价值较高的品种。其中鲤科鱼类约占中国淡水鱼类的 1/2,鲇科和鳅科共占 1/4,其他各种淡水鱼类占 1/4。北方地区盛产鲑科、茴鱼科、狗鱼科、江鳕等耐寒性强的鱼类;西北高原地区盛产耐旱耐咸的鳅科鱼类及青海湖的湟鱼;江河平原地区盛产鲤科鱼类,是中国的淡水渔业中心;华南地区多产鲤科、鳅科、鲇科鱼类;西南地区则盛产鲤科、鳅科和鲇科鱼类等。

三、我国渔业生产布局

(一)我国海洋渔业生产布局

我国近海大陆架(含岛架)的面积达 41.4 亿亩。近海海流系统复杂,岛礁广布,局部还有涌升流等现象,水产资源潜力很大。仅大陆架渔场面积就有 150 万平方千米,约合 22 亿亩,为世界浅海渔场的 1/4,居世界第一位。据估测,我国近海鱼类生产力约为年产 1500 万吨。

我国沿海的主要渔场大致有如下 10 个:

1.石岛渔场

石岛渔场位于山东石岛东南的黄海中部海域,地处黄海南北要冲,是多种经济鱼虾类洄游的必经之地,同时也是黄海对虾、小黄鱼越冬场之一和鳕鱼的唯一产卵场,渔业资源丰富,是我国北方海区的主要渔场之一。

2. 大沙渔场

大沙渔场位于黄海南部,大致在北纬 32°~34°,东经 122°30′~125°。地处黄海暖流、苏北沿岸流、长江淡水交汇的海域,浮游生物繁茂,是多种经济鱼虾类的越冬和索饵场所,是黄海的优良渔场之一。

3. 吕四渔场

吕四渔场位于黄海西南部,东连大沙渔场,西邻苏北沿岸。吕四渔场地处废黄河口,泥沙运动频繁,渔场内的沙滩位置与形态常常变化,营养物质丰富渔场水浅、地形复杂,因而为鱼类生长提供了良好的条件,是我国著名的沙洲渔场。

4. 舟山渔场

舟山渔场位于舟山群岛东部,大致在北纬 28°~31°,东经 125°以西的范围,地近长江、钱塘江的出海口。冷、暖、咸、淡不同水系在此汇合,水质肥沃,饵料丰富,鱼群十分密集,为我国近海最大的渔场,也是世界上少数几个最大的渔场之一。

5. 闽东渔场

闽东渔场位于北纬 25°~27°10′,东经 125°以西的东海南部海区。闽东渔场有多条河流注入,又有低温低盐的浙闽沿岸水与高温高盐的台湾暖流分支汇合,营养盐丰富,饵料生物繁生。这里四季均有渔汛,渔业产量占福建省海洋渔业总产量的大部分。

6. 闽南—台湾浅滩渔场

闽南—台湾浅滩渔场位于台湾海峡南部,北起北槟岛附近,南至台湾浅滩以南,自然条件复杂,渔业资源丰富,鱼种繁多,是我国一个重要的中上层鱼类渔场。渔场综合产量高,全年均可作业。

7. 珠江口渔场

珠江口渔场位于北纬 21°08′~22°00′,东经 112°50′~114°20′,为南海的重要渔场之一。渔场内岛屿众多,渔场地处外海水和珠江冲淡水的交汇区,带来大量的营养物质,使众多浮游生物繁殖生长,成为生物活动的密集中心,构成优越的渔场环境。

8. 北部湾北部渔场

北部湾北部渔场位北纬 20°20′~21°30′,东经 106°30′~109°50′,北濒广西沿岸,东临雷州半岛,西邻越南,南接北部湾中南部海域,渔场内岛屿较多。来自大陆的九州江、南流江、钦江、北仑河和红河等江河流入北部湾,繁殖生长了大量的浮游生物,形成了许多经济鱼类的良好栖息场所。

9. 西沙群岛渔场

西沙海域气候炎热,终年水温很高,为鱼类生长、繁殖带来了丰富的饵料基础和优越的栖息条件。西沙群岛渔场是典型的热带海洋性气候,鱼类终年生长、繁殖。生长快、个体大是西沙群岛渔场经济鱼类的一个显著特点。此外,凶猛性鱼类数量较多,肉食性的鱼类约占 40%~50%,如鲨鱼,几乎分布于整个水域。由于这里鱼类资源雄厚,故各种鱼类的上钓率特别高,在我国沿海首屈一指。

10. 南沙群岛渔场

南沙群岛是由 200 多个岛礁、沙洲、暗沙、暗滩等组成的群岛,周围有许多沉没的海底山和珊瑚礁。受这种地形影响,常能形成局部的涌升流,把底层丰富的营养成分带到表层。同时,众多的珊瑚礁环境又为鱼类提供了饵料充足、适宜栖息和易躲避敌害的场所,因此,南沙群岛渔场水产资源十分丰富。

(二)我国淡水渔业生产布局

中国内陆水域水产资源丰富,产量约占全球内陆水域产量的1/5。主要种类有青鱼、草鱼、鲢、鳙以及鲤、鲫、青海湖裸鲤、团头鲂和鲅等。

1.长江中下游淡水渔业区

本区主要包括淮河以内的湖北、湖南、江西、安徽、江苏、浙江、上海和河南、陕西的部分地区,属淮河、长江、钱塘江三大水系。著名的洞庭湖、鄱阳湖、巢湖、洪湖、洪泽湖、微山湖等都是主要的产鱼区。区内气候适中,雨量充沛,水域辽阔,是全国最大的淡水渔业区。全区水域面积约800多万公顷,占全国的45%左右;养殖面积200多万公顷,占全国淡水养殖面积的52%。

2.华南山地淡水渔业区

本区包括广东、广西、福建、海南等省区。本区主要属珠江流域,是我国维度最低、降水量最多的地区,对渔业生产有利。全区总水面约有243万公顷,其中可养水域面积约有70万公顷;水域河沟居多,其次是水库和池塘,湖泊仅0.26万公顷。淡水渔业以养殖为主。区内气候温暖,水源充足,饵料丰富,水质肥沃,鱼类一年四季都可以生长。

3.华北平原淡水渔业区

本区包括秦岭至淮河以内,长城以南,黄土高原西缘以东的山东、河北、天津、北京、陕西全部及河南、陕西、宁夏和甘肃等省的大部分地区,属海河流域及黄河中下游地区。全区水域总面积约96万公顷,占全国的5.4%左右;淡水养殖面积约45万公顷。该区降水较少,鱼类主要分布于少数湖泊,如山东的南阳湖,河北的白洋淀、文安洼,北京的密云、官厅水库等水域。

4.西南淡水渔业区

本区包括云南、贵州、四川三省及湖北、湖南、广西的一小部分。本区山地、高原和丘陵多,平原和山间盆地仅占土地面积的5%左右;水域总面积有105万公顷,但可养水面不到50万公顷。本区气候温和,雨量充沛,鱼类可常年生长。区内大小湖泊、池塘众多,是主要的鱼产地。本区湖泊集中于云南省,著名的有滇池、抚仙湖、洱海等。

5.东北淡水渔业区

本区包括东北三省及内蒙古东部地区,内陆总水域面积约有222.3万公顷,以江河、湖泊等大水面居多,池塘等小水面近10多万公顷。目前东北地区湖泊、水库等可养殖水面的利用率仍不足50%,单产水平也较低。东北地区水域面积占全国的24%,其中黑龙江水系鱼量最大。

6.蒙新淡水渔业区

本区包括新疆全部、内蒙福、宁夏和甘肃的部分地区。区内有额尔齐斯河、伊犁河、塔里木河、岱海、呼伦湖和贝尔湖等。区域内水域面积约150多万公顷,以湖泊为主,约占总水面的61%,但湖泊多咸水湖,接近淡水或低盐度的湖不多,且多数属中等或贫营养性水域,养殖条件较差。

7.青藏淡水渔业区

本区包括青海、西藏及川西高原,基本上是高原地区,大多数地区干燥寒冷,湖泊水域虽多达380万公顷,但可养殖条件很差。渔业生产以青海湖的捕捞为主,城郊建有少量精养鱼塘。

湖泊冰湖长达 6 个月,夏季水温不高,渔业条件差。青海湖是主要渔业区。

四、我国渔产品物流概况

我国的渔产品物流发展时间不长,但渔产品物流总量较大。我国目前渔产品产量居世界第一,占世界渔产品产量的 40% 左右,并且持续增长。现阶段我国渔产品物流发展模式以传统的"类物流"业和"共同配送中心"向现代物流体系发展。

由于中国渔产品运输方式的制约,造成了产地与销地的脱节。渔产品的消费特征要求渔产品必须保证鲜活流通,而渔产品容易腐烂,所以要实现渔产品的鲜活流通,就需要保证尽量减少渔产品的实体周转。一般而言,淡水渔产品比较分散,要求灵活性较强的短程物流。最近几年,淡水鱼运输方式改变成冰鲜虾鱼集装箱运输方式,南方主产区的淡水鱼生产有了突飞猛进的发展。总体上看,中国渔产品物流信息化程度还较低,信息网络在乡、村出现断层,加上渔产品市场信息,特别是渔产品物流资源信息不集中,发布与更新不及时,导致信息共享度低,信息流通不畅。总之,我国渔产品物流发展空间还很大。

拓展提升

我国烟草物流发展情况

烟草业在中国多年来一直实行专卖专营制度,因此行业各主体的市场竞争意识不强,物流领域的运作长期不受重视。与发达国家相比,我国烟草物流的运作在总体上处于较低水平。

1999 年上海烟草公司推行"以电话订货、网上配货、电子结算、现代物流为手段,以标准化、程序化、信息化管理为内容,以客户满意为需求"的新业务模式,体现现代流通的本质特征,代表中国烟草网建的发展方向。自此,中国烟草开始了物流建设的征程。

2006 年以来,烟草行业连续四次召开行业现代物流建设工作会议。2006 年,现代物流被认为"是实现传统商业向现代流通转变的关键所在";2007 年和 2008 年分别在安徽和上海召开会议,对现代物流建设工作给予充分肯定;2010 年会议上明确提出"烟草物流是烟草行业核心业务,是中国烟草面向未来提升核心竞争力的重要支撑",现代物流建设已经成为中国烟草行业的重中之重。全行业已经形成了覆盖全国、分工明确、全程控制、面向 500 多万卷烟零售户的现代物流体系。

我国烟草物流存在一些独特的特点,这些特点使烟草物流的运作与其他行业物流的运作区别开来。我国烟草物流具有明显的区域性特征,烟草零售户多、订单量小、品种分散,烟草的物流量与仓储量大,烟草成品对自动化处理的需求高,烟草存储有温度、湿度、杀虫和消防的要求。

项目小结

本项目是在了解农业及农业物流基础知识的基础上,重点学习我国种植业、畜牧业、林业和渔业的发展情况、布局和物流地理知识,以达到掌握农业物流概念、类型、特点以及我国种植业、畜牧业、林业和渔业布局的目标。

项目实训

实训目的:通过实训,使学生熟悉我国主要的种植业、畜牧业、林业和渔业生产布局情况。

实训内容：

1.查阅资料，熟悉中国农业生产的链状结构情况。

2.查阅资料，描述我国农产品物流未来发展趋势。

实训学时：4 学时。

实训组织实施：学生分组，以 3～4 人为一组，对以上 4 项实训内容每组提交一份画图作业及实训报告。

项目习题

一、填空题

1.农业按劳动对象的不同，可以分为＿＿＿＿＿＿、＿＿＿＿＿＿、＿＿＿＿＿＿、＿＿＿＿＿＿和

＿＿＿＿＿＿。

2. 农业物流根据管理形式分为＿＿＿＿＿＿、＿＿＿＿＿＿和＿＿＿＿＿＿。

3. 种植业的概念是＿＿＿＿＿＿＿＿＿＿＿＿＿＿＿＿＿＿＿＿＿＿。

4. 世界三大谷类作物是＿＿＿＿＿＿、＿＿＿＿＿＿和＿＿＿＿＿＿。

5.中国海域从南到北，共跨越 37 个纬度，呈现＿＿＿＿＿＿、＿＿＿＿＿＿和＿＿＿＿＿＿各种不同的环境差异，鱼类种数的分布有南多北少的趋势。

二、选择题

1.农业生产的特点是（　　）。

A.地域性　　　B.季节性　　　C.不稳定性　　　D.综合性

2.农业物流根据农业生产过程的主要阶段和物质转化分为（　　）。

A.农业产前物流　　B.农业生产物流　　C.农产品流通物流　　D.农业废弃物物流

3.农业作为可分为（　　）。

A.谷物　　　B.豆类　　　C.薯类　　　　D.油料作物

4.根据畜牧业生产发展的条件和特点，以及民族的生活、生产习惯与历史发展的地区差异等，中国畜牧业可划分为（　　）等 4 种类型地区。

A.牧区　　　B.农区　　　C.半农半牧区　　D.城郊

5.以下哪些渔场位于我国黄海区域？（　　）。

A.石岛渔场　　B.大沙渔场　　C.吕四渔场　　D.舟山渔场

三、简述题

1.我国农业物流的特征及存在的问题有哪些？

2.简述我国粮食作物生产布局的特点。

3.简述我国森林资源的地理（区）分布及特点。

4.简述我国畜牧业分布情况。

5.简述我国渔业生产布局情况。

6.从我国粮食安全角度谈谈对我国未来粮食生产布局的看法。

项目十　中国工业布局与物流地理

知识目标

1. 了解工业及其分类、布局因素,我国工业发展与布局变化
2. 掌握我国煤炭工业、石油工业、电力工业、冶金工业、化学工业、建筑材料工业、机械工业和电子工业的发展概况及布局特点
3. 掌握我国纺织工业、食品工业、造纸工业的发展现状及布局特点

能力目标

1. 能准确描述影响工业布局的因素
2. 能准确描述我国煤炭的主产区及煤炭运输线路
3. 能准确描述我国油田分布,能说出我国天然气田分布及管网布局
4. 能准确描述我国电站的分布
5. 能准确描述我国主要的钢铁工业基地及其特点
6. 能准确描述我国纺织工业分局及各自的特点

任务一　工业概述

一、工业及其分类

工业是唯一生产现代化劳动手段的部门,它决定着国民经济现代化的速度、规模和水平,在当代世界各国国民经济中起着主导作用。工业为自身和国民经济其他各个部门提供原材料、燃料和动力,为人民物质文化生活提供工业消费品。工业是国家财政收入的主要源泉,是国家经济自主、政治独立、国防现代化的根本保证。

工业是国民经济中最重要的物质生产部门之一。工业生产主要是对自然资源以及原材料进行加工或装配的过程。在过去的产业经济学领域中,往往根据产品单位体积的相对重量将工业划分为轻、重工业。由于在近代工业的发展中,化学工业居于十分突出的地位,因此,在工业结构的产业分类中,往往把化学工业独立出来,化学工业同轻、重工业并列。这样,工业结构就由轻工业、重工业和化学工业三大部分构成。

二、影响工业布局的因素

工业布局因素又称工业布局条件,是指影响工业空间分布过程与特点的因素或条件,主要有以下方面:

1. 自然因素

自然因素分为自然资源与自然条件两类,它们是影响工业生产发展与布局的物质基础和

重要的外部条件。前者包括矿产、土地、水与生物资源等;后者主要有工程与水文地质、地形、气候、陆地水文、自然灾害(如地震、滑坡与泥石流)、生态环境条件等。

2.社会经济因素

社会经济因素包括地区已有的经济基础与经济发展水平、运输条件、劳动力条件、市场消费因素、经济管理体制、区域政策、价格及税收制信息网络的通达度等。它们对工业布局,特别是工业企业选择最优区位有着重要作用。

3.生产技术因素

生产技术因素包括生产工具(设备)和与它相适应的工艺流程与方法,以及劳动者掌握生产工具的技能,三者相互影响而又紧密联系。生产技术进步会相应地改变自然和社会经济因素对工业布局影响的程度。如地质勘探及矿物采选冶炼技术的进步,可扩大对自然资源开发利用的广度和深度,减少工业布局对自然资源依赖的程度;能源利用与输送技术和交通运输技术的进步,为工业在地域空间的广泛分布创造条件。

4.心理、行为等因素

在影响工业布局的因素中,除自然因素、社会经济因素、生产技术因素外,还有心理、行为因素,这两项因素也在一定程度上影响工业布局,如区位的选择等。

在工业布局过程中,上述各因素都在不同地域和不同程度上综合地起作用。

三、我国工业发展与布局变化

我国工业的发展进程可以概括为以下四个时期:

1.新民主主义社会的工业发展（1949年10月—1952年）

从生产力的角度来看,这个时期就是国民经济恢复时期。这个时期恢复工业和国民经济面临着多种极大困难。在这期间,工业生产恢复发展速度很快,技术水平迅速提高,工业结构和地区布局发生明显变化,工业经济效益显著提高,职工生活和劳动条件有很大改善。

2.从新民主主义社会到社会主义社会的过渡时期的工业发展（1953—1957年）

从生产力的角度看,这个时期就是建立社会主义工业化初步基础的时期。相对国民经济恢复时期开始面临的极其险恶的国内和国际环境来说,“一五”时期在发展工业和国民经济方面的困难要少,但仍然很大。在这期间,工业基本建设和生产迅速增长,工业技术水平显著提高,工业结构和地区布局有重大变化。工业所有制结构发生根本变化,工业经济效益显著提高。

3.实行计划经济体制时期的工业发展（1957—1976年）

在这期间,中国工业赢得了一定的增长速度,而且作为传统工业但属于经济薄弱环节的石油工业,以及作为新兴工业的化学工业和电子工业获得了较快的发展,作为高科技产业的核工业和航天工业获得了突破性的发展。“两弹一星”就是在这期间试验成功的。

4.改革时期的工业发展

1979年以来,中国工业生产一直呈高速发展势头。今天,中国不仅能制造飞机、船舶、汽车,还能制造人造地球卫星以及现代化的工业设备。一个具有一定技术水平的、门类比较齐全的、独立的工业体系已经建立起来。

任务二　重工业布局与物流地理

一、重工业及其重要地位

(一)概述

重工业是"轻工业"的对称,是指以能源原材料工业为基础,以高档耐用消费品、装备制造业、电子及电器机械工业、化学工业为主体的产业体系。它包括冶金、机械、能源(电力、石油、煤炭、天然气等)、化学、建筑材料等工业,是为国民经济各部门提供技术装备、动力和原材料的基础工业。它为国民经济各部门(包括工业本身)提供原材料、燃料、动力、技术装备等劳动资料和劳动对象,是实现社会再生产和扩大再生产的物质基础。一个国家重工业的发展规模和技术水平,是体现其国力的重要标志。

(二)经济地位

重工业的产品是实现社会扩大再生产的物质基础。在技术不断进步的条件下,就社会各物质生产部门之间的发展关系来说,重工业的增长速度一般要快于轻工业和农业,这是生产资料生产优先增长的一般规律。但是重工业的发展不能不受到轻工业和农业发展的制约,因为重工业的发展离不开轻工业、农业提供消费品,特别是离不开轻工业、农业提供原料、资金和广大市场。因此在安排重工业的发展规模和速度时,应当遵循两大部类协调发展的原理,把需要与可能结合起来进行综合平衡。

(三)中国重工业概况

中国的重工业包括能源、钢铁、机械、化工等行业。1999 年全部国有及规模以上工业企业重工业增加值 11617 亿元。能源工业有煤、石油和电力,其中煤是主要能源。大型煤炭基地有山西大同、河北开滦、河南平顶山、安徽淮北、山东兖州、江苏徐州、黑龙江鸡西、辽宁铁法等 16 个。近年来随着工业体制的改革,煤炭企业的经济增长方式向集约型转变,同时煤炭工业多种经营迅速发展,产业结构不断变化。目前,全国重点煤矿已发展多种经营企业 1.7 万家,产值相当于煤炭产值的一半以上。

二、能源工业布局与物流地理

(一)煤炭工业

煤炭工业是采用地下采掘或露天采掘方式生产煤炭以及对煤炭进行洗选加工的工业部门。

煤炭是世界上最丰富的能源资源和化工原料资源,作为一种矿物燃料,开发利用最早。在第一次世界大战以前,煤炭一直是西方国家工业的动力基础。其后,它在燃料构成中的优势开始下降,石油和天然气则逐渐上升。20 世纪 60 年代随着中东石油大规模开发,进一步加速了这个过程。1967 年,煤炭在世界燃料构成中的比重首次被石油超过,退居第二位。20 世纪 70 年代初,爆发了世界性的"能源危机",西方各国为了开辟新的能源,改变能源结构,以减少对石油的依赖,在这种情况下,煤炭再次受到人们的注意。

在中国,煤炭是主要能源,它在能源消费结构中占绝大比重。中国煤炭资源储量丰富,在世界上居于前列,仅次于美国和苏联。中国是世界上开发利用煤炭最早的国家,地理名著《山海经》中称煤为"石涅",并记载了几处"石涅"产地,经考证都是现今煤田的所在地。我国劳动人民不仅有悠久的用煤历史,而且积累了丰富的找煤经验和煤田地质知识。在现代地质学诞生之前,就已经创造出在当时具有一定水平的煤田地质科学技术。

1.我国煤炭资源分布

中国煤炭资源在储量、勘探程度、地理分布、煤种及煤质等方面有以下特点:

(1)煤炭资源丰富,但人均占有量低。中国煤炭资源虽丰富,但勘探程度较低,实际上能开采并加以利用的储量较少。在目前经勘探证实的储量中,精查储量仅占30%,而且大部分已经开发利用,煤炭后备储量相当紧张。

(2)煤炭资源的地理分布极不平衡。中国煤炭资源北多南少,西多东少,煤炭资源的分布与消费区分布极不协调。从各大行政区内部看,煤炭资源分布也不平衡,如华东地区的煤炭资源储量的87%集中在安徽、山东,而工业主要在以上海为中心的长江三角洲地区;中南地区煤炭资源的72%集中在河南,而工业主要在武汉和珠江三角洲地区;西南煤炭资源的67%集中在贵州,而工业主要在四川;东北地区相对好一些,但也有52%的煤炭资源集中在北部黑龙江,而工业集中在辽宁。

(3)各地区煤炭品种和质量变化较大,分布不理想。中国炼焦煤在地区上分布不平衡,四种主要炼焦煤种中,瘦煤、焦煤、肥煤有一半左右集中在山西,而拥有大型钢铁企业的华东、中南、东北地区,炼焦煤很少。在东北地区,钢铁工业在辽宁,炼焦煤大多在黑龙江;在西南地区,钢铁工业在四川,而炼焦煤主要集中在贵州。

(4)条件简单,适于露天开采的储量少。露天开采效率高,投资少,建设周期短,但中国适于露天开采的煤炭储量少,仅占总储量的7%左右,其中70%是褐煤,主要分布在内蒙、新疆和云南等地。

2.我国煤炭工业布局

(1)山西产煤区。山西是我国最大的产煤省,探明储量、原煤产量和净调出量分别占到全国的26%、26%和75%以上。山西煤炭品种齐全、煤质优良,拥有所有牌号的炼焦煤、可供多种用途的动刀煤与无烟煤。山西煤供应了全国除新、甘、宁、青、云、贵、藏以外的绝大部分省(市、自治区)。根据煤田分布与生产运输状况,主要包括以下三大基地和六个骨干矿区:

①晋北煤炭基地。该基地包括探明储量达785亿吨的大宁煤田和河东煤田的北部,前者主要为不粘结与弱粘结煤种,后者主要为中、强粘结性炼焦煤种。最主要的矿区是大同和平朔。大同矿区经过新中国成立以来不断地扩建与新建,已成为采煤技术水平最高、年产量3000多万吨的全国第一煤矿区。平朔是20世纪80年代建设的露天矿区,已建成安太堡露天矿,设计能力1500万吨/年,此外还有数处露天矿可供新建,预计2020年可赶上大同矿区当时的规模。晋北煤炭以大同为集结点,主要向东运往京沈、京广、京沪沿线及其以南,包括从秦皇岛下海,称为晋煤南运北通道。

②晋中煤炭基地和晋南煤炭基地。该地区包括西山煤田、汾孝煤田、沁水煤田的北部和河东煤田的中部,主要矿区有晋中的西山、古交、阳泉,晋南的汾西和吕梁地区的离柳等。西山与古交是我国最重要的炼焦煤基地之一。晋中与晋南煤炭外运,目前主要经由石太线,外运能力5000万吨左右。阳(泉)涉(县)线目前能力有限,因此,太原地区部分煤炭只能北走京原线外运。

③晋东南煤炭基地。该基地主要包括沁水煤田中南部的潞安与晋城两个骨干矿区,以及众多的地方煤矿。该煤田以无烟煤为主。晋城无烟煤低灰低硫,发热量高,热稳定性强,与阳

泉煤不相上下。在潞安则有较多的炼焦煤,该煤田因位置比较闭塞,长期以来生产规模不大。

(2)河北(包括北京)产煤区。河北煤炭资源主要分布于冀南、冀东和京西,绝大部分均已开发。冀南煤炭基地主要矿区为峰峰、邯郸,冀东煤炭基地主要是开滦矿区,年产量均在1000万吨以上,其中开滦长期居于全国第二大煤矿区的地位,仅次于大同。此外还有几个中型矿区,包括京西、井陉、兴隆等。尽管河北各煤田储量不是很大,但靠近消费区,炼焦煤占到全省储量的40%以上,因而开发历史较久。河北煤炭主要是炼焦煤,需供应辽宁、华东及华中等地区钢铁企业,而动力用煤不足,需大量由山西供应,因此早已成为煤炭净调入省份。北京、天津二市更是大部分用煤依靠山西、河北供应。

(3)陕蒙产煤区。陕西和内蒙古西部是煤炭资源极其丰富而现有开发程度不高的产煤区,二者煤炭储量均在1500亿吨以上。鄂尔多斯大煤田范围包括内蒙古伊克昭盟大部及陕西北部、晋西北乃至宁夏东部,是一个世界级的特大型煤田,预测资源量及探明储量均占全国1/3以上。其中神府—东胜煤田已探明储量逾2000亿吨,准格尔煤田探明储量259亿吨,都是侏罗纪低灰、低硫、高发热量的动力用煤,其煤层倾角小、埋藏浅、水文地质条件简单,易于开采,部分矿区还有建设大型露天矿的优越条件。新中国成立后两省已经开发多年的矿区主要位于陕西渭北煤田和内蒙古的贺兰山—棹子山煤田。前者目前是西北最重要的煤炭基地,主要为炼焦煤种,后者现有乌达、海渤湾等中型矿区,是内蒙古的主要炼焦煤—动力煤产地。目前,陕西省和内蒙古,连同山西组成我国最集中的煤炭基地。

(4)东北产煤区。东北各省区合计探明煤炭储量735亿吨,占全国7.7%,主要分布在黑龙江和内蒙古东部。辽宁煤炭储量虽不算多(68亿吨),但主要煤田煤种重要,煤质优良,位置靠近重工业发达的辽中南各城市,因此绝大部分煤田已有较长的开采历史。黑龙江煤炭资源比较丰富,该省东部煤炭基地包括开发历史较久的鹤岗、鸡西两大矿区和新中国成立后新开发的双鸭山与七台河矿区。这里集中赋存了优质的动力煤与炼焦煤,对东北煤炭供应起着举足轻重的作用。由于东北三省用煤量不断增加,越来越多要依靠煤炭资源比较丰富的内蒙东部的支援。

(5)华东产煤区。华东煤炭集中分布在鲁西南、皖北、苏北毗邻地区,包括兖济、枣滕和淮北、淮南以及徐州等煤田。这些煤田的共同特点是煤层埋藏深,表土层厚,采煤塌陷影响严重,多数已开采多年,开采条件渐趋困难。但因靠近华东煤炭集中消费区,交通便利,煤质较好(多属炼焦煤牌号,以气煤、肥煤为主),故大多数矿区已建设到最大规模,开发强度很大。全区年产量大于1000万吨的矿区有新汶、兖州、淮北、淮南、徐州五处,中等规模的还有肥城、枣庄、淄博、大屯以及萍乡、丰城等。

(6)中南产煤区。中南煤炭资源集中于河南,拥有200亿吨的煤炭保有储量。正如山东对于华东沿海地区一样,河南各煤田对于能源缺乏的中南地区十分重要。自20世纪50年代着手建设平顶山煤矿以来,河南已有四个矿区,即平顶山、义马、郑州、鹤壁,年产量均在500万吨以上。这几个矿区的炼焦煤与动力煤除满足省内需要外,均大量南运中南各省及华东。百年老矿焦作虽产量已处于递减状态,但其优质无烟煤仍销往各省供民用及工业用途。江南各省区中只有湖南煤炭生产稍具规模,涟邵与资兴矿区均达200万吨/年以上,均以小型矿井为主。整个中南区煤炭自给率只有85%。除河南大量调出外,其他各省均依靠省外调入。鉴于江南各省区远离煤炭来源地,但水力及其他可再生能源资源丰富,可大力发展,沿海省份还可多途径、多品种运入能源,以减缓北煤南运的增长速度。

(7)西南产煤区。贵州、云南、四川是南方煤炭相对比较丰富的三个省份,合计拥有全国煤炭资源的 8.6%,尤其集中在贵州。我国原来煤炭生产很有限,20 世纪 60 年代以来,开始在三省接壤地区建设西南三线工业基地的组成部分,包括煤矿区在内。现已形成 500 万吨以上矿区一处(贵州盘江)、200～500 万吨矿区两处(贵州水城、四川攀枝花)。另外四川作为人口与能源消费大省,还在川东南、川北等地区发展了多处中小型矿区,其中南桐、松藻、芙蓉均年产 200 万吨以上。全省煤炭年产量接近 1 亿吨,仅次于山西。但由于本省用煤量很大,而资源不足,煤质又差(高硫),必须依靠由贵州和陕西两方运入煤炭,数量均达百万吨。此外,云南省在滇北也在着手建设昭通矿区,已部分向四川供煤或输电。

(8)西北产煤区。西北五省(区)煤炭资源主要分布在新疆天山北麓、宁夏贺兰山区及南部,以及甘青祁连山区。其中以新疆和宁夏两区最为丰富。但因位置偏远,远离主要消费区,生产规模有限。只有宁夏石炭井、石嘴山和甘肃的靖远、窑街达到年产量 200～500 万吨的水平。除宁夏煤炭部分向东输出外,均在区内消费。甘肃煤炭不能自给,需由宁夏、新疆双向供应。

3. 我国煤炭运输

我国煤炭资源北多南少,西富东贫,煤炭消费基地主要在东部地区,而煤炭的生产与供应基本在中、西部地区,并且今后煤炭的生产有向西北部地区转移的趋势,这种错位布局导致我国煤炭运输基本上形成了北煤南运、西煤东运的格局。

中国煤炭运输主要依靠铁路、公路、沿海和内河水运。煤炭的运输方式包括铁路、水路和公路,或单方式直达运输,或铁路、公路、水路多式联运。各种运输方式煤炭运输格局与特征分析如下:

(1)铁路煤炭运输。铁路是我国煤炭运输的主要方式,而煤炭历来是铁路运输的主要货物。铁路的煤炭运量占全国煤炭运输量的 70% 以上,由于我国煤炭资源主要分布在西北方,而煤炭消费主要在东南方,从而形成若干从北向南、由西向东的运煤铁路大通道。据统计,我国铁路煤运量一直占煤运总量的 60% 以上,煤炭运输量占铁路货运总量的 40% 左右。2013 年,全国铁路运输煤炭 23.2 亿吨,占据了全国铁路货运的半壁江山。

我国煤炭资源主要分布在北方,而能源消费主要在南方。由于煤炭产量集中在"三西"地区,"三西"地区煤炭外运成为北煤南运的焦点。"三西"地区外运铁路分为北路、中路和南路三个主要通道。北路的外运铁路包括丰沙大、大秦、朔黄、京原和集通线,主要运输大同、平朔、准格尔、河保偏、神府、东胜、乌达、海勃湾等矿区和宁夏的煤炭。其中大秦线是最主要的运输线路。中路外运铁路目前包括石太线、邯长线和太焦线,主要运输西山、阳泉、晋中和吕梁地区的炼焦煤和无烟煤,以及潞安、晋城和阳泉等矿区的煤炭。南路的煤炭外运主要经南同蒲线、陇海线和侯月线,此外还通过西康线、襄渝线外运少量的陕西煤。往华东地区的煤炭铁路运输量约为"三西"铁路运输的一半。目前进入华东的主要运煤铁路有陇海、石德、津浦、新荷、湘赣、京九、武九及麻城等 7 条铁路。

(2)公路煤炭运输。目前我国铁路的运输价格低廉,促使铁路成为煤炭货种最为适宜的运输方式。然而由于铁路运输的能力有限,运力的不足由公路来作为补充。由于成本和运价等因素,理论上讲,公路煤炭运输只适合区域内近距离的运输。事实上,公路煤炭运输作为铁路和水路煤炭运输的重要补充,在主要的煤炭生产基地和煤炭中转港腹地,一直有部分中、短距离的公路直达运输或公路集港运输。跨地区公路煤炭运输主要集结在山西、内蒙古等地区。

大规模的长距离煤炭运输并不是公路运输方式的优势所在,然而近几年来,随着经济发展对煤炭需求的大幅度增长,铁路运力不断趋紧,公路煤炭运输发展较快。从成本核算的角度讲,公路煤运的经济运距应该不超过 1000 千米。但是,在电煤严重紧张,铁路运能无法满足的情况下,许多用煤企业不得不选择了公路甚至是高速公路运输,无形中成倍地提高了煤炭的消费价格。

煤炭是我国最重要的大宗消费品,煤炭生产主要集中于山西、陕西、内蒙古西(简称"三西")地区。与煤炭需求的增速相比,西煤东运的铁路运力增长仍显缓慢。有关资料显示,2008～2010年,我国西煤东运的铁路运力年增量分别为 1.02 亿吨、1.27 亿吨和 0.97 亿吨,但"三西"煤炭产量的增量每年都会超过 1.5 亿吨,给铁路运输带来巨大压力,同时为公路运输带来发展机遇。

(3)水路煤炭运输分析。我国煤炭水上运输包括海运和内河运输。煤炭的海上运输首先通过铁路或公路将煤炭从生产基地集结到北方沿海中转港口,再由海轮运向渤海湾、华东和中南地区以及国外;内河煤炭运输通道主要包括长江和京杭运河,主要是将来自晋、冀、豫、皖、鲁、苏及海进江(河)的煤炭经过长江或运河的煤炭中转港或主要支流港中转后,用轮驳船运往华东和沿江(河)用户,从而形成了我国水上煤炭运输"北煤南运"、"西煤东运"的水上运输格局。近十年来,通过对北方大型煤炭装船港和南方煤炭接卸港的大规模建设,以及大型运煤船队的发展,煤炭水上运输能力有了很大的提高。

煤炭主要下水港包括:沿海有北方七港,即秦皇岛港、天津港、黄骅港、京津港、青岛港、日照港、连云港。北方七港煤炭下水量占沿海煤炭总下水量的一半以上。内河煤炭下水港有长江四港(南京港、武汉港、芜湖港、枝江刚)、京杭运河上的徐州港和珠江水系的贵港。煤炭主要接卸港包括:沿海有华东地区的上海港、宁波港,华南地区的广州港。内河有长江上的江阴港、南通港、镇江港、马鞍山港及京杭运河上的杭州港。

"铁水联运"是北煤南运的主要方式,因此海运能力在煤炭运输系统中仅次于铁路的重要性。不过,与捉襟见肘的铁路运输相比,由于各地港口和运输船队建设已经实施市场化运作,因此我国煤炭的海运能力和港口建设增长迅猛。

(二)石油工业

石油工业是燃料工业之一。从勘探、开采到加工石油一系列过程是由石油部门所完成。石油工业为国民经济各部门提供各种燃料油,包括天然石油和油页岩的勘探、开采、炼制、储运等生产单位,采掘和加工天然石油、油页岩及天然气的工业部门。

中国利用石油的历史悠久,石油资源丰富。中华人民共和国成立以后,石油工业有了很大发展。石油的勘探与开发取得了巨大进展,先后开发了克拉玛依、大庆、胜利、大港、辽河、华北、中原等油田。石油工业已成为给国民经济提供能源、为社会主义经济建设积累资金的重要部门。我国是世界上最早发现和利用石油、天然气的国家之一,经过几十年的努力,我国的石油、天然气工业已取得了长足的进步。

1.我国石油资源分布

我国石油资源集中分布在渤海湾、松辽、塔里木、鄂尔多斯、准噶尔、珠江口、柴达木和东海陆架八大盆地,其可采资源量 172 亿吨,占全国的 81.13％;天然气资源集中分布在塔里木、四川、鄂尔多斯、东海陆架、柴达木、松辽、莺歌海、琼东南和渤海湾九大盆地,其可采资源量 18.4 万亿立方米,占全国的 83.64％。

从资源深度分布看,我国石油可采资源有 80% 集中分布在浅层(<2000 米)和中深层(2000～3500 米),而深层(3500～4500 米)和超深层(<4500 米分布较少;天然气资源在浅层、中深层、深层和超深层分布却相对比较均匀。从地理环境分布看,我国石油可采资源有 76% 分布在平原、浅海、戈壁和沙漠,天然气可采资源有 74% 分布在浅海、沙漠、山地、平原和戈壁。从资源品位看,我国石油可采资源中优质资源占 63%,低渗透资源占 28%,重油占 9%;天然气可采资源中优质资源占 76%,低渗透资源占 24%。

2. 我国主要油田

(1)大庆油田。大庆油田位于黑龙江省西部、松嫩平原中部,地处哈尔滨、齐齐哈尔两市之间。油田南北长 140 千米,东西最宽处 70 千米,总面积 5470 平方千米。1960 年 3 月党中央批准开展石油会战,1963 年形成了 600 万吨的生产能力,当年生产原油 439 万吨,对实现中国石油自给自足起到了决定性作用。1976 年原油产量突破 5000 万吨,成为我国第一大油田。目前,大庆油田采用新工艺、新技术,使原油产量仍然保持在 5000 万吨以上。

(2)胜利油田。胜利油田地处山东北部渤海之滨的黄河三角洲地带,主要分布在东营、滨洲、德洲、济南、潍坊、淄博、聊城、烟台等 8 个城市的 28 个县(区)境内,主要开采范围约 4.4 平方千米,是我国第二大油田。

(3)辽河油田。辽河油田主要分布在辽河中上游平原以及内蒙古东部和辽东湾滩海地区。已开发建设 26 个油田,建成兴隆台、曙光、欢喜岭、锦州、高升、沈阳、茨榆坨、冷家、科尔沁等 9 个主要生产基地,地跨辽宁省和内蒙古自治区的 13 市(地)32 县(旗),总面积 10 万平方千米,产量居全国第三位。

(4)克拉玛依油田。克拉玛依油田地处新疆克拉玛依市。40 年来在准噶尔盆地和塔里木盆地找到了 19 个油气田,以克拉玛依为主,开发了 15 个油气田,建成了 792 万吨原油配套生产能力(稀油 603.1 万吨,稠油 188.9 万吨),从 1900 年起,陆上原油产量居全国第四位。

(5)四川油田。四川油田地处四川盆地,已有 60 年的历史,发现油田 12 个。在盆地内建成南部、西南部、西北部、东部 4 个气区。目前生产天然气产量占全国总量近一半,是我国第一大气田。

(6)华北油田。华北油田位于河北省中部冀中平原的任丘市,包括京、冀、晋、蒙区域内油气生产区。1975 年,冀中平原上的一口探井任 4 喷出日产千吨高产工业油流,发现了我国最大的碳酸盐岩潜山大油田任丘油田。1978 年原油产量达到 1723 万吨,为当年全国原油产量突破 1 亿吨作出了重要贡献。直到 1986 年,保持年产量原油 1 千万吨达 10 年之久。目前原油产量约 400 多万吨。

(7)大港油田。大港油田位于天津市大港区,其勘探地域辽阔,包括大港探区及新疆尤尔都斯盆地,总勘探面积 34629 平方千米,其中大港探区 18628 平方千米。现已在大港探区建成投产 15 个油气田、24 个开发区,形成年产原油 430 万吨和天然气 3.8 亿立方米生产能力。目前,发现了千米桥等上亿吨含油气构造,为老油田的增储上产开辟了新的油气区。

(8)中原油田。中原油田地处河南省濮阳地区,于 1975 年发现,经过 20 年的勘探开发建设,已累计探明石油地质储量 4.55 亿吨,探明天然气地质储量 395.7 亿立方米,累计生产原油 7723 万吨、天然气 133.8 亿立方米。现已是我国东部地区重要的石油天然气生产基地之一。

(9)吉林油田。吉林油田地处吉林省扶余地区,油气勘探开发在吉林省境内的两大盆地展开,先后发现并探明了 18 个油田,其中扶余、新民两个油田是储量超亿吨的大型油田,油田生产已达到年产原油 350 万吨以上,形万了原油加工能力 70 万吨特大型企业的生产规模。

(10)河南油田。河南油田地处豫西南的南阳盆地,矿区横跨南阳、驻马店、平顶山三地市,分布在新野、唐河等 8 县境内。已累计找到 14 个油田,探明石油地质储量 1.7 亿吨及含油面积 117.9 平方千米。

(11)长庆油田。长庆油田勘探区域主要在陕甘宁盆地,勘探总面积约 37 万平方千米。油气勘探开发建设始于 1970 年,先后找到了油气田 22 个,其中油田 19 个,累计探明油气地质储量 54188.8 万吨(含天然气探明储量 2330.08 亿立方米)。长庆油田目前已成为我国主要的天然气产区,并成为北京天然气的主要输送基地。

(12)江汉油田。江汉油田是我国中南地区重要的综合型石油基地。油田主要分布在湖北省境内的潜江、荆沙等 7 个市县和山东寿光市、广饶县以及湖南省境内衡阳市。先后发现 24 个油气田,探明含油面积 139.6 平方千米、含气面积 71.04 平方千米,累计生产原油 2118.73 万吨、天然气 9.54 亿立方米。

(13)江苏油田。江苏油田油区主要分布在江苏的扬州、盐城、淮阴、镇江 4 个地区 8 个县市,已投入开发的油气田 22 个。目前勘探的主要对象在苏北盆地东台坳陷。

(14)青海油田。青海油田位于青海省西北部柴达木盆地。盆地面积约 25 万平方千米,沉积面积 12 万平方千米,具有油气远景的中新生界沉积面积约 9.6 万平方千米。目前,已探明油田 16 个,气田 6 个。

(15)塔里木油田。塔里木油田位于新疆南部的塔里木盆地,东西长 1400 千米,南北最宽外 520 千米,总面积 56 万平方千米,是我国最大和内陆盆地。中部是号称"死亡之海"的塔克拉玛干大沙漠。1988 年轮南 2 井喷出高产油气流后,经过 7 年的勘探,已探明 9 个大中型油气田、26 个含油气构造,累计探明油气地质储量 3.78 亿吨,具备年产 500 万吨原油;100 万吨凝折、25 亿立方米天然气的资源保证。

(16)吐哈油田。吐哈油田位于新疆吐鲁番、哈密盆地境内,负责吐鲁番、哈密盆地的石油勘探。盆地东西长 600 公、南北宽 130 千米,面积约 5.3 万平方千米。于 1991 年 2 月全面展开吐哈石油勘探开发会战。截止 1995 年底,共发现鄯善、温吉桑等 14 个油气油田和 6 个含油气构造,探明含油气面积 178.1 平方千米,累计探明石油地质储量 2.08 亿吨、天然气储量 731 亿立方米。

(17)玉门油田。玉门油田位于甘肃玉门市境内,总面积 114.37 平方千米。油田于 1939 年投入开发,1959 生产原油曾达到 140.29 万吨,占当年全国原油产量的 50.9%。创造了 70 年代 60 万吨、稳产 10 年和 80 年代 50 万吨、稳产 10 的优异成绩,被誉为中国石油工业的摇篮。

除陆地石油资源外,我国的海洋油气资源也十分丰富。中国近海海域发育了一系列沉积盆地,总面积达近百万平方千米,具有丰富的含油气远景。这些沉积盆地自北向南包括:渤海盆地、北黄海盆地、南黄海盆地、东海盆地、冲绳海槽盆地、台西盆地、台西南盆地、台西南盆地、台东盆地、珠江口盆地、北部湾盆地、莺歌海——琼东南盆地、南海南部诸盆地等。中国海上油气勘探主要集中于渤海、黄海、东海及南海北部大陆架。据我国科学家 1982 年估计,钓鱼岛周围海域的石油储量约为 30 亿~70 亿吨。还有资料反映,该海域海底石油储量约为 800 亿桶,超过 100 亿吨。南海海域更是石油宝库,经初步估计,整个南海的石油地质储量大致在 230 亿~300 亿吨,约占中国总资源量的 1/3,属于世界四大海洋油气聚集中心之一,有"第二个波斯湾"之称。到目前为止,渤海湾地区已发现 7 个亿吨级油田,成为中国油气增长的主体。

(三)天然气工业

1.我国天然气资源分布

中国沉积岩分布面积广,陆相盆地多,形成优越的多种天然气储藏的地质条件。陆上天然气主要分布在中部和西部地区,中国天然气探明储量集中在10个大型盆地,依次为渤海湾、四川、松辽、准噶尔、莺歌海—琼东南、柴达木、吐—哈、塔里木、渤海、鄂尔多斯。中国气田以中小型为主,大多数气田的地质构造比较复杂,勘探开发难度大。

中国天然气资源量区域主要分布在中国的中西盆地。同时,中国还具有主要富集于华北地区非常规的煤层气远景资源。在中国960万平方千米的土地和300多万平方千米的管辖海域下,蕴藏着十分丰富的天然气资源。

2.我国天然气布局

(1)天然气田。我国陆地主要有塔里木气区、鄂尔多斯气区、柴达木气区、四川气区,主要分布在川渝、陕甘宁、新疆、青海、内蒙古、华北地区。近海的渤海湾、东海盆地、莺歌海盆地等建成了一批重要的海上天然气生产基地。我国已基本形成了四川、塔里木、鄂尔多斯、柴达木、准格尔、松辽、渤海湾、琼—莺等年产量超过10亿立方米的八大产气区。

由于中石油、中石化、中海油天然气勘探工作进展顺利,先后在川渝、陕甘宁、新疆、青海发现了多个大型天然气田,仅在川渝就发现了普光、龙岗、元坝等3个大气田,在鄂尔多斯盆地发现的探明储量上千亿立方米的有苏里格、靖边、榆林、乌审旗四个大气田。

(2)管网。截至2013年底,我国天然气管网共有管道42条,里程3.51万千米,站场463座,阀室1337座,压气站72座,用户491个,累计建成国内外5大资源走向,7座储气库群、3座LNG接收站。油气管网是能源输送的大动脉。

过去10年,我国油气管网建设加速推进,覆盖全国的油气管网初步形成,东北、西北、西南和海上四大油气通道战略布局基本完成,我国油气供应保障能力明显提升。这10年中,我国形成以西气东输一线和二线、陕京线、川气东送为骨架的横跨东西、纵贯南北、连通海外的全国性供气网络。"西气东输、海气登陆、就近外供"的供气格局已经形成,并形成较完善的区域性天然气管网。中哈、中俄、西部、石兰、惠银等原油管道构筑起区域性输油管网。以兰成渝、兰郑长等为代表的成品油管道,作为骨干输油管道,形成了"西油东送、北油南下"的格局。这10年来,困扰我国多年的80%进口原油必经马六甲海峡这一战略咽喉要道的不利局面出现根本改观。在西北,我国首条跨国原油管道中哈原油管道全线贯通,横贯中土哈乌四国的中亚天然气管道工程正式投产。在东北,中俄原油管道已投入运营。在西南,中缅油气管道境内外全线开工建设。西北、东北、西南及海上四大油气进口战略通道格局初现。预计到2015年,我国油气管道总长度将达15万千米左右。覆盖全国的油气管道将与进口战略通道一起,为满足我国油气需求搭建畅通的能源通道。

(四)电力工业

电力工业是一种发电输电工程。电力工业就是把不同形式的能量转换成电能,再以电磁场为载体,通过输电、变电与配电系统经电网输送给用户的工业部门。它是国民经济的一个重要的能源工业部门,是一个技术密集型的行业。

1.我国电力工业发展历程

中国的电力工业开始于1882年,英国商人在上海设立了电光公司,以后外国资本相继在天津、武汉、广州等地开办了一些电力工业企业。中国自己的资本1905年才开始投资于电力工业,以后虽有一定程度的发展,但增长速度缓慢。中华人民共和国建立后,国家对电力工业进行了大量投资,电力工业得到很大发展。到 2013 年底,全国发电量 52451 亿度,是 1949 年的 1212 倍;全国发电设备容量 12.3 亿千瓦,是 1949 年的 67 倍。

中国电力工业实行了水电、火电并举的方针。中华人民共和国建国初期,为配合新工业地区的建设,保证工业基地用电,电力工业主要在负荷地区建设火电站,同时积极为水电站建设准备条件。随后在条件具备的地区建设了一批大、中型水电站,如新安江、刘家峡、丹江口、葛洲坝、乌江渡等水电站,小水电的建设也得到了较快的发展。此外,中国正在积极研究开发核能、地热能、沼气、风力、太阳能、潮汐能等能源。

2.我国电站分布

(1)水力发电站。中国已建成三峡、葛洲坝、乌江渡、白山、龙羊峡和以礼河梯级等各类常规水电站,建成了潘家口等大型抽水蓄能电站(见潘家口水利枢纽)和试验性的江厦潮汐电站。

①三峡水电站。三峡水电站,又称三峡工程、三峡大坝,位于中国重庆市到湖北省宜昌市之间的长江干流上。大坝位于宜昌市上游不远处的三斗坪,并和下游的葛洲坝水电站构成梯级电站。它是世界上规模最大的水电站,也是中国有史以来建设最大型的工程项目。水电站大坝高 185 米,蓄水高 175 米,水库长 600 余千米,安装 32 台单机容量为 70 万千瓦的水电机组,是全世界最大的(装机容量)水力发电站。2010 年 7 月,三峡电站机组实现了电站 1820 万千瓦满出力 168 小时运行试验目标。(日发电量可突破 4.3 亿度电,占全国日发电量的 5% 左右)。三峡电站初期的规划是 26 台 70 万千瓦的机组,也就是装机容量为 1820 万千瓦,年发电量 847 亿度。后又在右岸大坝"白石尖"山体内建设地下电站,建 6 台 70 万千瓦的水轮发电机。再加上三峡电站自身的两台 5 万千瓦的电源电站。总装机容量达到了 2250 万千瓦,年发电量约 1000 亿度,是大亚湾核电站的 5 倍,是葛洲坝水电站的 10 倍,约占全国年发电总量的 3%,占全国水力发电的 20%。

②葛洲坝水电站。葛洲坝水电站又称葛洲坝水利枢纽,位于湖北省宜昌市境内的长江三峡末端河段上,距上游的三峡水电站 38 千米,距下游宜昌市主城区约 6 千米,因坝址处江中原有一小岛葛洲坝而得名。坝型为闸坝,最大坝高 47 米,总库容 15.8 亿立方米,总装机容量 271.5 万千瓦,年均发电量 140 亿千瓦时。葛洲坝水电站是长江干流上第一座大型水利枢纽,被誉为"万里长江第一坝"。又因为纪念毛主席 1958 年 3 月 30 日视察长江三峡,故名"330 工程"。

③乌江渡水电站。该水电站是对乌江流域实施梯级开发兴建的第一座大型水电站,位于乌江中游遵义县乌江镇,南距贵阳 105 千米,北离遵义 55 千米。1970 年开始施工准备,中间因补做地质工作停工两年,1974 年开始浇筑大坝混凝土,1979 年第一台机组发电,1983 年竣工。该电站向贵州、四川送电,支援两省工农业建设,是西南电网的骨干电站之一。电站总装机 63 万千瓦,多年平均发电量 31.05 亿千瓦小时,是中国在大陆岩溶地区修建的第一座大型水电工程。

④龙羊峡水电站。龙羊峡水电站距黄河发源地 1684 千米,下至黄河入海口 3376 千米,是黄河上游第一座大型梯级电站,人称黄河"龙头"电站。龙羊峡位于青海省共和县与贵德县之间的黄河干流上,长约 37 千米,宽不足 100 米。黄河自西向东穿行于峡谷中,两岸峭壁陡立,重峦叠嶂,河道狭窄,水流湍急,最窄处仅有 30 米左右,两岸相对高度约 200～300 米,最高可达 800 米。

（2）火电站。

①北仑电厂。北仑电厂是我国第一个利用世界银行贷款建设的火力发电厂,七台发电机组,总装机容量达 5000MW,是目前国内第二大的火力发电厂。2004 年 11 月,北仑发电厂投资 11.5 亿元,实施国内最大规模的 5 台 60 万千瓦机组脱硫改造,并于 2007 年 7 月提前 5 个月完工,每年可以减排二氧化硫近 9 万吨,为浙江省"蓝天碧水"工程创造了条件。

②陡河发电厂。大唐国际陡河发电厂建厂 32 年来,敢为人先,务实创新,以优良的管理水平始终保持在电力企业的先进行列,成为电业行业的一面旗帜。陡河发电厂隶属于北京大唐发电股份有限公司,始建于 1973 年,先后经历了震后重建和扩建,到 1987 年 10 月,八台机组全部建成投产,总装机容量 1550MW。

③邹县电厂。1983 年 10 月 1 日,邹县发电厂正式破土动工。一、二期工程安装 4 台 300MW 亚临界燃煤国产机组,1985—1989 年相继建成投产。自 2001 年起,该厂对 300MW 机组进行了大规模技术改造,现已完成 3 台,共增容 100MW。三期工程 2 台 600MW 机组是利用世界银行贷款建设的引进技术型机组,自 1993 年 11 月 25 日破土动工,至 1997 年 11 月 5 日全部投入运行。四期工程安装 2 台 1000MW 等级超超临界燃煤凝汽式汽轮发电机组,该工程自 2005 年 4 月 28 日主体施工,已于 2008 年全部建成投入运行。

（3）核电站。截止到 2011 年 3 月,中国已经有 6 个投入运营的核电,12 个在建的核电站,25 个筹建中的核电站。

①秦山核电站。秦山核电站位于杭州湾畔,一期工程是中国第一座依靠自己的力量设计、建造和运营管理的 30 万千瓦压水堆核电站。1985 年 3 月浇灌第一罐核岛底板混凝土,1991 年 12 月首次并网发电,1994 年 4 月设入商业运行,1995 年 7 月通过国家验收。秦山核电站二期核电站是建设我国自主设计、自主建造、自主管理、自主运营的首座 2×60 万千瓦商用压水堆核电站,于 1996 年 6 月 2 日开工,经过近 6 年的建设,第一台机组于 2002 年 4 月 15 日比计划提前 47 天投入商业运行。秦山核电站三期（重水堆）核电站,采用加拿大成熟的坎杜 6 重水堆核电技术,建造两台 70 万千瓦级核电机组。1 号机组于 2002 年 11 月 19 日首次并网发电,并于 2002 年 12 月 31 日投入商业运行。2 号机组于 2003 年 6 月 12 日首次并网发电,并于 2003 年 7 月 24 日投入商业运行。

②大亚湾核电站。大亚湾核电站位于中国广东省深圳市龙岗区大鹏半岛,是中国大陆建成的第二座核电站,也是大陆首座使用国大亚湾核电站外技术和资金建设的核电站。1994 年投入商业运行,大亚湾核电站是中国第一座大型商用核电站。此后,在大亚湾核电站之侧又建设了岭澳核电站,两者共同组成一个大型核电基地。拥有大亚湾核电站、岭澳核电站两座核电站共六台百万千瓦级压水堆核电机组,年发电能力约 450 亿千瓦时。其中,大亚湾核电站所生产的电力 70% 输往香港,约占香港社会用电总量的四分之一,30% 输往南方电网;岭澳核电站所生产的电力全部输往南方电网。据 2011 年统计数据,两座核电站输往南方电网的电力约占广东省社会用电总量的 9%。

③田湾核电站。田湾核电站位于江苏省连云港市连云区田湾,厂区按 4 台百万千瓦级核电机组规划,并留有再建 2～4 台的余地。一期建设 2 台单机容量 106 万千瓦的俄罗斯 AES-91 型压水堆核电机组,设计寿命 40 年,年平均负荷因子不低于 80%,年发电量为 140 亿千瓦时。工程于 1999 年 10 月 20 日正式开工,单台机组的建设工期为 62 个月,分别于 2004 年和 2005 年建成投产。

（4）风力发电站。风能作为一种清洁的可再生能源,越来越受到世界各国的重视。其蕴藏量巨大,全球风能资源总量约为 2.74×10^9 兆瓦,其中可利用的风能为 2×10^7 兆瓦。中国风能储量大、分布面广,开发利用潜力巨大。根据中国气象科学研究院绘制的全国平均风功率密度分布图,中国陆地 10 米高度层的风能总储量为 32.26 亿千瓦,居世界第一位。我国陆地上实际可开发的风能资源储量为 2.53 亿千瓦,近海风场的可开发风能资源是陆地上的 3 倍,则总的可开发风能资源约 10 亿千瓦。也就是说,如果中国的风力资源开发 60%,那么仅风能就可以支撑中国目前每年全部的电力需求。

中国的风电资源不仅丰富,而且分布基本均匀。东南沿海及其岛屿、青藏高原、西北、华北、新疆、内蒙古和东北部分地区都属于风能储藏量比较丰富的地区,而甘肃、山东、苏北、皖北等地区也有相当大比例的风能资源可以有效利用。我国陆地上从新疆、甘肃、宁夏到内蒙古,是一个大风力带;同时还有许多大风口,如张家口地区、鄱阳湖湖口地区、云南大理等。这些为风能的集中开发利用提供了极大的便利。

作为节能环保的新能源,风电产业赢得了历史性的发展机遇,近年来发展势头迅猛。以内蒙古、新疆、甘肃为代表的地区凭借资源优势,大力推动风电基地建设,风电装机规模快速扩张。2012 年以来,我国陆续出台多项政策法规,进一步优化风电产业发展环境,规范风电市场运行秩序。2013 年度全国风电新增核准容量 2755 万千瓦,同比增长 10%;新增并网容量 1492 万千瓦。2013 年全国风电年上网电量为 1371 亿千瓦时,同比增长 36%。截至到 2013 年 12 月末,中国风电累计装机容量达到 9174.46 万千瓦。截止 2014 年 6 月底,全国风电并网装机容量为 8277 万千瓦,预计到 2020 年中国风电装机量将实现 2 亿千瓦,发电量比重也将达到 5% 以上,进而可以实现从替补电源到替代电源的转变。

2014 年 6 月,我国海上风电标杆电价出台,海上风电开发再次升温。国内风电市场竞争形势日趋激烈,使得企业在满足国内需求的基础上,积极拓展海外市场。中国风力发电行业发展前景广阔,预计未来很长一段时间都将保持高速发展,同时盈利能力也将随着技术的逐渐成熟稳步提升。风电场建设、并网发电、风电设备制造等领域将成为投资热点,市场前景看好。

三、原材料工业布局与物流地理

(一)冶金工业

冶金工业包括黑色冶金和有色冶金部门,跨越开采工业和原材料工业两方面。其产品几乎都作为原材料供后续加工制造业,主要是供机械工业加工使用,而作为最终产品的很少。它为国民经济的各个部门、国防工业和尖端技术提供多种金属原材料。

中国古代冶金技术,有着悠久的历史。早在 3100—3700 年前,中国就冶铸了青铜器,距今 2500 年前,就掌握了冶铁技术。中华人民共和国建立后,冶金工业有了很大的发展,能冶炼 1000 多个钢种,有色金属工业总产值也有很大增长。并根据矿藏资源的特点,发展了合金钢系统,能轧制 2 万多个规格的钢材,不仅解决了自制火车、汽车、飞机、船舶、农机、重型机械、电站、大型厂房建筑、轻工市场产品等所需要的金属材料,而且制造氢弹、导弹、人造地球卫星、核潜艇等需要的金属材料。

1.钢铁工业

钢铁工业系指生产生铁、钢、钢材、工业纯铁和铁合金的工业,是世界所有工业化国家的基础工业之一。经济学家通常把钢产量或人均钢产量作为衡量各国经济实力的一项重要指标。

（1）我国钢铁工业发展。新中国成立时,中国钢铁工业的基础十分薄弱,全国几乎没有一家完整的钢铁联合企业。新中国成立后,钢铁工业开始逐步得到恢复和发展,在苏联援助下建设了鞍钢、武钢、包钢等钢铁厂,钢铁工业逐步建设发展形成了"三大"、"五中"、"十八小"的格局。党的十一届三中全会后,中国实行改革开放政策,为利用国外的资金、技术和资源创造了条件。进入21世纪,中国钢铁工业更是实现了持续高速发展。基于钢铁工业在国民经济和国防建设中的特殊地位,中国从新中国成立开始就一贯高度重视发展钢铁工业,产量高速增长,冶金工业技术进步巨大,行业经济效益提高明显,取得了举世瞩目的伟大成就。

(2)我国钢铁资源分布。

①铁矿资源分布。中国铁矿主要集中在内蒙古的包头、白云鄂博地区。白云鄂博是一座巨大的多金属共生矿床,铁矿石、稀土和稀有金属的储量都极为丰富,铁矿含铁33%,同时伴生有稀土13%、钒0.2%、萤石16.5%,其稀土矿的总储量比世界上其他各国的总和还要多。川西的攀枝花市已探明铁矿(主要是钒钛磁铁矿)73.8亿吨,占四川省铁矿探明资源储量的72.3%,是全国四大铁矿之一。

新疆地区铁矿以储量丰富、分布广、类型齐全、富矿多为特点。现已探明一批大、中型矿产地,如哈密地区新发现的大型富铁矿群——磁海铁矿,含铁品位为40~65%。在它的附近有六个中型矿。又如式台布台富铁矿、莫托沙拉锰铁富矿床,大多含铁达56%。

云南省内铁矿资源较丰富,全省储量达12.8亿吨,富矿占1/4,现有产地71处,已建矿山13处。如大红山铁矿是伴有金、铱、钴等多种金属的大型富矿。

其他矿区如贵州水城观音山、赫章铁矿山、独山平黄山和遵义地区、宁夏的石嘴山、广西的灵川和环江、雅脉等地也都有相当的铁矿资源。

②焦炭资源分布。我国炼焦煤资源主要分布在:内蒙古西部乌达和海渤湾地带、中部准格尔大煤田,所生产的焦煤主要供应包头钢铁厂;贵州的六盘水煤矿,是全国重点焦炭基地之一,所生产焦炭主要供应攀枝花钢铁厂外,还供应西南和两广地区钢铁企业;宁夏石炭井所生产的焦炭主要供应包钢和首钢等;另外在新疆、云南也有相当数量的焦煤生产。目前,民族地区焦炭煤很丰富。在数量上完全可以满足该地区钢铁工业的需要。在分布上也体现出相对的集中,北方分布在内蒙古、宁夏、新疆的焦炭确保包钢;南方六盘水的焦炭供应攀钢、柳钢等。

③锰矿资源分布。我国的锰矿资源相当丰富,锰矿储量达4亿吨左右,居世界第四位。广西锰矿总储量占全国1/3,遍布全区34个县市,其中以桂平、钦县最为集中,年产量占全国50%左右。贵州锰矿也有相当储量,集中于遵义市郊。熔剂石灰石、白云石以及萤石、硅石等,储量大,分布广,相对集中于中南地区,其中硅石则以西北地区为最多。

(3)我国主要钢铁生产基地。

①鞍本钢铁基地。鞍本钢铁基地包括鞍山钢铁公司和本溪钢铁公司,位于辽宁中部工业区,东倚千山山脉,北临辽河支流太子河,两侧千里平原,南望渤海湾。鞍山与本溪两钢铁公司之间相距仅100千米,周围资源丰富,铁矿的探明储量近百亿吨,其中工业储量40多亿吨,居各大基地的首位。现有铁矿开采能力约4000万吨左右,是全国最大的铁矿基地。鞍钢的主要铁矿基地有东鞍山、眼前山、齐大山、大孤山等铁矿,与鞍钢相距仅10~20千米,呈弧形分布。本钢则有南芬、歪头山等铁矿,分布在本钢南、北,相距各25千米左右。辽宁中部煤炭资源也相当丰富,拥有本溪湖(彩屯)、红阳(沈南)等煤矿,与钢铁基地距离在100千米范围内。鞍本钢铁基地经过40多年的改建、扩建,现仍是我国最大的钢铁基地。

②京、津、唐钢铁基地。京、津、唐钢铁基地包括首都钢铁公司、天津各钢厂及唐山钢铁公司,是全国重要的钢铁基地之一,主要钢铁产品产量占全国总产量的10%左右。其中,成品钢

材产量占全国钢铁总产量的 13%。首钢是京、津、唐地区最大的钢铁联合企业,经近十年的改建、扩建,已形成 300 万吨配套的生产能力,改变了过去生铁产量大于钢产量,钢产量大于钢材的不平衡状况。天津市各钢厂以炼钢、轧钢为主,炼铁基地在河北南端涉县,天津市的钢材品种多样,以中小型钢材和金属制品为主。唐钢与天津类似,以炼钢和轧钢为主,在河北宣化建立了炼铁基地。

③上海钢铁基地。上海钢铁基地拥有宝钢及上钢一、三、五厂 3 个主要炼钢企业、梅山冶金公司及十多个轧钢厂,目前生产规模仅次于鞍本钢铁基地。宝钢是我国第一个具有世界先进水平的现代化大型钢铁联合企业,与我国现有其他钢铁企业相比,具有设备大型化、自动化程度高的突出优点。宝钢拥有 4063 立方米的高炉、300 吨氧气顶吹转炉、450 平方米的烧结机和 1350 毫米的初轧机,都是目前国内钢铁工业同类设备中最大的,6 米焦炉和 140 厘米的无缝钢管轧机是目前国内最先进的。宝钢建成后,有不少产品填补了我国钢铁工业的缺门或短线产品品种的空白。宝钢的厂外运输以水运为主,占运输量的 80%,厂内以胶带传送为主,有比较完整的自动控制系统,这是国内同类企业所少有的。

④武汉钢铁基地。武钢位于武昌青山区的长江沿岸,是 1949 年后我国新建的大型钢铁工业基地。现已形成炼铁 600 万吨、炼钢 500 万吨、热轧 400 万吨、冷轧 122 万吨、硅钢片 19 万吨的综合生产能力。主要产品有中型材、薄板、中厚板、大型材、带钢等,是我国最大的钢板生产基地。武钢地理位置优越,水陆运输方便,厂区用地平坦、宽阔,靠近消费区。鄂东铁矿是武钢主要矿石产区,所产矿石品位较高,含铜等有益组分;但储量有限,埋藏较深,是武钢进一步发展的限制因素。

⑤攀钢基地。攀钢基地位于四川渡口市,建于"三五"时期,是我国战略后方最大的钢铁联合企业。攀钢所在的攀(枝花)西(昌)地区蕴藏着极其丰富的钒、钛磁铁矿,钒、钛储量居世界首位,与其共生的钴、镍、铜、锰等十多种稀有金属元素的储量也十分惊人。此外,这里还有巨大的水能和焦炭资源,主要产品有生铁、钢坯、钒渣、重轨、大型钢材、小型钢材和线材。钒渣产量由 1977 年的 1.5 万吨,增加到 34 万吨。目前全国 85% 的钒渣是由攀钢供应,并运销英、法、德、美、印度等国。

⑥包头钢铁基地。包钢位于内蒙古包头市新区昆都仑河两岸,是我国第一个五年计划期间国家重点建设项目之一,在第二个五年计划期间正式投入生产。包钢基地近铁近煤。矿石基地在白云鄂博,南距厂区仅 150 千米,有包白铁路及公路相遇。厂区东北约 80 千米处有石拐沟煤矿。包钢靠近黄河,地势平坦,用水条件好。1990 年年产生铁 251 万吨、钢 252 万吨、钢材 153 万吨。包头不仅是我国大型钢铁联合企业,也是我国最主要的稀土生产基地。包头矿具有巨大的稀土资源矿,其储量居世界首位,有"稀土之乡"的美称。

⑦太原钢铁基地。太钢位于山西省太原市尖草坪,是"二五"时期重点扩建、改建项目之一。1990 年生产生铁 133 万吨、钢 179 万吨、钢材 96 万吨。太钢周围焦煤资源丰富,品种齐全,这是太钢布局的突出优势。太(原)古(交)岚(县)铁矿是我国主要铁矿区之一,但矿石品位低,矿区分散。水资源不足、运输紧张及铁矿资源的缺陷是太钢进一步发展的限制因素。太钢也是我国特殊钢生产基地,以生产优质板材为主。

⑧马鞍山钢铁基地。马钢位于安徽省东部马鞍山市内,临江近海,交通十分便利,资源丰富。附近的宁芜铁矿是我国主要铁矿产地之一,距淮南、淮北煤产地不远。主要产品有各种铸造用生铁、用于制造铁路运输的火车轮、轮箍、各种异型断面的环形件、各种角钢及中小型钢材

等。生铁产量大于钢产量,1990 年年产生铁 223 万吨、钢 204 万吨、钢材 154 万吨,是江南重要的生铁基地。

⑨ 重庆钢铁基地。重庆钢铁基地包括重庆钢铁公司和重庆特殊钢厂。重庆钢铁公司位于重庆市大渡口区境内,前身系抗日时期由原汉阳兵工厂、六河沟铁矿和上海钢铁厂的一部分设备组建而成。新中国成立后经 40 多年的建设,已形成一个具有相当规模综合生产能力的钢铁联合企业。1990 年年产生铁 100 万吨、钢 83 万吨、钢材 83 万吨。重庆特殊钢厂位于沙坪坝的双碑地区,创建于 1935 年,是西南地区最早建设的钢铁企业。1949 年后经多次扩建,成为我国精密合金钢等特殊钢的重要生产企业。

⑩ 山东钢铁(济钢、莱钢、日钢)基地。该基地三家钢铁虽未实现重组,但其总产能已经达到 3000 万吨,除宝钢与河北钢铁之后,居全国钢铁产能第三位;就其销售收入来看,根据 2008 年统计,山钢三家企业实现 1676.92 亿元收入,超过河北钢铁的 1670.33 亿元,排在全国第二位。

2. 有色金属工业

有色金属是指除铁、锰、铬构成的黑色金属以外的所有金属的总称。它是发展现代工业、现代国防和现代科学技术不可缺少的重要材料。有色金属工业,经过多年建设和发展,已经形成了包括矿山、冶炼、加工和地质勘探、工程勘察设计、建筑施工、科研教育等部门构成的完整工业体系。

(1)我国有色金属资源特点。

①储量丰富、品种多样。我国目前已发现的矿种多达 64 种,加上半金属共 70 种。从已探明的储量看,锡、锌、钒、钛和稀土储量均居世界首位,钒占 47%,钛占 45%。铝、锗、铜、镍、金、铂、钯、钨、锑、汞等储量名列全国前茅。

②分布广泛而又相对集中。我国有色金属产地遍布全国,尤其是用途最广的铜、铝、锌等矿更是广有分布,且又相对集中在一些省区。如铝土矿分布于西南各地,但又集中于贵州、广西两省区,其中广西平果铝土矿是我国目前最大的铝土矿。云南、广西的锡,贵州铜仁的汞,内蒙古白云鄂博的稀土,以及正在勘查的柴达木盆地和攀枝花地区两个新老"聚宝盆"都是具有相当储量的有色金属资源。

③多贫矿和伴生矿床。有色金属多属品位低的贫矿和伴生矿,这增加了冶炼的难度,但又为一矿多用,为资源的综合开发创造了条件。例如,云南个旧锡矿,每炼出 1 吨锡便可回收铜、铅、锌等有色金属 3.5 吨、铁 50 吨、锰 6.3 吨,还可以提取大量硫、砷等非金属。

④资源开发条件良好。有相当多的有色金属富集地区,其水力资源也很丰富,为发展耗水、耗电多的有色金属工业提供了有利条件。

(2)我国有色金属工业的发展与分布。在旧中国,有色金属工业极端落后,仅有的一点又多以矿砂形式出口,而丰富的有色金属资源却长眠于地下。新中国成立后,有色金属工业得到了很快的发展,形成了一个从勘探、开采、选冶到加工较完整的工业体系。有色金属的种类繁多,在工业中常用的有铜、铝、铅、锌、锡、镁等 10 多种,其分布如下:

①铝镁。我国铝土矿储量占世界第五位,主要集中在贵州和广西两省区。贵州已探明储量约为 2.1 亿吨,保有储量为 2 亿吨,占全国铝土矿总储量的 18%。目前已探明产地 20 多处,主要分布于黔中的修文、清镇及黔北的息烽、开阳至遵义一带,以黔中地区储量最大,适于集中开采。贵阳是我国最大的氧化铝和金属铝生产基地。贵州铝厂是目前全国最大的铝工业

联合企业,设备先进、生产能力强,占全国电解铝生产能力的 1/4,所产铝锭 11.4 万吨。广西铝土矿已探明储量在 1 亿吨以上,占全国第四位,平果铝土矿是全国大型铝土工业基地之一,可以露天开采,是我国目前最好的富铝厂。另外,宁夏青铜峡、内蒙古包头是电解铝基地。云南铝厂是铝冶炼和加工的综合性企业。

②铜。我国铜矿资源丰富,现已探明储量仅次于智利和美国,居世界第三位,主要分布于云南、西藏等省区。云南境内铜矿又集中于东川、易门和滇中的大姚、牟定等地,云南冶炼厂已具有冶炼铜 7.35 万吨、电解铜 5.67 万吨的生产能力,全省形成了采矿、选矿和冶炼系统。西藏的玉龙、马拉松多、多霞松多、扎那尕尔和、莽总等为五大铜矿床,储量约 1000 亿吨。金沙江、澜沧江、怒江这"三江"地区现已被列为地质矿产部地质工作重点片。

③铅锌。铅锌矿多为共生矿,我国铅探明储量仅次于美国,居世界第二,锌居世界首位。铅锌矿多集中于云南、青海两省。云南铅锌砂分布全省,兰坪、会泽、澜沧等为大型铅锌矿,其中兰坪金顶铅锌矿居全国首位,可进行露天开采;同时在红河哈尼族彝族自治州、文山壮族自治州、昭通地区、保山地区、大理地区都有开发铅锌矿的中小企业,昆明冶炼厂是省内大企业,全省已形成年采矿生产能力达 87.78 万吨。青海的铅锌集中在海西蒙古族藏族自治州内的锡铁山、大柴旦等地。新疆的乌恰、莎车也有铅锌矿,并在喀什建有铅锌冶炼厂。

④锡。我国的锡矿储量居世界之首,主要分布在云南、广西两省区。云南锡的储量占全国1/4,素有"锡都"之称,是我国最早的锡工业中心。省内的马关都龙和滇西云龙、腾冲、果河、昌宁、西盟等地都有锡矿资源。广西现已探明锡的储量占全国总储量的 1/3,居全国首位。主要产地在贺县、南丹、大厂、罗城等地,新建的南丹大厂锡矿是我国第二产锡基地。

⑤其他金属。包头有"稀土之都"之称,是我国最大的稀土工业基地。广西铟、铪居全国首位,钪、镉居第二位,钛以优质名冠全国。贵州万山、铜仁、丹寨的汞矿开采和冶炼也很著名。内蒙古、新疆已发现大型金矿。西南已探明有七个大中型金矿床,并发现六条黄金成矿带以及数百个矿点,其中黔西南就有 20000 多平方千米的藏金面积,已完成 60% 的勘查任务,其中80% 被规划利用。

(二)化学工业

化学工业又称化学加工工业,泛指生产过程中化学方法占主要地位的过程工业,包括基本化学工业和塑料、合成纤维、石油、橡胶、药剂、染料工业等。化学工业是从 19 世纪初开始形成,并发展较快的一个工业部门,它属于知识和资金密集型的行业。随着科学技术的发展,它由最初只生产纯碱、硫酸等少数几种无机产品和主要从植物中提取茜素制成染料的有机产品,逐步发展为一个多行业、多品种的生产部门,出现了一大批综合利用资源和规模大型化的化工企业。

我国化学工业主要经济指标在全国工业行业中占举足轻重的地位。中国工业利润的 1/4来源于化学工业,其地位和作用不可替代。我国化学工业中的企业整体规模还很小。大中型企业数量很少,规模也有限,与国外许多跨国公司相比,还存在很大的差距。近年来,我国各种化工产品产量都有了较大提高,许多产品产量居世界前列。其中化肥、合成氨、纯碱、硫酸、染料、磷矿、合成纤维、胶鞋等产量居第一位;农药、烧碱、轮胎等产量居世界第二位;原油加工、乙烯、涂料等居世界第三位;原油、合纤单体、合成橡胶、合成树脂等生产能力和产量都居世界前列。

(三)建筑材料工业

建筑材料工业是为建筑业和有关部门提供建筑材料、非金属矿产品及其制品的工业部门。世界各工业发达国家都把包括建材工业在内的建筑业作为经济发展的一个重要支柱。

中国建筑材料的生产和应用有悠久的历史,但在半殖民地半封建的旧中国,建筑材料工业企业数量少、产量低、质量差、品种少。1949年全国建筑材料工业总产值仅5000多万元,全国生产水泥、平板玻璃和卫生陶瓷的只有40多家小企业,当年产水泥只有66万吨。中华人民共和国成立后,建筑材料工业有了很大的发展。1985年,全国建筑材料工业总产值(不含乡以下建材企业产值)达到340亿元;2012年,全国建材规模以上企业完成工业总产值约3.8万亿元,占全国工业总产值的4.4%。

四、机电工业布局与物流地理

(一)机械工业

机械工业是指机器制造工业,素有"工业的心脏"之称。它是其他经济部门的生产手段,也可说是一切经济部门发展的基础。它的发展水平是衡量一个国家工业化程度的重要标志。

1.我国机械工业的发展与布局

在旧中国,机械工业大部分是一些规模小、设备简陋、生产能力低的机器装配、修理与零件制造业,在整个国民经济中占的比例甚小,而且绝大部分又集中沿海地带的大城市和内地的太原、重庆、武汉等少数几个城市。新中国成立后,随着国家机械工业的迅速发展,现在我国从能够制造一般机电产品到制造大型复杂的精密设备,甚至是生产电子产品,并在各省区已形成了一个门类比较齐全、布局日趋合理、具有一定规模和技术水平的现代化机械工业系统,出现了一批如交通运输设备制造、电气机械和器材制造、仪器仪表及计量器具制造等门类的机械工业基地,主要集中在呼和浩特、银川、乌鲁木齐、昆明、贵阳、南宁、柳州、梧州等市。

2.我国主要机械工业部门及其分布

机械工业按其服务对象,可分为工业设备、农业机械、交通运输等机械制造业。

①工业设备制造业。工业设备制造业主要包括重型机械、通用机械、机床工具、仪器仪表、电器制造和轻纺工业设备等。目前,我国已逐步形成了农机工业、电器工业、机床工具工业、石油化工通用机械工业、仪器仪表工业、重型矿山机械工业、汽车工业、包装机械工业、通用基础件工业和轴承工业等门类较齐全的多个制造行业。

②农业机械制造业。农业机械工业是建设现代农业必不可少的重要部分,包括农、林、牧、副、渔业生产所需要的各种机械生产。我国地域辽阔,长期以来又以农业生产占重要地位,对各种农业机械有着广泛的市场和需求,各种农业机械、农具与配件生产发展很快。

③运输机械制造业。交通运输业是国民经济的重要组成部分,运输机械制造业的发展对促进交通运输的现代化具有十分重要的意义。运输机械制造包括铁路机车车辆、汽车、船舶和飞机制造等。随着我国科学技术水平和经济实力的提升,运输机械制造发展迅速。

(二)电子工业

电子工业是研制和生产电子设备及各种电子元件、器件、仪器、仪表的工业,是军民结合型工业。电子科技已有80多年的历史,但在20世纪40年代前发展较慢。自从发明晶体管和计算机之后,电子工业才成为新兴工业,发展很快,成为当今世界发展最快的高新技术产业,在各国国民经济中的作用日益突出。

电子工业在20世纪90年代得到了迅速的发展,已逐步形成了以经济信息化为核心的电子信息产业,形成了以微电子为基础的计算机、集成电路、半导体芯片、光纤通信、移动通信、卫星通信等产品为发展主体的产品生产格局。同时,也迅速发展了微波、电磁波、遥感、激光、家电和"金卡"工程等,迅速拓宽了电子工业发展的空间。

电子工业产品的高新技术不断地发展,促使电子产品生命周期正在进一步缩短,加速了电子产品的更新换代。有的电子产品制造商以新的发展思路,将分散的设计、开发、制造、装配进行革新和整合,使电子产品更趋向于使用标准的零部件组合产品,以较低的价格提供更多不同的产品。

中国的电子工业出现于20世纪20年代。1929年10月,国民党政府军政部在南京建立"电信机械修造总厂",主要生产军用无线电收发报机,以后又组建了"中央无线电器材有限公司"、"南京雷达研究所"等研究生产单位。中华人民共和国成立后,政府十分重视电子工业的发展。最初,在中央人民政府人民革命军事委员会成立电讯总局,接管了官僚资本遗留下来的11个无线电企业,并与原革命根据地的无线电器材修配厂合并,恢复了生产。1950年10月,政务院决定在重工业部设立电信工业局。1963年,国家决定成立第四机械工业部,专属国防工业序列,这标志着中国电子工业成了独立的工业部门。1983年,第四机械工业部改称电子工业部。中国的电子工业经过几十年的建设和发展,已经具有相当规模,形成了军民结合、专业门类比较齐全的新兴工业部门。到20世纪90年代初,中国电子工业已经能够主要依靠国产电子元器件生产20多类、数千种整机设备以及各种元器件,许多精密复杂的产品达到了较高水平,并形成了雷达、通信导航、广播电视、电子计算机、电子元器件、电子测量仪器与电子专用设备等六大产业。中国电子工业已具有门类齐全的军用电子元器件科研开发与配套能力,具有一定水平的系统工程科技攻关能力;基本能满足战略武器、航天技术、飞机与舰船、火炮控制和各种电子化指挥系统的需要;所提供的产品都达到了较高的技术水平,其中不少达到世界先进水平。

任务三　轻工业布局与物流地理

一、轻工业概述

轻工业是指主要提供生活消费品和制作手工工具的工业,是中国的传统优势产业,是国民经济的重要组成部分。轻工业包括食品、造纸、家电等19大类45个行业,是涵盖衣、食、住、行、用、娱乐等消费领域的产业组合群,是满足人民物质文化生活水平日益提高的民生产业,是承启第一、第三产业的重要消费品工业,具有"满足内需型、出口外销型、就业支柱型、服务三农型"的显著特征。

二、纺织工业布局

纺织工业是用天然纤维和化学纤维加工成各种纱、丝、线、绳、织物及其染整制品的工业部门。纺织工业按原料性质可分为棉纺织工业、麻纺织工业、丝纺织工业、毛纺织工业、化学纤维纺织工业等;按生产工艺可分为纺纱工业、织布工业、印染工业、针织工业、纺织品复制工业等。纺织工业产品是人民衣着等基本生活资料之一,也广泛用于工业、国防、文教卫生等方面,对国民经济发展、满足和丰富人民生活需要具有重要作用。

1. 我国纺织工业概况

中国是生产丝绸最早的国家,早在四五千年前的新石器时代,就开始从事养蚕和丝绸生产。从 2000 年前的西汉以来,就有大量丝绸产品运往西欧各国,开拓了历史上著名的"丝绸之路"。

中国现代纺织工业开始于 19 世纪 80 年代,至今已有 100 年的历史。毛纺工业从 1876 年左宗棠(1812~1885)在兰州创办的第一个毛纺织厂"甘肃织呢局"算起,到 1949 年止,总共安装了 13 万枚毛纺锭。棉纺织工业在 1949 年前是中国纺织系统规模最大、基础最好的一个行业,拥有棉纺锭 500 万枚。麻纺和针织工业虽一定发展,但规模不大。中华人民共和国成立后,经过 30 多年的建设,纺织工业不断发展壮大,主要产品产量有了很大增长,产品的水平不断提高。中国的棉纺织品、生丝和绸缎的生产,在国内外享有很高的声誉。

中国纺织工业有棉纺织、毛纺织、麻纺织、丝绸、化纤、印染、针织、复制、纺织机械及纺织器材等 10 个大行业,到 1986 年底,全国共有纺织企业 5957 个,职工 600 万人,生产布 158.07 亿米、丝织品 14.55 亿米、呢绒 2.45 亿米、化纤 101.64 万吨、丝 4.54 万吨,为国内城乡市场提供了品种繁多的纺织品,为国家积累建设资金,发展对外贸易作出了贡献。

2. 中国纺织工业分布

全国的大纺织业区有以上海为中心的苏浙皖地区,以武汉为中心的湘鄂赣地区,以重庆为中心的四川盆地地区,以天津为中心的京津冀地区,以青岛、济南为中心的山东地区,以郑州为中心的河南地区,以山西为中心的山西地区,北京地区,东北地区及西北地区等。

其中大的棉纺织城市为上海、天津、石家庄、郑州、武汉;人毛纺城市及地区有上海、天津、江苏、辽宁、青海;大的丝纺城市及地区有上海、天津、青岛、大连、无锡、株洲、益阳、黑龙江等;大的化纤城市及地区有上海、辽宁、仪征、平项山、丹东、保定、北京等地。

我国的纺织工业区主要有长三角纺织工业区、泛珠三角纺织工业区、环渤海纺织工业区。效益好的企业集中在浙江、江苏、广东、山东、上海地区,销售收入占全行业的 76%,实现利润占全国的 90%,市场和效益有区域分布集中化趋势。

纺织工业是我国发展最快、在国际上最具影响力的产业。在中国纺织工业高速发展的过程中,形成了众多的纺织产业集群地区,这些集群地区在市场经济资源配置的条件下,产业集中度高,产品特色突出,企业数量众多,配套相对完整,规模效益明显,产业与市场互动,其纺织经济已占到全国纺织经济总量的 70% 以上。

我国纺织工业重点集中在我国沿海极具活力的三大经济圈。其中,江苏、浙江、广东、山东等省份的产业集群地比较集中,切合了我国经济发展的实际情况,同时也清晰地反映出我国纺织服装集群地的产业特色。

三、食品工业布局

食品工业指主要以农业、渔业、畜牧业、林业或化学工业的产品或半成品为原料,制造、提取、加工成食品或半成品,具有连续而有组织的经济活动工业体系。它是利用物理、化学或生物学等的工业技术方法,对农产、畜产、水产等原料进行加工以制取食品的工业部门。

近代食品工业在中国发展比较晚,19 世纪末叶,中外资本相继设立了碾米厂、面粉厂、榨糖厂和卷烟厂等,这是中国近代工业的开始。但在半殖民地半封建的旧中国,食品工业发展很慢,直到 1949 年,食品工业总产值只达到 33 亿元,生产技术和管理水平也十分落后。

中华人民共和国成立后,从 1952—1985 年,国家对食品工业累计投资约 144 亿元。全国已有食品工业企业 7.98 万个,全民所有制企业固定资产原值达 310.95 亿元。1985 年食品工业的产值达 951.7 亿元,为 1952 年的 11 倍。食品工业发展成为一个重要的产业部门。在整个工业中,食品工业的产值仅次于机械工业、纺织工业,而居第三位。

食品工业是个综合工业部门,为了使食品工业得到协调的发展,全国和许多地区分别成立了食品工业协会,以加强行业管理。中国食品工业虽然有了较快的发展,但是就人均消费水平来看,还是较低的。随着社会主义现代化建设事业的发展,随着人民消费水平的提高,特别是食品结构的改变和家务劳动的社会化,食品工业必将有一个较大的发展。

四、造纸工业布局

造纸工业是用化学或机械方法,把植物纤维分离出来制成纸浆,然后经过交织成型制成纸张或纸板的工业部门。

1. 我国造纸工业发展历程

纸张生产在中国有着悠久的历史。造纸术是以东汉蔡伦为代表的中国古代发明家总结了先前的漂絮等处理经验而创造发明的,是中国古代四大发明之一。到了唐宋时期,造纸业已经进入了兴盛阶段,当时制造的宣纸,名闻世界。但中国近代造纸工业起步很晚,在外国资本的排挤下,生产一直陷于窘境。

中华人民共和国成立后,1952—1985 年在造纸工业基本建设上投资约 51 亿元,建成了一批大中型造纸厂。改革开放以来,在国民经济快速发展的带动下,造纸产业取得了长足的发展。据中国造纸协会调查资料,2013 年全国纸及纸板生产企业约 3400 家,全国纸及纸板生产量 10110 万吨,2004—2013 年,纸及纸板生产量年均增长 8.26%。经过多年发展,我国造纸工业也开始由数量主导型进入上质量、上档次、上水平的新的发展阶段。目前我国已成为全球纸和纸板最大生产国。

2. 我国造纸工业布局及特点

(1)纸及纸板生产的区域集中趋势逐步显著,东部地区已经成为造纸工业的主要生产基地。根据中国造纸协会调查资料,2013 年我国东部地区 12 个省(区、市),纸及纸板产量占全国纸及纸板产量比例为 76.9%,比上年提高 1.5 个百分点;中部地区 9 个省(区)比例占 16.9%,比上年降低 1.5 个百分点;西部地区 10 个省(区、市)比例占 6.2%,与上年持平。2013 年山东、广东、浙江、江苏、河南、福建、河北、湖南、广西、重庆、天津、四川、安徽、湖北、江西和海南 16 个省(区、市)纸及纸板产量超过 100 万吨,产量合计已达 9653 万吨,占全国纸及纸板总产量的 95.48%。

(2)大型企业数量增加明显,生产集中度有一定提高。按照我国大、中、小型企业划分标准,2013 年在 4218 家规模以上纸制品生产企业中,大中型纸制品生产企业 480 家,占 11.38%,小型企业 3738 家,占 88.62%;在纸制品生产企业主营业务收入中,大中型企业占 33.96%,小型企业占 66.04%;在利税总额中,大中型企业占 40.41%,小型企业占 59.59%;在利润总额中,大中型企业占 41.08%,小型企业占 58.92%

(3)造纸企业所有制结构进一步多样化。2013 年全国规模以上纸制品生产企业 4218 家,其中国有及国有控股企业有 38 家,占 0.90%;"三资"企业有 742 家,占 17.59%;集体及其他企业有 3438 家,占 81.51%。在纸制品生产企业主营业务收入总额中,国有及国有控股企业占 0.63%;"三资"企业占 25.73%;集体及其他企业占 73.64%。在利税总额中,国有及国有控股企业占 0.72%;"三资"企业占 30.39%;集体及其他企业占 68.89%。在利润总额中,国有及国有控股企业占 0.68%;"三资"企业占 30.74%;集体及其他企业占 68.58%。

(4)产品结构正在由数量型向质量型转变。以 2013 年为例,我国造纸工业主要产品中:新闻纸生产量 360 万吨,占纸及纸板总产量 3.56%;未涂布印刷书写纸生产量 1720 万吨,占纸及纸板总产量 17.01%;涂布印刷纸生产量 770 万吨,占纸及纸板总产量 7.62%;生活用纸生产量 795 万吨,占纸及纸板总产量 7.86%;包装用纸生产量 635 万吨,占纸及纸板总产量 6.28%;白纸板生产量 1360 万吨,占纸及纸板总产量 13.45%,其中涂布白纸板生产量 1310 万吨,占纸及纸板总产量 12.96%;箱纸板生产量 2040 万吨,占纸及纸板总产量 20.18%;瓦楞原纸生产量 2015 万吨,占纸及纸板总产量 19.93%;特种纸及纸板生产量 230 万吨,占纸及纸板总产量 2.27%。总体而言,我国造纸工业产品结构正由数量型向质量型转变。

(5)制浆造纸企业环境治理力度加大,废水治理效果显著。根据环境保护部统计,2012 年制浆造纸及纸制品业(统计企业 5235 家,比上年减少 636 家)用水总量为 121.30 亿吨,其中新鲜水量为 40.78 亿吨,占工业总耗新鲜水量 472.12 亿吨的 8.64%;重复用水量为 80.51 亿吨,水重复利用率为 66.37%,比上年提高 1.77 个百分点。2012 年造纸工业废水排放量为 34.27 亿吨,占全国工业废水总排放量 203.36 亿吨的 16.9%,比上年降低 1.1 个百分点。排放废水中化学需氧量(COD)为 62.3 万吨,比上年 74.2 万吨减少 11.9 万吨,占全国工业 COD 总排放量 303.9 万吨的 20.5%,比上年减少 2.5 个百分点。排放废水中氨氮为 2.1 万吨,占全国工业氨氮总排放量 24.2 万吨的 8.7%,比上年减少 0.8 个百分点。造纸工业废水处理设施年运行费用为 60.4 亿元,比上年减少 0.6 亿元,降低 1%。2012 年造纸及纸制品业二氧化硫排放量 49.7 万吨,比上年减少 4.6 万吨,降低 8.5%;氮氧化物排放量 20.7 万吨,比上年减少 1.4 万吨,降低 6.3%;烟(粉)尘排放量 16.7 万吨,比上年减少 4 万吨,降低 19.3%。废气治理设施年运行费用 16.3 亿元,比上年减少 8.4 亿元,降低 34.0%。

总之,我国造纸工业已步入由成长期向成熟期转变发展的转型期,正处于调整结构、转型升级和寻求新平衡的过程中。整个行业正朝着好的方向调整,但仍然存在着纸张市场疲软,增长乏力,投资增长规模有待合理调控等问题。在我国造纸工业由大变强的征途上,化解资源短缺和环保约束压力,增强发展活力与后劲的任务十分艰巨。目前,造纸行业进入加速整合阶段,需要全行业与改革同行,与创新同步,进一步坚定信心、立足当前、着眼长远、规划未来,推动行业平稳持续发展,以顺应世界经济与我国经济发展和产业转型升级的大趋势,加快推进科技创新型、资源节约型和环境友好型绿色纸业的建设。

拓展提升

我国钢铁物流发展情况

近年来,随着国际钢铁企业的物流化与信息化,中国钢铁企业发展钢铁物流化已经成为了一个必然的趋势。目前中国钢铁企业物流的发展虽然处于一个起步阶段,在很多方面还有待进一步的完善和改进,但中国有几家大型的钢铁企业在钢铁物流这一方面的进展已经初见成果,取得了成功。

国内钢铁物流中心大致可分为三种类型,即产地型、消费型和交通型,或综合上述两到三种的综合型。目前大部分主要为消费型和交通型,靠近消费地区,贴近终端用户,并且交通便利。这些钢铁物流中心首先是钢厂或贸易商自有资源的剪切加工,其次为社会提供外来加工,而其加工业务首先依赖自身贸易的带动。

从钢铁物流中心的运营主体来分,大致有两类,即钢厂和贸易商。对钢厂来说,建设钢材加工配送中心或物流基地,能够延伸钢厂产品链,增加产品的附加值,能够发展更多直供户并贴近直供户,稳定销售渠道,有利于稳固钢厂与用户之间的供应链,形成自身完整的供应链体系,结成产业联盟,同时获取更为可观的利润。所以,目前有越来越多的钢厂投身到建立加工配送中心的"革命大潮"中。

随着中国逐渐进入重化工业时代,钢铁企业在降低生产成本、改善产品品质和扩大销售方面的管理已经相当成熟,在生产领域进一步挖掘利润的空间十分有限。在这种情况下,很多钢铁企业开始把目光转向对传统物流模式的改革上。因此,供应链管理和现代物流体系建设尤其令人关注。这是因为高效率供应链和合理物流相结合,可以使整个生产流通结构得到改善,为企业获得竞争优势提供有力支持,并可大大降低物流成本,为企业带来可观效益。

可以看出,生产商正在走出生产环节,开始关注流通,关注物流;流通商正在抓住网络延伸增值服务,物流商也在积极与企业合作,以期取得整合资源的良好效果。此外,有形市场的电子化,成为钢铁物流的新探索并开始向物流配送领域延伸。总之,我国钢铁物流具有巨大的发展空间。

项目小结

本项目是在了解工业及其分类、布局影响因素的基础上,重点学习我国工业布局发展历程与变化,我国煤炭工业、石油工业、电力工业、冶金工业、化学工业、建筑材料工业、机械工业、电子工业、纺织工业、食品工业和造纸工业的发展现状、历程及布局特点,以达到掌握各类工业的布局特点的目标。

项目实训

实训目的:通过实训,使学生熟悉我国主要的重工业和轻工业生产布局情况。

实训内容:

1. 查阅资料,描述我国煤炭工业 2000 年至今的生产状况。

2. 查阅资料,描述我国东海和南海的石油和天然气蕴藏情况。

3. 查阅资料,收集我国利用新能源发电的情况。

4. 查阅资料,了解我国纺织工业品出口的线路。

实训学时:4 学时。

实训组织实施:学生分组,以 3～4 人为一组,对以上前四项实训内容每组提交一份画图作业及实训报告。

项目习题

一、填空题

1. 重工业指_____的工业。

2. 轻工业指_____的工业。

3. 食品工业指_____的工业体系。

4. 纺织工业指_____的工业部门。

5. 纸张工业指_____的工业部门。

二、选择题

1. 影响工业布局的因素有有(　　)。

A. 自然因素　　　B. 社会经济因素　　　C. 生产技术因素　　　D. 心理、行为等因素

2. 中国煤炭资源在储量、勘探程度、地理分布、煤种及煤质等方面的特点有(　　　)。

A. 煤炭资源丰富,但人均占有量低

B. 煤炭资源的地理分布极不平衡

C. 各地区煤炭品种和质量变化较大,分布不理想

D. 条件简单,适于露天开采的储量少

3. 以下哪些钢铁基地位于我国东部地区?(　　　)

A. 上海钢铁基地　　　B. 攀钢基地　　　C. 重庆钢铁基地　　　D. 武汉钢铁基地

4. 我国钢铁工业取得的成就包括(　　　)和冶金工业技术进步。

A. 产量高速增长　　　B. 技术装备水平提高

C. 提高市场占有率　　　D. 行业经济效益提高

5. 以下哪些油田位于我国中南地区?(　　　)

A. 中原油田　　　B. 河南油田　　　C. 江汉油田　　　D. 青海油田

三、简述题

1. 简述工业的概念及其分类。

2. 简述我国工业发展与布局变化。

3. 简述我国煤炭工业布局及特点。

4. 简述我国油气管网布局特点。

5. 简述我国纺织品布局。

6. 从我国能源安全角度谈谈对我国未来煤炭及油气生产布局的看法。

项目十一　中国商业布局与物流地理

知识目标

1. 了解商业、商业物流及商业与物流的关系
2. 掌握我国商业中心发展状况及分布情况
3. 掌握我国主要小商品市场的情况
4. 掌握我国主要商品流向

能力目标

1. 能说出商业物流的概念，商业与物流的关系，影响商业布局的因素
2. 能准确描述我国主要商业中心的位置
3. 能准确描述我国主要小商品的位置
4. 能准确描述我国几种主要商品流向

任务一　商业布局与物流地理概述

一、商业与商业物流

商业（commerce），是一种有组织地提供顾客所需的商品与服务的一种行为。中文的"商业"含义是指社会分工出现的有组织的贸易行为，现代概念是指流通领域的所有产业，多与贸易合称"商业贸易"。

商业物流可以被定义为：在适当的条件，以适当的价格，在正确的地点、正确的时间将适当的商品或服务向正确的客户提供物流服务的过程总和，它与各行业紧密结合。

在我国的经济发展中，物流始终是存在的，但商业与物流长期分属于分割的经营管理体制，因而在建立物流管理体制时往往忽视商业系统的存在，而过多地依照纵向行政管理原则来对物流进行调控，不能有效地使之创造经济效益。

二、影响商业布局的因素

商业布局是指在特定区域内商业规律性、科学性和合理性的人为组合模式及其运作体系。商业布局的形成和发展，是商业经济发展到一定阶段的产物。

商业作为独立于社会物质生产领域之外的一个特殊行业，是国民经济的一个重要组成部门，其经济活动并不是孤立的，布局的合理与否，与自然环境、社会经济和技术等因素的制约和影响分不开。影响商业布局的主要因素如下：

1. 自然环境与商业布局

自然环境不断地影响着人类社会的再生产过程，也对作为商业经济活动一个重要侧面的

商业布局有着一定影响。自然环境是商业发展的前提,在一定生产力水平条件下,它影响、制约着商品流通网络地区分布范围的宽广度;此外,自然环境的地区差异还可能影响商业经营网点的布局形式。

2.人文环境与商业布局

商业的发展和布局不仅离不开一定的自然环境,而且更是在一定的人文环境中演变。人文环境主要是从人口与劳力资源、商品生产状况、经济管理体制、经济地理位置、历史条件、技术条件及人们的心理—行为等因素对商业发展与布局产生深刻影响。

任务二　我国商业布局与物流地理

一、我国商业中心分布

(一)商业中心概述

商业中心是指在一定区域范围内组织商品流通的枢纽地带。广义上讲,商业中心是指主要行使商业职能的城市;狭义上讲,商业中心是指一个城市商业比较集中的地区。

商业中心具有地区差异性、较强的综合性、较强的聚集性、较强的辐射性等特征。一般来说,商业中心周围要有一个比较稳定的商品来源区及销售区,要有便利的交通运输条件,要有高人口密度等。商业中心可促进各地区间的横向经济联系,促进生产,引导生产,调整区域经济结构,促进商品交换,强化商品流通,推动经济联合。

(二)我国商业中心发展历程

我国商业中心的形成、发展经历了古代、近代、新中国的历史演变过程。在古代先秦时代,我国在商业经济活动发达的黄河流域出现了一些不具有完全商业中心意义的商品集散中心,如大梁(今开封)、蓟(今北京)、洛阳等地,这是我国商业中心的萌芽。

隋唐时期,开始出现了一些商业中心。如西京长安、东都洛阳。宋、元、明、清时期,我国商业中心进一步发生变化,商业中心进一步增加,多以南方商业中心为主,如宋代的临安(今杭州)成为当时全国最大的商业中心;明清时期,全国商业中心城市达 50 多座,北方除北京、盛京(今沈阳)由于先后成为京都所在地而是全国性的商业中心外,南方商业中心以江南、东南沿海和运河沿线三个地带最为兴旺,出现了一些商业名城,如明、清时期的"四大名镇"——河南朱仙镇、江西景德镇、广东佛山镇、湖北汉口镇(今武汉)等。

近代,从鸦片战争到中华人民共和国成立前的 100 多年间,我国商业中心偏集于东部沿海地区,内陆偏少,地域分布不平衡。新中国成立以来,除对东南沿海商业中心进行技术改造,调整商业经济结构卓有成效从而继续扩展外,广大内地尤其是西北、西南地带因发展工矿企业、交通运输使之迅速崛起一批新的商业中心,如兰州、西安等。而且从全国的角度观察,初步形成了全国各省(区)、地、县乃至乡镇(集镇)多层次的商业中心体系。商业中心的地域分布由东部沿海逐步向内地发展,历史上形成的不合理的商业中心分布状况逐步改善,日趋合理。

(三)主要商业中心分布

商业中心按其规模可分为全国性商业中心和地区性商业中心。

1.全国性商业中心

全国性的商业中心是指对全国或在较大地带范围内的商品流通具有组织和制约作用的商业中心。全国性的商业中心都分布在交通方便的枢纽城市,并且有优越的经济地理位置,多与全国性的经济中心相结合,也有同政治中心相结合的特点,大多设在工商紧密结合的大城市。由于全国性的商业中心服务设施齐全,拥有各类批发机构和较完善的零售网点,利于收购和销售各类工农业产品,因此组织商品流通作用大,在全国占有举足轻重的地位,同时由于历史发展和所处的经济地理环境各有差异又具有各自的特点。

全国性商业中心包括上海、北京、天津、广州、沈阳、武汉、重庆、西安等大城市。

2. 地区性商业中心

地区性商业中心,是指对一定地域范围内的商品流通具有组织和制约作用的商业中心。地区性商业中心由于受经济发展程度、城市建设规模和交通条件等多种因素的限制,其吸引力远不如全国性商业中心,但对一定区域范围内的商品流通具有较强的吸引力,是引导当地商品生产和组织商品流通的枢纽点。

我国地区性商业中心的分布相当广泛,多数设在生产较发达,交通较便利的省辖市,可以与当地生产中心、政治中心、军事中心相结合,也可以是当地较大的商品集散地。作为全国性商业中心的补充,以组织地区范围内的商品流通为主,它对于发展商品生产,促使落后地区进一步开发,并加强区域间各种商贸联系,搞活经济,都具有独特的作用。

(1)省、区人民政府所在地。这些城市一般既是省内政治、经济、文化中心,又是省内交通中心和商业中心,如杭州、成都、哈尔滨、石家庄、太原等。有些省、区人民政府所在地在全国的商品交换和经济联系中十分重要,如江苏的南京。

(2)沿海港口城市。这类城市主要是利用其沿海海港的特殊地理位置,即腹地广阔的优势而成为重要的内、外贸易中心,如深圳、大连、青岛、连云港、厦门等。

(3)与综合性或专业性的工业基地结合的商业中心。这类城市最具有代表性的是:与重工业结合紧密,如长春、哈尔滨、齐齐哈尔、鞍山、太原等;与轻纺工业结合紧密,如无锡、合肥、湘潭、长沙、南昌等;与旅游中心结合紧密,如桂林、昆明、杭州、苏州等。

(4)内地或边区少数民族商业中心。这类城市主要有呼和浩特、乌鲁木齐、西宁、延吉、吐鲁番等。

二、我国小商品市场布局

小商品是指那些生产点多面广、品种花样繁多、消费变化迅速、价值相对较低的小百货、小五金、某些日常生活用品以及部分文化用品等。小商品市场是指专门经营小商品买卖的市场,其中的种类繁多,厂商也很多,它是由众多的小商品买卖集中在此而形成的。小商品市场一般有固定场所、设施、有若干经营者入场经营、分别纳税、由市场经营管理者负责经营物业管理,实行集中、公开交易有形商品的交易场所。

我国主要小商品市场有10家,具体情况如下:

1. 义乌中国小商品城

义乌中国小商品城包括篁园市场、宾王市场、针织市场、国际商贸城、化妆品市场、商品专业街等。义乌小商品城汇集了28个大类、10万余种商品,通达全国200多个城市,出口到全世界五大洲的160多个国家和地区。

2. 石家庄南三条小商品市场

石家庄位于环渤海经济圈,由于拥有地理位置和交通优势,近年造就了若干各具特色的地方性专业市场。石家庄现年交易额超亿元的市场已有50多个,其中南三条小商品市场以年交易额169亿元人民币(2001年),成为北方地区最大的小商品集散地和物流中心之一。

3. 武汉汉正街小商品市场

1979年,汉正街在中国率先恢复发展个体私营经济,由一条近两千米长的街道市场发展成为方圆2.56平方千米的商贸区。拥有服装、家电、皮具、布匹、鞋类、副食等十大专营区域,经营商品达6万余种,日均货物吞吐量达400余吨,对开客货车500班次,与全国30个省、市、自治区的560多个县(市)直接联系,成为中南地区最大的小商品集散地,被誉为"天下第一街"。

4. 石家庄新华集贸中心

石家庄新华集贸中心市场位于河北省会石家庄市中心,是石家庄结合旧城改造纳入城市建设总体规划的第一个专业批发市场。市场以服装为主,还有布匹、电子、鞋帽、日用百货、床上用品、音像制品、副食餐饮等八大行业,50000多个花色品种,被誉为全国最大的服装集散地——"中国服装第一市"。

5. 沈阳五爱小商品批发市场

五爱市场因坐落于沈阳市沈河区的五爱街而得名,于1983年由几十名商贩在马路旁经营开始形成。五爱市场属于流转型批发市场,市场经销的产品中,沈阳地产品占30%,外埠商品占70%,主要来自山东、江浙、上海、广东、福建等沿海地区。商品销售辐射范围主要为东北三省、内蒙古、河北、山东及独联体各国。至今已发展成为中国北方最大的商品集散地,中国第二大小商品批发市场。

6. 台州中国日用品商品城

中国日用品商城位于我国黄金海岸线浙江台州商贸中心路桥区。该商品城于1994年开业,1996年成立中国日用品商城股份有限公司。如今,股份公司是一家集批发市场、物业管理、进出口、国内贸易、仓储、会展、广告、大型超市、信息中心于一体的集团型的公司,拥有全资子公司八家,参、控股企业三家,在四川广元、江苏常州等地设有分市场,同时在境外阿联酋设立分公司。目前还与中石油合作总投资6000多万元,占地15亩,总建筑面积30600平方米,建造集塑料原料、信息检测、物流配送于一体的商城石化综合大楼。

7. 台州路桥小商品批发市场

路桥小商品批发市场位于浙江中部沿海商贸重地台州,建于1982年6月,是浙江省第一个小商品市场,也是全国最早的小商品市场。市场分为东、西、鞋类、综合四大交易区,主要经营鞋、袜、箱包、床上用品、百货、棉针织品、零头布、玩具、毛线、服装、工艺品等15大类达2万多种商品,商品辐射北京、天津、山东、吉林、黑龙江、陕西等20多个省、市及自治区,出口韩国、巴基斯坦、(中国)香港、俄罗斯等国家和地区,是浙东南沿海地区著名的小商品集散中心。

8. 重庆朝天门批发市场

重庆朝天门批发市场位于重庆渝中区东南端长江和嘉陵江交汇处,交通运输便利,历来是商贾云集和西南地区重要的商品集散地,是长江上游最大的日用工业品批发市场。朝天门批发市场商品主要幅射重庆三峡库区,同时亦幅盖与重庆相邻近的云南、贵州、四川、陕西甚至西藏等地200多个市县。此外,由于批发市场的商品品种丰富、价格低廉,每天亦吸引了当地不少市民到此挑选商品。

9. 浦东宝丰居家商品交易市场

该市场位于在上海浦东新区上南路中心地带,居民居住的稠密区,占地130余亩,交易面积达6万多平方米,是上海最大规模的商品交易市场之一。目前已形成木材市场、灯饰市场、家电市场、家具市场、室内装潢材料市场和五金街、休闲街"五市二街"的经营格局,市场中设有银行、工商、税务、商务中心、超市、酒楼、宾馆、休闲娱乐等配套服务设施。

10.潍坊小商品城

潍坊小商品城位于山东省的中部,胶济铁路和济青高速公路横贯东西,交通便捷,自古以来就是齐鲁知名商埠。潍坊小商品城座落于市区的潍坊人民商城中心,西靠繁华的商业街和平路,东距潍坊汽车总站一里之遥,向南是繁忙的火车站广场,是黄海、渤海地区著名的小商品批发市场。商品种类以小商品、皮具、服装、针织、鞋帽为主,还有各种电器、五金、化妆品、床上用品、首饰、领带、毛线、钟表、绢花、陶瓷和通信器材等 16 大类,1 万多个品种。

三、我国主要商业街

1.北京王府井商业街

王府井大街位于北京市中心的东长安街北侧,它具有悠久的历史,最早形成于元代,距今已有 700 多年。在明朝中期,这条大街上出现了最早的商业活动。在清代,这条大街上共建有八座王府和公主府,后来又打出了一口供王府饮用的甜水井,这条大街始称为王府井。到了光绪 29 年,东安市场形成,王府井开始向商业街发展,成为北京的四大商业区之一。

2.上海南京路商业街

上海南京路是世界上最著名、最繁华的商业街之一,也是上海开埠后最早建立的一条商业街,被誉为"中华商业第一街",是与纽约的第五大街、巴黎的香榭丽舍大街、伦敦的牛津街、东京的银座齐名的世界超一流商业街。这里是万商云集的寸金宝地,是上海对外开放的窗口,也是国内外购物者的天堂。它东起外滩、西迄延安西路,横跨静安、黄浦两区,全长 5.5 千米,以西藏中路为界分为东西两段。广义上的南京路包含了上海十大商业中心里的两个——南京东路与南京西路。狭义的南京路即 1945 年以前的南京路,专指今天的南京东路(南京步行街位于其中)。

3.南京新街口商业街

新街口位于南京的中心区域,这里是中国著名的商业中心,有着近百年历史的著名商圈。新街口每逢节假日,日均客流量峰值 70 万人次,近百家世界五百强分支机构进驻,其商贸集中度超过北京王府井、上海徐家汇,并翘首中国,为中国商贸密集度最高的地区,被称为"中华第一商圈"。"新街口"一词可以用来指新街口广场,也可以指以新街口广场为中心的地区,有新街口商圈、新街口中央商务区等称谓。

4.苏州观前街

观前街地处苏州古城中心,占地 0.52 平方千米,区域内商业繁荣,名店云集,古迹众多,在苏州"东园西区,古城居中,一体两翼"的现代城市建设格局中具有无可取代的中心作用。观前街因其地处玄妙观前而得名。它的得名迄今已有 150 多年的历史,一直以汇集稻香村、乾泰祥、黄天源等多家名优特色的百年老店而名满天下。它的盛名,如同南京的夫子庙、上海的城隍庙、北京的天桥,是一个集商业、娱乐、饮食、文化于一处的大众消遣场所;也如同夫子庙有孔庙、城隍庙有豫园一样,观前街也因有玄妙观而闻名。

5.沈阳中街

沈阳著名的商业街——中街,是沈阳最早形成的商业中心。1625 年(明天启五年、后金天命十年)至 1631 年(明崇祯四年、后金天聪五年),后金将明朝所筑砖城进行改建、扩建,按照中国历史上流传的"左祖右社、面朝后市"之说,将原来的"十"字型两条街改筑为"井"字型四条街,即今沈阳路、中街路、朝阳街、正阳街。当时,中街路称四平街,东西两侧建有钟楼、鼓楼各一座,街长 579.3 米,宽 11.7 米。如今的中街已成为沈阳市第一条步行商业街,街道两旁店铺鳞次栉比,买卖兴隆。

6. 大连天津街

大连市天津街历史悠久,始建于 1909 年,是大连商业发祥地,至今已有百余年历史。天津街区位优势明显,以先进一流的公共设施、风格高雅各异的景观、富有欧美品味的商业建筑给中外游客留下了美好的回忆。如今,天津街已成为一条传承历史文脉和商脉,代表时代精神,聚集世界文化,吸引中外游客流连忘返的具有国际水准的购物、休闲、旅游名街。

7. 芜湖中山路步行街

新中国成立后,芜湖市于 20 世纪 50 年代初期对中山路进行了大规模的改造,道路最宽达 10 多米,两侧集中布置商业网点。如今的中山路一改因连年战乱而百业凋零的破旧形象,渐成芜湖人气最旺的商业中心。

8. 长沙黄兴南路商业街

黄兴南路经历了数百年的沧桑,是长沙商业历史变迁的最好见证。新的黄兴南路步行商业街是中共长沙市委、长沙市人民政府在经过广泛论证、科学决策的基础上,批准选址于黄兴南路司门口与南门口之间,通过招商引资,与长沙市三兆实业开发有限公司一道积极建设的一项战略重点工程。

9. 乌鲁木齐中山路商业街

乌鲁木齐市中山路商业街于 1999 年 3 月正式挂牌命名,于 1999 年 3 月 14 日,被中央宣传部、中国国内贸易局、中国工商总局、中国技术监督局等四部委联合命名为百城万店无假货示范街,至此中山路商业街成为全疆唯一的一条无假货示范街。

10. 天津和平路商业街

和平路商业街始建于 1905 年,当时以锦州道为界,以北属日租界,名旭街,以南属法租界,名杜领事路。19 世纪 20 年代末,随着天祥、劝业、泰康三大商场,国民、惠中、交通三大旅馆以及渤海大楼、浙江兴业银行等建筑的落成,商业街日益繁荣。1946 年,这条商业街统称罗斯福路,1953 年取"热爱和平"之意更名"和平路"。

任务三　我国商业物流发展

一、我国商业物流发展概况

随着我国经济快速稳定的发展,我国物流业也达到了前所未有的高度。我国商业的发展极大地催生了商业物流的成长。改革开放以后,随着社会经济的发展和人民生活水平的提高,我国商业尤其是连锁零售业呈现出快速发展的势头,商业已成为我国市场经济运行的起点。

随着我国商业的不断发展、流通规模的不断扩大,市场呈现出多种流通业态并存的特征,整个物流活动更加复杂。我国专门从事商业物流配送的第三方物流企业在不断发展和成长,各地传统的商业储运公司也开始纷纷向现代物流企业转型,更多的第三方物流企业也都已经涉足商业物流业。2008 年,我国进行了大部制改革,对于商业物流业而言,使商业物流业能够在不同的部门之间协调运行,能够形成有效的物流体系。自从我国加入 WTO 以及放宽外资物流企业在华开展业务的限制，越来越多的跨国物流企业纷纷看好我国物流业广阔的发展空间和巨大潜力，借助资金、技术和管理等优势进入中国市场，这大大加剧了商业物流市场的竞争。

尽管我国商业物流发展很快，但由于我国社会物流总费用与 GDP 的比率一直在高位运行。商业物流成本居高不下，再加之企业物流业务外包观念淡薄，配送比率较低，商业连锁优势未能充分发挥。未来几年，我国商业物流业应扩展融资渠道，加大基础设施建设力度，企业间要加强相互合作、发展战略同盟，实行共同配送，提高商业物流运行效率。总之，中国商业物流的前景还是非常美好的。

二、我国主要商品流向

(一)商品流向的概念

商品流向就是商品的运动方向，是指一定时期内、一定品种和数量的商品在地域上的具体运转路线和方向。商品是天生的自由派，这种"自由"，表现为哪里需要，商品就往哪里运动。商品流向由于生产力布局的相对固定以及商品货源市场及销售市场有一定的稳定性，因此，在一定时间内，商品必然呈现出由货源市场向销售市场的单向运动状态，这就决定了一定时期大宗商品的流向。一般而言，只有符合这种趋势，进行运输才算合理。从理论上看，凡是不符合这一趋势进行运输，就称为不合理。但是在实际工作中，不能只单纯考虑流向，还需考虑到物流的其他合理因素以及宏观、微观的效益，因而将流向问题只作为其中的一个判断因素。

(二)我国几种主要商品流向

(1)粮食。东北地区的小麦、大豆、杂粮南运往华北，西运至西北；长江流域大米南运广东、北运华北、东运上海及沿海城市。

(2)糖。糖基本是南糖北运、西运，东北及内蒙古产的甜菜糖少量运至华北及西北。

(3)盐。盐基本是北方沿海盐场(长芦盐)流至华北、东北、华东、中部，南方沿海盐场流至华中、华南及南部地区，我国西部盐除本地消费外，还运至我国中部地区。

(4)石油工业产品。石油工业产品形态特殊，因此对物流有特殊要求，物流需求也大。目前我国采用输油管及罐装车、船配合的物流方式。我国石油工业主要分布于北方，因而石油的基本流向是北油南运。东北是我国石油最大的产区，产品一部分经大连海运到华东地区或出口，一部分经铁路进关，供应关内各地的需要。西北地区成品油基本自给，只有少数汽油从东北、华北调入。西南地区几乎无自产成品油，全靠区外供应。东北、华北亦需从东北调入成品油。中南地区也须调入大量成品油。

(5)煤炭。我国煤炭运输的主力是铁路，主要运煤线是京广、津沪铁路和北方沿海线。煤炭的总流向是西煤东运、北煤南运。以山西为中心的北方煤炭基地，主要流向是华东、中南和东北及出口；以贵州六盘水为中心的南方煤炭基地，主要流向是中南两广地区；以两淮为中心包括鲁南、徐州的华东煤炭基地，主要流向是上海、江苏、浙江等地或出口。

拓展提升

中国古代的商业中心介绍

中国古代商业发展，主要集中在市的发展。秦代时，对市的管理已于法律规定，商品买卖必须明码标价，违法者要受到处罚。到了汉代，对集中贸易的"市"有专门的管理机构，市的中央设置亭楼，四面有门、墙，有地域的限制。据说当时西汉都城长安有正式的市 9 处。六朝时，在离城镇稍远，交通便利的一些地点形成了民间集市——草市，政府也对草市进行管理。

唐代的草市的作用已十分显著,草市的所在地也变成相对集中的地方商业中心。另外,唐代的夜市较繁荣,而且市原有的制度已经不适合新的经济形势了。

到了宋代,市有了重大的发展,突破了时间和空间上的限制,商业活动不再受到官府的直接监督。这也是宋代经济发达的原因之一,宋朝有钱是出了名的,一但打仗打不过,马上议和,赔钱。

古代城市的出现也和市有很大关系,真正的、全国性的商业中心的出现是在王莽时期,当时有五都:洛阳、邯郸、临淄、宛(现南阳)、成都。在汉代,被称为"都会"的城市还有蓟(现北京)、江陵、寿春、合肥、吴(现苏州)、番禺(现广州)。南北朝时期有建康(现南京)、山阴(现绍兴)、襄阳、郢州(现武汉),交州(现河内)等。唐较少,有长安、洛阳、广陵。宋有汴京(现开封),清有苏州,还有一些镇,有名的有盛泽镇、汉口镇、佛山镇、景德镇、朱仙镇等。

项目小结

本项目是在了解商业及商业物流基础知识的基础上,掌握商业与物流的关系和影响商业布局的因素。重点学习我国商业中心、小商品市场的发展状况及布局知识,以达到掌握我国商业物流特点,能准确描述我国主要商业中心、小商品市场的位置,能准确描述我国几种主要商品流向的目标。

项目实训

实训目的: 通过实训,使学生熟悉我国主要的种植业、畜牧业、林业和渔业生产布局情况。

实训内容:

1.查阅资料,了解武汉作为全国性商业中心的特点。

2.查阅资料,了解我国煤炭流向的线路及特点。

实训学时: 2学时。

实训组织实施: 学生分组,以3~4人为一组,对以上两项实训内容每组提交一份画图作业及实训报告。

项目习题

一、填空题

1.商业,是_____的一种行为。

2.商业布局是指在_____、_____和_____的人为组合模式及其运作体系。

3.商业中心是指_____。

4.商业中心形成的条件有_____、_____、_____和_____。

5.商业中心的基本特征有_____、_____、_____、和_____。

6.我国全国性商业中心有_____、_____、_____、_____、_____、_____和_____等城市。

二、选择题

1.以下属于全国性商业中心的有( )。

A.上海　　　　B.北京　　　　C.天津　　　　D.太原

2. 以下属于地区性商业中心的有( )。

A.杭州　　　　　B.广州　　　　　C.成都　　　　　D.哈尔滨

3. 以下小商品市场位于华北地区的有(　　　)。

A.义乌中国小商品城　　　　　B.石家庄南三条小商品市场

C.沈阳五爱小商品批发市场　　D.武汉汉正街小商品市场

4. 以下商业街位于东东地区的有(　　　)。

A.北京王府井商业街　　　　　B.南京新街口商业街

C.沈阳中街　　　　　　　　　D.大连天津街

5. 我国煤炭运输的主力是铁路,主要运煤线有(　　　)。

A.京广线　　　　B.津沪铁路　　　　C.北方沿海线　　　D.京九线

三、简述题

1.物流与商业之间有什么关系?

2.商业中心的基本作用有哪些?

3.我国主要地区性商业中心有哪些?

4.简述小商品市场在商业物流中地位和作用。

模块四

国际区域物流地理

项目十二 亚洲物流地理

知识目标

1. 掌握亚洲的基本情况、地形特点、河流和湖泊、自然资源、主要岛屿和海峡
2. 掌握亚洲的区域划分以及各区域基本概况、资源分布、工业经济发展情况和交通状况
3. 了解亚洲主要港口的基本情况

能力目标

1. 能说出亚洲的基本情况，自然资源、主要岛屿和海峡
2. 能准确描述亚洲各区域资源分布、工业经济发展情况和交通状况
3. 能说出亚洲主要港口的基本情况

任务一 亚洲经济地理概况

一、亚洲概况

(一)基本情况

亚洲(Aisa)是亚细亚洲的简称，是世界七大洲中面积最大的洲，总面积4400万平方千米，占世界陆地面积的1/3。亚洲东临太平洋，南接印度洋，北濒北冰洋，西面通常以乌拉尔山脉、乌拉尔河、里海、高加索山脉和黑海与欧洲分界，西南面以红海、苏伊士运河与非洲为界，东北面隔着白令海与北美洲相望，东南面以帝汶海、阿拉弗拉海及其他一些海域与大洋洲为界。亚洲跨越经纬度十分广，东西时差达11小时，地跨寒、温、热三带，气候基本特征是大陆性气候强烈，季风性气候典型，气候类型复杂。在地理上习惯分为东亚、东南亚、南亚、西亚、中亚和北亚。

亚洲是全世界人口最多的一个洲，截至2011年7月亚洲人口数约为40亿，亚洲人口最多的国家是中国，第二是印度。亚洲也是人口密度最大的洲，新加坡平均每平方千米可达4400多人，是亚洲人口密度最大的国家。人口密度最小的国家是蒙古，平均每平方千米仅1人多；沙特阿拉伯、阿曼等国家平均每平方千米5~7人。亚洲的大小民族、种族共有约1000个，约占世界民族、种族总数的一半，种族、民族构成非常复杂，尤以南亚为甚。其中有十几亿人口的汉族，也有人数仅几百的民族或部族。黄种人(又称蒙古利亚人种)为亚洲主要人种，其余为白种人、棕色人及人种的混合类型。

(二)地形特点

亚洲地形的总特点是地势高、地表起伏大、中间高、周围低，隆起与凹陷相间，东部有一列纵长的花彩状岛弧，平均海拔约950米，是除南极洲外世界上地势最高的一洲。亚洲的山地、

高原和丘陵约占总面积的 3/4,其中有 1/3 的地区海拔在 1000 米以上;平原占总面积的 1/4,计 1000 多万平方千米。

亚洲大至以帕米尔高原为中心,一系列高大山脉向四方辐射伸延到大陆边缘,主要有天山山脉、昆仑山脉、喜马拉雅山脉、阿尔泰山脉、兴都库什山脉、厄尔布尔士山脉、托罗斯山脉和扎格罗斯山脉等。在以上主干山脉之间有青藏高原、蒙古高原、伊朗高原、安纳托利亚高原和塔里木盆地、准噶尔盆地、柴达木盆地等。在山地、高原的外侧分布着面积广大的平原,主要有东北平原、华北平原、长江中下游平原、印度河平原、恒河平原、美索不达米亚平原、西西伯利亚平原等。

亚洲既有世界上最高的高原(青藏高原)、山脉和山峰(珠穆朗玛峰),又有世界上著名的平原(西西伯利亚平原)和洼地(死海)。亚洲不仅陆上起伏极端,且大陆东缘的弧形列岛与太平洋的海底部分也同样表现出起伏极端,列岛上的山脉与极深的海沟伴生。亚洲最高峰与邻近海域最深海沟高低相差约 20 千米。

亚洲地理之最包括以下方面:

(1)喜马拉雅山脉——世界最高大的山脉,海拔超过 7000 米的山峰有 50 多座。

(2)珠穆朗玛峰——喜马拉雅山脉主峰,世界最高峰,海拔 8844.3 米。

(3)青藏高原——世界最高的大高原,平均海拔 4500 米以上,有"世界屋脊"之称。

(4)西西伯利亚平原——亚洲最大的平原,面积 260 万平方千米。

(5)里海——世界最大的湖泊或咸水湖,面积约 37 万平方千米。

(6)贝加尔湖——世界最深和蓄水量最大的淡水湖,最深处达 1620 米,蓄水量 2.3 万立方千米。

(7)死海——湖面低于海平面 400 米,是世界陆地最低点。由于湖水含盐量过大,湖水中除细菌外,其他生物不能生存。

(8)阿拉伯半岛——世界最大半岛,面积约 300 万平方千米。

(9)马来群岛——世界最大的群岛,散布在太平洋与印度洋之间的广阔海域,包括岛屿 2 万多个,面积 243 万平方千米。

(三)河流和湖泊

亚洲有许多大河,大都源于中部高山地带,呈放射状向四面奔流而注入太平洋、印度洋和北冰洋。流入太平洋的河流有黑龙江、黄河、长江、珠江、湄公河等;流入印度洋的有印度河、恒河、萨尔温江、伊洛瓦底江、底格里斯河、幼发拉底河等;流入北冰洋的有鄂毕河、叶尼塞河、勒拿河等。内流河主要分布于亚洲中西部干旱地区,有锡尔河、阿姆河、伊犁河、塔里木河、约旦河等。其中,长 4000 千米以上的河川有 7 条,最长的河流是长江,其次是以额尔齐斯河为源的勒拿河。阿姆河全长 2540 千米,是亚洲最长的内流河;底格里斯河和幼发拉底河、黄河、印度河流域都是人类最早的文明发源地;恒河是印度教和佛教的圣河;湄公河是一条重要的国际性河流,湄公河流域国家包括中国、缅甸、老挝、泰国、柬埔寨和越南。亚洲落差最大的瀑布是印度西南沿海施腊巴提河上的焦格瀑布,落差 253 米。

亚洲湖泊较之其他洲不算太多,但不少湖泊具有特色,闻名世界。如亚欧界湖里海是世界第一大湖泊、最大的咸水湖;贝加尔湖是世界上最深的湖、亚洲最大的淡水湖;死海是世界上最低的洼地;巴尔喀什湖是一个同时存在着淡水和咸水的内陆湖。

(四)自然资源

1.矿物资源

亚洲矿物种类多、储量大,主要有石油、煤、铁、锡、钨、锑、铜、铅、锌、锰、镍、钼、镁、铬、金、银、岩盐、硫磺、宝石等。其中,石油、镁、铁、锡等的储量均居各洲首位。

2.森林资源

亚洲森林总面积约占世界森林总面积的 13%,其中用材林 2/3 以上已开发利用,人工造林有一定的发展。俄罗斯亚洲部分、中国的东北、朝鲜的北部,是世界上分布广阔的针叶林地区,蓄积量丰富,珍贵用材树种很多。东南亚的热带森林在世界森林中占重要地位,以恒定、丰富的植物群落著称,其主要树种是龙脑香科,还有树状蕨纲、银杏、苏铁等"活化石"。中国的华南、西南,日本山地的南坡,喜马拉雅山南坡植物特别丰富,除普通阔叶树种外,还有棕榈、蒲葵、杉属、水杉属等。

3.水力资源

亚洲各国可开发的水力资源估计年可发电量达 26 000 亿千瓦时,占世界可开发水力资源量的 27%。

4.海洋渔业

亚洲沿海渔场面积约占世界沿海渔场总面积的 40%,盛产鲑、鳟、鳕、鲣、鲭、小黄鱼、大黄鱼、带鱼、乌贼、沙丁鱼、金枪鱼、马鲛鱼以及鲸等。著名渔场有舟山群岛、台湾岛、西沙群岛、北海道岛、九州岛等岛屿的附近海域,以及鄂霍次克海等。中国沿海渔场面积占世界沿海渔场总面积近 1/4。

(五)主要岛屿和海峡

1.太平洋沿岸的主要的岛屿和海峡

(1)主要岛屿/群岛(自北向南共 6 个):

千岛群岛—萨哈林岛(库页岛)—日本列岛—琉球群岛—台湾岛—马来群岛(南洋群岛)。

(2)主要边缘海(自北向南共 9 个):

鄂霍次克海—日本海—黄海—东海—南海—苏禄海—苏拉威西海—班达海—爪哇海。

(3)主要的海峡(自北向南共 12 个):

宗谷海峡—津轻海峡—朝鲜海峡—大隅海峡—台湾海峡—巴士海峡—巴林塘海峡—望加锡海峡—马六甲海峡—新加坡海峡—巽他海峡—龙目海峡。

2.印度洋沿岸—亚洲西南/西部主要岛屿和海峡

(1)主要的岛屿(自西向东):

拉克沙群岛——马尔代夫群岛——斯里兰卡岛——安达曼群岛/尼科巴群岛。

(2)主要的内海及边缘海(自西向东):

爱琴海和地中海——红海和波斯湾——阿拉伯海——孟加拉湾——安达曼海。

(3)主要的海峡(自北向南):

土尔其海峡(黑海海峡)—曼德海峡—霍尔木兹海峡。

二、亚洲各区域经济地理

按照区域划分,亚洲习惯上被分为东亚、东南亚、南亚、西亚、中亚、北亚

六个区域。各区域经济地理概况如下:

(一)东亚

东亚位于亚洲东部,通常是指亚洲东部地区。东亚是世界上人口分布最多的地区之一,居民以黄色人种为主,主体居民为蒙古利亚人种下的汉族、和族、朝鲜族、蒙古族。该地区包括六个主权国家和两个地区,其中日本、大韩民国、中国台湾地区、中国香港、中国澳门为发达国家和地区,蒙古、中华人民共和国、朝鲜民主主义人民共和国为发展中国家。

东亚地区矿物资源以煤、铁、石油、铜、锑、钨、钼、金、菱镁矿、石墨等最丰富。东亚是稻、薯蓣、糜子、荞麦、大豆、苎麻、茶、油桐、漆树、柑橘、桂圆、荔枝、人参等栽培植物的原产地,所产稻谷占世界稻谷总产量 40％以上,茶叶占世界总产量 25％以上,大豆占 20％。棉花、花生、玉米、甘蔗、芝麻、油菜籽、蚕丝等的产量在世界上也占重要地位。

东亚地区主要的国家是日本、韩国、蒙古、朝鲜。日本是典型的加工贸易国,能源和原材料基本上依靠进口,京滨区(东京—横滨)、阪神区(大阪—神户)、名古屋和北九州是日本的四大临海工业区;韩国主要工业原料均依赖进口,工业主要部门有钢铁、汽车、造船、电子、化学、纺织等,该国风景优美,有许多文化和历史遗产,旅游业较发达;朝鲜矿产资源丰富,水力和森林资源也较丰富,工业以采矿、电力、机械、冶金、化工、纺织等为主,但主要集中于国防工业等重工业方面,轻工业落后。蒙古国是世界上最大的内陆高原国,全境草原广阔,畜牧业是该国的经济命脉,工业以畜产品加工为主,毛纺、皮革等工业较发达,有铁路通中、俄两国。

东亚地区主要的海域是日本海,它是西北太平洋最大的边缘海,其东部的边界由北起为库页岛、日本列岛的北海道、本州和九州,西边的边界是欧亚大陆的俄罗斯,南部的边界是朝鲜半岛。东亚地域主要的海峡包括宗谷海峡、津轻海峡、关门海峡、对马海峡及朝鲜海峡,这些均是东亚国家通过北美洲海运海运线上的咽喉要道。目前,东亚地区国际贸易运输主要依靠海运,还有一部分货物通过亚欧大陆桥运往欧洲。

(二)东南亚

东南亚是指亚洲东南部地区,它连接亚洲和大洋洲,沟通太平洋与印度洋,地理位置极其重要。东南亚属于热带气候,高温多雨,总面积约 457 万平方千米,人口约 5.6 亿。东南亚共有 11 个国家:越南、老挝、柬埔寨、泰国、缅甸、马来西亚、新加坡、印度尼西亚、文莱、菲律宾、东帝汶。东南亚各国都有自己悠久的历史,且都是新兴的国家,除新加坡外,均属发展中国家。东南亚各国都是多民族的国家,全区有 90 多个民族,同时也是世界上华侨、华人最多的地区。

东南亚地区气候高温多雨,平原广阔、土壤肥沃、水源充足以及交通便利和劳动力资源丰富。该地区热带作物主要包括水稻、橡胶、椰子、蕉麻、油棕等,还有黄麻、茶叶、咖啡、可可、甘蔗、茶烟叶、胡椒、冻鱼、冻虾、绿豆、奎宁,木棉、棕榈油、檀香木、虫胶、棉花及各种热带水果等。

东南亚是当今世界经济发展最有活力和潜力的地区之一。东南亚各国拥有丰富的自然资源和人力资源,为经济发展提供了良好的条件,形成了以季风水田农业和热带种植园为主的农业地域类型,但是经济结构比较单一。20 世纪 60 年代以后,各国发展了外向型市场经济与国家干预相结合的经济发展模式,主要大力发展制造业,一般优先发展劳动密集型且资本周转较快的轻纺工业和装配工业。另外还扩大农矿产品的生产和出口。

作为中国的南邻,东南亚自古以来就是中国通向世界的必经之地,区内有金兰湾、马六甲海峡和湄公河等重要运输通道。位于越南东南部的金兰湾,是东南亚著名的天然港湾,港湾深入内陆 17 千米,南北长 32 千米,宽约 16 千米,群山环抱,东面岛屿屏蔽,面临深海,为天然良港。马六甲海峡位于马来半岛和印尼的苏门答腊岛之间,是欧洲、非洲、中东(西亚)及南亚地区通往东亚的一条主要海运通道,是亚洲、非洲、欧洲、大洋洲之间相互往来的海上枢纽,交通位置十分重要,有"东方的直布罗陀"之称。湄公河是亚洲最重要的跨国水系,是世界第六大河流,流经中国、老挝、缅甸、泰国、柬埔寨和越南,于越南胡志明市流入南海,由越南流出南海有 9 个出海口。在历史上,东南亚各国也一直与中国有友好往来,在政治、经济、文化上关系密切。

(三)南亚

南亚指亚洲南部地区,介于东南亚与西亚之间,泛指喜玛拉雅山脉以南的地域。区域内的国家包括印度、巴基斯坦、孟加拉国、斯里兰卡、尼泊尔、不丹和马尔代夫,总面积达 4480000 平方千米,人口 15 亿以上,是世界上人口最多和最密集的地域,同时也是继非洲撒哈拉地区后全球最贫穷的地区之一。南亚地形分为三部分:北部是喜马拉雅山地,中部为大平原,南部为德干高原和东西两侧的海岸平原。

南亚大部分地区属热带季风气候,全年高温,各地降水量相差很大。南亚矿物资源以铁、锰、煤比较丰富,同时又是芒果、蓖麻、茄子、香蕉、甘蔗以及莲藕等栽培植物的原产地,所产黄麻、茶叶约占世界总产量 1/2 左右。该地区稻米、花生、芝麻、油菜籽、甘蔗、棉花、橡胶、小麦和椰干等的产量在世界上也占重要地位,热带雨林和热带季风林占有很大面积。

南亚地区主要国家是印度和巴基斯坦。印度位于亚洲南部,是悠久的文明古国之一。印度是一个农业大国,主要农产品有稻米、小麦、牛奶、油料、甘蔗、茶叶、棉花和黄麻等,还拥有云母、煤、铁、铝、铬、锰、锌、铜、铅、磷酸盐、黄金、石油等丰富的资源,其中云母的产量和储量为世界之首。印度的工业主要包括制造业、电力、矿业、纺织、食品、精密仪器、汽车制造、软件制造、航空和空间等行业。巴基斯坦东面与印度比邻,南面是印度洋,西面与伊朗接壤,西北面和阿富汗相连,东北面可通往中国的新疆。巴基斯坦的经济结构主要是以农业为基础转变为以服务业为基础,其他主要产业包括软件、机动车辆、纺织、水泥、化肥、钢铁、造船、航空航天工业和军火生产等。

南亚地区有三大河流,即印度河、恒河、布拉马普特拉河。印度河源出中国(其源头河是森格藏布),向西南转向南流,注入阿拉伯海,是巴基斯坦最重要的灌溉水源。恒河源出喜马拉雅山南麓,流经恒河平原。布拉马普特拉河流经三国,其上游在中国境内,称雅鲁藏布江,中游在印度境内,下游在孟加拉国与恒河汇合,流入孟加拉湾。这两条河流在入海口地区冲积成面积很大的恒河三角洲,世界上最大的优质黄麻产地就分布在这里。

(四)中亚

中亚即亚洲中部地区,狭义的中亚国家包括五国,即乌兹别克斯坦、吉尔吉斯斯坦、土库曼斯坦、哈萨克斯坦和塔吉克斯坦五国,此地区的居民多为突厥语族。由于处于欧亚大陆腹地,尤其是东南缘高山阻隔印度洋、太平洋的暖湿气流,中亚地区气候为典型的温带沙漠、草原的大陆性气候。该地区主要以荒漠、半荒漠和草原为主,占据从里海到天山山地之间的巨大面积。

中亚地区各种矿藏丰富。哈萨克斯坦矿藏品种比较齐全,此外还有铁矿、锰矿、铜矿、钾盐等矿藏。吉尔吉斯斯坦的有色金属、黑色金属特别是稀有金属汞、锑的储量可观。乌兹别克斯坦的矿产资源主要是铜矿、铅锌矿、钼矿、钨矿。中亚是世界上石油和天然气资源蕴藏最丰富的地区之一,石油资源主要分布在里海东岸及湖底。

中亚地区的采矿、冶金业等重工业和军事工业发达,最大的工业区是卡拉干达工业区,也是前苏联四大工业区之一,还有就是位于乌兹别克的中亚工业区。中亚地区经济发展极不平衡,哈萨克斯坦是中亚乃至独联体地区的强国。

由于特殊的地理条件,中亚地区运输主要以管道、航空和铁路运输为主。从自然地理而言,中亚的所有河流都没有通向大洋的出口,河水除了被引走用于灌溉外,或者消失于荒漠,或者注入于内陆湖泊。主要的河流包括阿姆河、锡尔河、伊犁河、乌拉尔河和额尔齐斯河等。其中,额尔齐斯河长 4248 千米,在哈萨克斯坦境内 1400 千米,它河道平稳、水量充足,在航运、灌溉、城市供水方面有着重要的经济意义。

(五)西亚

西亚又称西南亚、亚洲西南部地理区,位于亚、非、欧三洲交界地带,在阿拉伯海、红海、地中海、黑海和里海(内陆湖泊)之间,联系欧洲、亚洲、非洲,联系印度洋和大西洋。西亚面积约 718 万平方千米(包括埃及在西奈半岛上的 6 万平方千米,不包括土耳其在欧洲的 2 万平方千米),约占亚洲总面积的 16%。该地区气候干燥,多属热带和亚热带沙漠气候,水资源缺乏,地形以高原为主。西亚地区包括的国家有伊朗、伊拉克、叙利亚、约旦、以色列、沙特阿拉伯、巴林、卡塔尔、也门、阿曼、阿拉伯联合酋长国、科威特、阿富汗、黎巴嫩。

西亚石油资源极其丰富,约占世界石油总储量的一半以上。这里的波斯湾、里海沿岸及两河流域为世界著名大油田,以波斯湾为中心是一巨大石油带;大高加索山脉下、黑海附近以阿塞拜疆首都巴库为主要开采区。西亚石油储量大、埋藏浅、油质好、易开采。石油的形成与其地质构造密切相关,波斯湾地区及两河流域地质构造方面属于新褶皱山系的边缘拗陷地带,储油构造良好;同时,长期温暖的海洋环境,为大量海洋生物提供了适宜的生长条件,海洋生物遗体沉入海底后,成为生成石油的有机物质来源,经过复杂的生物化学作用,逐渐变成了石油。西亚其他矿藏有铬、铜、锑、锰、铁和磷灰石等。

西亚农业开发历史悠久,受气候影响,灌溉农业地位重要,耕地集中在沿海、河谷和绿洲地带,山地、高原的草原牧场以畜牧业为主。该地区主要粮食作物为小麦、大麦、豆类,次为粟、稻谷等;经济作物有棉花、烟草、甜菜等;出口产品主要是畜产品和干鲜果品,如椰枣、榛子、阿月浑子、石榴、油橄榄、紫羔羊、安卡拉山羊等;农产品自给率低,成为世界农牧产品主要进口区之一。

自古以来,西亚就是东、西方交通的要道。著名的"丝绸之路"就是由中国西安,沿河西走廊出新疆,经巴基斯坦再由西亚到欧洲的。西亚除西面有陆路和国际航空线连接三大洲外,沟通地中海和红海的苏伊士运河也连接了大西洋和印度洋;西北面的海峡则是黑海通往地中海的唯一出海口;南面的波斯湾是世界石油运输的主要航道,而霍尔木兹海峡、曼德海峡是海上石油运输线上的"咽喉"。因此,西亚处在联系三大洲、沟通两洋五海的现代陆海空交通枢纽地带,战略地位十分重要。

(六)北亚

北亚是指俄罗斯的亚洲部分,主要是指乌拉尔山以东、西伯利亚的广大地区、阿尔泰山脉以北、哈萨克斯坦以北、蒙古国以北、中国以北、日本以北、白令海峡以西的地区,占亚洲面积的 1/3。北亚东西长约 7000 多千米,南北宽约 4000 千米,面积约 1700 万平方千米,海岸线全长近 3 万千米,是亚洲最大的自然地理大区。北亚西界是亚洲和欧洲之间的洲界,南界西段为哈萨克高地北麓,东段以俄罗斯与蒙古和中国的国境线为界,大部位于北纬 50°以北,有 200 多万平方千米的地带伸入北极圈内。

北亚地区自然资源极其丰富,石油、天然气、煤、森林、水能、铁、有色金属储量产量在世界上居中前列。著名的西伯利亚森林覆盖了西伯利亚地区的辽阔地域,其木材蓄积量占原苏联的 3/4 以上；星罗棋布的大小湖泊以及数以千计的大小河流使西伯利亚地区拥有大量的水力资源。本区的金属矿和非金属矿十分丰富，这里几乎拥有世界上已经发现的一切矿物资源，其中铁、铜、铝、锡的储量尤为丰富。

本区是重要的能源和原材料基地，在此基础上，石油化工、煤化工、有色金属开采、冶金工业也很发达，钢铁工业已初具规模，机械工业虽有发展，但不配套，仍较薄弱。农业以西西伯利亚南部较发达，小麦和乳、肉用畜牧业为主要部门。

本区地域广阔，人口稀少，加之气候严寒，对发展交通运输极为不利。根据这一地区的发展需要，建成了以河运、铁路、公路、航空相结合的综合运输网络。铁路是本区主要的交通运输方式，铁路运输占本区货运总量的 80% 以上。西伯利亚大铁路、贝加尔湖—阿穆尔河铁路横贯东西是西伯利亚的运输大动脉。公路多集中于南部地区，特别是沿西伯利亚大铁路、贝阿铁路的大中城市周围，与两条铁路干线相联络，构成了小区域运输网络。在南部铁路干线、大中城市周围是路面质量好、设备完善、四季均可通车的公路；而在人口稀少的地区，则本区河流众多、水量充沛，鄂毕河、叶尼塞河、勒拿河等水系的运输河道近 10 万千米。许多河流还同铁路、公路相连，构成水陆联运网。空运也是北亚地区的重要运输方式，目前大中型经济中心和重要的工矿区均通飞机，伊尔库茨克建有国际机场。

任务二　亚洲主要港口

一、新加坡港

新加坡港位于新加坡的南部沿海，西临马六甲海峡的东南侧，南临新加坡海峡的北侧，是亚太地区最大的转口港，也是世界最大的集装箱港口之一。该港扼太平洋及印度洋之间的航运要道，战略地位十分重要。它自 13 世纪开始便是国际贸易港口，目前已发展成为国际著名的转口港。新加坡港也是该国的政治、经济、文化及交通的中心。

该港属热带雨林气候，年平均气温 24～27℃，每年 10 月至次年 3 月为多雨期，全年平均降雨量 2400 毫米，属全日潮港，平均潮差为 2.2 米。本港自然条件优越，水域宽敞，很少受风暴影响，治区面积达 538 平方米，水深适宜，吃水在 13 米左右的船舶，可顺利进港靠泊，港口设备先进完善，并采用计算机化的情报系统，同时谋求用户手续的简化和方便。新加坡港模拟图如图 12-1 所示。

图 12-1　新加坡港模拟图

新加坡港与世界上 123 个国家和地区的 600 多个港口建立了业务联系,每周有 430 艘班轮发往世界各地,为货主提供多种航线选择。有了如此高密度、全方位的班轮航线作保证,需要中转的集装箱到了新加坡很快就会转到下一个航班运往目的地。新加坡港的大部分集装箱在港堆存时间为 3~5 天,其中 20% 的堆存时间仅为 1 天。新加坡港作业图示如 12-2 所示。

图 12-2　新加坡港作业图

新加坡作为国际集装箱的中转中心,极大地提高了全球集装箱运输系统的整体效能,成为国际航运网络中不可或缺的重要一环。除了海运,新加坡还在空运、炼油、船舶修造等方面具备产业优势,同时又是重要的国际金融和贸易中心。利用这些优势条件,围绕集装箱国际中转,衍生出了许多附加功能和业务,丰富和提高了新加坡作为现代意义上国际航运中心的综合服务功能。

新加坡是国际集装箱管理和租赁中心。发达的集装箱国际中转业务,吸引了许多船公司把新加坡作为集装箱管理和调配基地,形成了一个国际性的集装箱管理与租赁服务市场。在许多港口经常会出现因为没有足够空箱可以提供,只能眼看生意转到其他船公司的情况。但在新加坡由于集装箱管理与租赁形成了市场,这种因为缺少空箱而丢失生意的情况却很少发生。

新加坡的空港联运是新加坡海港与新加坡空港合作开展的一项增值业务,是指通过海运和空运的配合与衔接,充分利用两种运输方式的优点,满足用户的特殊需求。空港联运本身并没有给新加坡带来可观的箱量和收入,但它确实满足了客户的应急之需,极大地提升了客户对新加坡港的信任度和新加坡作为国际航运中心的知名度,在广泛和长远意义上为新加坡港带来了丰厚的回报。

新加坡是国际船舶燃料供应中心。新加坡是世界第三大炼油中心,世界排名前列的sheU、Exon Mobil、BP 等石油公司均把新加坡作为石油提炼和仓储基地。产业的规模效应使得船用成品油的价格相对较低,加上位于国际航线的要冲,新加坡已发展成为国际船舶燃料供应中心,往返欧亚航线的船舶大部分只选择在新加坡或鹿特丹两地加油。

新加坡的港口物流被列为国家重点产业之一。新加坡港有天然优越的自然地理位置,港口物流一直被列为国家重点产业之一加以大力发展。政府一贯重视发挥港口的优势,将港口视为新的重要生财之道,因此能从长远的战略发展角度来规划港口的发展,在扩充、改善、提升港口相关设施水平和能力方面,既有资金(包括政府投资、民间企业投资和国外投资)支持,又有技术和人力保障,使新加坡港的基础设施水平始终保持世界先进水平。

二、科伦坡港

科伦坡港，又名科伦坡港人工港，是世界上最大的人工港口之一，也是欧亚、太平洋、印度洋地区的世界航海线的重要中途港口之一。斯里兰卡科伦坡港始建于1912年，但科伦坡港作为世界性的港口至少有400多年的历史了。早在公元8世纪时，科伦坡港就已经成为商贸重镇，14世纪时，中国商人频繁来到科伦坡港进行商贸活动，19世纪时，英国在斯里兰卡殖民时期，修建了斯里兰卡科伦坡港。科伦坡港发展全貌如图12-3。

图12-3 伦坡港发展全貌

科伦坡港港区面积达到24000平方米，共有2个港区入口，港口水深在9~11米之间，条件优良，适宜停靠大型、超大型船只，可同时停放40艘超大型船只及若干中小型船只。港口在西南面、东北面、西北面分别有三道防波提，一面向海，位置绝佳，方便船只进出。装卸设备有各种岸吊、汽车吊、门式集装箱吊、铲车及直径为254~609.6毫米的输油管等，其中集装箱最大起重能力为35吨。码头最大可靠6万载重吨的船舶，铁路线可以直通码头进行装卸作业，码头还有专用的卸粮设备，可将面粉直接装进工厂。该港主要出口货物为茶叶、咖啡、可可、椰干、香茅油、橡胶、椰油及皮张等，进口货物主要有石油、煤、大米、铁器、棉制品、水泥及化肥等，每年的货物吞吐量约占全国的90%以上。

三、迪拜港

迪拜港位于阿联酋，并与1981年新建的米纳杰贝勒阿里港同属迪拜港务局管辖，是阿联酋最大的港口，也是集装箱大港之一。该港地处亚欧非三大洲的交汇点，是中东地区最大的自由贸易港，尤以转口贸易发达而著称。它是海湾地区的修船中心，拥有名列前茅的百万吨级的干船坞。主要工业有造船、塑料、炼铝、海水淡化、轧钢及车辆装配等，还有年产50万吨的水泥厂。长期以来该港还是波斯湾南岸的商业中心，有全国最大的迪拜国际机场，每天有定期航班飞往世界各地。

迪拜港属热带沙漠气候，盛行西北风，年平均气温20~30℃，最高曾达46℃，全年平均降雨量约100毫米，12~2月雨量最多，约占全年总量的2/3。平均潮高高潮为2米，低潮为0.8米。港区主要码头泊位有18个，岸线长4265米，最大水深13.5米。装卸设备有各种岸吊、可移式吊、集装箱门吊、装卸桥、跨运车及滚装设施等。

迪拜港务局的远期目标是把迪拜建设成为类似于香港和新加坡的全球型航运枢纽。为此，在未来10年，迪拜将继续进行必要的港口基础设施建设，开辟第三座人工港口。同时，迪拜还将加大港口运营的技术含量，引进包括数据处理、货物监控、信息传输、码头管理等各项功能在内的航运系统和技术,力争集"货物吞吐港"和"物流信息港"于一体。

四、神户港

神户港是日本最大的集装箱港口,也是世界十大集装箱港口之一。自古以来神户就是日本的重要交通枢纽,公路、铁路及航空皆是现代化。它既是主要的国际贸易中心,又是日本最大的工业中心之一。现为阪神工业区的核心之一,主要工业有运输机械、钢铁、橡胶、电机、食品等,占全市工业总产值的一半以上,其次是化学、普通机械及烟草等工业。神户港发展全貌如图 12 - 4 所示。

图 12 - 4　神户港发展面貌

该港属亚热带季风气候,夏季盛行东南风,冬季多西北风。年平均气温 10～27℃,年雷雨日有 12 天,降雪日有 19 天。全年平均降雨量 1300 毫米,属半日潮港,有日潮不等现象,大潮升 1.4 米,小潮升 1.1 米。本港是填海建造的人工岛,如港岛及罗卡岛等有桥梁可与大陆连接。该港主要出口货物为机械、车船、纺织品、钢铁及家用电器等,进口货物主要有粮谷、棉花、原油、矿石、小麦、天然橡胶及食品等。

神户港早在 1500 年前就是中日交易的贸易窗口,目前该港作为关西国际机场和神户机场海陆空联网据点,每年保持 600 万 TEU 左右的发展势头。在神户港外贸集装箱货物总量中,中国的货物占了 1/3 以上,神户与中国的贸易关系非常密切,并将在今后继续推进日本和中国之间的客流和物流的往来,这一项目也作为神户港发展的基本战略之一。

在日本有三大国际海上物流据点,分别是东京湾、伊势湾和大阪湾。其中神户港是位于日本最西的位置,离以中国为首的亚洲诸港非常之近,有着相当优越的地理环境。而且,连接中国各港的定期集装箱航线共有 74 条,每周往来超过 77 班轮。另外,还有连接上海和天津的国际定期客船,使用此客船进行现时保鲜运送的服务项目从各方面都得到了很高的评价。

神户港位于主要船运线路上,也是通往东亚的门户,通过普通货运班轮服务和交通支线网络与众多国家联接起来。作为一个中途停靠港,神户港设有北美航线、欧洲航线、中南美航线、非洲航线、大洋洲航线、南亚航线及中国航线,以联往世界上 130 多个国家和地区、500 多港口的庞大运输网络而闻名,在开通航线数量和航运频度方面跻身亚洲领先者之列。由于几乎处于日本中心位置,神户港在未来很长时间内仍将是日本的主要国际贸易港。

五、横滨港

横滨港是日本最早的对外开放港口之一,是日本第二大港口,也是世界亿吨大港之一,并且是世界十大集装箱港口之一。横滨港北起京滨运河，南至金泽，长约40千米，港内水域面积7500多万平方米，港湾伸入陆地，水深8～20米，水深港阔，很少受太平洋风浪影响。港区中部为商港区，与闹市相连，两翼为工业港区，背后为两个工业地带。商港区拥有本牧、山下、大栈桥、新港、高岛等码头，共计91个泊位，水深多在12米以内，通常停靠2.5万吨级以上的货轮。此外有专用码头，水深达17米，可泊15万吨级的大型散货船。港内有仓库面积11万平方米，货物装卸高度机械化。由于大都修建了自己的专用码头，进来原料的船泊可以直接靠岸卸货，出口的成品出厂后可以从另一个码头直接装船运走，这样既节省了运输时间和费用，又提高了效率，降低了成本。

横滨港已与60多个国家和地区有贸易往来，主要是美国、中国和东南亚以及中东各国。横滨港以输出业务为主，出口额占贸易额的2/3以上。出口商品主要是工业制成品，有机器、汽车、钢铁、化工品、日用品等；进口货物主要有原油、重油、铁矿石等工业原料和粮食。日本是个"加工贸易型"国家，对外贸易在国民经济中有着极为重要意义，虽然横滨港货物吞吐量低于神户和千叶港，但是港口贸易额却居全国首位，成为日本最大的国际贸易港。

横滨港靠近东京都地区，有着得天独厚的地理位置，但高度发达的交通运输网络也是其发展的重要因素。以东京湾西部地区的横滨港为中心，向南、西、北等方向辐射出去的快速交通运输要道有东京高速道路、中央自动车道、关越自动车道、东北自动车道、常磐自动车道、东京湾环海大通道、东关东自动通道等，还有环绕东京都地区的环城首都圈中央联络自动车道和北关东自动车道，如此发达畅通的交通运输网络在全世界也是很少见的。特别是已于2003年竣工的357国道，把横滨港的三大集装箱码头（南本牧、本牧、大黑）以及山下等重要的多用途码头全部串连起来。

六、高雄港

高雄港是一座位于台湾南部的海港，毗邻高雄市市区，是世界集装箱运输的大港之一，也是台湾最大的港口，属大型综合性港口，有铁路、高速公路作为货物集运与疏运手段。港口内有10万吨级矿砂码头、煤码头、石油码头、天然气码头和集装箱码头，共有泊位80多个，岸线长18千米多，另有系船浮筒25组。港口年吞吐量约5000～6000万吨，港口设有百万吨级大型干船坞和两座25万吨级单点系泊设施。高雄港发展全貌如图12-5所示。

图12-5 高雄港发展全貌图

七、釜山港

釜山港位于韩国东南沿海,东南濒朝鲜海峡,西临洛东江,与日本对马岛相峙,是韩国最大的港口,也是世界第五大集装箱港。始建于 1876 年,在 20 世纪初由于京釜铁路的通车而迅速发展起来。它是韩国海陆空交通的枢纽,又是金融和商业中心,在韩国的对外贸易中发挥重要作用。工业仅次于汉城,有纺织、汽车轮胎、石油加工、机械、化工、食品、木材加工、水产品加工、造船和汽车等,其中机械工业尤为发达,而造船、轮胎生产居韩国首位,水产品的出口在出口贸易中占有重要位置,港口距机场约 28 千米。

釜山港属温带季风气候,年平均气温夏季为 29～31℃,冬季为 7～9℃,全年平均降雨量约 1500 毫米。该港属正规半日潮港,潮差不大,大汛时不超过 1.2 米,小汛时仅 0.3 米。装卸设备有各种岸吊、门吊、可移式吊、集装箱吊、浮吊、皮带输送机、装船机及滚装设施等,其中浮吊最大起重能力达 100 吨。该港的集装箱码头起着骨干作用,它有大型龙门式集装箱装卸桥,码头面积达 63 万平方米,集装箱堆场面积达 38 万平方米。这里每年停靠约 2000 艘集装箱船,包括自 700～800TEU 型船,大到 3000TEU 的集装箱船。码头可同时为 4 艘 5 万载重吨的大型集装箱船进行装卸作业。

在全年无休假日的情况下,即全年不中断的 24 小时作业,每天平均要装卸 4～5 艘集装箱船。港口主要出口货物为工业机械、水产品、电子、石化产品、纺织品等,进口货物主要有原油、粮食、煤、焦炭、原棉、原糖、铝、原木及化学原浆等。在节假日中,如果有特殊情况可提前申请加班。该港能承接各种船舶修理,最大干船坞可容纳 15 万载重吨的船舶。韩国海上进出口货物的年增长率达 20％左右,几乎全部由釜山港进出。

八、加尔各答港

加尔各答港位于印度,濒临孟加拉湾的北侧,是印度东部的最大港口,因主要出口黄麻,又有"黄麻港"之称。它是印度第二大港,是全印度经济、交通和文化的中心之一,又是黄麻工业中心,主要工业还有纺织、钢铁、机械、化学、造纸、皮革、印刷及陶瓷等。此外,加尔各答港是内陆国家尼泊尔、不丹和锡金的出海口,港口距国际机场约 22 千米。

该港属热带季风气候,盛行南西南风。年平均气温 15～30℃,5～9 月会受到热带风暴及气旋的袭击。全年平均降雨量约 2600 毫米,5～10 月为雨季,雨量占全年的 90％。该港属半日潮港,平均潮高大潮为 4.9 米,小潮为 1.6 米。

装卸设备有各种岸吊、抓斗吊、重吊、集装箱吊、装船机及拖船等,其中,重吊最大起重能力达 200 吨,拖船功率最大为 1618kW,还有直径为 150～304.8 毫米的输油管。码头最大可靠 8 万载重吨的船舶,有铁路线可直通码头。装卸效率为煤炭每小时 1500 吨,原油平均每小时 600 吨,矿石每小时装 3000 吨。集装箱码头有堆场面积达 1.6 万平方米,可同时堆放 1000TEU,并配有高速装卸集装箱。主要出口货物除黄麻外,还有煤、矿石、茶叶、废钢、皮张、棉花及糖等,进口货物主要有石油、盐、面粉、水泥、钢铁、谷物、橡胶、机械、化工品、木材及烟草等。

九、孟买港

孟买港位于印度西海岸外的孟买岛上(该岛已与大陆连结),西濒阿拉伯海,是印度最大的港口。它是南亚大陆桥的桥头堡,东起加尔各答,西至孟买,全长 2000 千米,是印度海陆空的交通枢纽。孟买工商业发达,是全印度最大的棉纺织中心,纱锭和纺织机数约占全国的 1/3,

还有皮革、化工、毛纺织、炼油、制药、机械和食品等工业。它还是印度电影的摄制中心。附近浅海油田的开发,使这里成为石油开采的后方基地。港口距全国最大的国际机场约28千米。

孟买港是世界上最大的纺织品出口港,有"棉花港"之称。港区装卸设备有各种岸吊、可移式吊、集装箱吊、浮吊及滚装设施等,其中浮吊的最大起重能力达125吨,还有直径为203.2~609.6毫米的输油管供装卸使用。干散货码头最大可靠7万载重吨的船舶,集装箱码头能靠第三代集装箱船。港区堆场面积达12万平方米,仓库面积为4.5万平方米,货棚面积达15万平方米。该港主要出口货物为纺织品、黄麻、矿石、面粉、花生、棉花、煤、糖、植物油及杂货等,进口货物主要有石油、钢铁、粮谷、水泥、木材、机械、橡胶及化工品等。

拓展提升

中国—中亚新丝绸之路经济发展带构想

2013年9月,习近平主席出访中亚时在纳扎尔巴耶夫大学演讲时所提出了建设"丝绸之路经济带"的宏伟设想,这是中国政府首次就洲际经济合作一体化进程提出具体的构想。新丝绸之路经济发展带是跨国交通经济发展带,它以新丝绸之路综合交通通道为展开空间,以沿线交通基础设施和中心城市为依托,以域内贸易和生产要素自由流动优化配置为动力,以区域经济一体化安排为手段,以实现快速增长和关联带动作用为目的的中国—中亚跨国带状经济合作区。

新丝绸之路,一头连着繁荣的东亚经济圈,另一头系着发达的欧洲经济圈。

近年来,经中国和中亚各国及亚洲开发银行、联合国开发计划署等国际组织的努力,新丝绸之路中国—中亚段沿线交通基础设施不断改善,运输便利化、贸易便利化取得了重要进展。新丝绸之路已初步建成为连接中亚各国家与世界其他国家的交通走廊。交通基础设施和运输服务的获得,为沿线治国经济发展提供了潜在动力。

随着中国、中亚各国进入经济快速增长时期,新丝绸之路交通走廊初步建成,形成经济发展带的资源、产业和城市等支撑条件已经具备,文化交流便利、政策法律依据充分等条件,表明建设新丝绸之路经济发展带的时机已来临。建设新丝绸之路经济发展带不但可以为区域经济合作指引方向,其本身还可以对合作行动产生有效的激励,主要建设目标包括:扩大本地区内的需求,增加供给能力,支持各国的经济增长;推动中国和中亚国家内的地区开发;为经济带所有的人、货物和地区内各国营造畅通、可靠的运输体系;保护和改善各国共同拥有的自然环境,消除运输造成的消极影响,实现人与自然和谐发展;通过合作促进地区的经济繁荣将是对国际社会打击恐怖主义事业的重要贡献。

新丝绸之路交通走廊的初步建成,为中国和中亚各国开辟了新的合作空间。从"交通走廊"向"经济发展带"的转型,不但要实现这一新的优势区域的快速发展,还要充分发挥其"增长极"的功能,带动有关区域和产业实现全面发展。建设新丝绸之路经济发展带的一些重要的、实质性的工作已经提到日程,时不我待。

经济发展的全球化趋势与本地化认同之间所展示的现实张力,促使我们寻找独具地方特色的产业发展道路以及在越来越广泛的全球联系中实现本地化产业的发展。合作建设新丝绸之路经济发展带,推进区域经济一体化,将为本地区更好地参与经济全球化,最大程度地化解全球化的风险,发展民族经济提供机遇。

项目小结

本项目主要介绍了亚洲的基本情况、地形特点、河流和湖泊、自然资源、主要岛屿和海峡，介绍了亚洲的区域划分,各区域基本概况、资源分布、工业经济发展情况和交通状况,以及亚洲主要港口的基本情况。通过本项目的学习,旨在使学生在了解和掌握以上知识的基础上,能说出亚洲的基本情况、自然资源、主要岛屿和海峡,能准确描述亚洲各区域资源分布、工业经济发展情况、交通状况,以及亚洲主要港口的基本情况。

项目实训

实训目的:通过本次实训,使学生了解亚洲各个国家、主要港口及海峡的分布。

实训内容:利用网络资源查看亚洲地图,并指出亚洲主要国家、港口及海峡所在的位置。

实训学时:2学时。

实训组织实施:将学生分成几个小组,4~5人为一组,分别介绍亚洲各区域主要国家的地理位置和主要港口城市,从港口进出口货物的种类和流向分析该国的经济发展情况。

项目习题

一、填空题

1、OPEC 是 _____ 合作组织的缩写。

2、亚洲"四小龙"是指 _____、_____、_____、_____ 四国。

3、西亚地处"五海三洲"之地,其中三洲指的是 _____、_____、_____。

二、选择题

1. 中亚地区被称为白金之国的国家是( )。

A.哈萨克斯坦　　　　　　　B.乌兹别克斯坦

C.塔吉克斯坦　　　　　　　D.土库曼斯坦

2. 下列哪个国家占东盟国土最大?( )

A.印度尼西亚　　　　B.印度　　　　C.新加坡　　　　D.缅甸

3. 西亚的经济特征不包括( )。

A.农业占比重最大,石油其次

B.二战前以农业、游牧业为基本经济部门

C.整个国民经济过度依赖于初级产品

D.沿岸国家依赖石油出口,内陆国家依赖农业和制造业

4. 下列哪项不属于世界四大渔场?( )

A.舟山渔场　　B.北太平洋渔场　　C.西大西洋渔场　　D.东大西洋渔场

5. 世界纺织品和服装的主要生产国是( )。

A.意大利　　　　B.中国　　　　C.韩国　　　　D.日本

6. 下列由于地理位置十分重要而被称为"东方十字路口"的是( )。

A.苏伊士运河　　B.新加坡　　C.台湾海峡　　D.马六甲海峡

7. 世界贸易运输的方式有哪些?( )

A.国际多式联合运输

B.陆上运输 包裹铁路和公路运输

C.航空运输、管道运输、集装箱运输

D.水上运输,包括海上运输和内河运输

8.西亚地区具有世界意义的战略要地不包括(   )。

A.霍尔木兹海峡   B.马六甲海峡   C.黑海海峡   D.曼德海峡

9.关于中东地区的说法,错误的是(   )。

A.是"五海、三洲、两洋之地"   B.是世界石油宝库

C.水资源匮乏   D.是佛教、基督教、伊斯兰教的发源地

10.关于中东地区的说法,正确的是(   )。

①中东沟通大西洋和印度洋 ②中东石油通过马六甲海峡运往日本③苏伊士运河沟通地中海和红海,是重要的输油通道④中东水资源丰富⑤耶路撒冷是三大宗教的圣地

A.①②③   B.②③④⑤   C.①②③④   D.①②③⑤

11.关于世界石油资源分布特点,说法错误的是(   )。

A.北半球多于南半球   B.东半球多于西半球

C.地区分布不均匀   D.赤道地区没有石油

12.下列不是从波斯湾出口的石油航线的是(   )。

A.波斯湾—加勒比海—北美

B.波斯湾—(马六甲)海峡—东亚

C.波斯湾—(好望角)—西欧、北美

D.波斯湾—(苏伊士)运河—地中海—西欧、北美

三、简述题

1.请简述马六甲海峡在交通运输上的重要性。

2.请列举亚洲地理之最。

项目十三　欧洲物流地理

知识目标

1. 了解欧洲联盟的基本情况
2. 了解欧洲主要港口的基本情况
3. 掌握欧洲的基本情况、地形特点、自然资源、岛屿和海峡
4. 掌握欧洲的区域划分以及各区域的基本概况、资源分布、工业经济发展情况

能力目标

1. 能准确描述欧洲的基本情况、自然资源、主要岛屿和海峡
2. 能准确描述欧洲各区域的资源分布、工业经济发展情况
3. 能描述欧洲联盟的发展历史及其对欧洲的贡献
4. 能说出欧洲主要港口的基本情况

任务一　欧洲经济地理概况

一、欧洲概况

(一)基本情况

欧洲是欧罗巴洲的简称,"欧罗巴"一词最初来自腓尼基语的"伊利布"一词,意思是"西方日落的地方"或"西方的土地"。欧洲东以乌拉尔山脉、乌拉尔河为界,东南以里海、大高加索山脉和黑海与亚洲为界,西隔大西洋、格陵兰海、丹麦海峡与北美洲相望,北接北极海,南隔地中海与非洲相望(分界线为土耳其海峡)。欧洲的面积是世界第六,是世界人口第三的洲,仅次于亚洲和非洲,人口密度平均每平方千米 75 人,城市人口约占全洲人口的 64%,在各洲中次于大洋洲和北美洲,居第三位。欧洲也是世界上语言种类最丰富的地区,其中 90% 以上的语言都是以拉丁字母和西里尔字母为基础构成的。

欧洲位于中高纬度地区,西边是海。海岸线受海水作用的影响而形成锯齿状,而海洋是控制气候的主要原因。欧洲的大部分位于北温带内,它是世界上有人定居的各洲中距离赤道最远的一洲。从海陆位置看,欧洲面对大西洋,背靠亚洲腹地,处于大陆西岸的位置。中纬度的大陆西岸,在大气环流系统中属于西风带,因此,欧洲的大部分地区终年吹拂西风,各地气候深受大西洋的影响。

(二)地形特点

欧洲的地形具有许多独特性,具体表现为以下几方面:

(1)欧洲是世界上地势最低的一洲,平均高度只有 340 米。高度在 200 米以下的平原约占全洲总面积的 60%,平原所占比重之大,在各大洲中首屈一指。欧洲的平原西起大西洋沿岸,

东迄乌拉尔山麓,绵绵数千千米,没有间断,形成了横贯欧洲的大平原。欧洲山地所占面积不大,高山更少,海拔 2000 米以上的高山仅占全洲总面积的 2%。

(2)欧洲的地形,大体上可以以波罗的海东岸至黑海西岸一线为界分为东西两部分。东部以平原占绝对优势,地形比较单一,西部则山地和平原互相交错,地形比较复杂。地形的分布与地质构造基础有着密切联系。

(3)在第四纪冰期时,欧洲存在着两个大的冰川中心,一个为斯堪的纳维亚半岛的大陆冰川中心,一个为阿尔卑斯山脉的山地冰川中心,前者对欧洲的影响很大,由于它的作用,欧洲北半部遍布冰川地貌。

(4)欧洲地理之最。欧洲拥有以下地理之最:

①多瑙河——流经 9 个国家,是世界流经国家最多的河流。

②亚速海——最深处 14 米,是世界上最浅的海。

③里海——世界上最大的内陆湖。

④埃特纳火山——世界有记录的喷发次数最多的火山。

⑤俄罗斯——世界陆地面积最大的国家,面积达 1707 万平方千米。

⑥梵蒂冈——世界陆地面积最小的国家,面积仅 0.44 平方千米。

⑦摩纳哥——世界人口密度最高的国家,人口密度约为 16 000 人/平方千米。

(三)岛屿与海域

水平轮廓破碎是欧洲自然地理的一个显著特点。欧洲总面积的 1/3 以上属于半岛和岛屿,其中半岛面积又占全洲面积的 27%,这在世界各大洲中是独一无二的。斯堪的纳维亚半岛是欧洲最大的半岛,次大的半岛有伊比利亚半岛、亚平宁半岛、巴尔干半岛、科拉半岛、日德兰半岛,克里木半岛和布列塔尼半岛等。欧洲诸岛屿中以大不列颠岛为最大,著名的大岛还有冰岛、爱尔兰岛、西西里岛、撒丁岛、科西嘉岛和克里特岛等。众多的半岛和岛屿把欧洲大陆边缘的海洋分割成许多边缘海、内海和海湾。巴伦支海、挪威海、北海和比斯开湾是欧洲较大的边缘海,白海、波罗的海、地中海和黑海等则深入大陆内部,成为内海或陆间海。

巴伦支海是北冰洋的一个边缘海,介于欧洲大陆与斯匹次卑尔根群岛、法兰士约瑟夫地群岛和北地群岛之间,面积达 140 万平方千米左右,全部位于大陆架上。巴伦支海是亚欧大陆北面各边缘海中深度最大的一个,它的绝大部分在 200~400 米之间,平均深度为 229 米。它有广阔的水道与北冰洋相连,因此海水的盐度与大洋的盐度相近,接近于 35%。巴伦支海与北冰洋的其他边缘海不同,由于西南部受北大西洋暖流的影响,即使在严冬时节,表面水温也可达 4℃左右,因此这里虽然地处高纬,但是海水却终年不冻。

波罗的海位于斯堪的纳维亚半岛与欧洲大陆之间,面积 38.6 万平方千米,大部分海域的深度在 60~130 米之间,平均深 86 米。它有许多海湾深入大陆,其中以波的尼亚湾为最大,几乎占整个波罗的海面积的 1/3,较大的海湾还有芬兰湾、里加湾等。由于有大量河水注入,加以纬度较高、蒸发量小和只有一些浅而窄的海峡与北海相通等原因,波罗的海的盐度普遍很低,中部为 7%左右,海湾中为 2%~3%,河口附近甚至全部是淡水。深层水的盐度略高,但最高也不超过 20%。冬季,中部表层海水水温为 1~3℃,在海湾和沿岸地区则降到 0℃以下,波的尼亚湾和芬兰湾东部从 11 月或 12 月起冰封,冰期一直延续到来年 4 月或 5 月。波罗的海的动物种类贫乏,但数量很多。

地中海位于欧、亚、非三洲之间,黑海位于欧、亚两洲之间,两海以达达尼尔海峡、马尔马拉海、博斯普鲁斯海峡相通。地中海海域中半岛和岛屿甚多,它们把地中海分割成几个深浅不一的海盆,海底地形比较复杂。黑海除西北部有几个小岛外,基本上没有岛屿,海底除西北部和北部的亚速海较浅外,大部分为水深 1500~2200 米的平原。地中海周围或为多山的半岛,或为荒漠,注入的河水不多,而且夏季炎热干燥,蒸发量大,因此海水盐度高,表层海水的平均盐度为 3.8%。黑海有大量河水注入,表层海水的平均盐度仅 1.7%~1.85%,底部也只有 22.5%。黑海的海面稍高于地中海,由此产生了由黑海注入地中海的表流,在博斯普鲁斯海峡,平均流速每小时 2.3~4.6 千米;同时,在深处存在着自地中海注入黑海的反流,但流量较小。在直布罗陀海峡也有自大西洋流入地中海的表流和深处的反流。来自大西洋和黑海的表流是维持地中海水量平衡的重要因素。

地中海拥有丰富的生物资源,动植物种类总数在 8000 种以上。黑海的动植物种类则少得多,只有地中海的 1/7 至 1/6。由于黑海上层海水的盐度低,海水的垂直环流很弱,因而深层水经常处于缺氧状态,并有大量硫化氢集聚。硫化氢带从 150~200 米的深度开始,有机界只能生活在这个深度以上,从 200 米左右开始,直到海底,是一个没有生命的世界。

(四)自然资源

欧洲的矿物资源以煤、石油、铁比较丰富。煤主要分布在乌克兰的顿巴斯、波兰的西里西亚、德国的鲁尔和萨尔、法国的洛林和北部、英国的英格兰中部等地,这些地方均有世界著名的大煤田。石油主要分布在喀尔巴阡山脉山麓地区、北海及其沿岸地区。其他比较重要的资源还有天然气、钾盐、铜、铬、褐煤、铅、锌、汞和硫磺等,以及世界著名的阿尔巴尼亚的天然沥青。欧洲的森林面积约占全洲总面积的 39%(包括俄罗斯全部),占世界总面积的 23%。西部沿海为世界著名渔场,主要有挪威海、北海、巴伦支海、波罗的海、比斯开湾等渔场。

二、欧洲各区域经济地理

欧洲有近 50 个国家和地区,在地理上习惯将其分为北欧、南欧、西欧、中欧和东欧五个地区。

(一)北欧

北欧指日德兰半岛、斯堪的纳维亚半岛一带,包括冰岛、法罗群岛(丹)、丹麦、挪威、瑞典和芬兰,面积 132 万多平方千米,境内多高原、丘陵、湖泊,第四纪冰川期全为冰川覆盖,故多冰川地形和峡湾海岸。斯堪的纳维亚半岛面积约 80 万平方千米,挪威海岸陡峭曲折,多岛屿和峡湾。斯堪的纳维亚山脉纵贯半岛,长约 1500 千米,宽约 400~600 千米,西坡陡峭,东坡平缓,为一古老的台状山地,个别地区有冰川覆盖,挪威境内格利特峰海拔 2470 米,为半岛的最高点。冰岛上多火山和温泉。北欧的绝大部分属于亚寒带大陆性气候,冬季漫长,气温较低,夏季短促凉爽。冰岛等地属极地苔原气候,丹麦西部属温带海洋性气候。

北欧各国历史背景紧密联系,社会和政治制度也相近。政治上虽然不是共同体,但都参与北欧理事会;语言上有三种语系,分别为印欧语系的斯堪的纳维亚语支、乌拉尔语系的芬兰—乌戈尔语族和萨米语,以及爱斯基摩—阿留申语系的格陵兰语。北欧国家的人口密度在欧洲相对较低,经济水平则最高,丹麦、瑞典等国的人均国民生产总值均遥居世界前列。林业、水力发电、铁矿开采、渔业、造船业和航运业,均为北欧的传统经济部门。

(二)南欧

南欧指阿尔卑斯山以南的巴尔干半岛、亚平宁半岛、伊比利亚半岛和附近岛屿,南面和东面临大西洋的属海地中海和黑海,西濒大西洋,面积 166 万多平方千米。南欧三大半岛多山,平原面积甚小,地处大西洋—地中海—印度洋沿岸火山带,多火山,地震频繁,大部分地区属亚热带地中海式气候,河流短小,大多注入地中海。南欧的主要矿物有石油、天然沥青、煤、铬、汞、铅、锌、铜等;它又是油橄榄、葡萄、茴香、欧洲栓皮栎等栽培植物原产地,盛产柑橘、葡萄、油橄榄、柠檬和栓皮等;农作物以小麦、玉米、烟草为主;牧羊业较发达,西班牙是世界著名的细毛绵羊美利奴羊的原产地。

南欧隔着地中海与亚、非两洲相望,自古以来与西亚及北非往来密切,同是重要的古文明起源地;对西方世界而言,南欧更孕育了古希腊、古罗马文化,确立了早期的基督教社会,为西方的思想及知识体系奠定了基础。(注:如果按地理位置划分,土耳其属于亚洲,而且按体育界以及一些政治上的划分都属于亚洲,但经济方面因其亲西的政策,国际上一些经济组织已将它划到欧洲,但其主权按政治划分仍然属于亚洲。)

(三)西欧

西欧地区包括欧洲西部濒临大西洋的英国、法国、荷兰、比利时、卢森堡等国家。这里是欧洲大陆最富饶的地区之一,也是全世界经济最发达的地区之一。这里是资本主义最先发展起来的地方,也是工业革命的发源地,英国、法国、荷兰等发达国家都位于这个地区。悠久的历史,发达的经济,经典的文化,西欧地区一直就是人们心目中整个欧洲最完美、最精致的缩影。西欧地形主要为平原和高原,山地面积较小,地处西风带内,绝大部分地区属海洋性温带阔叶林气候,雨量丰沛、稳定,多雾,河流多注入大西洋。

西欧主要矿物有煤、铁、石油、天然气、钾盐等;农作物以小麦、大麦、燕麦、马铃薯、甜菜为主,还盛产葡萄和苹果;渔业和养畜业均较发达。西欧有世界最繁忙的海运通道英吉利海峡和多佛尔海峡,以及莱茵河、塞纳河、卢瓦尔河、泰晤士河等河流。重要海港有伦敦、利物浦(英),马赛(法),布鲁塞尔(比),鹿特丹、阿姆斯特丹(荷)等;著名城市有伦敦、巴黎、鹿特丹、安特卫普、布鲁塞尔、马赛等。除摩纳哥外,其余6国都是欧洲经济共同体成员国。

(四)中欧

中欧是指波罗的海以南、阿尔卑斯山脉以北的欧洲中部地区,包括波兰、捷克、斯洛伐克、匈牙利、德国、奥地利、瑞士、列支敦士登,面积101万多平方千米。南部为高大的阿尔卑斯山脉及其支脉喀尔巴阡山脉等所盘踞,山地中多陷落盆地;北部为平原,受第四纪冰川作用,多冰川地形和湖泊。中欧地处海洋性温带阔叶林气候向大陆性温带阔叶林气候过渡的地带。除欧洲第二大河多瑙河向东流经南部山区注入黑海外,大部分河流向北流入波罗的海和北海。中欧地区主要矿物有褐煤、硬煤、钾盐、铅、锌、铜、铀、菱镁矿、铝土矿和硫磺等;农作物以小麦、大麦、黑麦、马铃薯和甜菜为主,还产温带水果;养畜业较发达,瑞士的西门塔尔牛、萨能山羊、吐根堡山羊等优良畜种世界闻名。

(五)东欧

东欧指欧洲东部地区,在地理上指爱沙尼亚、拉脱维亚、立陶宛、白俄罗斯、乌克兰、摩尔多瓦、俄罗斯和哈萨克斯坦西部。地形以平均海拔170米的东欧平原为主体,东部边缘有乌拉尔山脉,平原上多丘陵和冰川地形,北部湖泊众多,东南部草原和沙漠面积较广。北部沿海地区属寒带苔原气候,往南过渡到温带草原气候,东南部属温带沙漠气候。欧洲第一大河伏尔加河向东南注入里海。主要矿物有石油、煤、铁、锰、磷酸盐等;盛产小麦、马铃薯、甜菜、向日葵;养畜业较发达,苏维埃重挽马、奥尔洛夫快步马、顿河马均为马的优良品种。前苏联解体后纷纷加入欧盟,以廉价劳工吸引各国企业设厂,这里人口众多,城市密布、交通网发达,分布有许多著名工业区,如俄罗斯的莫斯科、乌拉山、库斯内次(库斯巴次,西部西伯利亚平原的东南方)、贝加尔湖工业区(贝加尔湖的西北方),乌克兰的前苏联最大军火工业区顿内次工业区等。

三、欧洲联盟

欧洲联盟(European Union,EU),总部设在比利时首都布鲁塞尔,是由欧洲共同体(European Community,又称欧洲共同市场)发展而来的,主要经历了三个阶段,即荷卢比三国经济联盟、欧洲共同体、欧盟。其实是一个集政治实体和经济实体于一身、在世界上具有重要影响的区域一体化组织。1991 年 12 月,欧洲共同体马斯特里赫特首脑会议通过《欧洲联盟条约》,通称《马斯特里赫特条约》(简称《马约》)。1993 年 11 月 1 日,《马约》正式生效,欧盟正式诞生。

欧盟现有 27 个成员国,总面积 432.2 万平方千米,其宗旨是"通过建立无内部边界的空间,加强经济、社会的协调发展和建立最终实行统一货币的经济货币联盟,促进成员国经济和社会的均衡发展"。欧盟的盟旗是蓝色底上的十二星旗,普遍说法是因为欧盟一开始只有 12 个国家,代表了欧盟的开端。实际上这个十二星旗代表的是圣母玛利亚的十二星冠,寓意圣母玛利亚将永远保佑欧洲联盟。

欧盟是一个政治和经济共同体的 27 会员国,主要位于欧洲,它已经制定了一个单一市场,通过了一个标准化的法律制度,其适用于所有会员国、保证人、货物、服务和资本的迁徙自由。它保持了一个共同的贸易政策,包括农业和渔业政策和区域发展政策。18 会员国已通过了一个共同的货币——欧元,欧元是欧盟中 18 个国家的货币。这 18 个国家是德国、法国、意大利、荷兰、比利时、卢森堡、爱尔兰、希腊、西班牙、葡萄牙、奥地利、芬兰、斯洛文尼亚、塞浦路斯、马耳他、斯洛伐克(于 2009 年 1 月 1 日加入欧元区)、爱沙尼亚(2011 年 1 月 1 日加入欧元区),拉脱维亚(于 2014 年 1 月 1 日加入欧元区),称其为欧元区。欧元区共有 18 个成员国和超过 3 亿 2 千万的人口。

欧洲是资本主义经济发展最早的一洲,工业生产水平和农业机械化程度均较高,生产总值在世界各洲中居首位,其中工业生产总值占的比重很大,大多数国家粮食自给不足。西欧工业发展程度较高的国家主要为英国、德国、法国,其次为比利时、荷兰和瑞士等。英国、法国和德国的工业生产在世界工业生产中均居前列。

欧洲农业为次要生产部门,农牧结合、集约化水平高是其重要特点。主要种植麦类、玉米、马铃薯、蔬菜、瓜果、甜菜、向日葵、亚麻等,小麦产量约占世界总产量的 50%,大麦、燕麦约占 60% 以上;园艺业发达,主产葡萄和苹果;畜牧业以饲养猪、牛、绵羊为主。

任务二 欧洲主要港口

一、鹿特丹港

鹿特丹港是欧洲最大的海港,直到近年来甚至曾是世界上最大的海港。整座城市展布在马斯河两岸,距北海约 25 千米,有新水道与北海相连。港区水域深广,内河航船可通行无阻,外港深水码头可停泊巨型货轮和超级油轮。

鹿特丹的名字来自于在市中心注入 Nieuwe Maas 河的小河鹿特河,它是连接欧、美、亚、非、澳五大洲的重要港口,素有"欧洲门户"之称。城市市区面积 200 多平方千米,港区 100 多平方千米,市区人口 57 万,包括周围卫星城共有 102.4 万。鹿特丹地势平坦,位于荷兰低地区,低于海平面 1 米左右,其东北部的卫星城亚历山大斯塔德附近低于海平面 6.7 米,为荷兰最低点,该处有居民 17.5 万。鹿特丹气候冬季温和,夏季凉爽,1 月最冷,平均气温 1℃,7 月最热,平均气温 17℃,年降水量 700 毫米。

鹿特丹位于荷兰西南部莱茵河和新马斯河河口,跨北海 28 千米,是世界较大的港口,也是荷兰第二大城市。鹿特丹除较大的古老的市政厅外,著名建筑都是现代化的,因此,被誉为"欧洲较现代化的城市"。鹿特丹港区服务最大的特点是储、运、销一条龙。通过一些保税仓库和货物分拨中心进行储运和再加工,提高货物的附加值,然后通过公路、铁路、河道、空运、海运等多种运输路线将货物送到荷兰和欧洲的目的地。

鹿特丹港是世界上主要的集装箱港口之一。早在 1967 年,一些码头装卸公司敏锐地发现集装箱在世界上的发展潜力,并进行了巨大投资,1982 年它就可装卸 216 万标准箱,超过了纽约港的 190 万箱。目前,鹿特丹港已成为欧洲最大的集装箱码头,它的装卸过程完全用电脑控制,码头上各种集装箱井井有条地堆放在一起。

鹿特丹的集装箱运输形式主要有:①公路集装箱运。一个纵横交错、四通八达的稠密的公路网,将鹿特丹与欧洲所有的大城市连接起来,从鹿特丹出发,只需 8～10 小时就可以到达巴黎、法兰克福和汉堡,到达德国的主要工业区鲁尔地带和比利时大部分地区所需的时间更短,即使是北欧这样较远的地区也可以在 24 小时之内到达。荷兰的公路运输拥有雄厚的实力,欧盟 30% 的国际公路运输是由荷兰承担的。②铁路集装箱运输。鹿特丹几乎每天都有一系列的集装箱列车向欧洲各地发车。③驳船集装箱运输。由于运价低等原因,鹿特丹驳船集装箱运输得到了迅速发展。几乎每天都有驳船将集装箱由鹿特丹运至莱茵河沿岸各集装箱码头,确保了欧洲最大集装箱运输中心的地位。

二、阿姆斯特丹港

阿姆斯特丹港位于荷兰西部沿海的北海运河上,距运河出海口艾默伊登约 10 海里。有艾默伊登港的船闸与北海沟通,是荷兰的最大城市和第二大海港,也是世界上第一个可装卸大港。海港设有保税仓库。

该港属温带海洋性气候,盛行偏西风,温和潮湿。年平均气温最低约 2℃,最高约 19℃,全年平均降雨量约 600 毫米。由于有船闸相隔,所以港内无潮差影响。

本港设立保税仓库是为了争取外商选择荷兰作为对欧、亚、非洲各国出口的分销中心。商品进入该区免交进口税,储存在仓库的商品可以进行简单包装,样品展览试验之用,也可作零件装配。世界各国特区所实行的减免关税和提供转口的各种优惠条件,在保税仓库也都具备。港口直接依靠北海运河和艾默伊登港的船闸系统,过一次船闸均在 24 小时以上。港区与欧洲内陆之间的公路、铁路和水路交通十分方便,而且附近还有斯希普霍尔空港。

三、汉堡港

汉堡港位于德国北部易北河下游的右岸,距入海口约 76 海里,濒临黑尔戈兰湾内,是德国最大的港口,也是欧洲第二大集装箱港。始建于 1189 年,迄今有 800 多年的历史,已发展成为世界上最大的自由港,在自由港的中心有世界上最大的仓储城,面积达 50 万平方米。港口性质为河港、自由港、基本港(C、M)。港口距机场约 15 千米。

该港属温带海洋性气候,全年多偏西风,温和湿润,冬雨较多。年平均气温最低 1 月份为-4℃,最高7月份为20℃。全年平均降雨量约800毫米,平均潮差为2.8米。汉堡港有别于其他海港,那就是它位于欧洲共同体、欧洲自由贸易联盟和经互会这个欧洲市场的中心,从而使它成为欧洲最重要的中转海港,它是德国重要的铁路和航空枢纽,市区跨越易北河南岸,市内河道纵横,多桥梁,在易北河底有横越隧道相通。区内工商业发达,是德国的造船工业中心,主要工业除造船外,还有电子、石油提炼、冶金、帆械、化工、橡胶及食品等。

港内不仅设备先进,机械化、自动化程度高,而且被称为"德国通向世界的门"和"欧洲最快的转运港",汉堡港有近300条航线通向世界五大洲,与世界1100多个港口保持着联系。汉堡是世界最大的自由港,大多数中转货物都经过自由港,提供了世界上最大的免税区域,海关对报关的货物均不作检查,也不征收关税,只有在货物到达目的地后由当地海关检查和收税,这样对货主有很大的吸引力。一些货物进入汉堡自由港区后,不用提货,货主即可降低价格与客户洽谈生意。在自由港区内货物的堆存期没有规定,只要按要求支付堆存贫和装卸费即可。本港主要进口货物为煤、木材、矿石、原油、棉花、粮谷、水果、羊毛、烟叶、菜油、冰肉、蛋白、橡胶、咖啡、可可及杂货等,出口货物主要有焦炭、水泥、钢铁、机器及零件、车辆、电气用品、石油、人造肥料、糖、盐、粮食、磁器、玻璃器皿、纸张及化工品等。

四、安特卫普港

安特卫普港连同城市于16世纪就成为欧洲十分繁荣的商业港口城市,比利时全国海上贸易的70%通过该港完成。安特卫普港以港区工业高度集中而著称。港口腹地广阔,除本国外,还有法国马尔萨斯和洛林、卢森堡,德国萨尔州、莱茵—美茵河流域、鲁尔河流域及荷兰的一部分。港口性质为河港、基本港(C、M),设有保税仓库。经纬度为北纬51°14′,东经4°23′。

该港属温带海洋性气候,盛行西北风。冬季潮湿多雾,夏季凉爽。年平均气温最低1月为4℃左右,最高7月约18℃。全年平均降雨量约750～900毫米,斯海尔德河的潮差为4.2～4.5米。

安特卫普港还有易腐货物专用码头,冷藏库总容积为405000立方米,主要用于贮存新鲜水果,因此成为西欧最重要的水果进口港。港口有多种交通工具与腹地相接,货物集散方便。港区铁路线总长839千米,是世界上拥有铁路线最长的港口,港区公路总长295千米,它们分别连接欧洲的铁路网和高速公路网。港区内河航道18.8千米,与比利时以及欧洲的统一航道网相通。

五、马赛港

马赛港地处法国东南沿海利翁湾东北岸,濒临地中海的西北侧,包括福斯及布克等港区,原属于普罗旺斯省。它是法国最大的商业港口,也是地中海最大的商业港口。港口性质为海湾港、自由港、基本港(C、M)。经纬度为43°18′,东经5°25′。

马赛港分老港和新港,老港在城市的港湾,如今成了游艇的码头;新港区在城市的西面,在欧洲仅次于荷兰鹿特丹港,是第二大港口。该港背山面海,没有强劲的潮汐和海流,航道安全、昼夜通航,是一个天然良港。主要工业有炼油、纺织、食品、石油化工、造船及机械等,是欧洲第二大化学工业区(第一为鹿特丹),并集中了法国40%的石油加工工业。

马赛港属亚热带地中海式气候,盛行西北风,夏天多南风、西南风。平均气温最高为33℃,最低约-11℃。全年平均降雨量约700毫米。平均潮差高潮为0.4米,低潮为0.3米。

马赛港共有五个港区,分别是:①马赛港区:以件杂货和集装箱的装卸、修船和客运为主。

为适应集装箱船和滚装船运输的需要,近年进行了老港池和老船坞的改造和新码头的建设。目前有 93 个件杂货泊位(包括集装箱泊位),29 个滚装船泊位,26 个修船泊位,4 个等候泊位和 10 个修船干船坞,其中十号坞可修理 50 万吨级油船。仓库堆场总面积为 38 万平方米。②拉沃拉和贝尔港区:装卸原油及成品油、液化天然气和各种化学制品。有 9 个水深 12.50 米的远洋船泊位,21 个近海船泊位,能接纳 8 万吨级油船。③卡隆特港区:装卸干散货,码头岸线总长 943 米,有泊位 6 个,水深 4~9 米,堆场总面积 3.7 万平方米。④圣路易港区:装卸成品油、液化天然气、散装酒、汽车和重件货物。码头岸线总长 2.8 千米,有泊位 24 个,水深 4.5~7.92 米。⑤福斯港区:装卸干散货(工业原料)、原油及件杂货。有三大港池,码头岸线总长 5.2 千米,水深 6~21.5 米。福斯港区为欧洲第二大油港,拥有世界第一流的天然气装卸设施和地中海第一流的集装箱码头。福斯港区还是法国海洋石油工业中心和最大的钢铁基地。

本港主要进口货物为石油、煤、粮谷、木材、面粉、矿石、羊毛、蔬菜、水果、皮革、糖、硫磺及金属制品等,出口货物主要有水泥、机械、成品油、石灰、肥皂、酒及咖啡等。

六、伦敦港

伦敦港位于英国东南沿海泰晤士河下游的南北两岸,从河口开始向上游伸延经蒂尔伯里港区越过伦敦桥,直至特丁顿码头,长达 80 海里。沿河两岸有许多用于装卸货物的船坞、油码头、河岸码头及修船坞等。港口性质为河口海港,设有企业区。经纬度为北纬 51°30′,西经 0°5′。

该港属温带海洋性气候,以西偏南风为主,多阴雨云雾,秋、冬季节常有雾,故有"雾都"之称。年平均气温最低 1 月约-1℃,最高 7 月约 22℃,全年平均降雨量约 800 毫米,平均潮差为大潮为 5.2 米,小潮为 3.4 米。

本港企业区直接利用沿泰晤士河的码头,可豁免土地发展税,允许外资 100%投资,各种呈报到政府的手续减少到最低限度等。主要进口货物为石油、煤炭、钢铁、木材、矿石及粮谷等,出口货物主要有水泥、机械、车辆、石油制品、化工产品及日用杂货等。

七、奥斯陆港

奥斯陆港是挪威的第一大集装箱港口,位于挪威东南奥斯陆峡湾顶端,紧靠港市之西南,临北海斯卡格拉克海峡,港口终年开放。南至奥斯陆湾口 54 海里,至哥德堡港 160 海里,至哥本哈根港 270 海里,西南至鹿特丹港 554 海里,至多弗尔港 632 海里,西至卑尔根港 380 海里。主要工业有造船、机械、电子、木材加工、造纸、纺织及食品等;它还是世界裘皮加工、出口的中心之一,有"裘皮之都"的誉称。港口距国际机场约 8 千米,有定期航班飞往欧美及远东各地。

该港属北温带海洋性气候,盛行西风、西南风,很少有大风。年平均气温冬季约-2℃,最低-17℃,夏季约 22℃,最高 28℃,全年平均降雨量约 900 毫米,平均潮高为大潮 0.4 米,低潮为 0.2 米。港口由群山环抱,港阔水深,是天然良好的海港。冬季湾内有冰,但港内不冻,不影响航行。

八、哥本哈根港

哥本哈根港位于丹麦岛东北沿海厄勒海峡的西侧,与瑞典南部的马尔默隔峡相望,相距约 14 海里,有火车轮渡可通,是丹麦的首都和最大港口。港口距机场约 11 千米,有定期航班飞往世界各地。港口性质为海峡港、自由港,主要工业有造船、机械制造、冶金、化学、食品加工和纺织等。

该港属温带海洋性气候,盛行西风、西南风。年平均气温最高为 28℃,最低约 −2℃。1 月中旬到 2 月下旬为冰冻期,但有破冰船协助,一般不妨碍航行和靠泊。全年平均降雨量约 700 毫米,潮汐甚微。

九、哥德堡港

哥德堡,位于瑞典西南沿海约塔河口,濒临卡特加特海峡的东北侧,与丹麦的腓特烈港隔峡相望,相距仅 50 海里,是瑞典的最大港口,港口距机场约 30 千米。自 18 世纪初,随着瑞典海运业的发展和繁荣而逐渐成为全国第一大港。它又是瑞典西部的工业中心,主要工业有造船、炼油、汽车、机械、木材加工及食品等,有全国规模最大的造船厂和炼油厂。

该港属北温带海洋性气候,全年多南风、西风。3～5 月多雾,12～2 月海面有冰,但不封港。年平均气温冬季约 −11℃,夏季约 28℃。全年平均降雨量约 550 毫米。潮差不显著,一般为 0.25 米。

港口主要进口货物为煤、焦炭、机械、小汽车、矿油、金属、铁、棉花、羊毛、丝织品、谷物、食品、水果及化工品等,出口货物主要有纸浆、木制品、纸张、钢铁、纸板、化工产品、汽车、机械及石油产品等。

十、巴塞罗那港

巴塞罗那港是西班牙最大的海港,港口代码为 YUBOR.,港口缩写为 BLA.。该港属河口海港、基本港,设有自由贸易区,是西班牙最大的件杂货港,也是地中海岸十大集装箱吞吐港之一。港口位于西班牙东北沿海略夫雷戈斯河口东岸,紧依靠市区,濒临地中海的西北侧,东北至马塞港 185 海里,东南至塞得港 1590 海里,西南至巴伦西亚港 161 海里,西北至直布罗陀 513 海里。

该港属亚热带地中海式气候,上午多西风及西北风,下午多南风及西南风,年平均气温最高为 33℃,最低为 1℃。

该港主要进口货物为羊毛、棉花、粮谷、煤、油类、铁木材、化肥、糖、机械、铜、黄麻纤维及化工品等,出口货物主要有纺织品、软木、酒、橄榄油、房瓦、肥皂、纸张、水果、羊毛制品、玻璃制品及杂货等。

十一、那不勒斯港

那不勒斯港又名那波利港,是意大利的主要海港之一,位于意大利亚平宁半岛西南海岸那不勒斯湾的顶端,濒临第勒尼安海的东侧,始建于公元前 6 世纪,曾是罗马皇帝的避暑胜地,现在已发展成为意大利的主要炼油中心之一,也是钢铁工业中心之一。主要工业有炼油、钢铁、造船、机器、化学、汽车装配、纺织及食品等。还有较多的古代艺术、文物及风景游览区,旅游业发达。港口距国际机场约 8 千米,有定期国际航班飞往各地。港口性质为海湾港、基本港(C、M),设有自由贸易区。经纬度为北纬 40°50′,东经 14°17′。

该港属亚热带地中海式气候,上午多北风、东北风,下午多南风、西南风。年平均气温最高 37℃,最低 −4℃,全年平均降雨量约 700 毫米。平均潮高为:在大汛高潮时为 0.45 米,低潮时为 0.06 米;小汛高潮时为 0.03 米,低潮时为 0.18 米。

港口装卸设备有各种岸吊、可移式吊、集装箱吊、浮吊、卷扬机、吸粮管、铲车及滚装设施等。主要出口货物除石油制品外,还有煤、水果、钢铁、食品、建材、蔬菜及化工品等,进口货物主要有原油、矿石、谷物、木材、化肥、鱼、钢材及石油产品等。

十二、利物浦港

利物浦港位于英国西部沿海的默西河口,利物浦湾的东岸,濒临爱尔兰海的东南侧,是英国主要海港之一,也是英格兰中部兰开夏工业区的出海门户。港口性质为海湾河口港、自由港。经纬度为北纬 53°25′,西经 33°。

该港口始建于 1207 年,15 世纪中叶,它因爱尔兰间的贸易而兴起,17 世纪末,贸易扩大到西印度群岛,它成为英国主要的造船和修船中心。港口地处交通枢纽,有铁路、公路、运河通往利兹及曼彻斯特等港,与内陆腹地经济联系密切。距机场约 11 千米,有定期航班飞往各地。主要工业有电器仪表、化学、柴油机、喷气发动机、食品和纺织工业等。

该港属温带海洋性气候,以西南风和西风为主,最大风力可达 10 级。年平均气温在 10～20℃,每年 4～9 月份多海雾,持续时间为 6～10 小时,最长可达 2～3 天。全年平均降雨量达 1000 毫米。平均潮差为高潮达 8.3 米,低潮达 4.2 米。

港口主要出口货物为钢铁制品、机器、汽车、化工品、玻璃、精制糖及肥皂等,进口货物主要有粮谷、煤、矿石、木材、石油、糖、棉花、羊毛、肉、面粉及饲料等。

十三、不来梅港

不来梅港和不来梅哈芬港同属于德国不来梅州,在德语中合称为"不来梅组合港"。两个港口之间相距约 60 千米,由设在不来梅哈芬市的不来梅港务局进行统一规划和管理。

不来梅港距离威悉河入海口约 65 海里(或 122 千米),吃水最深 10.7 米的船舶可借助潮水进出港。该港口是德国最早开始进行集装箱装卸的港口,但是随着远洋集装箱船规模的不断扩大,集装箱转运的功能已经几乎完全由姊妹港不来梅哈芬港承担。不来梅港装卸的大多数为散货和件杂货,同时服务于不来梅市发达的临港产业,而汽车和集装箱业务只占很小的比重。不来梅港的码头作业区分散地分布在威悉河两岸,核心港区为工业港和新城港,主要的码头泊位水深在 10.5～11.3 米之间,配备集装箱桥吊、门座起重机、滚装平台等种类齐全的起重装卸设备。不来梅港与不来梅哈芬港以及威悉河中上游的内河港之间有内河驳船连接,与中国各大港口之间设有远洋散杂货船航线。

不来梅港拥有发达的港区铁路,主要港区与客货两用的枢纽站不来梅总火车站相连,可通往德国乃至欧洲各目的地;三条贯穿德国三大港口汉堡港、不来梅哈芬港和威廉港的高速公路在不来梅市周边交汇,这一不可多得的中心位置使不来梅成为了德国北部沿海地区最理想的货物集散中心;不来梅机场与港口仅数千米之遥,周边聚集着以空中客车为主的航空航天制造与配套产业群。

十四、南安普顿港

南安普顿位于英国南部特斯特河与伊钦河口的汇合处,濒临英吉利海峡北侧的索伦特海峡内,是英国主要大港之一,也是横渡大西洋的邮船码头。距伦敦约 100 千米,有铁路与公路相连,距法国的勒阿弗尔港约 110 海里,有轮渡与海峡群岛、怀特和勒阿弗尔港相通。它是全英最大的修船造船中心之一,拥有较大的干船坞。主要工业有飞机制造、电机、电缆、炼油、汽车、塑料、合成橡胶及食品等。机场有定期航班飞往荷兰的阿姆斯特丹、比利时的布鲁塞尔和法国的巴黎等。

该港属温带海洋性气候,盛行南风,温和湿润,多阴雨云雾,冬季尤甚。年平均气温约 10～20℃左右,全年平均降雨量约 900 毫米。平均潮差大汛高潮 4.5 米,小潮低潮为 2 米。

该港装卸设备有各种岸吊、可移式吊、集装箱吊、浮吊、滚装设施等。集装箱吊最大起重能力为 40 吨,浮吊为 100 吨,干船坞吊为 51 吨。FAWLEY 油码头最大可靠 10 万载重吨的油船,大船锚地水深达 23 米。港区谷物仓库有 17 座,容量有 3.6 万吨,其中 13 个仓库有充气设备。谷物用卡车送到仓库,由 4 台每小时 1100 吨的卸货机进行卸载。最近,一座新的水果专用码头正式开业,拥有占地约 1 万平方米的温度调节仓库。

本港主要出口货物为机器、摩托车、精练油及杂货等,进口货物主要有谷物、木材、原油、水果、酒、羊毛、兽皮、肉等。

十五、敖德萨港

敖德萨港始建于 1415 年,当时称卡吉贝伊,1975 年改称敖德萨。19 世纪下半叶起成为重要商港,又是黑海北岸的最大港口。港口距机场约 18 千米,有定期航班飞往世界各地。现为乌克兰南部工业、科学、文化和旅游中心,主要工业有农机、精密机床、起重机、化工及食品加工等。

该港属温带大陆性气候,盛行西北风,冬季多雾,尤其是 12 月。年平均气温最高约 24℃,最低约 -8℃,全年平均降雨量约 500 毫米。每年 12 月下半月至次年 2 月为冰冻期,需破冰船协助通航。水位升降一般可达 0.6~1 米。

港区主要由突堤码头所组成,东部和北部有防波堤遮护。全港分 7 个港池,共有 38 个泊位,最大水深达 12 米。除主要油码头外,还有散、杂货及集装箱等专用码头。装卸设备有各种岸吊、门吊、浮吊、卷扬机及其他设备和运输工具等。其中门吊最大起重能力达 45 吨,浮吊最大起重能力达 100 吨。油码头最大可靠 5 万载重吨的油船,大船锚地水深达 14 米。该港和世界 60 多个国家的 200 多个港口有贸易往来。主要进口货物有原油、煤、棉花及机械等,出口货物主要有粮谷、糖、木材、羊毛及杂货等。年货物吞吐能力达 3000 万吨。在节假日中如果需要,可以安排作业,但应付加班费。

拓展提升

德国内河航运发展情况

德国内河航道总长 7367 千米,其中天然渠化河流 5525 千米,占航道总长 75%,人工运河 18442 千米,占航道总长的 25%,而且其内河航道网多与毗邻国家航道相连通。面对这样一个复杂的航道网,德国政府认为,发展交通,应从资源综合利用及可持续发展的战略高度,以建立现代化综合运输体系为目标,发挥各种运输方式的优势,充分挖掘各种运输方式的潜力,促进各种运输方式的协调发展。德国政府从节省土地,保护环境的角度出发,决定不再加大道路密度,而是采取措施,让水运和铁路承担更多的运量,减轻公路的负担。为此,德国政府制定了一系列促进内河发展的措施:

(1) 增加水运基础设施投资,加强航道整治,提高通航能力。每年拨出大量资金,持续对内河航道进行整治和维护,建成了完善的现代化内河航道网。

(2) 鼓励老、旧船改造,促进船舶大型化。筹备资金,鼓励老、旧船改造,凡进行老、旧船更新,均给予旧船价值 40% 的补助,促进船舶大型化,使内河航运更具有竞争力。

(3) 免征内河航运燃油税。德国公路燃油价为 1.3 马克/升,其中含燃油税为 0.7 马克/升,内河航运燃油价为 0.5 马克/升,享受了免征燃油税的政策。由于水运成本低,提高了水运的竞争力,使得公路与水路有合理的运输分工。

（4）推行水陆联运的措施。德国政府认为，内河航运从一个码头到另一个码头的单一运输方式已经结束，必须实现水陆联运。政府通过投资建设水陆联运装卸点，并将联运点建设在河边，为推行联运创造条件，为发挥水运、公路的优势寻找新的途径。

（5）加强信息系统建设。德政府在主要内河航段均建设了交管系统，利用现代化手段保证了航道通航秩序的畅通，提高船舶的平均载货量和经济效益。

（6）采用经济和行政手段，促使公路货运和铁路分流。德政府决定从2003年起开始对卡车运输征收公路使用费，以促进公路运输向水路、铁路分流。还对公路超长、超重货物运输实行严格限制，以充分利用水运的优势，缓解公路运输拥挤的压力。

项目小结

本项目介绍了欧洲的基本情况、地形特点、自然资源、岛屿和海峡，欧洲的区域划分，各区域基本概况、资源分布、工业经济发展情况，欧洲联盟的基本情况以及欧洲主要港口的基本情况。通过本项目的学习，要求学生在了解和掌握以上知识的基础上，能说出欧洲的基本情况、自然资源、主要岛屿和海峡，能准确描述欧洲各区域资源分布、工业经济发展情况，欧洲联盟的发展历史及其对欧洲的贡献以及欧洲主要港口的基本情况。

项目实训

实训目的：通过本次实训，使学生了解欧洲各个国家、主要港口及海峡的分布。

实训内容：利用网络资源查看欧洲地图，并指出欧洲主要国家、港口、海峡所在的位置。

实训学时：2学时。

实训组织实施：将学生分成几个小组，4～5人为一组，分别介绍欧洲各区域主要国家的地理位置和主要港口城市，从港口进出口货物的种类和流向分析该国的经济发展情况。

项目习题

一、填空题

1.EU是＿＿＿＿＿＿合作组织的缩写。

2.世界森林资源的特点的是＿＿＿＿、＿＿＿＿、＿＿＿＿。

3.人口自然增长率最高和最低的大洲分别是＿＿＿＿、＿＿＿＿。

二、选择题

1.欧洲出口小麦最多的国家是（　　）。

A.英国　　　B.德国　　　C.法国　　　D.俄罗斯

2.关于俄罗斯的正确叙述是（　　）。

①地形以乌拉尔山为界，西部是平原，东部是高原和山地

②是世界上亚寒带针叶林分布最广的国家

③气候以温带大陆性气候为主，沙漠面积广大

④矿产资源丰富，是能源能够自给的少数国家之一

A.①②　　　B.①③　　　C.②④　　　D.③④

3.下列关于欧洲西部的说法，错误的是（　　）。

A.人口稠密，国家众多，全部是发达国家

B.本区的区域性国际组织是欧盟

C.本区的工业以制造业为主

D.本区温带海洋性气候分布广

4.下列关于欧洲西部的叙述,错误的是(　　)。

A.人口自然增长率低,人口稀少

B.绝大部分国家都是发达国家

C.是世界上制造业发达的地区之一

D.畜牧业发达

5.下列不属于世界三大时装中心的是(　　)。

A. 巴黎时装中心　　　　　B. 纽约时装中心

C. 伦敦时装中心　　　　　D. 米兰时装中心

6.集装箱运输的主要优缺点有哪些(　　)。

A. 装卸速度快,缩短船舶在港停泊时间,加快了船舶的周转率

B. 节省多种费用,降低运输成本

C. 不受天气等自然条件限制,货损、货差减少,货运质量提高,经济效果好

D. 需要大量投资,运输过程难以平衡

三、简述题

1.请简述亚欧大陆桥的意义。

2.德国政府制定的一系列促进内河发展的措施有哪些?

项目十四　美洲物流地理

知识目标

1. 了解美洲的基本情况
2. 掌握美洲的地形特点、河流及湖泊、自然资源、经济概况和交通运输状况
3. 掌握美洲主要港口的基本情况

能力目标

1. 能说出美洲的基本情况、自然资源、主要岛屿和海峡
2. 能准确描述美洲各区域资源分布、工业经济发展情况
3. 能准确描述美洲主要港口的基本情况

任务一　美洲经济地理概况

美洲(America)位于太平洋东岸、大西洋西岸,分为北美洲与南美洲,以巴拿马运河为界,总称亚美利加洲。美洲最初并不为人所知,后被航海家哥伦布于 1492 年发现,并误认为是印度,以致称当地人为印第安人而流传之今。后以意大利探险家亚美利哥·韦斯普奇的名字命名并沿用至今,美洲又被称为"新大陆"。

美洲是唯一一个整体在西半球的大洲,它位于大西洋与太平洋之间,北濒北冰洋,南与南极洲隔德雷克海峡相望,由北美和南美两个大陆及其附近许多岛屿组成,巴拿马运河一般作为南北美洲的分界线。在自然地理上,美洲被分为北美洲、中美洲和南美洲,而在政治地理上则把墨西哥、中美洲、西印度群岛和南美洲统称为拉丁美。本书分别介绍北美洲和拉丁美洲经济地理状况。

一、北美洲经济地理概况

1.基本情况

北美洲位于西半球北部,东濒大西洋,西临太平洋,北濒北冰洋,南以巴拿马运河为界与南美洲相分,面积为 2422.8 万平方千米(包括附近岛屿),约占世界陆地总面积的 16.2%,是世界第三大洲。通用语言为英语、西班牙语,其次是法语、荷兰语、印第安语等,宗教信仰主要是信基督教和天主教。北美大陆东至圣查尔斯角(西经 55°40′,北纬 52°13′),南至马里亚托角(西经 81°5′,北纬 7°12′),西至威尔士王子角(西经 168°5′,北纬 65°37′),北至布西亚半岛的穆奇森角(西经 94°26′,北纬 71°59′)。北美洲除包括巴拿马运河以北的美洲外,还包括加勒比海中的西印度群岛。北美洲大陆海岸线长约 6 万千米,西部的北段、北部和东部海岸比较曲折,多岛屿和峡湾;南半部海岸较平直。北美洲岛屿总面积约 400 万平方千米,居各洲之首,格陵兰岛为世界最大岛。

北美洲人口约占世界总人口的 8%,全洲人口分布很不均衡,人口绝大部分分布在东南部

地区,其中纽约附近和伊利湖周围人口密度最大,每平方千米在 200 人以上;而面积广大的北部地区和美国西部内陆地区则人口稀少,每平方千米不到 1 人。北美大部分居民是欧洲移民的后裔,其中以盎格鲁萨克逊人最多,其次是印第安人、黑人、混血种人,此外还有因纽特人、波多黎各人、犹太人、日本人和华人等。

2. 地形特点

北美洲全洲海拔 200 米以下的平原约占 20%,海拔 200~500 米的平原和丘陵约占 22%,海拔 500 米以上的高原和山地约占 58%,全洲平均海拔 700 米。大陆地形的基本特征是南北走向的山脉分布于东西两侧与海岸平行,大平原分布于中部。地形明显地分为三个区:①东部山地和高原。圣劳伦斯河以北为拉布拉多高原,以南为阿巴拉契亚山脉,地势南高北低,海拔一般为 300~500 米。阿巴拉契亚山脉东侧沿大西洋有一条狭窄的海岸平原。西侧逐渐下降与中部平原相接。②中部平原。中部平原位于拉布拉多高原、阿巴拉契亚山脉与落基山脉之间,北起哈得孙湾,南至墨西哥湾,纵贯大陆中部。平原北半部多湖泊和急流,南半部属密西西比河平原,西部为世界著名的大平原。③西部山地和高原。该地区属科迪勒拉山系的北段,从阿拉斯加一直伸展到墨西哥以南,主要包括三条平行山地:东带为海拔 2000~3000 米以上的落基山脉,南北延伸 5000 千米,是北美洲气候上的重要分界线;西带南起美国的海岸山岭,向北入海,形成加拿大西部的沿海岛屿,海拔一般为 1000~500 米;中带包括北部的阿拉斯加山脉、加拿大的海岸山脉、美国的内华达山脉和喀斯喀特岭等。阿拉斯加的麦金利山海拔 6194 米,为北美洲最高峰。东带和中带之间为高原和盆地,大盆地底部海拔 1300~800 米,盆地南部的死谷低于海平面 86 米,为西半球陆地的最低点。

3. 河流及湖泊

北美洲除圣劳伦斯河外,所有大河都发源于落基山脉。落基山脉以东的河流分别流入大西洋和北冰洋,以西的河流注入太平洋。密西西比河是北美洲最大的河流,按长度为世界第四大河,是美国南北航运的大动脉。干流可从河口航行至明尼阿波利斯,航道长 3400 千米。除干流外,约有 50 多条支流可以通航,其中水深在 2.7 米以上的航道长 9700 千米。干支流通航总里程为 2.59 万千米,并有多条运河与五大湖及其他水系相连,构成一巨大的水运网。除干流上游及支流伊利诺伊、密苏里河 1—2 月结冰外,全年皆可通航,海轮可直通距河口 395 千米的巴吞鲁日,航运价值极高。沿岸主要港口有圣路易斯、孟菲斯、巴吞鲁日和新奥尔良等,其中路易斯维尔是在俄亥俄河畔。

北美洲是个多湖泊的大陆,淡水湖总面积约 40 万平方千米,居各洲首位,湖泊主要分布在大陆的北半部。中部高原区的五大湖分别为苏必利尔湖、休伦湖、密歇根湖、伊利湖、安大略湖,总面积为 245273 平方千米,是世界上最大的淡水湖群,有“北美地中海”之称,其中以苏必利尔湖面积最大,为世界第一大淡水湖。因为密西西比河的其中一个分支直接连到了五大湖,再加上人们给其修了很多水坝,所以在一次实验中,船只即通过此河顺利行驶到了五大湖。

4. 自然资源

北美洲森林资源十分丰富,其森林面积约占世界森林总面积的 18%,主要分布在北美西部山地。该地区盛产达格拉斯黄杉、巨型金针柏、奴特卡花柏、糖槭、松、红杉、铁杉等林木。北美洲草原面积约占世界草原面积的 11%,水力资源蕴藏量力比较大,可开发的水力资源蕴藏量约为 24800 万千瓦,占世界水利资源蕴藏量的 8.9%,已开发的水利资源为 5360 万千瓦,占世界的 34.7%。北美洲拥有丰富的渔业资源,北美的沿海渔场的面积约占世界沿海渔场总面积的 20%,

其中西部和加拿大东部的边缘海区为主要渔场,盛产鲑、鲽、鳕、鲭、鳗、鲱、沙丁、比目、萨门等鱼类及厥类,在加拿大东部边缘海区还产鲸鱼。北部沿海有海象、海豹以及北极熊等。

5. 经济概况

北美洲主要国家是美国和加拿大,均是经济发达的国家。美国和加拿大是经济发达,工业基础雄厚,生产能力巨大,科学技术先进,农、林、牧、渔业也极为发达。北美洲其他国家除墨西哥有一些工业基础外,多为单一经济国家。北美洲采矿业规模较大,主要开采煤、原油、天然气、铁、铜、铅、锌、镍、硫磺等,而锡、锰、铬、钴、铝土矿、金刚石、硝石、锑、钽、铌以及天然橡胶等重要的战略原料几乎全部或大部靠进口。其主要工业品产量在世界总产量中的比重为:生铁、钢、铜、锌等均占 20% 左右,铝占 40% 以上,汽车约占 37%。

北美洲农业生产专门化、商品化和机械化程度都很高。中部平原是世界著名的农业区之一,农作物以玉米、小麦、水稻、棉花、大豆、烟草为主,其大豆、玉米和小麦产量在世界农业中占重要地位。中美洲、西印度群岛诸国和地区主要生产甘蔗、香蕉、咖啡、可可等热带作物。

6. 交通运输状况

北美洲交通运输发达,已经形成了完善的交通运输体系。北美地区航空体系完善,航线网络覆盖面广,以美国为例,早在 2010 年,美国一共有 15009 个飞机场,其中 376 个大型商业固定班机机场。北美大陆是世界铁路密度最大的地区,特别是有许多横贯大陆的干线,这些干线都是东西港口城市之间及沿海与内陆之间重要运输线。北美高速公路也四通八达,且大多穿越北美大陆。著名的高速公路包括:1 号高速公路,它是北美最长的高速公路,也被称为“串起国家的公路”;93 号高速公路,它是连接露易丝湖和嘉士伯之间的“大陆脊梁”,是著名的“冰原观景大道”,被票选为北美最漂亮的高速公路。总体而言,美国东北部是北美洲交通最发达的地区,其次是美国中部、东南部、西部沿海地区,加拿大东南部。墨西哥东部以公路和铁路运输为主;加拿大中部地区的夏季河运、冬季雪橇运输也很重要。由于气候原因,北美北部沿海地区以雪橇运输为主。

(二)拉丁美洲

1. 基本情况

拉丁美洲简称拉美,通常指称美洲大片以罗曼语族语言作为官方语言或者主要语言的地区。就美洲居民而言,英语和拉丁语占统治地位,由于本区都隶属拉丁语系,因此,美国以南的众多国家被称为拉丁美洲国家,这个地区被称为拉丁美洲。

拉丁美洲东临大西洋,西靠太平洋,南北全长 11000 多千米,东西最宽处 5100 多千米,面积 2056.7 万平方千米,其最窄处巴拿马地峡仅宽 48 千米,北部有墨西哥湾和加勒比海。拉丁美洲由墨西哥、大部分的中美洲、南美洲以及西印度群岛组成,人口主要是印欧混血种人和黑白混血种人,其次为黑人、印第安人和白种人。

2. 地形气候

拉丁美洲地形复杂,墨西哥基本上是个草原,称为墨西哥高原,也是个多山地区,西印度群岛大都也以山地为主。南美洲西部、太平洋沿岸耸立着安第斯山脉,安第斯山脉以东,平原和高原相间,自北而南依次为奥里诺科平原、圭亚那高原、亚马逊平原、巴西高原、拉普拉塔平原、巴塔哥尼亚高原等。

拉丁美洲 3/4 的地区处于热带范围之内,在世界各大洲中它的气候条件最为优越。从气温来看,全洲大部分地区年平均气 20℃ 以上,与其他州相比具有暖热的特点,它既没有亚洲和北美洲那样寒冷,也不像非洲那样炎热。从湿润来看,全洲年降水量平均多达 1342 毫米,相当于大洋洲的 3.2 倍,是世界上最湿润的一洲。气候类型主要是热带雨林和热带草原气候,热带雨林气候主要分布在亚马孙平原热带草原主要分布在巴西高原。

3.海域及河流

拉丁美洲地区最著名的海域是加勒比海,它是大西洋西部南北美洲之间的一个海。它的北部和东部的边缘是一连串从墨西哥湾一直延伸到委内瑞拉的岛屿(西印度群岛),包括北部的古巴、海地、多米尼加、牙买加、波多黎各和东部的小安的列斯群岛;其南部是南美洲北部的几个国家,包括委内瑞拉、哥伦比亚、和巴拿马;其西部是中美洲的大西洋沿岸国家,包括哥斯达黎加、尼加拉瓜、洪都拉斯、危地马拉、伯利兹、及墨西哥的尤卡坦半岛。

拉丁美洲河流的年平均径流总量为 11759 立方千米,在世界各大洲中仅次于亚洲,全洲平均径流深度为 661 毫米,居各洲之首位。安第斯山是南美大陆最重要的分水岭。安第斯山以西的河流一般都是短促、陡急和独流的,支流少,很难构成系统,因而河流的流域面积均较小;安第斯山以东地区,河流源远流长,水量丰富,河网稠密。

亚马逊河长 6440 千米,在世界河流中位居第二,是全球水量最大的河流。此河发源于秘鲁安第斯山脉,横贯南美洲,共有 15000 条支流,分布在南美洲大片土地上。该河流经秘鲁、巴西、玻利维亚、厄瓜多尔、哥伦比亚和委内瑞拉等国,流域面积达 800 万平方千米,孕育了世界最大的热带雨林,流域内植物种类之多居全球之,成为世界上公认的最神秘的"生命王国"。

巴拉那河是南美洲第二大河,全长 5290 千米,流域面积 280 万平方千米,是南美洲中东部重要的内河航道,全年通航里程 2700 千米,先后流经巴西、巴拉圭、阿根廷和玻利维亚,承担阿根廷对外贸易 30% 和巴拉圭对外贸易 90% 的运输任务。

巴拉圭河是南美洲中南部的一条重要河流,是巴拉那河的重要支流,全长 2550 千米,流域面积 110 万平方千米。该河除上游外,全程皆可通航,重要港口和城市有巴西的科伦巴、库亚巴、埃斯佩兰萨港,巴拉圭的奥林波堡、康塞普西翁、亚松森,阿根廷的福莫萨等。

4.自然资源

拉美地区林业资源丰富,是森林覆盖面积较大的大陆。南美洲森林面积达 920 万平方千米,约占世界森林面积的 23%。墨西哥、中美洲和加勒比地区各岛屿的森林面积合计约 70 万平方千米。这一地区的热带雨林是现今世界最大的、保存最完整的,在巴西境内占地区热带雨林面积的 60%。该地区动植物资源也极为丰富,大部分是世界上独一无二的品种。拉美地区具有发展粮食作物和经济作物的巨大潜力,全地区耕地面积达 1.6 亿公顷,约占总面积的 7.7%,适宜耕种的土地面积为 5.7 亿公顷,普遍种植玉米、小麦、水稻、豆类等多种粮食作物和甘蔗、香蕉、可可、棉花、柑橘、咖啡等经济作物,其中巴西的咖啡、香蕉、木薯产量居世界第 1 位,大豆产量居世界第 2 位,可可产量居世界第 3 位。南美洲有大面积的草场、牧场,草原面积约 4.4 亿公顷,约占世界草原总面积的 14%。阿根廷的牧场面积达 1.4 亿公顷,潘帕斯草原是拉美著名的天然牧场,生产的大量优质牛、羊肉驰名于世。拉美和加勒比地区海岸线绵长,东西有两洋环抱,又面临墨西哥湾和加勒比海,渔业资源丰富,有许多天然渔场,盛产沙丁鱼、金枪鱼、鲈鱼、鲭鱼、鳕鱼以及多种虾类,捕鱼量居世界前列。

拉美地区矿业资源丰富,现代工业所需最基本的 20 多种矿物资源的绝大部分都有,有些矿物储量居世界前列,如墨西哥已探明石油储量达 103 亿吨,委内瑞拉的石油储量为 80 多亿吨,均居世界前列。拉美地区天然气已探明储量约 3 万亿立方米,主要分布在墨西哥和阿根廷。铁矿储量约 1000 亿吨,巴西的铁矿储量居世界前列,其产量和出口量均居世界第 2 位。

铜储量约在 1 亿吨以上,居各洲之首,智利铜储量居世界第 2 位,秘鲁居世界第 4 位。煤蕴藏量约 500 亿吨,主要分布在哥伦比亚和巴西,仅哥伦比亚煤蕴藏量就多达 240 亿吨。此外,巴西的铍、钽、铌苏里南,牙买加的铝土,墨西哥的银、硫磺,智利的硝石,古巴的镍,哥伦比亚的绿宝石等均居世界前列。

5.经济概况

拉美地区拥有优越的自然条件和富饶的自然资源,发展经济的潜力很大。过去由于外受殖民主义、帝国主义的侵略,内受大庄园土地所有制的束缚,各国的经济长期得不到全面发展,以致形成经济的"单一化"。近年来,拉美不少国家在发展民族经济、加快工业发展、改革"单一经济"方面,取得了可喜的成就。例如巴西不再是单纯的"咖啡国",蔗糖、大豆、铁矿石等都是主要的出口货物,工业更是有了显著的发展,汽车、飞机、船舶、电器等大量出口。墨西哥的工业已有石油、铁路、电力、钢铁等重要部门,农业生产也多样化,出口货不再限于少数农、矿产品,还有一定数量的纺织产品、化工产品与机械产品。阿根廷除农牧产品外,工业产品的出口大幅度增加。

采矿业是拉美各国的基础部门,大部分矿产供出口。委内瑞拉、阿根廷、厄瓜多尔、秘鲁等国的石油,巴西、委内瑞拉、智利的铁,玻利维亚的锡、锑,智利、秘鲁的铜,圭亚那、苏里南的铝土,秘鲁的铅、锌、银、铋,智利的硝石、钼,巴西的铌的产量或出口量均在世界占据重要地位。轻工业是拉美多数国家制造业的主体,肉类加工、制糖、饮料、皮革、纺织、服装等部门也比较发达。钢铁、汽车、化工、橡胶、电器、机械等重工业集中在巴西、阿根廷、委内瑞拉、智利、秘鲁、哥伦比亚等国家。

农业在拉美各国经济中具有重要意义。种植业中经济作物占据绝对优势,拉丁美洲是可可、向日葵、菠萝、马铃薯、木薯、巴西橡胶树、烟草、金鸡纳树、玉米、番茄、巴拉圭茶、辣椒等栽培植物的原产地。甘蔗、香蕉、咖啡分别占世界总产量的 20%～35%,其中巴西的咖啡和香蕉产量均居世界第 1 位;可可、柑橘均占世界总产量的 25% 左右,其中巴西的可可产量居世界第 3 位;剑麻产量居各洲第 2 位,主要产在巴西;巴西木薯产量居世界第 1 位。拉美洲向世界提供所需咖啡、香蕉、蔗糖的绝大部分及大量的棉花、可可、剑麻等。东南部阿根廷等国则大量出口肉类和粮食,牛、羊的总头数在世界上占重要地位。拉美洲大部分国家中多数人从事农业生产,但粮食生产仍不足自给,大多数国家需进口粮食。

6.交通运输状况

拉丁美洲交通较为便利,有多种方式通达外界,如航空、铁路、公路、水运等,其主要国家和大城市都设有国际机场,如巴西首都巴西利亚和圣保罗,委内瑞拉首都加拉加斯,智利首都圣地亚哥等。拉丁美洲公路总长约 2000000 千米,铁路总长约 85000 千米。著名的巴拿马运河沟通了大西洋和太平洋,在大西洋和太平洋沿岸,分布着一些重要港口,如里约热内卢港、圣保罗港、桑托斯港等。该美洲很多国家以铁路、公路为主。阿根廷和巴西交通较发达,圭亚那、苏里南、委内瑞拉、乌拉圭、智利等国拥有较稠密的公路网。

任务二　美洲主要港口

一、洛杉矶港

洛杉矶港是北美大陆桥的桥头堡之一,是横贯美国东西向的主要干线圣菲铁路的西部桥头堡,东部大西洋岸的桥头堡为费城,另一条铁路干线是南太平洋铁路,从洛杉矶开始经过新奥尔良港延伸直至大西洋岸的杰克逊维尔港。

洛杉矶是美国西海岸的最大工业城市,著名的工业为飞机制造业和石油工业。美国两大飞机制造公司之一的洛克希德公司是美国飞机和导弹制造业的垄断组织,它就位于市区北部。加利福尼亚油田就在洛杉矶附近,此外,汽车制造业、电子仪器、化学、钢铁及印刷等都占主要地位。西北部的好莱坞是美国电影业的中心,东部的迪斯尼游乐中心都是举世闻名的。港口距机场约 30 千米,有定期航班飞往世界各地。

该港属亚热带地中海式气候,盛行西风,全年平均降雨量约 800 毫米。该港主要出口货物为石油、水泥、机械、化学品、棉花、钾碱、新鲜水果、鱼制品及缸头等,进口货物主要有钢材、天然橡胶、纤维制品、糖浆、木材、纸、张、干果、羊毛、车辆、咖啡、玻璃及香蕉等。

二、纽约—新泽西港

纽约—新泽西港简称纽约港,是世界著名大港之一,它位于北纬 40°43′、西经 74°01′,坐落于大西洋沿岸的哈得逊河口,地跨纽约和新泽西两州,总面积达 3900 平方千米。它有两条主要航道,一条是哈得孙河口外南面的恩布娄斯航道,长 16 千米,宽 610 米,维护深度 13.72 米,由南方或东方进港的船舶经这条航道进入纽约湾驶往各个港区;另一条是长岛海峡和东河,由北方进港的船舶经过这条航道。

美国高速公路、快速汽车专用道以及桥隧设施十分发达,每日往来纽约港港区的载货汽车多达万辆以上。纽约港的一大特点是港埠业务不局限于海运终点站,还从事港区铁路、桥梁隧道甚至港区内航空港的兴建与经营。纽约港一直被视为"美国的集装箱首埠"。该港设备先进,管理科学,拥有现代化高效率集装箱装卸作业码头。

纽约港主要出口货物为废金属、钢材、机械、纸张、有机化学制品、废纸、纺织废料及杂货等,进口主要货物有车辆、木材、塑料、橡胶、酒精、咖啡、香蕉、蔬菜、碳化氢、纺织品、服装及畜产品等。在节假日中,除元旦、独立日、劳动节及圣诞节不工作外,其他节假日如果需要可安排作业。

三、新奥尔良港

新奥尔良港是美国南部商港,位于密西西比河下游河段东曲处,距密西西比河西南入海口 98 海里,南距巴拿马科隆城 1380 海里,西至休斯敦 451 海里,东至坦帕港 471 海里,北至巴吞鲁日 115 海里,远洋船能到达。密西西比河流长 6020 千米,流域面积 322 平方千米,贯穿美国中部 21 个州,与五大湖水系相通,干支流航道 2.5 千米,是美国国内运输的大动脉,年总运量 5 亿吨。新奥尔良港是密西西比河流域河流物资的总汇和转运港,港区主要分布在港市大河两岸,上下伸展 15 海里,港内河道宽 600 余米,水深 12 米以上,潮汐最大 21 英尺、平均 13 英尺。沿河分布有 140 多个深水泊位,3/4 以上是公用码头,半数以上用于杂货装卸;集装箱滚装船 10 个泊位,谷物码头 10 座,还有大量的石油、化工、金属矿产等专用码头泊位。此外,有穿过市区连接大河与旁扎特兰运河沿岸及湖区沿岸的内港区。全港年货物吞吐量 1.6 亿吨以上,世界级大港之一。主要出口谷物,是世界上最大的谷物输出港,还有大豆、油籽、油饼、豆油、面粉、棉花、煤炭、石油、润滑油、沥青、化工品、木材及其制品机械等,进口糖、糖浆、香蕉、咖啡、橡胶、金属矿产、电工器材、汽车、硬木等。该港口与世界 150 多个国家和地区 2500 多个港口有直接联系,每年来港进出的外港船只 4500 艘以上。

四、芝加哥港

芝加哥港位于美国州东北角的芝加哥河口,濒临密歇根湖的西南侧,是美国大湖区的主要港口。它是全国最大的铁铁路枢纽,有 32 条铁路干线交汇于此。该港有广大的腹地,农牧业发达,是全国的谷物、牧畜市场及中西部的商业、金融、文化和工业中心。工业以农用机械及肉类加工为主,全美农用机械制造业最大的垄断组织——国际收割机公司及美国肉类加工业最大垄断组织——埃斯玛克公司均在芝加哥。另外,冶金、电器、货车制造、印刷、面粉、罐头、塑料及冷冻食品等也很著名。该港有世界最高的建筑物之一——西尔斯摩天大楼,共110层,443米,还有多所大学、博物馆、图书馆等,是美国中西部地区最大的文化艺术中心。港口距国际机场约33千米,有定期航班飞往世界各地。

该港属温带大陆性气候,夏季平均气温约23℃,冬季平均气温−5℃,全年平均降雨量约800毫米。因受圣劳伦斯航道冰封影响,每年航行季节为4月15日至11月15日。

该港允许进港船只最大吃水13.72米,船只与港口通讯联系用无线电甚高频16频道,有修船、小艇、拖曳、排污、遣返和干船坞设施,可提供淡水、食品、燃料补给和医疗条件。主要出口货物为农业机械、肉制品、废铁、皮张、油脂、粮谷及各种工业品等,主要进口货物有矿砂、汽车、钢材、石油化工品及杂货等。

五、西雅图港

西雅图港位于美国西部沿海普吉特湾的东岸,濒临太平洋西海岸的胡安德富卡海峡的东南侧,是美国第二大集装箱港,也是美国距离远东最近的港口。该港属温带海洋气候,盛行南风。年平均气温在5℃,夏季约20℃,全年平均降雨量约1000毫米,平均潮差为5.5米。

西雅图港始建于1852年,由于北太平洋铁路的修建和阿拉斯加金矿的发现而逐渐兴起。该港交通运输发达,是北美大陆桥的桥头堡之一,即横贯美国东西向的主要干线——北太平洋铁路的终点站,东部的桥头堡为纽约。西雅图的航空、航天工业发达,是全世界最大的飞机公司——波音飞机总公司的所在地,是美国飞机导弹制造业的垄断组织。该公司在世界市场上占飞机订货量的一半以上,另外还从事火箭及太空发射器的制造。该港的主要工业还有钢铁、铝制品、服装、机械、木材加工、造船、罐头食品及汽车装配等。港口距机场约15千米,有定期航班飞往世界各地。

西雅图港装卸设备有各种岸吊、集装箱门吊、重吊、回转吊、拖船及滚装设施等,其中集装箱门吊最大起重能力达50吨,重吊达200吨。港区露天堆场面积达14万平方米,仓库总容量达70万吨,货棚面积约30万平方米。集装箱码头面积达140万平方米,其中最大的是哈珀岛第18号码头,水深达15米,有铁路战场可以从集装箱船上直接向双层集装箱列车装箱,扩大了多式联运的运输。谷物码头全部自动化,最大可靠泊20万载重吨的船舶,装卸效率每小时装3500吨,大船锚地水深达36米。本港对外贸易区自1945年建立起来,目前面积已达5.67平方千米。主要出口货物为谷物、鱼、牛油、机械、小麦、纸浆及废纸等,进口货物主要有纺织品、木材、新闻纸、轿车、胶合板、石膏、香蕉及杂货等。

六、魁北克港

魁北克港是加拿大商港,西南距蒙特利尔港139海里,东北距卡提尔港272海里,至贝尔岛海峡699海里,至卡博特海峡551海里,经向风海峡至巴拿马运河北口克里斯托巴尔港3148海里,有横越北美大陆的铁路连接西海岸不冻良港——温哥华,东连新斯科舍半岛不冻良港——哈利法克斯,西南有公路、铁路经三河城达蒙特利尔市,公路东北达铁矿石输出港——卡提尔港和七岛港(塞堤尔)。

魁北克港主要港区有:圣查尔斯河口西北岸的 Balturo & Bearpoot 港区、Vieux Potr 港区、Anse Adx Foulons 港区。此外,以上港区对面的圣劳伦斯河左岸还有石油和干散货码头,石油码头水深最大 16.4 米,可靠 15 万吨级油轮,右岸东北还有船厂码头等。全港有近 60 个泊位,其中尤以谷物出口为多,还有矿石、木材、林产品等;进口主要有石油、煤、化肥、盐、水泥、钢板等。

七、温哥华港

温哥华港位于加拿大西南部不列颠哥伦比亚省南端的弗雷泽河口,在巴拉德湾内,濒临乔治亚海峡的东南侧,是加拿大最大的港口,也是世界主要小麦出口港之一。该港属温带海洋性气候,盛行东南风、西南风。1 月平均气温为 2.5℃,7 月平均气温为 17℃,每年 7—10 月多雾,有时可延续数天,全年平均降雨量约 1100 毫米,大潮潮高为 1.9 米。

温哥华港从 1887 年横贯加拿大东西的大陆桥(西起温哥华,东岸桥头堡为圣约翰 SAINT JOHN 港)建成后开始发展起来,现已成为加拿大西部的工商业、交通、科技和文化的中心。主要工业有造船、木材加工、造纸、汽车、鱼类加工、纺织、飞机制造及石油加工等。该港公路与加拿大、美国各地相通;铁路可达美洲大陆各地;港口距国际机场约半小时的车程,有定期航班飞住世界各地,是亚洲到北美各航线中最短的航线。

该港装卸设备有各种岸吊、门吊、可移式吊、集装箱吊、铲车、装卸桥、卸货机、拖船及滚装设施等。主要出口货物为小麦、机械、纸浆、铜矿、粮谷、面粉、林木产品、煤、肥料、焦炭、鱼、水果及硫磺等,进口货物主要有盐、茶叶、水泥、钢材、糖、铁及磷酸石等。

现代化的基础设施建设,加上方便快捷的海陆空联运网络,为温哥华港的迅速发展提供了有力保障。码头上的集装箱多式联运站与四通八达的公路、铁路线相连接,双层集装箱专用列车可将货物及时运往加拿大和美国内陆的大部分地区。与北美西海岸其他港口相比,温哥华港与亚洲之间的海上距离最短,使其在缩短航行时间与降低海运成本方面独具优势。因此,在加拿大与亚太地区,特别是与中国的贸易发展中,温哥华港起到了重要的沟通桥梁作用。

八、多伦多港

多伦多港位于加拿大大湖区安大略湖西北岸,最大吃水 8.23 米。无潮汐变化,盛行西南风。港口服务有修船、加燃料、小艇、医疗、遣返、淡水供应、给养和排污,无干船坞。港市有铁路和机场,在该港内行驶最大时速不得超过 10 千米。航行季节根据圣劳伦斯航道开放和关闭的时间而定,一般湖船的航行季节为 3 月底至 12 月底,海船为 4 月的第一个星期后至 12 月中旬。仓库面积 4.4 万平方米,杂货面积 11 万平方米。多伦多港港口有 14 个杂货泊位,岸线总长 2247 米;2 个滚装船泊位,分别长 389.2 米和 258.7 米,也可以停靠集装箱船;5 个糖浆泊位,3 个动物油脂泊位,6 个燃料油泊位,吃水均为 8.2 米,在 425 号泊位装卸液态品。由于处在五大湖地区,该港的引航按照五大湖引水局的一致要求。

九、哈利法克斯港

哈利法克斯港属于加拿大东海岸商港,位于新斯科舍半岛东南岸中腰,是不冻的天然深水良港。港外至圣约韩斯港 542 海里,至波士顿港 391 海里,经向风海峡至巴拿马科隆城 2300 海里。该港南部是海洋码头,有三个向东伸展的突堤和两侧的顺岸码头,共计 23 个深水泊位(20—42),水深在基准线以下 8.8～14.0 米,其中南端的 41、42 号泊位为集装箱码头,25、28 号泊位为谷物码头,粮仓库燃料 14 万吨,24、30 号泊位装卸钢铁,其他大部分为杂货泊位,含有滚装船和旅客码头,所有突堤和集装箱码头都有铁路通过;北部为里士满码头,有 4 个顺岸泊位,水深 8.1～8.7 米,装卸石油和散货,南北码头区之间有许多突堤,但多数设备陈旧、大多为企业所有,主要是各石油公司码头。港外还有可靠 11 万吨级油轮的码头。进口原油、糖、橡胶、杂货等,出口谷物、面粉、钢材、木材、杂货等。冬季圣劳伦斯河冻结期间,进出加拿大东部船只都来此挂靠,仅次于蒙特利尔港。其工业有造船、钢铁、炼油、面粉加工、水产加工等。该港也是加拿大海军、捕鲸基地。

十、里约热内卢港

里约热内卢港位于巴西东南瓜纳巴拉湾西南岸,与对岸尼泰罗市对峙,西南至圣多斯港 210 海里,至巴拉那瓜港 500 海里,东北至维多利亚港 283 海里,至萨尔瓦多港 747 海里,东至开普敦港 3290 米,是世界三大天然良港之一。

里约热内卢港港区在夸海湾大桥西端南沿湾岸顺岸布局,仅东南有莫亚突堤长 400 米,周边有 4 个水深 7.3~9.8 米泊位,码头线总长 8.8 米。其他码头自南而北依次有:甘博亚 1、2 号码头(南岸),总长 3325 米,前沿水深 7.2~9.2 米;圣克里斯托巴奥码头(南岸),总长 6325 米,前沿水深 7.0~9.5 米;卡朱码头(北岸西段),总长 1300 米,水深 6.4~15.2 米;煤、矿石码头(北岸东段),总长 765 米,水深 11.7~12.0 米。全港岸壁码头线总长 7500 多米,共 50 个泊位,各长 150 米左右,大部分通用,既装杂货也装钢铁、集装箱等,集装箱船一般停靠港区南北码头,矿石、煤船停靠港区北部。油轮码头有 8 个泊位,能停靠 1.5 万吨~13.5 万吨级船,位于港湾中小岛上。该港曾长期为巴西第一大吞吐港,但 80 年代后期被圣多斯港超出,年吞吐 2500 万吨左右。输出主要有咖啡、蔗糖、皮革、钢铁、和铁、锰矿石等,输入主要有石油、煤、机械等。

十一、桑托斯港

桑托斯港是拉丁美洲最大的港口,距离圣保罗 1 个多小时车程,港口始建于 1534 年,在殖民时期就是最主要咖啡货运港口。20 世纪 90 年代末,由于巴西出口到中国的货物激增,以及巴西在拉丁美洲举足轻重的经济地位,尽管桑托斯港一期工程的招标价比其他港口高,仍吸引了不少国际港口和航运巨头,比如和记黄埔码头集团、新加坡港务集团、迪拜世界港口集团和马士基集团等。随着巴西出口贸易量的不断向上攀升,该国最大的集装箱枢纽港桑托斯港的集装箱吞吐量,已经超过了阿根廷的布宜诺斯艾利斯港,成为南美洲集装箱港口的龙头老大。桑托斯港集装箱码头在 20 世纪末的更新扩建工程完成之前,集装箱搬运费率曾高达每标准箱 500~600 美元,让不少远洋承运人望而却步。2000 年以后,桑托斯港的集装箱搬运费率降至每标准箱 190 美元,该港的班轮新客户逐年增多,其中有以色列的以星航运、德国的汉堡南美航运、法国的达飞航运、日本邮船等等。桑托斯港口是世界最主要的咖啡出口港之一,同时也是巴西其他主要的贸易进出口港口。

十二、布宜诺斯艾利斯港

布宜诺斯艾利斯港位于阿根廷中部东海岸,临拉布拉塔河湾,港市之东北。该港东距蒙得维的亚 125 海里,至开普敦港 3720 海里,东北至里约热内卢港 1150 海里,西南至布兰卡港 510 海里,至麦哲伦海峡彭塔河雷纳斯港 1370 海里。港区沿海岸南北伸展,又分北、中、南三个港区。北港区又称新港区,由陆岸向东伸展 6 座突堤,外有防波堤保护,船舶由北港与中港之间的北航道入港,港内有 A、B、C、D、E 五个港池,A 港池长 365 米,宽 140 米,周边岸线 870 米,可停靠泊五艘中型客、货船;B 港池用于杂货,北岸长 525 米,南岸 464 米,宽 151 米,可停靠 7 艘大、中型货船;C 港池北岸 495 米,南岸 585 米,宽 175 米,亦可靠七艘大、中型船舶,北岸 3 个泊位常用谷物装卸;D 港池北岸 495 米,宽 194 米,南岸用于谷物装卸,北岸用于集装箱船;E 港池宽 194 米,北岸长 495 米,用于装煤,南岸长 585 米,用于装卸水果和杂货;各突堤顶端长 100～523 米不等,亦可靠船。北港区码头线总长 7267 米,30 多个泊位,是全港最现代化港区,码头上装卸设备良好。南港区在该港之南,里亚丘埃洛河河口,船舶由南航道入港,又有一区、二区、液化煤气港池、危险品港池和东港池等几个部分。中港区又叫马德罗港,是连接南北港区之间的内陆水域,又有南北港池和 1、2、3、4 号坞式港池,船舶由南北港区航道入港。全港约有 50 来个泊位,年吞吐量 2500 万吨以上,占阿根廷全国外贸出口的一半、进口的 60%,输出肉类、谷物、皮革、木材等。

十三、韦拉克鲁斯港

韦拉克鲁斯港位于墨西哥东部,墨西哥湾西南岸,港市之东北。北距坦皮科港 217 海里、休斯敦港 666 海里、新奥尔良港 783 海里,南距夸察夸尔科港 119 海里,东南至巴拿马运河北口 1441 海里。港口由岸壁突堤和对岸岛屿围成港湾,岛北与陆岸有海堤相连,港湾朝向东南,入口还有防波堤合抱,港口岸壁有 5 座突堤伸向东北。南起第一突堤瘦小,仅可供 2 艘远洋船铜矿,码头线长 384.5 米,前沿水深 10 米;第二突堤较宽,沿边线总长 431 米,前沿水深 9～10 米,可停靠 5 艘远洋船;第六突堤与第四突堤近似,沿边码头线长 725 米,前沿水深 9～11 米,亦可停靠远洋船 5 艘;第七突堤较四、六突堤短,码头线长 548 米,前沿水深 6～8 米,可停靠 5 艘近洋船。对岸海岛内侧北部为顺岸码头,有谷物码头一个泊位,长 250 米,前沿水深 9～10 米;集装箱码头一个泊位,长 170 米,前沿水深 10 米;南部为沿海船和船厂干船坞,入口防波堤内侧的石油突堤长 985 米,沿边水深 10 米,可停靠 2 艘油轮。全港 20 多个远近洋泊位,年吞吐量 1000 万吨以上,输出农矿产品,输入机械、石油、谷物等。

拓展提升

美国交通运输发展现状

一、州际公路系统经济效益显著

美国公路基础设施建设投资成本收益率是较高的,每 1 美元公路扩建投资,在道路改善后的寿命期内,每年大约产生 30 美分的成本节约,公路项目新建成本的回收期大约只有 3.3 年。

美国州际公路系统的效益体现在汽车用户通过高速公路获得的直接和间接经济效益上。直接经济效益包括车速提高后运行时间的减少,出行空间范围的扩大,车辆使用费用的减少,如车辆维护费、轮胎损耗费和燃料消耗费等。据美国有关部门测算,40 年来,美国州际公路系统产生的全部经济效益为 2.1 万亿至 2.5 万亿美元,约为最初总投资的 6 倍至 7.5 倍。研究还表明,随着州际公路系统的建成,美国公路基础设施建设投资的平均回报率虽在下降,但目前仍高于一般商业项目的平均投资回报率。

二、公路建设推动美国经济发展

20 世纪 50 年代后期和 70 年代中期,美国联邦政府相继出台了两项重大政策,一是制定和实施大规模州际公路系统建设计划;二是放宽对汽车运输企业的经济管制,极大地刺激了公路投资和消费需求。大规模州际公路系统建设计划开始于 20 世纪 50 年代后期,在 70 年代中期基本结束,投资总额达到 2800 亿美元以上。公路建成通车后的直接和间接效应更大,极大地拉动了美国经济的增长。

研究表明,州际公路系统的每 1 美元投资,可使产品成本每年下降 23.4 美分。美国州际公路系统自 1957 年开始建设到 1996 年的 40 年间,全国商品生产成本下降总额超过了 1 万亿美元,这是州际公路系统最初投资总额的 3 倍多。研究还表明,州际公路系统建设对美国生产率的增长贡献突出,1950 年至 1989 年,美国生产率的增长约有四分之一应归功于州际高速公路系统建设。

州际公路系统建设计划于 20 世纪 70 年代中期接近尾声,其对推动国民经济增长的作用也随之减弱。美国联邦政府适时推出了对运输企业放宽经济管制的政策,其主要目的是应对铁路运输企业的巨额亏损。由于效果比较明显,后来扩大到对包括汽车运输企业在内的其他运输行业放宽管制政策。

放宽管制政策的出台,使运输企业摆脱了长期停滞不前的局面。主要体现在运输企业数量的迅速增长。运输企业平均生产率的增长,明显高于国民经济整体生产率的增长速度。在放宽管制前,美国城间汽车运输企业(州际商务委员会管制)不过 1.8 万家,2003 年发展到 60 万家,企业业绩指标也明显改善。按照运输投资和消费需求(与运输有关的最终需求)综合计算,其对国民经济增长的贡献率,1998 年至 2003 年为 11.9% 至 11.4%;按照营业性运输服务消费需求计算,其对国民经济增长的贡献率,1998 年至 2003 年为 3.1% 至 2.9%。其中,公路运输业所占份额最大的 2003 年,按照营业性运输服务消费产值计算约为 0.9%,约占运输服务消费总产值的 30.4%。近年来,美国与运输有关(最终需求)的产值,在国民生产总值中呈下降趋势。这种趋势并不意味着运输部门的绝对产值在下降,而是由于其生产率的提高,导致运输成本和运输价格的下降。这种下降对经济社会而言,是运输费用的节约和物价的下降,仍然对整个社会经济在作贡献。

三、高速公路系统改变城市格局

20 世纪 60 年代到 80 年代,按照高速度、大容量标准设计的干线街道和高速公路网以及小客车的普及,大大提高了人们出行的机动性。但是,对小客车的依赖,导致严重的交通拥堵及公共交通利用率下降。于是,出现了居民和经济活动向城外迁移的趋势。大城市人口和工商业活动郊区化使出行起讫点更加分散,人们难以通过公共交通工具出行。由于出行距离增加,大部分人必须借助车辆。今后,美国城市人口增长的重点将向较小的城市地区转移。原有的大城市,也可以通过土地利用规划,对交通方式进行重组,最大限度减少人们的出行距离,减小对小客车交通的依赖,解决交通拥挤和污染严重等问题。目前,美国大城市的公路建设,在很大程度上被公共交通系统所取代,如大量修建地铁以及其他快速公共交通设施等。同时,还对公共汽车和有轨电车等进行改造。

大城市的货运,同客运一样重要。两者消耗的资源数量,按照货币价值计算大致相当。目前,美国大城市主要货运工具仍是卡车。汽车货运存在的主要问题是成本增长很快,枢纽站交通的拥挤严重,生产率较低等。解决大城市货运问题的途径很多,其中包括集中运输城市地区的货物,以便在运送同样数量货物的条件下,减少发车次数等,从而减少交通拥挤,大幅度提高汽车货运效率等。

项目小结

本项目介绍了美洲的基本情况,北美洲和拉丁美洲的地形特点、主要水系、自然资源、经济概况和交通运输状况,以及美洲主要港口的基本情况。通过本项目的学习,旨在使学生在了解和掌握以上知识的基础上,能说出美洲的基本情况、自然资源、主要岛屿和海峡,能准确描述美洲各区域的资源分布、工业经济发展情况以及主要港口的基本情况。

项目实训

实训目的:通过本次实训,使学生了解北美洲和南美洲各个国家、主要港口及海峡的分布。

实训内容:

利用网络资源查看北美洲和南美洲地图,并指出北美洲和南美洲主要国家、港口及海峡所在的位置。

实训学时:2 学时。

实训要求:将学生分成几个小组,4~5 人为一组,分别介绍北美洲和南美洲各区域主要国家的地理位置和主要港口城市,从港口进出口货物的种类和流向分析该国的经济发展情况。

项目习题

一、填空题

1.第三次科技革命首先是在工业最发达的_____开始。

2.世界上最大的玉米输出国是_____。

3.目前,汽车工业主要集中在_____、_____、_____。

二、选择题

1.第三次科技革命的标志是(　　)。

A.以微电子技术和计算机技术、航天技术、生物工程和新能源、新材料的广泛研究与开发应用为主要标志

B.以纺织机、蒸汽机的广泛应用为标志

C.以内燃机与电的发明与应用,化学在工业中的广泛应用以及炼钢技术的改进等为标志

D.以原子能、微电子和计算机工业、宇航工业、高分子合成工业、电子工业和激光工业等为标志

2.下列关于世界畜牧业发展的特点说法错误的是(　　)。

A.世界草原面积广阔,畜牧头数增长较快

B.畜牧业发展水平相近

C.机械化程度差别大

D.畜牧业在各国的农牧业中的比重差别很大

3.关于美国的地理特征说法正确的是(　　)。

A.发达的经济是建立在大量消耗全球资源和破坏地球环境的基础之上,也是世界最大的资源消耗国和废物排放国

B.热带经济作物,如咖啡、甘蔗、柑橘的产量居世界第一,农业仍是重要的基础部门

C.被称为"骑在羊背上"、"坐在矿车上"的国家 D.面临着热带雨林危机和城市化问题

4.有关美国农业的叙述,正确的是(　　)。

A.美国是世界上的农业大国

B.美国农业的特点之一是地区生产专门化

C.棉花带主要分布在五大湖区周围

D.热带农产品咖啡、可可、天然橡胶等需进口

三、简述题

请介绍美国主要港口进出口货物的种类和流向。

项目十五   大洋洲、非洲物流地理

知识目标

1. 了解大洋洲、非洲基本情况
2. 掌握大洋洲、非洲地形特点、河流和湖泊、自然资源、经济状况
3. 掌握大洋洲、非洲各国主要港口情况

能力目标

1. 能说出大洋洲、非洲基本情况
2. 能准确描述大洋洲、非洲各国国际贸易中货流的种类及特点
3. 能准确描述大洋洲、非洲主要港口基本情况

任务一   大洋洲经济地理概况

一、基本情况

大洋洲位于太平洋西南部和南部的赤道南北广大海域中,在亚洲和南极洲之间,西邻印度洋,东临太平洋,并与南北美洲遥遥相对。其狭义的范围是指东部的波利尼西亚、中部的密克罗尼西亚和西部的美拉尼西亚三大岛群。大洋洲总面积 897 万平方千米,人口约占世界人口的 0.5%,是除南极洲外,世界人口最少的一洲。全洲 65% 的人口分布在澳大利亚大陆,各岛国人口密度差异显著。巴布亚人、澳大利亚人,塔斯马尼亚人、毛利人、美拉尼西亚人、密克罗尼西亚人和波利尼西亚人等当地居民约占总人口的 20%,欧洲人后裔约占 70% 以上,此外还有混血种人、印度人、华人和日本人等,土著居民为黄种人和黑种人。

由于特殊的地理位置,大洋洲是亚非之间与南、北美洲之间船舶、飞机往来所需淡水、燃料和食物供应站,又是海底电缆的交汇处,在交通和战略上具有重要地位。大洋洲有 14 个独立国家,其余十几个地区尚在美、英、法等国的管辖之下。在地理上划分为澳大利亚、新西兰、新几内亚、美拉尼西亚、密克罗尼西亚和波利尼西亚六区。

二、地形特点

大洋洲大陆海岸线长约 19000 千米,全洲除少数山地海拔超过 2000 米外,一般海拔在 600 米以下,地势低缓。一般分为大陆和岛屿两部分:澳大利亚大陆西部高原海拔 200 米,大部分为沙漠和半沙漠,也有一些海拔 1000 米以上的山脉;中部平原海拔在 200 米以下,北艾尔湖湖面在海平面以下 16 米,为大洋洲的最低点;东部山地海拔 800 米,山地东坡较陡,西坡缓斜。新几内亚岛、新西兰的北岛和南岛是大陆岛,岛上平原狭小,多海拔 2000 米以上的高山,新几内亚岛(伊里安岛)上的查亚峰,海拔 5029 米,是大洋洲的最高点。美拉尼西亚的岛屿多

属大陆型,系大陆边缘弧状山脉的延续部分,各列岛弧之间有深海盆和深海沟。波利尼西亚和密克罗尼西亚绝大部分岛屿属珊瑚礁型,面积小,地势低平,不少岛屿有由珊瑚礁环绕形成的礁湖,成为天然的船只停泊地和水上飞机场。此外还有少量由海底火山喷发物质堆积而成的火山型岛屿,如夏威夷群岛、帕劳群岛、所罗门群岛、新赫布里底群岛等。

三、河流和湖泊

大洋洲的河流与其他洲相比显得十分稀少,河流短小,水量较少,雨季暴涨,旱季有时断流,大多不利航行,所有河流几乎终年不冻。外流区域约占总面积的48%,墨累河是外流区域中最长和流域面积最大的河流。内流区域(包括无流区)约占总面积的52%,均分布在澳大利亚中部及西部地区,主要内流河均注入北艾尔湖。大洋洲的湖泊较少,最大的湖泊是澳大利亚境内的北艾尔湖,面积约8200平方千米,随降水而变化;最深的湖泊是新西兰南岛西南端的蒂阿瑙湖,深达276米。澳大利亚大陆多构造湖。新西兰除构造湖外,还有由熔岩阻塞河流而形成的堰塞湖。夏威夷岛上则有火山湖。此外许多岛屿上有由珊瑚礁环绕而形成的礁湖。新乔治亚岛上的礁湖是世界上的大礁湖之一,帕劳群岛中的科梅科尔礁湖也很有名。

四、自然资源

大洋洲森林面积约占总面积的9%,约占世界森林总面积的2%,产松树、山毛榉、棕榈树、桉树、杉树、白檀木和红木等多种珍贵木材。草原占大洋洲总面积的50%以上,约占世界草原总面积的16%。澳大利亚森林覆盖面积占国土的20%,天然森林面积约1.55亿公顷,用材林面积122万公顷,被称为"坐在矿车上的国家"。新西兰的森林资源丰富,森林面积810万公顷,占全国土地面积的30%,其中630万公顷为天然林,180万公顷为人造林,主要产品有原木、圆木、木浆、纸及木板等。

大洋洲水力蕴藏量约为13 500万千瓦,占世界水力总蕴藏量的4.9%;已开发水力280万千瓦,占世界总开发量的1.8%。估计年可发电2 000亿度,约占世界可开发水力资源的2%。在大洋洲的美拉尼西亚附近海域、澳大利亚东南沿海及新西兰附近海域为主要渔场,盛产沙丁鱼、鳕、鳗、鲭和鲸等,其中已进行商业性捕捞的约600种,其中最主要的水产品有对虾、龙虾、鲍鱼、金枪鱼、扇贝、蚝、牡蛎等。

大洋洲的矿物资源以镍、铝土矿、金、铬、磷酸盐、铁、银、铅、锌、煤、石油、天然气、铀、钛和鸟粪石等较丰富。其中,镍储量约4600万吨,居各洲前列;铝土矿储量46.2亿吨,居各洲第二位。澳大利亚的矿产资源、石油和天然气都很丰富,矿产资源至少有70余种。其中,铝土矿储量居世界首位,占世界总储量35%,是世界上最大的铝土、氧化铝、钻石、铅、钽生产国,黄金、铁矿石、煤、锂、锰矿石、镍、银、铀、锌等的产量也居世界前列。同时,澳大利亚还是世界上最大的烟煤、铝土、铅、钻石、锌及精矿出口国,第二大氧化铝、铁矿石、铀矿出口国,第三大铝和黄金出口国。新西兰的矿藏主要有煤、金、铁矿、天然气,还有银、锰、钨、磷酸盐、石油等,但储量不大,它也是成功开发利用地热资源的少数国家之一。

五、经济状况

大洋洲各国经济发展水平差异显著,澳大利亚和新西兰两国经济发达,其他岛国多为农业国,经济比较落后。农业农作物有小麦、椰子、甘蔗、菠萝、天然橡胶等。小麦产量约占世界小麦总产量的3%,当地居民主要粮食是薯类、玉米、大米等。畜牧业以养羊为主,绵羊头数占世界绵羊总头数的20%左右,羊毛产量占世界羊毛总产量的40%左右。

大洋洲的工业,主要集中在澳大利亚,主要有采矿、钢铁、有色金属冶炼、机械制造、化学、建筑材料、纺织等部门。澳大利亚长期靠出口农产品和矿产资源赚取大量收入,是世界重要的矿产资源生产国和出口国。新西兰以农林牧产品加工为主,主要有奶制品、毛毯、食品和木材加工等轻工业,产品主要供出口。除了主要产业食物加工业(肉类与乳品)与工业之外,新西兰的食物加工技术、塑料、纺织等方面的竞争力也越来越强,还陆续建立了一些重工业,如炼钢、炼油、炼铝和制造农用飞机等。

大洋洲岛国工业多分布在各自的首都或首府,一般比较落后,仅以采矿及农、林、畜产品加工为主,多为外资控制,产品多供出口。大洋洲国家重视发展旅游业,如汤加、瓦努阿图等国家旅游业收入可观,成为国民经济的重要组成部分。

六、交通运输状况

大洋洲介于亚洲和南、北美洲之间,南遥南极洲,是连系各大洲航线的必经之路。许多国际海底电缆均通过这里,海洋航运成为国与国、岛与岛相互交往的重要手段。陆上交通主要有铁路和公路,公路总长 100 万千米以上,铁路总长 46000 多千米。内河航运里程约 1000 千米,有航线通达洲内各国和重要地区的首都和首府,同洲外各重要港口城市也均有联系。

澳大利亚国际运输业发达,全国铁路总长约 4.4 万千米,公路总长 80 多万千米,有港口 97 个,墨尔本为全国第一大港,悉尼是南太平洋主要交通运输枢纽。在空运方面,截至 2013 年 6 月,有各类机场和跑道约 2000 个,常旅客机场约 250 个,其中 12 个国际机场。新西兰海运和空运发达,国际机场位于奥克兰、惠灵顿和基督城,主要港口城市有奥克兰港、惠灵顿港。

任务二　非洲经济地理概况

一、基本情况

非洲的全称是阿非利加洲,意思是"阳光灼热的地方"。非洲位于亚洲的西南面,东濒印度洋,西临大西洋,北隔地中海与欧洲相望,东北角习惯上以苏伊士运河为非洲和亚洲的分界。大陆东至哈丰角,南至厄加勒斯角,西至佛得角,北部至吉兰角。非洲总面积约 3020 万平方千米(包括附近岛屿)南北约长 8000 千米,东西约长 7403 千米,约占世界陆地总面积的 20.2%,次于亚洲,为世界第二大洲。

非洲人口占世界总人口 15%,城市人口约占全洲人口 26%,居民主要分属于黑种人(尼格罗—澳大利亚人种)和白种人(欧罗巴人种),此外还有少数黄种人,非洲居民多信基督教、伊斯兰教,少数信原始宗教。非洲民族以高加索种的闪族、含族,以及黑种的黑族和苏丹黑人、班图黑人为主。非洲国家过去都属于欧洲殖民地,经济结构并不健全,加之自然环境恶劣,不是太干就是过湿,而许多小国政治未臻稳定,且又种族复杂,逐造成非洲各国普遍处于贫穷状态。由于文化发展迟缓,非洲居民知识程度普遍低下。

非洲 3/4 的面积都分布在南、北回归线之间,赤道更是穿其而过,全洲年平均气温在 20℃以上的地方约占全洲面积 95%,其中一半以上的地区终年炎热,有将近一半的地区有着炎热的暖季和温暖的凉季。全洲气候普遍暖热,其特点是高温、少雨、干燥,气候带分布呈南北对称状。

二、地形特点

非洲的地形以高原为主,因高原面积广大而被称为"高原大陆",海拔 500～1000 米的高原占全洲面积的 60％以上,东南部从北向南有埃塞俄比亚高原、东非高原和南非高原。其中,埃塞俄比亚高原的海拔在 2500 米以上,号称"非洲屋脊"。全洲只有大陆的西北和东南边缘分布着高大山脉,还分布有许多盆地,如被赤道横贯的刚果盆地,就是一个典型的大盆地。西部沿海还有面积不大的平原。

非洲东部的东非大裂谷是世界陆地上最长的裂谷带,位于非洲北部的撒哈拉沙漠,是世界最大的沙漠,约占全洲总面积的 1/4。从非洲在突尼斯的最北点本塞卡角到在南非厄加勒斯角的最南点,距离约 8000 千米。从非洲在塞内加尔的最西点佛得角到在索马里的最东点哈丰角,距离则约 7400 千米。非洲的海岸线长约 26000 千米,因为其大陆海岸线较为平直,所以海岸线的长度不及面积只为其阶段 1/3 的欧洲。

三、河流和湖泊

非洲河流季节变化大(干湿所致),多峡谷、急流和瀑布(维多利亚瀑布为非洲最大瀑布),水能资源丰富,但不利航运。尼罗河全长 6671 千米,是世界最长河;刚果河的流域面积和流量仅次于南美洲的亚马孙河,居世界第二位。非洲的湖泊多集中在东非高原,为断层湖,狭长水深,串珠状排列于东非大裂谷。维多利亚湖是非洲最大湖泊,世界第二大淡水湖。阿萨勒湖是咸水湖,也是非洲大陆最低点。

非洲的尼罗河流域是世界古代文明的摇篮之一。尼罗河下游的埃及是世界四大文明古国之一。古埃及在建筑、雕刻和绘画等艺术方面也取得了巨大成就,至今巍然屹立在尼罗河畔开罗附近的宏伟金字塔和狮身人面像是公元前 27 世纪前后古埃及人的杰作,它们是人类建筑史上的奇迹。

非洲的东北端有 163 千米长的苏伊士运河,使之与亚洲相隔。苏伊士运河 1869 年修筑通航,北起塞得港,南至苏伊士城,长 190 千米,在塞得港北面掘道入地中海至苏伊士的南面,是一条海平面的水道。苏伊士运河在埃及贯通苏伊士地峡,连接地中海与红海,提供了从欧洲至印度洋和西太平洋附近土地的最近航线,是世界使用最频繁的航线之一,也是亚洲与非洲间的分界线及亚非与欧洲间最直接的水上通道。

四、自然资源

非洲的动植物资源极为丰富,森林面积占非洲总面积的 21％,植物至少有 40000 种以上,盛产红木、黑檀木、花梨木、柯巴树、乌木、樟树、栲树、胡桃木、黄漆木、栓皮栎等经济林木。草原辽阔,草原面积占非洲总面积的 27％,居各洲首位。非洲大型野生动物的种类和数量均居世界各洲首位。非洲北部拥有丰富可观的自然景观,赤道附近有广大的热带雨林,还有世界最大的沙漠——撒哈拉沙漠,其面积比澳大利亚还大。

非洲矿物资源丰富,不仅种类丰富,而且储量大。已知的石油、铜、金、金刚石、铝土矿、磷酸盐、铌和钴的储量在世界上均占有很大比重。石油主要分布在北非和大西洋沿岸各国,利比亚、阿尔及利亚、埃及、尼日利亚是非洲重要的石油生产国和输出国,估计占世界总储量 12％左右;铜主要分布在赞比亚与扎伊尔的沙巴区;非洲南部的黄金和金刚石储量和产量都占世界首位,金主要分布在南非、加纳、津巴布韦和扎伊尔,金刚石主要分布在扎伊尔、南非、博茨瓦纳、加纳、纳米比亚等地;此外还有锰、锑、铬、钒、铀、铂、锂、铁、锡、石棉等。

五、经济状况

非洲是全球最贫穷的大洲,非洲贫穷的原因部分与其动荡的历史有关,非殖民化的不稳定也加剧了冷战冲突。20世纪中期,冷战、贪污和专制统治令非洲的经济更加不景气。自2001年以来,部分非洲国家正在经历快速的增长。世界银行的报告指出,撒哈拉以南非洲国家的经济增长速度已追上全球经济增长的比率,在经济发展最快的非洲国家甚至出现了大大高于全球平均水平的情况。

非洲的一些地区,特别是博茨瓦纳和南非,经济的发展比较成功。前者超过1/4的财政预算用于改善首都哈博罗内的基建,使其成为世界上发展得最快的城市之一。后者则有丰富的天然资源,是世界上最主要的黄金和钻石生产国之一。其他国家如加纳、肯尼亚、加蓬、喀麦隆和埃及等,经济发展也较理想。

农业是非洲经济的重要部门。粮食作物中玉米的种植面积最广,是农村居民的主食;小麦和稻米的产量不能自给,需要大量进口。供出口的经济作物主要有咖啡、可可、花生、棉花和剑麻等。

采矿业和轻工业是非洲工业的主要部门。黄金、金刚石、铁、锰、磷灰石、铝土矿、铜、铀、锡、石油等的产量都在世界上占有重要地位。轻工业以农畜产品加工、纺织为主要,木材工业也有一定的基础,制材厂较多。重工业有冶金、机械、金属加工、化学和水泥、大理石采制、金刚石琢磨、橡胶制品等部门。

六、非洲各区域经济地理概况

(一)北非

北非通常包括埃及、苏丹、南苏丹、利比亚、突尼斯、阿尔及利亚、摩洛哥、亚速尔群岛(葡)和马德拉群岛(葡)。其中埃及、苏丹和利比亚有时称为东北非,其余国家和地区称为西北非。北非的面积820多万平方千米,人口约1.2亿,阿拉伯人占70%左右。西北部为阿特拉斯山地,东南部为苏丹草原的一部分,地中海和大西洋沿岸有狭窄的平原,其余地区大多为撒哈拉沙漠。本区不少农矿产品占世界重要地位,原油占世界总产量5%,磷酸盐占22%,棉花约占5%,阿拉伯树胶占80%以上,其他还有栓皮、油橄榄、柑橘、葡萄、椰枣、无花果等。

(二)东非

东非通常包括埃塞俄比亚、厄立特里亚、索马里、吉布提、肯尼亚、坦桑尼亚、乌干达、卢旺达、布隆迪和塞舌尔。有时也把苏丹作为东非的一部分。东非面积约370万平方千米,人口约1.3亿,主要是班图语系黑人,分布在南部;其次是阿姆哈拉族、盖拉族和索马里人,分布在北部。北部是非洲屋脊——埃塞俄比亚高原,南部是东非高原,东非大裂谷纵贯东非高原中部和西部。本区所产咖啡约占世界总产量14%,剑麻约占25%以上,丁香供应量占世界丁香供应量的80%以上,茶叶、甘蔗、棉花也在非洲占重要地位。

(三)西非

西非包括毛里塔尼亚、西撒哈拉、塞内加尔、冈比亚、马里、布基纳法索、几内亚、几内亚比绍、佛得角、塞拉利昂、利比里亚、科特迪瓦、加纳、多哥、贝宁、尼日尔、尼日利亚和加那利群岛(西)。面积约656万多平方千米,人口约1.5亿,其中黑人约占总人口的85%,其余多为阿拉伯人。本区北部属撒哈拉沙漠,中部属苏丹草原,南部为上几内亚高原,沿海有狭窄的平原。本区所产金刚石约占世界总产量12%,铝土矿约占非洲总产量90%以上,可可和棕榈仁均占世界总产量50%以上,棕榈油约占38%,花生约占11%,咖啡、天然橡胶在世界上也占有一定地位,

(四)中非

中非通常包括乍得、中非、喀麦隆、赤道几内亚、加蓬、刚果(布)、刚果(金)、圣多美和普林西比,有时也把赞比亚、津巴布韦和马拉维作为中非的一部分。面积 536 万多平方千米,人口约 5600 万,其中班图系黑人约占 80%,分布在南部,其余为苏丹语系黑人,分布在北部。本区北部属撒哈拉沙漠,中部属苏丹草原,南部属刚果盆地,西南部属下几内亚高原。刚果盆地面积约 337 万平方千米,中心部分最低处海拔仅 200 米,四周的高原、山地一般高达海拔 1000 米以上。中非所产金刚石占世界总产量 30% 左右,锰矿石占 12%,铜、钴、铀、锡、镭、铌、钽等矿物产量都在世界上占重要地位。棕榈油、棕榈仁、天然橡胶、可可也是本区很重要的资源。

(五)南非

南非通常包括赞比亚、安哥拉、津巴布韦、马拉维、莫桑比克、博茨瓦纳、纳米比亚、南非、斯威士兰、莱索托、马达加斯加、科摩罗、毛里求斯、留尼汪岛(法)、圣赫勒拿岛(英)和阿森松岛(英)等。面积 661 万多平方千米,人口约 1 亿,其中班图语系黑人占 85%,马来—波利尼西亚语系的马达加斯加人占 9%,欧洲白种人占 5% 以上。南非高原为本区地形的主体,高原中部地势低洼为卡拉哈迪盆地,四周隆起为高原和山地。本区所产金约占世界总产量 71.83%,金刚石、铬矿石约占 28.17%,铜、钒、锂、铍、钴、石棉的产量在世界上也占重要地位。

任务三　大洋洲、非洲主要港口

一、大洋洲主要港口

(一)悉尼港

悉尼港,又称杰克逊港,东临太平洋,西面 20 千米为巴拉玛特河,南北两面是悉尼最繁华的中心地带。因此,有人称悉尼港是城中港。悉尼港的环形码头是渡船和游船的离岸中心地,人们可以选择各种档次和航程的渡船、游船,来欣赏悉尼这一世界最大自然海港的美丽景色,这里也成为最繁华的游客集散中心点。

悉尼港是澳大利亚进口物资的主要集散地,港湾总面积为 55 平方千米,口小湾大,是世界上著名的天然良港。1933 年建成的横跨港口上空的悉尼海港大桥长达 1149 米,其单孔跨度 503 米,桥面高出海平面 59 米,是南半球第一大拱桥。该港将市区南北两部联成一体,横卧港底的海底遂道长 2.3 千米,1992 年建成后使港湾两岸的运输能力提高了 50%。

(二)墨尔本港

墨尔本港是澳大利亚最繁忙的水上货运港口,每年处理该国 38% 的水路集装箱运输。该港位于澳大利亚东南部维多利亚州南部沿海的亚拉河口的墨尔本市,在菲利普港湾北侧的霍布森斯湾内,是澳大利亚最大的现代化港口,也是澳大利亚东南地区羊毛、肉类、水果及谷物的输出港和重要的国际贸易港口。

墨尔本是澳大利亚第二大城市,是维多利亚州的首府,也是澳大利亚的工业重镇。墨尔本港是墨尔本工业和贸易的重要支援设施,装卸设备有各种岸吊、抓斗吊、浮吊、集装箱吊及滚装设施等,其中浮吊的最大起重能力达 250 吨。码头上有铁路线、油罐火车可直达码头,有 4 万平方米的堆场用于进口木材和汽车。在墨尔本的总贸易量中有大约 62% 实现了集装箱化。主要出口货物有羊毛、水果、肉类、皮革、谷物、奶制品、废钢、汽车及其零件、石油制品及杂货等,进口货物主要有原油、钢铁、木材、石油制品及杂货等。

(三)布里斯班港

布里斯班港位于澳大利亚东海岸中部昆士兰州东南部的布里斯班河口,是昆士兰州的最大海港,也是澳大利亚的第三大城市,现为商业和文化中心,有铁路与公路腹地相连。主要工业有制糖、毛纺、肉类加工、炼油、机械制造、水果罐头、汽车装配、木材加工等。

该港属亚热带季风气候,盛行东南风。年平均气温 10～20℃ 左右,全年平均降雨量约 1800 毫米。每年 1—4 月常受台风影响,海浪巨大。

该港装卸设备有各种岸吊、集装箱吊、可移式吊、装煤机、装粮机、皮带传送机及滚装设施等。主要进出口货物为羊毛、肉类、糖、铜、锡、粮谷、煤、石油、水泥、化肥等。在节假日中,圣诞节、耶稣受难日、复活节、劳动节和野餐节等停止作业。

(四)奥克兰港

奥克兰港是新西兰的最大港口,创建于 1985 年。奥克兰港的码头集中在市区海边,紧挨着繁华的商业中心,分为客运码头、汽车滚装码头、散杂货码头和集装箱码头四个部分。港口航道可以停靠 6000TEU 的集装箱船舶。由于业务发展需要,集装箱码头正在向东填海扩建。集装箱码头引进了先进的国际标准和电子化系统程序,主要采用跨运车作业方式,码头可以提供 24 小时昼夜作业服务。集装箱以铁路作为主要的集疏运方式,码头上配有四条铁路作业线。

奥克兰港十分重视环境保护,由于港口紧邻市区,为了降低噪声,专门从欧洲进口了降噪音的码头机械设备。奥克兰港务局采取地主港模式,将建设好的集装箱码头分别租给了三家港务公司负责营运。为了谋求更大的发展,奥克兰港正在与邻近的塔伦港进行联合,因为塔伦港的水深条件优于奥克兰港。目前,奥克兰港挂有中远公司的多条航线,与我国上海港有定期航班往来。奥克兰港与上海港在 1997 年就结为友好港,当年签署的协议文本被复制放大后挂在港务局接待室墙上的醒目位置,上海港当年赠送的一对石狮子也放在大门口,可见奥克兰港十分珍视与中国港口的友谊。

(五)惠灵顿港

惠灵顿港是新西兰首都商港,位于该国北岛南端尼可尔逊湾内,紧靠市区北部,临库克海峡。南至南岛最大经济贸易中心克赖斯特彻奇外港利特尔顿 175 海里,西至南岛北端约尔逊港 125 海里,至澳大利亚的悉尼港 1233 海里,北至奥克兰港 560 海里,至斐济的苏瓦港 1476 海里。

惠灵顿港全港近 40 个泊位,其中深水泊位 20 多个。港口在港湾西北,南岸东侧有北伸的远洋客运突堤以及 2 个低潮水深 9.6～10.2 米的泊位;西侧有东西—南北向伸展的塔拉纳基衔码头,水深 8.2 米。西北岸有许多突堤和顺岸泊位,由西南而东北顺序分布。该港的桑登码头有 2 个集装箱泊位,为该港最主要的集装箱码头;奥蒂亚码头是集装箱码头线的顺延,有 6 个泊位,码头线总长 1120 米,水深 10.2～10.6 米,和集装箱码头一道为该港最现代化的码头区。该港的铁路轮渡码头有 2 座。此外,港湾西南的埃温斯小湾东岸还有米拉马尔码头和伯纳姆码头,各有 2 个水深 9.8～10.6 米的泊位;港湾东岸有霍华德角石油码头,2 个海上栈桥泊位,水深 11.7～13.2 米。该港主要进口石油、煤、粮食、机械、工业产品等,出口工业品、畜产品等。

二、非洲主要港口

(一)开普敦港

开普敦港位于南非的南岸入口处,南距好望角 52 千米,濒临大西洋的东南侧,是南非的主要港口之一。该港地理位置重要,是欧洲沿非洲西海岸通往印度洋及太平洋的必经之路。

开普敦始建于 1652 年,是南非的立法首都,也是南非第二大城市。它是南非的金融和工商业中心,主要工业有酿酒、烟草、炼油、化工、皮革、造船及造纸等。交通运输发达,有铁路可直达行政首都比勒陀利亚,公路与国内各地相通接。港口距机场约 20 千米,每天有航班飞往约翰内斯堡,再连接国外航班。

开普敦港属亚热带地中海气候,冬季 4—9 月盛行西北风,海上有大涌浪发生,夏季 10 月至次年 3 月盛行东南风。年平均气温最高约 20℃,最低约 11℃,全年平均降雨量约 500 毫米。平均潮高高潮为 1.8 米,低潮为 0.3 米。

开普敦港装卸设备有各种岸吊、浮吊、装船机、拖船及滚装设施等。主要出口货物为羊毛、皮张、酒、干鲜果、饲料、蛋品、玉米、鱼油及矿砂等,进口货物主要有木材、机械、小麦、汽车、纺织品、原油及杂货等。在节假日中,元旦及圣诞节停业作业。

(二)亚历山大港

亚历山大港是埃及在地中海岸的一个港口,也是埃及最重要的海港,其地理位置是北纬 31°12′,东经 29°15′,距离开罗西北 208 千米。亚历山大港始建于公元前 332 年,是古代欧洲与东方贸易的中心和文化交流的枢纽,尼罗河多支的、现已干枯的入海口位于亚历山大港东 19 千米处,古城卡诺珀斯的遗迹就在那里,其港口性质为湾颈河口,设有自由工业区。第二次世界大战后发展迅速,现为著名的棉花市场,也是埃及重要的纺织工业基地。此外,造船、化肥、炼油等工业亦很发达。港口的国际机场有定期航班飞往世界各地。

亚历山大港属亚热带地中海式气候,年平均气温最高 7 月约 26℃,最低 1 月约 12℃。春、秋常有沙暴,可持续数小时至 5 天。冬季清晨常有雾。全年平均降雨量约 300 毫米。

该港主要出口货物为棉花、矿石、水果、糖浆、盐、纺织品、粮谷、轮船、棉纱、粘土及农产品等,进日货物主要有钢铁、汽车、茶叶、咖啡、木材、轻重型机械、烟草及工业品等。埃及每年有 80%～90% 的外贸货物都经本港中转。

(三)塞得港

塞得港是埃及主要港口之一,也是世界最大转运港之一,地处非洲和亚洲、地中海和红海的交接点,在苏伊士运河北端,地中海与曼宰莱湖之间人工填成的狭长条形地上。塞得港兼有城市、港口和运河三种特色,这在世界上是十分少见的现象,被很多人认为是埃及最美丽的城市,是埃及人夏日的度假胜地。塞得港属亚热带地中海式气候,年平均气温最高约 37℃,最低约 7℃。冬季清晨港口沿岸有持续数小时的晨雾。全年平均降雨量约 150 毫米,平均潮差约 1.3 米。

塞得港扼守印度洋、大西洋、地中海和黑海沿岸各国航路的要冲,为重要的货物转口港,有完善的装卸、储存及修船设施。现以供应重油为主,同时也是尼罗河三角洲东部棉花、稻米、毛皮等的出口港。有船舶修理、化工、食品、羊毛加工等工业。塞得港以渔业以及化工、食品加工、烟草等工业为经济基础,是埃及出口棉花、稻米等产品的重要港口,也是船只过往苏伊士运河的加油站。塞得港在 1976 年成为自由区,由此繁荣起来。但 2002 年埃及协商会议通过决议,决定在 5 年内取消塞得港自由区。

(四)达累斯萨拉姆港

达累斯萨拉姆港位于坦桑尼亚东部沿海的达累斯萨拉姆湾内,濒临印度洋的西侧,东北距桑给巴尔岛约 35 海里,是坦桑尼亚最大的海港,也是东非的著名港口之一。该港属热带草原气候,12月至次年2月盛行北和东北风,4—7月盛行南和西南风,8—11月盛行东风。年平均气温1月最高为31℃,7月最低为19℃。8—9月偶有大风,极少有雾。全年平均降雨量约1000毫米,3—5月为雨季。平均潮高高潮为3.1米,低潮为0.94米。

达累斯萨拉姆是坦桑尼亚的首都和全国政治、经济、文化及交通中心,又是非洲重要的政治都市,非洲有许多重要会议在这里举行。该港交通运输发达,有横贯坦桑尼亚的中央铁路,东起达累斯萨拉姆,西迄坦噶尼喀湖畔的基戈马。另一条是1975年9月在我国政府的援助下建成的坦赞铁路,以达累斯萨拉姆为起点,全长1860千米(在坦桑尼亚境内977千米)。这条铁路的建成不仅沟通了坦桑尼亚与赞比亚的交通,也促进了坦桑尼亚国民经济的发展。该港的工业产值约占全国的一大半,主要工业有炼油、轻纺、机械、化肥、食品、水泥、机车修理、农具修配及火力发电等。港口距国际机场约3.6千米,有定期航班飞往世界各地及国内主要城市。

本港水域开阔,约有95万平方米,港内避风浪条件良好,即使外口有强风大浪,对港内也无大的影响。港区主要码头泊位有11个,岸线长2016米,最大水深为10米。装卸设备有各种岸吊、门吊、可移式吊、浮吊、集装箱吊、驳船、拖船及滚装设施等,其中最大起重能力达120吨。散装码头可靠泊3万载重吨的散货船,油船突堤码头可泊3.6万载重吨的油船。大船锚地水深达15米。主要出口货物为剑麻、茶叶、棉花、豆饼、木材、咖啡、铜及油籽等,进口货物主要有钢铁、棉制品、食品、机械、石油及车辆等。在节假日中,圣诞节及国际劳动节全天停止作业。

(五)德班港

德班港位于南非东部沿海德班湾的北侧岸,濒临印度洋的西南侧,又名纳塔尔港,是南非最大的集装箱港。该港属热带草原气候,盛行西南和东北风。年平均气温约20℃,全年平均降雨量约1000毫米。平均潮高高潮约1.8米,低潮约0.7米。

德班港有防波堤围护,水域面积达16万平方米。港区主要码头泊位有43个,岸线长9230米,最大水深12.8米。装卸设备有各种岸吊、可移式吊、集装箱吊、浮吊、汽车吊、皮带输送机及滚装设施等,其中岸吊最大起重能力为80吨,浮吊达200吨,还有直径为203.2～254毫米的输油管供装卸使用。其装卸效率为:谷物每小时装1290吨,每小时卸1250吨,锰矿每小时装400吨,煤每小时装1100吨,糖每小时装700吨。本港油船海上单点系浮最大可泊30万载重吨的超级油船。港区有露天堆场可存20万吨货物,糖库容量达52万吨,集装箱堆场面积达102万平方米。大船锚地水深为18米。主要出口货物为锰矿、钢材、黄金、煤炭、铁矿、糖、花生、玉米、羊毛、皮张、柑桔及生铁等,进口货物主要有小麦、机械、化肥、原油、交通设备、纺织品、木材、纸张、茶叶及化工产品等。在节假日中,元旦及圣诞节停止工作。

(六)阿尔及尔港

阿尔及尔港位于阿尔及利亚北部沿海阿尔及尔湾的西岸,濒地中海的西南侧,是阿尔及利亚的最大海港,也是地中海南岸最现代化的港口之一。

阿尔及尔是阿尔及利亚的首都及全国政治、经济、文化和交通的中心,还是阿尔及利亚最大的商业中心。主要工业有炼油、化纤、汽车制造、水泥、机械及酿酒等。铁路东通突尼斯,西达摩洛哥。港口距国际机场约20千米,有定期航班飞往世界各地。

阿尔及尔港港口码头沿陆岸南北布局,向东伸展有9个大小突堤,外有东北、东、南三条防波堤围绕,把港口围成北、中、南三大商港。北港又包括3个小港池,沿边水深2.5～11.8米共14个泊位;中港池包括2个小港池,边沿水深6.2～10.3米,共有8个码头;南港池包括4个小港池,沿边水深 7~11.2 米,共有 15 个码头。全港总计有 54 个泊位,码头线总长 9519 米,能允许 2.5 万吨级船随时进港,所有的码头均设有 3~6 吨吊机。港外还有 2 个油轮泊位,沿边水深 11.50 米。主要出口货物为矿石、酒、软木、水果、焦煤及蔬菜等,进口货物主要有木材、油、建筑材料、乳制品、糖及咖啡等。

(七)的黎波里港

的黎波里港位于利比亚西北部,是该国重要的海港。该港所在城市是利比亚国家政治、经济和文化中心,是利比亚的首都,也是该国最大的城市。由于濒临地中海,阳光明媚、景色旖旎,的黎波里享有"地中海的白色新娘"的美誉。

的黎波里港紧依靠港市之东北的小湾内,北距马耳他瓦莱塔港 194 海里,东距班加西 355 海里,西距突尼斯港 318 海里。该港港区有两条突堤兼防波堤围绕,西北突堤由陆岸的西班牙城堡向东北伸展约 2000 米,东突堤从卡拉曼利墓地向北伸展约 800 米。港内有顺岸和突堤码头,水深 3 米以上的泊位 40~50 个,码头线总长 3760 米,水深 6.8~8.4 米,能停靠较大船的仅有 10 个泊位,即主港区的 8—13 号泊位、维多利亚码头和卡拉曼利 1、2、3 号泊位。

(八)达喀尔港

达喀尔港始建于 1861 年,是塞内加尔的最大港口,也是西非的最大海港。港口所在城市现为塞内加尔的首都及全国政治、经济和交通的中心,主要工业有大型榨油、食品、烟草、纺织、印染、鱼罐头、石油提炼、造船及化学等。

达喀尔港是大西洋航线的重要中转港及加油港,是西非极为重要的交通枢纽,铁路北通圣路易港,东达邻国马里首都巴马科。港口附近捷斯地区的磷酸铝储量约 4000 万吨,并在东北沿海长达 96 千米的地带有较丰富的磷酸钙矿。

该港冬季盛行北风、东北风,夏季为西风、西北风。每年大风日约 11 天,雾日约 7 天。年平均气温约 29℃,全年平均降雨量约 600 毫米,6~11 月为雨季。平均潮差约 1.8 米。

达喀尔港有各种岸吊、可移式吊、浮吊、汽车吊、铲车及拖船等,其中可移式吊最大起重能力为 100 吨,拖船的功率最大为 1470 千瓦,还有直径为 150~300 毫米的输油管供装卸使用。其装卸速率为:化肥每天 7000 吨,磷酸盐每小时 900 吨,散粮每天装 4000 吨。该港自由贸易区始建于 1975 年,面积达 650 万平方米。主要出口货物为花生、花生油、鱼类、磷酸盐、纸张、水泥、皮鞋、布匹、火柴及面粉等,进口货物主要有纺织品、机器、大米、煤、糖、棉花、木材、陶器、石油及金属制品等。其中,花生的出口值占出口总值约占 52%,出口的花生、花生油、鱼及磷酸盐全部运往法国。港口的国际机场不仅是国内,也是西非的航空枢纽,并与欧洲、北美、南美以及非洲各地都有航空联系。

拓展提升

世界主要港口和海运航线

一、世界十大著名港口及国家

(1)鹿特丹(HAMBURG,GERMANY)——荷兰。

(2)纽约(NEW YORK,NY)——美国。

(3)神户(KOBE,JAPAN)——日本。

(4)新奥尔良(NEW ORLEANS,LOUISIANA)——美国。

(5)横槟(YOKOHAMA,JAPAN)——日本。

（6）马赛(MARSEILLES,FRANCE)——法国。

（7）新加坡(SINGAPORE)——新加坡。

（8）安特卫普(ANTWERP,RELGIUM)——比利时。

（9）伦敦(LONDON,UK)——英国。

（10）汉堡(HAMBURG,GERMANY)——德国。

二、2013 年世界十大集装箱港及其吞吐量

（1）上海港:3361.70 万 TEU。

（2）新加坡港:3260.00 万 TEU。

（3）深圳港:2327.80 万 TEU。

（4）香港港:2228.80 万 TEU。

（5）釜山港:1765.00 万 TEU。

（6）宁波—舟山港:1732.68 万 TEU。

（7）青岛港:1552.00 万 TEU。

（8）广州港:1530.92 万 TEU。

（9）迪拜港:1363.00 万 TEU。

（10）天津港:1300.00 万 TEU。

三、世界主要航线

（1）太平洋航线:①远东—北美西海岸航线;②远东—加勒比、北美东海岸航线;③远东—南美西海岸航线;④远东—东南亚航线;⑤远东—澳大利亚、新西兰航线;⑥澳、新—北美东西海岸航线。

（2）大西洋航线:①西北欧—北美东海岸航线;②西北欧、北美东海岸—加勒比航线;③西北欧、北美东海岸—地中海—苏伊士运河—亚太航线;④西北欧、地中海—南美东海岸航线;⑤西北欧、北美东海—好望角、远东航线;⑥南美东海—好望角—远东航线。

（3）印度洋航线:①波斯湾—好望角—西欧、北美航线;②波斯湾—东南亚—日本航线;③波斯湾—苏伊士运河—地中海—西欧、北美运输线。

除了以上三条油运线之外,印度洋其他航线还有:远东—东南亚—东非航线;远东—东南亚、地中海—西北欧航线;远东—东南亚—好望角—西非、南美航线;澳、新—地中海—西北欧航线;印度洋北部地区—欧洲航线。

（4）世界集装箱海运干线。目前,世界海运集装箱航线主要有:①远东—北美航线;②北美—欧洲、地中海航线;③欧洲、地中海—远东航线;④远东—澳大利亚航线;⑤澳、新—北美航线;⑥欧洲,地中海—西非、南非航线。

项目小结

本项目介绍了大洋洲、非洲的基本情况,大洋洲、非洲的地形特点、河流和湖泊、自然资源、经济状况,大洋洲、非洲各国主要港口的基本情况。通过本项目学习,旨在使学生在了解和掌握以上知识的基础上,能说出大洋洲、非洲的基本情况,能准确描述大洋洲、非洲各国国际贸易中货流的种类及特点,能准确描述大洋洲、非洲主要港口的基本情况。

项目实训

实训目的:通过本次实训,使学生了解大洋洲、非洲各个国家、主要港口及海峡的分布。

实训内容:利用网络资源查看大洋洲、非洲地图,并指出大洋洲、非洲主要国家、港口及海峡所在的位置。

实训学时:2 学时。

实训组织实施:将学生分成几个小组,4～5 人为一组,分别介绍大洋洲、非洲各区域主要国家的地理位置和主要港口城市,从港口进出口货物的种类和流向分析该国的经济发展情况。

项目习题

一、填空题

1、下列海峡运河中,地处亚、非两洲之间的是_____。

2、有世界"咖啡之国"之称的是_____。

3、下列各大洲中,人口密度最小的是_____。

二、选择题

1.世界经济区域化在世界经济全球化和世界经济发展中的作用( )。

A.具有内向保护性 B.具有外向竞争性

C.经济全球化阶梯 D.经济全球化表现

2.推动经济全球化的主要因素是( )。

A.科技进步和跨国公司采取全球化战略

B.科技发展和信息交流

C.资本过剩和物资短缺

D.技术、资本、服务的跨国界流动

3.关于西亚、北非石油的叙述,正确的是( )。

A.是世界上石油储量最大、出产最多的地区

B.石油是西亚、北非各国主要的经济支柱

C.西亚、北非所产的石油,主要是输往日本

D.波斯湾沿岸的石油,主要是通过曼德海峡外运

三、简述题

1.苏伊士运河的航运意义是什么?

2.简述大洋洲各大港口主要进出口的货物种类和流向。

项目十六 世界主要资源分布及运输地理

知识目标

1. 掌握世界煤炭资源分布、生产及贸易状况和运输情况
2. 掌握世界矿石资源分布、生产及贸易状况和运输情况
3. 掌握世界粮食生产布局、贸易状况及运输情况
4. 掌握世界石油资源分布、生产及贸易状况和运输情况
5. 掌握世界天然气资源分布、生产及贸易状况和运输情况

能力目标

1. 能准确描述世界煤炭、矿石、石油、天然气资源分布和粮食生产布局特点
2. 能准确描述世界煤炭主要运输线路
3. 能准确描述世界矿石主要运输线路
4. 能准确描述世界粮食主要运输线路
5. 能准确描述世界石油和天然气主要运输线路

任务一 世界固体散货分布及物流地理

一、煤炭资源分布及物流地理

(一)煤炭资源的分布

煤炭是世界储量最丰富、分布最广泛、使用最经济的能源资源之一。根据美国能源情报署的统计数据,全球现已探明的煤炭依照目前开采速度计算,尚可供开采 200 年左右。

世界煤炭资源的地理分布是很广泛的,遍及各大洲的许多地区,但又由于地质结构的区别,煤炭在地理分布是不均衡的。世界煤炭资源的地理分布,以北半球两条巨大的聚煤带最为突出,一条横亘欧亚大陆,西起英国,向东经德国、波兰、前苏联,直到我国的华北地区;另一条呈东西向,绵延于北美洲的中部,包括美国和加拿大的煤田。南半球的煤炭资源也主要分布在温带地区,比较丰富的有澳大利亚、南非和博茨瓦纳等地。总的来说,世界煤炭资源北半球多于南半球,尤其集中在北半球的中温带和亚寒带地区。

(二)煤炭的生产与消费

世界煤炭资源地理分布的特点,直接影响世界煤炭生产的地理分布。一般煤炭资源比较丰富而经济又比较发达的地区,也是煤炭产量较高的地区。目前世界煤炭资源探明的储量主要集中在亚太地区、北美和欧亚大陆。2012 年,全球煤炭产量前十的国家依次为:中国、美国、印度、澳大利亚、印度尼西亚、俄罗斯、南非、德国、波兰和哈萨克斯坦。这十个国家的煤炭总产量合计为 70.66 亿吨,占全球产量的 91.7%。

煤炭是世界最重要的能源资源之一,目前煤炭最大的消费市场是亚洲地区,该地区的煤炭消费占全球煤炭消费的 54%,其中中国是最大的煤炭消费国。从煤炭消费行业来看,煤炭消费的最重要行业是热力发电,目前全球燃煤发电量占总发电量中的 39%～40%,在未来 30 年中,这一占比将保持在相近的水平。预计 2015—2030 年间,动力煤消费年均增长为 1.5%,同样被用作能源生产的褐煤的消费年均增长为 1%,钢铁生产中所需的焦煤的年均需求增长为 0.9%。

(三)煤炭运输

世界煤炭运输以海运为主,全球煤炭的海运贸易量占煤炭国际贸易量的 90% 左右。世界上最大的煤炭出口国是澳大利亚,其次是美国和加拿大;煤炭海运进口地主要集中在亚洲的日本、韩国以及欧洲的一些国家,其他国家地区进口份额较小。

煤炭是大宗干散货中运量最大的货种,其主要航线有:

1. 澳大利亚—日本航线

该航线是流量最大的煤炭海运线路,它连接了世界第一大煤炭输出国澳大利亚和世界上第一大进口国日本,是典型的煤炭国际贸易航线之一。该航线最明显的特点是:流量是所有航线中最大的,但运距较短。

2. 澳大利亚—韩国、中国香港、中国台湾等远东航线

该航线由澳大利亚的东南海岸流向韩国、中国香港、中国台湾等远东地区,占澳大利亚到远东地区总流量的 35% 左右,占远东地区(日本)全部进口煤炭货流量的 40% 左右。该航线是远东地区进口煤炭的重要航线。

3. 澳大利亚—欧洲航线

该航线货流量占澳大利亚出口货流量额 15% 左右,占欧洲全部进口煤炭货流量的 13% 左右。

4. 北美—欧洲航线

该航线从美国、加拿大东海岸经大西洋,或从西海岸过巴拿马运河到欧洲,是欧洲煤炭进口的重要航线。该航线流量是欧洲进口煤炭中的最大部分。

5. 北美—远东航线

北美出口到远东国家的煤炭海运量占这些国家和地区全部进口量的 20% 左右,占北美出口煤炭流量的 40% 左右,这条航线不但流量大,而且运距长,所以实现的货物周转量大。

6. 南非—欧洲航线

欧洲是南非海运出口煤炭的重要对象,在南非出口的煤炭中,到欧洲国家的流量占据了出口总量的 50% 以上,是欧洲全部进口煤炭的 22% 左右。

7. 南非—远东航线

南非对远东整个地区的煤炭海运贸易量占南非海运全部出口量的 30%,远比南非出口到南美洲以及其他国家地区的出口量大。

8. 加勒比地区—欧洲航线

对加勒比地区来说,对欧洲出口的煤炭是其海运煤炭出口总量的 73%,所以欧洲是其重要的出口地。

9. 中国—亚洲其他国家航线

中国煤炭主要出口给日本、韩国等亚洲国家,但是并不是全部煤炭企业都有出口,主要出口的企业只有中煤能源和神华等。

10. **中国—欧洲航线**

该航线占中国煤炭出口量较小。

二、铁矿石资源分布及物流地理

(一)世界铁矿石资源分布

世界铁矿石总资源量8500亿吨,探明储量4000亿吨,含铁量930.8亿吨。主要分布在巴西(占17.5%)、俄罗斯(16.8%)、加拿大(11.7%)、澳大利亚(11.5%)、乌克兰(9.8%)、印度、中国、法国、南非、瑞典、英国等国家。其中富铁矿1400亿吨,以澳大利亚、巴西、俄罗斯、乌克兰、印度、瑞典、南非等居多。

(二)铁矿石的生产与贸易

全国铁矿石生产及贸易情况受多种因素影响,由于钢铁工业与汽车业、建筑业等息息相关,宏观经济形势的发展和变化,如次贷危机,波及了这些产业,从而对世界铁矿石的生产和贸易格局产生影响。

铁矿石生产较为集中,除中国外,世界铁矿石储量前10名国家的产量合计历来占全球总产量的80%左右。世界铁矿石产量较大的国家有澳大利亚、巴西、中国及印度等。以2011年为例,当年澳大利亚的铁矿石产量达到48790万吨,在全球的产量占比达23.9%。巴西铁矿石品质较高,2011年铁矿石产量达到39100万吨,出口量约占本国总产量的80%。印度铁矿石资源丰富,近几年铁矿石产量涨幅较大,铁矿石产量达到19600万吨,2011年铁矿石原矿产量约132690万吨,居世界前列。

(三)世界铁矿石运输

1. **澳大利亚—日本航线**

日本是铁矿石进口量最多的国家,向日本输出铁矿石最多的国家是澳大利亚,澳大利亚出口到日本的铁矿石占其全部出口铁矿石总量的近一半,而日本从澳大利亚进口的铁矿石约是日本全部进口量的50%左右。该条航线是铁矿石运输的重要国际贸易航线之一。

2. **澳大利亚—远东及欧洲航线**

该航线是澳大利亚向远东地区其他国家的铁矿石出口航线,也是重要、典型的贸易航线。中国是铁矿石生产大国,但由于近年来经济快速发展的需要,每年仍需进口大量的铁矿石。澳大利亚到欧洲的航线流量比较小,但运距比较长。

3. **巴西—远东航线**

巴西是仅次于澳大利亚的铁矿石出口国,虽然巴西对日本的出口贸易量不如澳大利亚对日本的多,但该航线的运距远比澳大利亚到日本的航线长,实现的货物周转量是澳大利亚到日本的1.4倍左右。与此同时,巴西运往中国的铁矿石量也比较大,该条航线船运成本下滑亦使得长途贸易更加有利可图。

三、粮食生产布局及物流地理

(一)世界粮食生产布局

世界粮食生产的地区分布与人口分布是比较一致的,世界上人口密集的地区,一般也是粮食生产的集中区。但是,各洲和各国、各地区的人口数量同粮食产量的对比关系却极不平衡,如果按人口平均计算,世界粮食产量最高的地区是北美洲和大洋洲,"新大陆"的温带草原,是世界上最重要的余粮区。欧洲的人均粮食产量也比较高。拉丁美洲、非洲和亚洲的人均粮食产量很低,其中最低的是非洲。

1. 小麦的生产布局

小麦是世界的"三大主粮"之一,其产量占世界粮食总产量近30%,占世界粮食贸易量近1/2,世界约有1/3的人口以小麦为主粮。在北半球,有四个小麦带,占世界小麦产量的90%以上。这四大小麦带是:西欧平原—中欧平原、东欧平原南部—西西伯利亚南部;中国东北平原—华北平原—长江中下游平原;地中海沿岸—土耳其、伊朗—印度河与恒河平原;北美中部大草原,北自加拿大的中南部,一直到美国的中部。在南半球,也有一个不连续的小麦带,这个带包括了南非、澳大利亚南部、南美洲的潘帕斯地区。从国家来看,主要生产小麦的国家是中国、美国、俄罗斯、印度,这四个国家共占世界小麦总产量的50%以上。

2. 世界水稻的生产布局

世界水稻的种植面积占粮食作物种植面积的1/5,产量占世界粮食总产量的1/4,水稻生产发展得比较快。水稻在世界各大洲都有种植,但是90%的水稻产于亚洲,因此它被称为"亚洲的粮食"。水稻产区主要集中在高温多雨、人口稠密的东亚温带季风区和东南亚、南亚热带季风气候区以及热带雨林地区。其中,中国、印度是世界上最大的水稻生产国。除此以外,印度尼西亚、孟加拉、泰国、日本、越南、缅甸、韩国、朝鲜等也是重要的水稻生产国。在亚洲以外的地区,水稻主要产在地中海沿岸的意大利、非洲的埃及、北美洲的美国、拉丁美洲的巴西、大洋洲的澳大利亚等。水稻生产虽然比较重要,但大部分为当地消费,在国际贸易中所占的比重较小,只占国际粮食贸易量的5%~6%。主要的水稻(大米)出口国有泰国、缅甸、巴西、美国、中国、巴基斯坦等。

3. 世界玉米的生产布局

玉米也是世界三大谷类作物之一,相当部分的玉米也用作粮食,甚至有些国家和地区将其作为主粮。玉米占世界粮食收获面积的1/5,占世界粮食总产量的1/4,在全世界粮食作物中占第三位。玉米生产集中分布在夏季高温多雨、生长季较长的地区。世界主要有三大玉米产区,一是美国中部的玉米带,占世界玉米总产量的40%,居世界首位;二是中国的东北平原、华北平原玉米带;三是在欧洲南部平原地带,西起法国,经过意大利、南斯拉夫、匈牙利、罗马尼亚等地。以上三大玉米带生产了世界玉米总产量的80%以上。从国家来看,生产玉米最多的国家有美国、中国、巴西、墨西哥、俄罗斯、阿根廷、罗马尼亚、法国、南非共和国、南斯拉夫,这一些国家生产了世界玉米总产量的80%,而出口玉米最多的国家是美国,占世界贸易量的70%。

(二)世界粮食贸易

世界各国生产的粮食,大部分供国内消费,投入国际市场的比重不大。当前世界粮食贸易迅速扩大,造成世界粮食贸易扩大的主要原因是由于国家之间粮食生产的严重不平衡,人均粮食占有量的差距拉大所造成的。目前,世界净出口粮食的国家只有十几个,而能大量出口粮食的国家为数更少。每年出口粮食超过1000万吨的国家只有美国、加拿大、法国、澳大利亚。而进口粮食最多的地区是亚洲,其次是东欧、非洲以及西欧。发展中国家进口粮食是为了食用,进口的主要是小麦、稻米。而发达国家进口粮食多用作发展畜牧业的饲料,主要购入粗粮,以玉米为主。

(三)世界粮食运输主要航线

世界主要粮食运输航线为:

(1)北美—远东的太平洋航线。该航线从美国墨西哥湾口岸、北美西海岸、加拿大西海岸至日本、中国大陆及中国台湾地区各港,是世界上最大的粮食运输航线,粮食运量及周转量都是最多的一条航线。

(2)北美—西欧、地中海航线。该航线从美国墨西哥湾、五大湖区到西欧、地中海地区各港,是美国、加拿大向西欧、东欧、俄罗斯输出粮食的主要航线。

(3)澳大利亚—近远东、印度洋航线。该航线是澳大利亚南方粮食输出港向亚洲各国输出粮食的主要航线。

(4)南美—欧洲航线。该航线主要是阿根廷粮食的输出航线。

(5)美国—非洲航线。

(6)澳大利亚—欧洲航线。

任务二　世界液体散货分布及物流地理

一、世界石油资源分布及运输地理

(一)世界石油资源分布

石油是世界消费量最大的基础资源,从全球范围来看,随着地质勘探技术的提高,被探测到的石油的蕴藏量不断增加,截止 2009 年底,全球已探明蕴藏石油达 13331 亿桶,按照目前的开采速度,还可开采 45.7 年。

原油的分布从总体上来看极端不平衡:从东西半球来看,约 3/4 的石油资源集中于东半球,西半球占 1/4;从南北半球看,石油资源主要集中于北半球;从纬度分布看,主要集中在北纬 20°~40°和 50°~70°两个纬度带内。波斯湾及墨西哥湾两大油区和北非油田均处于北纬 20°~40°,该带集中了 51.3% 的世界石油储量;50°~70°纬度带内有著名的北海油田、俄罗斯伏尔加及西伯利亚油田和阿拉斯加湾油区。约 80% 可以开采的石油储藏位于中东,其中 62.5% 位于沙特阿拉伯(12.5%)、阿拉伯联合酋长国、伊拉克、卡塔尔和科威特。

1.非洲

非洲是近几年原油储量和石油产量增长最快的地区,被誉为"第二个海湾地区",主要分布于西非几内亚湾地区和北非地区。利比亚、尼日利亚、阿尔及利亚、安哥拉和苏丹为非洲原油储量前五位,这 5 个国家的石油产量占非洲总产量的 85%。

2.北美洲

北美洲原油储量最丰富的国家是加拿大、美国和墨西哥。美国原油主要分布在墨西哥湾沿岸和加利福尼亚湾沿岸,以得克萨斯州和俄克拉荷马州最为著名,阿拉斯加州也是重要的石油产区。墨西哥是西半球第三大传统原油战略储备国,也是世界第六大产油国。

3.中南美洲

中南美洲是世界重要的石油生产和出口地区,也是世界原油储量和石油产量增长较快的地区之一,委内瑞拉、巴西和厄瓜多尔是该地区原油储量最丰富的国家。

4.亚太地区

亚太地区是目前世界石油产量增长较快的地区之一。中国、印度、印度尼西亚和马来西亚是该地区原油探明储量最丰富的国家。中国和印度虽原油储量丰富,但是每年仍需大量进口。印度尼西亚和马来西亚是该地区最重要的产油国,越南也于 2006 年取代文莱成为东南亚第三大石油生产国和出口国。

5. 中东波斯湾沿岸

中东海湾地区地处欧、亚、非三洲的枢纽位置,原油资源非常丰富,被誉为"世界油库",约占世界总储量的 2/3。在世界原油储量排名的前十位中,中东国家占了五位,依次是沙特阿拉伯、伊拉克、伊朗、科威特和阿联酋。其中,沙特阿拉伯居世界首位,伊拉克居全球第二,伊朗居世界第三位。

6. 欧洲及欧亚大陆

欧洲及欧亚大陆原油探明储量约占世界总储量的 8%。其中,俄罗斯原油探明储量居世界第八位,挪威、英国、丹麦是西欧已探明原油储量最丰富的三个国家,其中挪威是世界第十大产油国。

(二)石油贸易

据统计,2012 年世界石油进出口贸易量为 27.29 亿吨,较去年增长 1.6%。其中原油贸易量为 19.27 亿吨,油品为 8.02 亿吨。美国为世界最大的石油进口国。中国为世界第二大石油进口国,主要进口来源为中东地区。日本为世界第三大石油进口国,主要进口来源为中东地区。欧洲主要进口国为德国、法国、意大利和西班牙,主要进口来源为前苏联和中东地区,其次是北非和西非地区。中东仍为世界最大的石油出口地,其出口总量占世界总量的 35.9%,其次为前苏联、西非、中南美和北非地区。

世界主要石油贸易国家对接受到地理格局及地缘政治的影响。目前世界石油贸易量最大的供需国家对接主要有以下几条:以沙特阿拉伯、伊朗为首的中东产油国与以中国、日本、印度为代表的亚太地区石油消费大国形成世界上最大的石油贸易对接,这一趋势将在未来相当长时间内趋于稳定。美国在依靠地缘优势控制美洲石油供给的基础上,由长期依赖中东石油转向多元化进口战略,重点布局西非几内亚湾地区;欧洲由于地缘与历史原因主要依靠中东及北非地区供油,同时积极通过节能减排为减少对外部石油依赖而努力,环里海地区与欧洲的石油贸易对接前景看好。

(三)石油海上运输航线

从世界石油需求的角度来看,北美、西欧、东亚和南亚是世界上主要的原油进口地,而中东是世界上最大的原油输出地。正是由于这种供需结构产生了 3 条主要的石油运输航线,分别是:

1. 波斯湾—好望角—西欧、北美运输线

这条航线一般是 VLCC 级船舶航行的路线,也就是大于 25 万级别的巨轮。该航线的路线是:印度洋—好望角—南非(德班或开普敦)—南大西洋—西欧(利物浦、鹿特丹)—北大西洋—美国东部(查尔斯顿、纽约、诺福克)。

2. 波斯湾—马六甲海峡—日本运输线

这条航线的路线是:印度洋—马六甲海峡—新加坡—太平洋—南中国海—日本(东京、横滨、神户、大阪)。

3. 波斯湾—苏伊士运河—地中海—西欧、北美航线

这条航线的路线是:印度洋—苏伊士运河—地中海—意大利(热那亚、拿波里)—法国(马赛)—西班牙(巴塞罗那、瓦伦西亚)。

二、世界天然气资源分布及运输

天然气作为一种绿色、环保的清洁能源,可作为燃料或原料而广泛应用于多个行业。在全球应对气候变化的宏观背景下,天然气的产量、消费量和贸易量快速上升,正在逐步成为 21 世纪最重要的能源来源。

(一)世界天然气的分布

世界天然气主要分布在以下地区:北极圈地区和冰冻覆盖区,欧洲的北海海域和地中海盆地,中美洲的墨西哥湾,北美的阿拉斯加海域,南非沿海的摩泽尔湾,亚洲的阿拉伯盆地、中国的海上盆地和内陆盆地,大洋洲的巴布亚新几内亚的远海区、澳大利亚西大陆架北部和新西兰北岛等。综上所述,世界天然气资源也比较丰富,每年探明储量的增加都高于消费者的增长。

根据《BP世界能源统计》,2013年世界的天然气探明可开采储量187.3万亿立方米,平均储采比55.7年。天然气可采储量前五为国家依次是伊朗(占世界总量的17.9%)、俄罗斯(占世界总量的17.6%)、卡塔尔(占世界总量的13.4%)、土库曼斯坦(占世界总量的9.3%)和美国(占世界总量的4.5%)。

(二)世界天然气生产、消费与贸易

1.世界天然气生产情况

1980年以来,世界天然气产量由1980年的1.45万亿立方米增长到了2007年的2.94万亿立方米,27年翻了一番。2007年年底,世界累计开采天然气约89万亿立方米,按照世界天然气最终可采资源量436万亿立方米计算,采出程度为20.4%。

2013年,全球天然气生产增长1.1%,远低于近十年来2.5%的平均水平。美国仍是全球最大的天然气生产国,增幅达1.3%;俄罗斯和中国分别增长2.4%、9.5%;尼日利亚、印度和挪威出现历史最大降幅,分别下降16.4%、16.3%、5%。受生产和消费同步放缓的影响,2013年全球天然气供需保持基本平衡。

据预测,综合考虑天然气资源、市场、替代能源发展等各方面因素,预计2030年以后,天然气产量可能达到高峰,高峰产量将超过5万亿立方米。

2.世界天然气消费情况

2013年,全球天然气消费增长1.4%,远低于2.6%的历史平均水平。OECD国家增长1.8%,非OECD增长1.1%,北美地区增长2.7%,是唯一增长高于历史均值的地区。发电仍是最主要用气部门,但随着天然气价格的走高,煤电市场有所回暖,导致发电用天然气消费量有所下降。中国(增长10.8%)和美国(增长2.4%)占据了全球消费增量的81%,印度的天然气消费量则大幅下降12.2%,欧盟的消费量也下降到自1999年以来的最低水平。

3.世界天然气贸易情况

1980年以来,世界天然气贸易以约6%的速度增长,2007年世界天然气贸易量达到了7761亿立方米,其中,管道贸易量为5497亿立方米,液化天然气(LNG)贸易量为2264亿立方米。2013年,全球天然气贸易量为1.036万亿立方米,比上年增长1.8%,远低于十年来5.2%的平均水平,占全球天然气消费总量的30.9%。其中,管道气贸易量增长2.3%,LNG贸易量小幅增长0.6%,在全球天然气贸易中的比重小幅下降至31.4%。

欧盟、美国、日本、韩国、中国、印度等仍是最主要的进口国家和地区,欧盟、中国和印度进口量增长较快。此外,中东在世界天然气出口市场的地位不断上升,非洲也将成为重要的天然气出口地区,LNG的出口量将快速增加。

(三)世界天然气运输

目前天然气的国际运输有两种主要方式,一种是采用专用槽船运输,另一种是采用管道运输。据统计,世界天然气的贸易有75%通过管道输送,有25%作为LNG形式通过海上运输。

1. 世界天然气海上运输

(1)世界 LNG 进出口地区。对于跨洋的长距离天然气输送,多采用 LNG 槽船将天然气液化进行运输。自 1964 年阿尔及利亚首次出口 LNG 以来,1997 年共有 9 个国家出口 LNG,其中印度尼西亚是世界 LNG 最大的出口国,其次为阿尔及利亚、马来西亚和澳大利亚。另外正在规划建设 LNG 工厂的国家有:欧洲的俄罗斯、挪威,拉丁美洲的委内瑞拉,非洲的特立尼达和多巴哥以及大洋洲的巴布亚新几内亚。目前世界有 9 个国家或地区进口 LNG,其中东北亚的日本、韩国、台湾、泰国、印度、中国将成为这一地区新的 LNG 进口国。第二大进口地区为欧洲(包括法国、西班牙、意大利、比利时、土耳其)。

(2)世界 LNG 海上运输的主要航线布局。世界上的 LNG 海上运输由于 LNG 运输特有的性质,一般要有长期的贸易合同作为前提,决定了其近年来很少发生变化的航线网络。其中,阿尔及利亚的 LNG 出口主要供应欧美市场;东南亚、中东地区以及澳大利亚等地区的 LNG 出口主要供应亚太地区市场。在进口国中,日本的进口渠道最为广泛,除阿尔及利亚外,几乎覆盖了其他 6 个 LNG 出口国,韩国的 LNG 气源地来自于马来西亚、印度尼西亚和文莱,而台湾进口的 LNG 来源于印度尼西亚和马来西亚。

2. 世界天然气管道运输

利用天然气管道输送天然气,是陆地上大量输送天然气的唯一方式。在全球已经建成的 230 万千米的管道中,输气管道占 60% 左右。目前,世界油气管道分布很不均匀,主要集中在北美、欧洲、俄罗斯和中东地区。世界上现有 6 大著名长输油气管道,分别是夏延管道、落基管道、麦肯齐山谷管道、阿拉斯加管道、中国西气东输二线工程和中亚输气管道工程。

拓展提升

世界三大铁矿石巨头

国际铁矿业通过大规模兼并和收购,形成了三分天下的格局。澳大利亚必和必拓公司、澳大利亚力拓集团和巴西淡水河谷公司三大铁矿石供应商掌控了世界铁矿石 70% 以上的海运量。

1. 澳大利亚必和必拓公司

必和必拓由两家巨型矿业公司合并而成,现在已经是全球最大的采矿业公司。必和必拓在全球 20 个国家开展业务,合作伙伴超过 90 个,员工约 3.5 万人,遍及世界各地,主要产品有铁矿石、煤、铜、铝、镍、石油、液化天然气、镁、钻石等。必和必拓公司与中国关系源远流长,早在 1891 年就开始向中国出口铅矿。目前,该公司在北京设有代表处,在上海等地设有工厂。

2. 澳大利亚力拓集团

力拓集团总部在英国,澳洲总部在墨尔本。力拓集团市值 523 亿美元,是全球第二大采矿业集团,仅次于必和必拓公司。力拓矿业集团不仅是全球最大的资源开采和矿产品供应商之一,而且也是世界三大铁矿石供应商之一。该集团业务遍及全球,尤其以澳大利亚和北美洲为重。中国是其仅次于北美、欧洲和日本之后的第四大市场,是该集团目前业务增长最迅速的市场。

3. 巴西淡水河谷公司

巴西淡水河谷公司是世界第一大铁矿石生产和出口商,也是美洲大陆最大的采矿业公司。公司成立于 1942 年 6 月 1 日,除经营铁矿砂外,还经营锰矿砂、铝矿、金矿等矿产品及纸浆、港口、铁路和能源。淡水河谷公司在世界设有 5 个办事处,1994 年在中国设立了办事处;在 15 个国家地区有业务经营和矿产开采活动;在 2 个国家正在进行项目可行性研究。

项目小结

本项目重点学习世界主要资源(煤炭、矿石、粮食、石油和天然气)的资源分布、生产及贸易和运输情况,以达到掌握世界主要资源分布特点,掌握世界主要资源运输地理的目标。

项目实训

实训目的: 通过实训,使学生熟悉世界主要资源(煤炭、矿石、粮食、石油和天然气)的分布和生产布局及运输地理。

实训内容:

1. 查阅资料,了解近 20 年世界煤炭生产情况。

2. 查阅资料,了解近 20 年我国铁矿石进口来源地及贸易量情况。

3. 查阅资料,了解近 20 年我国粮食进口来源地及贸易量情况。

实训学时: 4 学时。

实训组织实施: 学生分组,以 3～4 人为一组,对以上三项实训内容每组提交一份实训报告。

项目习题

一、填空题

1. 目前世界最重要的能源资源种类是＿＿＿＿、＿＿＿＿和＿＿＿＿。

2. 世界矿石运输三大线路是＿＿＿＿＿＿、＿＿＿＿＿＿和＿＿＿＿＿＿。

3. 世界三大谷类作物是＿＿＿＿、＿＿＿＿和＿＿＿＿。

4. 原油的分布从总体上来看极端不平衡:从东西半球来看石油,约＿＿＿＿的石油资源集中于东半球,西半球占＿＿＿＿。

5. 天然气主要存在＿＿＿＿、＿＿＿＿、＿＿＿＿、＿＿＿＿和＿＿＿＿中,也有少量出于＿＿＿＿。

二、选择题

1. 2012 年全球煤炭产量前十的有(　　　)。

A. 中国　　　　　B. 美国　　　　　C. 印度　　　　　D. 澳大利亚

2. 世界铁矿石产量排名前 10 的国家有(　　　)。

A 中国　　　　　B. 巴西　　　　　C. 南非　　　　　D. 澳大利亚

3. 如果按人口平均计算,世界粮食产量最高的地区是(　　　)。

A. 北美洲　　　　B. 亚洲　　　　　C. 非洲　　　　　D. 大洋洲

4. 世界三大石油进口国是(　　　)。

A. 美国　　　　　B. 中国　　　　　C. 日本　　　　　D. 俄罗斯

5. 目前,世界油气管道分布很不均匀,主要集中在(　　　)。

A. 北美　　　　　B. 欧洲　　　　　C. 俄罗斯　　　　D. 中东地区

三、简述题

1. 简述世界煤炭资源的分布状况。其主要运输线路有哪些?

2. 简述世界上 9 种主要矿产资源的分布情况。

3. 简述世界粮食生产的布局情况。

4. 简述世界油气资源的分布情况。欧洲国家油气进出口运输线路有哪些?

5. 简述印度洋在世界油气运输中的重要作用。

参考文献

[1]吕项生.物流经济地理[M].北京:清华大学出版社,2013.

[2]袁长明.物流经济地理[M].北京:北京大学出版社,2008.

[3]王智利.物流经济地理[M].北京:首都经济贸易大学出版社,2010.

[4]杨丽红.物流经济地理[M].3版.北京:机械工业出版社,2010.

[5]刘景良,董忠敏.物理地理[M].大连:大连理工大学出版社,2008.

[6]曾宪培,陈鹏.物流经济地理[M].北京:机械工业出版社,2007.

[7]姜伟,陆琪.航运地理[M].北京:人民交通出版社,2008.

[8]程多祥.世界地图[M].成都:成都地图出版社,2006.

[9]徐玲玲.物流经济地理[M].北京:中国物资出版社,2006.

[10]刘景良,刘莉.物流地理[M].2版.大连:大连理工大学出版社,2010.

[11]叶素文,物流经济地理[M].杭州:浙江大学出版社,2010.

[12]李小建,经济地理学[M].北京:高等教育出版社,2006.

[13]孙志洁,孙参运.物流环境与地理[M].武汉:武汉理工大学出版社,2008.

[14]汪长江.港口物流学[M].杭州:浙江大学出版社,2010.

[15]潘宏,袁志彦.国际贸易地理教程[M].北京:对外经济贸易大学出版社,2006.

[16]中华人民共和国民政部编.中国人民共和国行政区划简册[M].北京:中国地图出版社,2012。

[17]林志泽.国际物流地理[M].北京:人民交通出版社,2011.

[18]中华人民共和国交通运输部公路局.中国高速公路行车指南[M].北京:人民交通出版社,2012.

[19]中国铁路地图集[M].北京:中国铁道出版社,2012.

[20]王德荣.中国运输布局[M].北京:科学出版社,1986.

[21]高德才.世界经贸布局学[M].沈阳:东北大学出版社,1996.

[22]冯嘉苹.中国地理[M].北京:北京师范大学出版社,1988.

[23]胡思继.综合运输工程学[M].北京:清华大学出版社,2005.

[24]谭惠卓.现代机场发展与管理[M].北京:中国民航出版社,2008.

[25]陈航.中国交通地理[M].北京:科学出版社,2000.

全国高职高专"十三五"物流类专业系列规划教材

物流管理概论　　　　　　国际物流与货运代理
物流信息管理　　　　　　物流经济地理
物流成本管理　　　　　　现代物流技术
物流企业管理　　　　　　物流信息技术
供应链管理　　　　　　　物流设施设备认知与操作
仓储与配送管理　　　　　物流装卸搬运设备与技术
采购管理实务　　　　　　物流系统规划与设计
第三方物流管理　　　　　物流管理信息系统
客户关系管理实务　　　　物流管理软件应用
物流中心运营与管理　　　连锁经营管理
物流运输组织与管理　　　特许经营实务
运输设备与管理　　　　　连锁企业促销管理
集装箱运输与管理　　　　连锁企业采购管理
物流案例教程　　　　　　连锁企业配送管理
物流服务营销　　　　　　连锁企业门店营运管理
物流电子商务　　　　　　连锁企业总部运营管理
物流经济学　　　　　　　连锁企业财务管理
物流市场营销　　　　　　连锁企业信息系统管理
物流法律法规　　　　　　连锁企业人力资源管理
物流专业英语　　　　　　零售管理
物流应用写作

欢迎各位老师联系投稿！

联系人：李逢国
手机：15029259886　　办公电话：029—82664840
电子邮件：1905020073@qq.com　　lifeng198066@126.com
QQ：1905020073（加为好友时请注明"教材编写"等字样）

图书在版编目(CIP)数据

物流经济地理/杨晓楼,杨晋主编.—西安:西安
交通大学出版社,2015.1(2020.8重印)
ISBN 978 - 7 - 5605 - 6924 - 6

Ⅰ.①物… Ⅱ.①杨…②杨… Ⅲ.①物流-经济
地理-中国-高等学校-教材 Ⅳ.①F259.22

中国版本图书馆 CIP 数据核字(2014)第 299660 号

书　　名	物流经济地理	
主　　编	杨晓楼　杨　晋	
责任编辑	李逢国	

出版发行	西安交通大学出版社
	(西安市兴庆南路 1 号　邮政编码 710048)
网　　址	http://www.xjtupress.com
电　　话	(029)82668357　82667874(发行中心)
	(029)82668315(总编办)
传　　真	(029)82668280
印　　刷	陕西日报社

开　　本	787mm×1092mm　1/16　印张 16.125　字数 392 千字
版次印次	2015 年 2 月第 1 版　　2020 年 8 月第 4 次印刷
书　　号	ISBN 978 - 7 - 5605 - 6924 - 6
定　　价	39.80 元

读者购书、书店添货,如发现印装质量问题,请与本社发行中心联系、调换。
订购热线:(029)82665248　(029)82665249
投稿热线:(029)82668133
读者信箱:xj_rwjg@126.com